INTRODUCTION TO
SOCIAL WELFARE

사회복지학개론

김성철 김성숙 김제선 박경원 박란이 박윤희 박종란
배관연 배순정 이성은 이흥재 임유진 한화진 공저

양 성 원

머리말

본 사회복지학개론은 사회복지학과에서 필수적으로 제공되는 과목으로 다음과 같은 주요 내용을 제시하였다.

제1부에서는 사회복지에 대한 이해를 다루었다.

세부적인 내용으로 사회복지의 개념 이해에서 인간과 사회복지,사회복지의 개념, 사회복지의 목적과 필요성, 사회복지의 영역과 분야, 사회복지학의 성격을 다루었으며, 사회복지의 가치와 윤리에서는 사회복지의 가치와 윤리, 사회복지의 윤리적 딜레마 해결방안, 사회복지와 인권을 다루었다. 사회복지의 발달과정과 구성체계에서는 서구의 사회복지 역사, 한국의 사회복지 역사, 사회복지의 구성요소와 체계를 제시하였다. 사회복지실천과 실천기술에서는 사회복지실천과 실천기술의 개념과 특성, 사회복지실천의 기본원칙, 사회복지실천의 과정, 사회복지실천의 대상, 사회복지실천 현장과 사회복지사의 역할을 분석하였다.

제2부에서는 사회복지의 방법에 대하여 구체적으로 제시하였다.

지역사회복지와 사례관리에서는 지역사회복지의 개념과 특성, 지역사회복지의 모델과 실천과정, 지역사회복지의 실천현장, 사례관리를 정리하였으며, 사회복지 정책 및 행정에서는 사회복지정책의 개념과 가치, 사회복지정책의 특징과 이론 및 형성과정, 사회복지 행정을 분석하였다. 아동 · 청소년복지에서는 아동복지, 청소년복지, 아동 · 청소년 사회복지사의 역할을 제안하였으며, 노인복지에서는 노인복지 개요, 고령사회와 노인문제, 노인복지 주요 정책, 노인복지실천 현장과 사회복지사의 역할, 노인복지의 과제를 제시하였다. 장애인복지에서는 장애의 개념과 범주, 장애인복지의 이론적 접근, 장애인복지시설의 유형, 장애인복지정책과 실천을 설명하였으며, 여성복지에서는 여성복지의 개념과 범주, 여성의 삶과 복지욕구, 여성복지정책과 현황, 여성복지실천 현장과 사회복지사의 역할을 분석하였다. 가족복지에서는 가족복지의 개념과 범주, 가족의 삶과 복지욕구, 가족복지정책과 현황, 가족복지실천 현장과 사회복지사의 역할을 제시하였으며 의료 및 정신건강 사회복지에서는 의료사회복지, 정신건강사회복지를 분석하였다. 교정 및 군(軍)사회복지를 설명하였으며 공공사회복지서비스에서는 사회보험, 공공부조, 사회(복지)서비스의 현황과 과제를 제시히였다.

한국 사회복지학문의 현재 문제점과 대안을 살펴보면 첫째, 제도 중심적 접근과 현장 실천의 차이라고 볼 수 있다. 한국 사회복지학문은 주로 제도와 정책에 대한 이론적 연구에 초점을 맞추고 있으며, 현장에서의 실천과는 차이가 크다. 이로 인해 현장에서의 문제 해결과 실질적인 지원이 제대로 이루어지지 않을 수 있다.

대안으로는 이론과 정책 연구뿐만 아니라 현장에서의 사회복지실천에 초점을 맞춘 교육과 연구를 강화해야 한다. 현장 실천 경험이 풍부한 전문가들을 교육하고, 현장에서의 문제를 해결하는데 필요한 실용적인 전략을 개발하는데 노력해야 한다.

둘째는 다문화사회와 다양성에 대한 부족한 대비라고 볼 수 있다. 문제점으로는 한국은 다문화사회로 발전하고 있지만, 사회복지학문은 이러한 다양성을 충분히 반영하고 대비하지 못하고 있다. 다문화 가정, 이주노동자, 난민 등의 다양한 집단의 요구와 문제에 대한 이해와 대응이 미흡하다. 대안으로는 다문화사회에 대한 이해를 높이고, 이에 대한 사회복지서비스의 효과적인 제공을 위한 연구와 정책 개발을 강화해야 한다. 이를 위해 이주민 및 다문화 가정을 대상으로 한 교육프로그램과 커뮤니티 서비스를 확대하는 것이 필요하다.

셋째는 실증적 연구와 이론과의 연계 부족이다. 문제점으로는 한국 사회복지학문에서는 실증적인 연구와 현장 경험을 바탕으로 한 이론과의 연계가 부족하다. 이로 인해 현실적인 문제 해결을 위한 실용적인 이론과 전략의 부족이 발생할 수 있다. 대안으로는 실증적 연구와 현장 경험을 바탕으로 한 이론 개발을 촉진하는데 더 많은 노력이 필요하다. 현장에서의 문제를 바탕으로 한 연구 프로젝트를 지원하고, 이를 통해 현장과 이론 간의 상호작용을 촉진하는 시스템을 구축해야 한다.

한국 사회복지학문이 이러한 문제점을 극복하고 더 나은 방향으로 발전하기 위해서는 이론과 현장, 정책과 실천 간의 조화를 이루는데 초점을 맞추어야 한다.

본 사회복지학개론은 이러한 현상을 연구하는데 기초가 되고자 각 분야별로 전문가들이 연구하였으며 바라기는 본 서가 이러한 부분을 준비하는 사회복지실천현장과 연구자들에게 도움이 되길 바란다. 본 서를 출판하여 주신 양성원에 다시한번 감사드린다.

2024년 2월

저자 대표 김성철

차 례

PART 1

사회복지에 대한 이해

학습목표

1. 인간의 욕구와 사회복지의 관계성을 설명한다.
2. 사회복지의 개념에 대해 설명한다.
3. 사회복지의 목적과 필요성에 대해 설명한다.
4. 사회복지의 영역과 분야를 분석하고 설명한다.
5. 사회복지학의 성격을 이해하여 다양한 인접학문의 관계성을 설명한다.

개 요

인간의 욕구와 사회복지의 관계성을 설명하여 사회복지의 이해를 돕고, 사회복지의 개념에 대해 어의적 관점, 사회복지의 관점, 법적 개념, 변천사적 개념, 유사개념을 분석한다.

사회복지의 목적과 필요성에 대해 설명을 통해 모든 국민의 인간다운 삶을 보장하는 데 있다. 사회복지의 영역과 분야를 분석하고, 사회복지의 다양한 차원과 복합적 개념을 갖고 변화와 발전을 하고 있다.

사회복지학의 성격을 이해하여 다양한 인접학문의 관계성을 체계적 이론을 바탕으로 하는 학문이다.

CHAPTER 01

사회복지의 개념 이해

1. 인간과 사회복지

1) 인간의 욕구와 사회복지

인간의 욕구(need)란 인간이 생존하는 데 필요한 의식주, 문화, 여가활동 및 대인관계 등에서 드러나는 바람직하고 만족한 상태에 대한 요구이다. 인간이 살아가면서 겪게 되는 여러 가지 욕구, 사회문제, 위험들을 해결하여 더 높은 삶의 질 향상을 위한 전문적 노력과 관련된 사회제도가 사회복지이므로 사회복지를 이해하기 위해서는 인간의 욕구가 사회복지의 출발점이다.

그러나 인간은 누구나 육체적 · 정신적 · 사회적 · 영적으로 건강하고 안전하며, 경제적 안정과 사회적 활동에서 충분한 만족과 기쁨을 지속적으로 느끼는 행복한 삶을 추구하고 자아실현을 바라지만 인간의 욕구는 무한에 가까울 정도여서 그것을 모두 충족시키는 것은 한정된 자원 안에서 모두 충족시킬 수 없다. 이런 점에서 사회복지학은 인간의 사회적 욕구와 사회문제를 해결하기 위하여 국가와 민간이 제공하는 정책 및 서비스를 연구하는 학문으로 때론 사회복지학을 욕구학(needology)이라고도 한다(Williams, 1978).

인간의 욕구가 충족되지 않을 때 개인의 문제가 발생하여 사회문제로 연결된다. 사회문제는 개인적 차원에서 스스로 해결할 수 없을 때 집단적 행동으로 해결해야 하는 문제를 말하는데, 예를 들면 취업과 실업 등은 사회구조적인 문제에 해당한다고 볼 수 있다. 이런 점에서 개인의 욕구가 사회적 욕구로 직접 연결된다. 인간의 욕구는 정치적 · 사회적 · 경제적 · 육체적 · 정신적 · 영적 영역 분야에서 다양하게 나타나고 있으며, 각 시대와 사회 변천에 따라 사회문제로 대두되었을 때는 시대의 상황에 따라 적절하게 대응책을 강구해 왔다.

2) 인간욕구 이해

(1) 인간욕구의 개념

욕구(need)란 국어사전에서 '개인의 삶의 질을 높이기 위해 클라이언트가 생각하는 수준과 원하는 요청 사항 등'이라고 정의하고 있다. 인간이 어떤 목적을 위해 좋은 것과 필요하거나 필수적인 것이 결핍되거나 부족한 것을 통해 개인의 삶이 미충족하여 불만족스러운 상태를 말한다. 그래서 사회복지는 인간의 욕구불만 상태를 해결하거나 충족시켜 주기 위한 대응 방안을 마련한 사회제도라고 말할 수 있다.

이에 사회복지에 실질적인 도움이 되기 위해서는 인간욕구에 대한 기본적으로 이해하고 있어야 하며, 기본욕구를 충족하는 것부터 도와주는 것에 일차적인 관심을 두고 있다. 기본욕구는 생명을 유지하고 종족을 보존하는 데 꼭 필요한 선천적 · 생리적 욕구로써 인간이 생존을 위해 필요한 욕구를 말한다. 다시 말하면, 사회가 유지 · 존속하기 위해서는 사회구성원들의 기본적 욕구가 충족돼야 한다. 이를 위해 인간은 기본욕구를 충족하기 위한 노력을 한다. 따라서 인간의 다양한 인간욕구 중에서 사회복지의 관심과 개입하는 사회적 욕구는 기본 욕구에 해당하면서, 사회복지의 고유 영역과 관련된 욕구이며, 사회의 한정된 자원의 범위 안에서 비영리적 사회 대책으로 해결과 완화가 가능한 욕구여야 하고, 사회자원의 한정으로 인해 사회적 욕구의 우선순위를 수립하고, 지원과 서비스 대상의 기준을 설정하여 사회적 욕구를 우선적으로 충족시킨다.

이에 국가와 정부는 정책과 제도를 마련하여, 그 기준에 속하는 사회적 욕구로 받아들여 급여나 서비스를 제공한다. 기본욕구는 모든 개인에게 공통적으로 존재하는 욕구이고, 모든 개인에게 필수불가결한 욕구이며, 모든 개인에게 최소한의 수준으로 있어야 하는 욕구라고 할 수 있다.

① 공통적 욕구

공통적 욕구란 모든 인간이 인종, 종교, 성별, 연령, 교육수준, 사회적 신분과 지위 등에 관계없이 모든 인간이 공통적으로 지니는 욕구를 말한다. 이는 무차별적 평등의 원리를 말하는 것으로 공통적 욕구에는 의식주를 바탕으로 직업, 건강, 행복한 가정, 안전하고 쾌적한 생활환경 등을 포함한다.

② 필수불가결한 욕구

필수불가결한 욕구란 인간다운 생활을 영위하는 데 필수적으로 요구되는 욕구이다. 이는 '생존권 규정'을 말하며, 이런 욕구가 충족되지 않는다면 인간으로서 생존과 존립에 아주 큰 위협으로 다가와 인간성 확보가 불가능해진다. 이는 인간이 사회적 존재로서 생활하기에 적절한 내용이 포함된 것을 의미한다.

③ 최소한의 욕구

최소한의 욕구란 각 개인이 인간으로서 최저생활을 할 수 있을 만큼의 국민적 최저 수준(national minimum)과 혹은 사회적 최저 수준(social minimum)의 정도로 충족되어야 할 인간의 욕구를 말한다. 이는 국가의 사회복지정책에 대한 기본원리로 의존적 생활을 벗어나 자립과 자활을 지원하는 목적으로 한정하고 있다.

이상에서 언급한 세 가지 특성의 욕구가 시대와 국가의 사회적 · 정치적 · 경제적 수준의 변화와 상승으로 인해 욕구 수준이 높아지며, 욕구 내용도 다양해지고 복잡해진다는 것을 알 수 있다.

(2) 인간욕구의 유형

① 매슬로의 욕구단계

매슬로(Maslow, A., 1954)의 욕구단계설이 사회복지학에 주는 중요한 교육적 시사점은 첫째, 인간의 욕구는 타고난 것으로 욕구에는 기본적 생리적 욕구, 안전의 욕구, 소속과 사랑의 욕구, 자아존중의 욕구, 자아실현의 욕구, 개인적인 실천 욕구로 구별된다. 욕구 단계는 하위욕구가 충족될 때 높은 단계의 과정으로 나타난다. 이러한 욕구충족의 행동은 주어진 것이 아니라 학습에 의한 것들로 볼 수 있다. 둘째, 사회복지서비스 프로그램을 비교와 대조할 수 있는 비교 대상이 될 수 있다. 셋째, 인간의 욕구는 무한하기 때문에 현실 사회에서 모자람 없이 채워질 수 없고, 부단히 한층 더 높은 수준의 욕구를 충족하기 위해서는 평생 동안 노력하는 것이 삶의 의미이다.

가. 생리적 욕구(physiological needs)

생리적 욕구는 인간의 욕구 중에서 가장 기본적이고 필수적인 욕구에 해당한다. 기본적 욕구는 음식, 물, 안전, 사랑과 같이 생존과 건강에 필수적인 것이다. 이는 생물학적 생존의 욕구로서 배고픔, 목마름, 배설, 호흡, 수면, 성 등과 같은 생리적 욕구이다. 이 욕구가 충족되지 않으면 사회의 안전망이 위협을 받게 된다.

나. 안전의 욕구(safety needs)

안전의 욕구는 자기 자신을 외부의 위협에서 안전하게 보호하고자 하는 욕구로서 생리적 욕구가 충족될 때 발생한다. 예를 들면, 신체적인 안전, 재정 및 재산의 안전, 건강과 복리(well being), 고용의 안전, 가족의 안전, 자원의 안전 등 환경적인 위협으로부터 보호 및 안전성, 안락함, 평온, 예측할 수 없는 어려움이나 위험으로부터 보호받으려는 욕구이다.

다. 소속과 사랑의 욕구(belonging and love needs)

소속과 사랑의 욕구는 주로 조직과 인간관계와 관련된 욕구로서 가족, 친구, 친척들과 친밀하고 정서적인 만족 및 우정과 애정적인 관계를 맺고 어떤 집단에 소속되어 관계를 갖고 사랑을 주고받고 싶어 하는 욕구를 말한다. 이는 생리적 욕구 및 안전의 욕구가 충족되었을 때 추구하게 되는 욕구이다. 자신이 타인에게 사랑받고 집단에 소속되어 가치 있는 존재로 인정될 때 행복함을 갖는다.

라. 존경의 욕구(self-esteem needs)

존경의 욕구는 사랑과 소속의 욕구가 충족되고 나면, 자기존중과 다른 사람으로부터 인정과 존경을 받고 싶은 욕구를 말한다. 자기존중과 타인의 존중을 받으면, 잠재력 개발과 자신감, 긍정적인 자아 형성에 많은 영향을 준다. 그러나 자아존중의 욕구가 결핍될 때 인생에서 열등의식, 자기비하, 무력감을 경험한다.

마. 자아실현의 욕구(self-actualization needs)

이상의 모든 욕구가 충족될 때 최고의 단계로서 자아실현의 욕구가 완성되는 욕구를 의미한다. 이는 자신의 잠재력을 최대한 발휘하여 가치 있는 삶을 누리고자 하는 욕구로서 자기완성과 실현에 대한 자기 정체성을 말한다. 이 욕구는 다른 욕구와는 달리 욕구가 충족될수록 더욱 커진다는 경향이 있다. 많은 사람들이 자아실현을 하고자 노력하지만 자아실현을 이룬 사람은 극히 드물다. 매슬로의 욕구단계는 하위에 있는 욕구를 결핍욕구라 부르며, 상위의 욕구를 성장욕구라고 한다. 하위욕구가 더 강하고 우선적이어서 생존에 필요하고, 상위욕구는 성장에 필요하다고 할 수 있다. 그러므로 기본욕구는 고정된 것이 아니라 경제적 생활수준이 높아질수록 욕구의 다양성도 변화하게 된다.

② 브래드쇼(Bradshaw, 1972)의 사회적 욕구

사회적 욕구란 인간의 개인적인 욕구가 충족되지 않을 때 개인의 문제가 발생하여 대다수의 사회구성원에게 사회문제로 인식되면 사회적 욕구가 된다. 브래드쇼(Bradshaw, 1972)의 사회적 욕구를 살펴보자.

가. 규범적 욕구(normative need)

이 욕구는 주로 규범 또는 관습, 사회적 기준과 여론의 영향으로 형성된 욕구를 말한다. 이러한 규범적 욕구는 주로 전문가들의 판단에 의해 큰 영향을 받는다. 예를 들면 급여수준, 최저생활 수준과 같이 규범 또는 사회적 기준과 여론의 영향을 받는다고 할 수 있다.

나. 상대적 욕구(comparative need)

이 욕구는 타인과 비교집단의 욕구를 서로 비교하여 발생되는 문제와 관련되어 욕구의 규모와 내용을 파악한다. 예를 들면, 어느 지역이 상대적 박탈감이 심한가?, 누구는 복지혜택을 받는데, 왜 나는 못 받는가? 이때의 욕구를 의미한다.

다. 느끼는 욕구(felt need)

이 욕구는 개개인이 느끼는 욕구이다. 이 욕구의 정도는 사람들 개개인의 인식과 지식에 따라 차이가 있을 수 있다.

라. 표출된 욕구(expressed need)

사람들 자신이 가진 욕구를 표현 또는 행위를 하는 욕구를 말한다. 이러한 표현된 욕구는 서비스의 있어서 도움을 받는 데 유리하지만, 표현하지 않는 욕구는 무시당하고 배제될 수 있다.

3) 사회복지의 동기

(1) 종교적 동기

종교적 동기는 자선적 개념으로, 여러 종교에서 말하는 형제 · 이웃사랑은 서로 돕고 어려운 이웃을 위해 구제하는 자선적 행위를 강조하고 있다. 교회에서 운영하던 구빈시설이나 병원들이 근대에 이르러 사회복지시설로 전환하면서 지금까지 종교와 사회복지는 밀접한 관계를 유지하면서 발전해 왔다. 오늘날 공적 차원의 사회복지의 개념이 확대되면서 종교적 동기의 사회복지는 많이 약화되어, 지역사회를 위한 자원봉사활동이나 종교단체의 복지활동에는 여전히 종교적 동기가 작용한다.

(2) 인도주의적 동기

인도주의적 동기는 18세기 다시 대두된 박애주의, 평등, 사회정의 등의 개념의 중요한 동기에서 시작되었다. 타인을 돕는다는 것은 결코 우월자가 열등자를 천시하여 원조하는 것이 아님을 전제하고 서로 평등하다는 기독교의 근본 사상과도 맥락을 같이 하며 당시의 사회사업가나 사회활동가들은 교정, 주택, 보건 등의 개선을 시도하는 사회개혁운동과 사회사업활동에 적극 참여하였고, 사회정의의 실천운동에도 기여한 바가 크다.

(3) 공리주의적 동기

공리주의적 동기는 산업혁명으로 나타난 개인주의적 사상을 '최대 다수의 최대 행복'을 실현하려는 데 목적을 두는 학설로, 사회복지의 궁극적 목적은 복지국가실현을 통해서 모든 국민과 사회가 동시에 행복하고 바람직한 사회를 만드는 데 있다고 할 수 있다는 점에서 공리주의는 사회복지의 중요한 동기로 작용한다고 할 수 있다.

(4) 전문직업적 동기

현대사회에서 사회복지는 전문직으로 발전하였다. 과학적인 이론과 윤리적인 가치와 실행할 수 있는 전문적인 체계와 사회적 제도로 사회복지서비스가 이루어진다. 산업화와 자본주의 사회에서 인간욕구를 해결하기 위한 사회문제들은 사회복지의 전문성과 인간의 삶의 질 향상을 위해 사회적인 요구로 나타났다.

(5) 상부상조의 동기

상부상조의 동기는 가장 오래되고 가장 폭넓게 확산된 동기에 해당한다. 상부상조의 동기는 인류가 자연의 위험과 야생동물의 위협으로부터 자신의 생명을 보호하기 위해 서로 협동할 때부터 시작되어, 지금까지 우리가 생활환경에서 영향을 받는 가족, 이웃, 지역사회, 노동조합, 계, 품앗이, 두레, 다양한 사회복지제도 등도 전과 같이 상부상조의 동기로 작용하고 있는 것처럼 상부상조란 서로 서로 도움을 말한다. 인간은 고대사회에서 현대사회에 이르기까지 상부상조를 통해서 경제적 활동에 관한 지원, 정서적 지원, 사회생활, 인간관계, 지식 · 정보 · 기술, 활동에 관한 자원을 가족과 이웃들과 소유하고 있다.

(6) 정치적 동기

정치적 동기란 권력과 힘을 가진 정치집단 혹은 정부가 사회복지를 정치적인 방편으로 활용한다는 뜻이고, 정치적 명분으로 국가가 사회복지제도를 전개되는 상황은 네 가지 측면에서 살펴볼 수 있다.

① 정치적 권력의 획득 및 유지

정치적 권력의 획득과 유지 차원에서 미국의 사회보장제도가 1930년대 세계경제 대공항으로 대량실업과 사회경제적 문제가 사회문제로 나타나자 사회보장제도를 도입한 것과 독일의 정치가 비스마르크(Bismarck, 1815~1898)가 아동과 여성 근로자의 공장노동 시간제한을 반대하고, 농업과 공업 분야에 대한 정부 지원을 반대하자 노동계급 운동과 독일 사민당의 사회주의적 저항을 규제하기 위해 사회보험을 도입하였다.

② 사회불안 예방

사회적 불안을 막기 위한 대안으로 사회복지를 확대 발전시켜 나가기도 한다. 자본주의 사회의 빈익빈 부익부 현상으로, 저소득층의 사회적 위험을 줄이는 목적으로 사회복지를 활용한다.

③ 정치적 과정의 부산물

다른 정책의 첨부물로서 사회복지제도와 프로그램과 서비스가 만들어지기도 한다. 예를 들면, 보육프로그램과 직업훈련을 지원하는 보조금이나 장학금을 지급하는 프로그램 등이다.

④ 이익집단의 활동성과

정책과 사회복지는 국민들의 다양한 요구를 적용하여 정책을 확립하지만 개개인의 요구를 바로 적용하는 것은 쉽지 않다. 이를 위해 이익집단은 국민의 요구를 정부의 정책과 연결하기 위해 영향력을 행사하기도 한다.

(7) 경제적 동기

인간의 삶을 부유하게 하는 것이 사회복지이다. 사회복지와 경제관계는 매우 중요하다. 자본주의 사회는 재화를 효율적으로 배분하는 시장경제형태이다. 때로는 시장경제제도의 실패로 자원과 소득 분배의 불균형 이루어질 때 이를 보완하기 위한 사회복지제도를 발전시킴으로써 사회적 비용을 경감시키고, 사회문제로 발생하는 경제에 미치는 부정적 결과를 줄이고, 정권획득과 유지의 방법으로도 활용되어 사회제도에 영향을 미친다.

(8) 이데올로기적 동기

이데올로기(ideology)란 개인 · 집단 및 문화의 특성을 규정짓는 신념, 느낌, 태도 등의 사고방식이나 사고 내용을 의미한다. 사회복지와 관련된 주요 이데올로기적 용어로는 이타주의, 인간중심주의, 복지주의 등이 있다. 이타주의는 이기주의와 대립하는 개념으로서 자기를 희생하여 남을 이롭게 하는 행위를 하여 다른 사람의 행복의 증진을 이루려는 사상이나 학설을 말한다. 이에 인간중심주의는 인간과 자연과 사회적 차원에서 인간이 가장 가치 있는 존재로서 인류의 복지와 행복에 관심을 우선시하고 차별하지 않고 존중되어야 한다는 관점이다. 또한 복지주의는 국민의 삶의 질 향상을 국가 운영의 중요 목표로 삼아 여러 복지 정책을 펴는 사상으로 사회복지 자체의 이데올로기는 사회복지제도에 영향을 미친다.

(9) 반사회적 동기

당시의 반사회적 계층들에게 기본적 생활이 가능하도록 국가적인 구제사업을 실시했다는 측면에서 그 근원을 찾아볼 수가 있다. 인간의 욕구와 본능은 자기중심적 존재로서 타인의 복지비용을 통하여 자신의 기본적 욕구를 충족하려고 한다. 영국의 구빈법은 1601년 엘리자베스 1세 때 제정하였는데, 노동력 있는 빈민은 정상적인 계층으로, 노동력이 없는 빈민은 비정상적인 계층으로 구분하고, 일하지 않는 나태한 사람들로 분류하여 엄격한 처벌과 열등처우를 실시하여 구빈사업을 전개하면서 산업혁명 때까지 구빈대상들을 반사회적인 사람으로 낙인하고 오명을 씌웠다. 구빈법은 빈민을 통제하는 수단이었으나 반사회적 계층들에게도 기본적인 생활이 가능하도록 공적부조를 통해 구빈을 위해 구제사업을 실시했다는 점이 오늘날의 사회복지의 동기로 작용하게 되었다.

4) 삶의 주기와 가족 사회복지

사람의 일생이 삶의 연속적인 과정으로 출생에서 죽음까지 여러 단계로 나누는데 이를 생애주기라고 부른다. 가족생애주기의 개념은 일반적으로 가족은 결혼으로 형성되고 자녀의 출산으로 발전 · 확대되었다가 자녀의 결혼과 독립으로 인해 축소되면서 노년기의 사망으로 종결된다. 가족생애주기는 가족구성원의 자녀수가 많거나 터울이 길거나, 점차 급격한 사회변화에 따라 다양한 가족형태와 타 문화권의 가족을 효율적으로 설명하지 못하는 한계가 있다. 인간의 가족생애주기를 다양하게 제시할 수 있지만 여기에서는 신혼 및 자녀출산기 가족, 미취학 자녀기 가족, 취학 자녀기 가족, 성인자녀 및 중년기 가족, 노년기 가족으로 구분하고 각 단계에 해당되는 사회적 욕구, 문제에 따라 사회복지적으로 접근하고자 한다.

(1) 신혼 및 자녀출산기 가족

결혼생활을 시작하는 시기로서 부부간의 이기적이거나 일방적인 생활방식은 의사소통을 단절하여 부부갈등의 원인이 된다. 가족형성기에 부부관계 친밀감 형성을 위해 효율적인 의사소통기법을 활용, 역할 분담, 생애주기에 따른 계획 수립 및 관리가 주요 발달과업이다.

(2) 미취학 자녀기 가족

자녀 양육의 성장발달을 돕고 바람직한 가족관계를 확립하는 기간이다. 또한 부모의 양육부담은 가족 내 갈등을 유발하는 주요 원인으로 작용한다. 자녀양육 및 일과 가정 양립을 위한 경제활동과 가사 업무 분담이 주요 발달 과업이다.

(3) 취학 자녀기 가족

자녀들의 학교 교육이 시작되며, 부모로부터 점차 자립하는 과정이 이루어져 부모-자녀관계를 재정립하는 것이 주요과제이다. 자녀의 사회생활의 첫 출발점에서, 학교 환경적응과 교육 학습, 청소년 자녀의 자아감 발달이 주요 발달과업에 해당한다. 자녀의 독립적 정체감 형성과 가치관 정립을 위한 부모와 자녀의 상호 간의 분리가 부모의 주요 발달 과업에 해당한다.

(4) 성인 자녀 및 중년기 가족

자녀가 독립하여 인간과 사회환경에서 자기정체감을 확립하는 시기로, 주요과제는 부모-자녀체계에서 부부체계로서의 상호신뢰관계를 재구성하는 것이다. 자녀가 독립하고, 자녀 양육의 책무에서 벗어나 사회적 및 경제적 안정을 이루며, 부부를 중심으로 삶의 계획을 재정립하는 것이 주요 발달과업에 해당한다.

(5) 노년기 가족

노년기는 신체적 능력이 쇠약해지면서 일상생활에서 가족과의 관계에 변화가 일어난다. 은퇴 등으로 사회적 역할이 상실되고, 자녀의 독립으로 심리적 소외와 고독 등을 느끼기 쉽다. 이때 가족관계를 긍정적으로 유지할 수 있도록 만들어가야 한다. 노인의 4고(苦)로 표현하는데, 노인에게 나타나는 빈곤, 질병, 고독, 무위(역할상실)를 경험하여 소득 감소, 건강악화, 소외와 고독감, 역할상실로 불안정한 노년기를 맞게 된다. 이를 위한 경제적인 대책 마련, 정신적 · 육체적 건강 유지, 거주환경 선택, 새 생활방식 시도, 부부관계 유지개선, 친인척과의 유대감 발전, 죽음의 수용 등이 주요 발달과업이다.

삶의 주기와 사회복지의 시사점을 들면, 가족생애주기를 적용한 맞춤형 가족위기

지원 정책강화, 능동적 가족복지정책 대처 모색, 가족의 역량 강화와 탄력성(Resilience) 강화, 가족의 위기와 해체의 사회문제 대응방안 마련, 지역사회 내 조직 및 자원의 네트워킹 확대와 통합적인 개입에 구체적인 대응방안 연구와 노력이 필요하다.

2. 사회복지의 개념

이 절에서는 사회복지의 개념을 어의적(의미론적) 관점, 사회복지의 관점, 법적 개념, 변천사적 개념, 유사개념으로 구분하여 알아보고, 사회복지와 같이 활용되는 관련 개념들을 살펴본다.

1) 어의적 관점

어의적 의미를 갖는 사회복지(social welfare)란 '사회(social)'와 '복지(welfare)'의 두 단어의 결합이다. 사회는 공동생활을 하는 인간집단에 관계되는 공동체적 성격이고, 복지는 물질적 풍요와 심리적 안정과 만족스럽고 건강하고 행복한 상태를 의미한다. 따라서 사회복지란 공동생활을 하는 인간집단의 물질적 풍요와 심리적 안정과 건강하고 행복하며 안락한 상태를 말한다.

사회복지의 개념은 학자나 단체들에 따라 다양하지만, 대표적인 학자들이 정의한 내용을 살펴보자. 로만신(Romanyshyn, J. M., 1971)은 사회복지란 개인과 사회 전체의 복지를 증진시키려는 모든 형태의 사회적 개입으로 재정적 원조나 서비스를 의미하며 국민의 보편적인 욕구에 대한 여러 사회문제를 다루기 위해서 노력하는 각종 활동이며 정책의 한 분야이다. 벨(Bell)은 인간의 기본적 욕구를 충족시키는 데 필요한 대책으로 법, 프로그램, 급여 및 서비스이며, 다양한 사회문제를 다루기 위해서 노력하는 각종 활동이며 정책의 한 분야이다. 프리들랜더와 앱트(Friedlander & Apte, 1980)는 사회복지는 국민의 복지와 사회질서 유지에 필요한 기본적인 것으로 생각되는 사회적 욕구를 충족시키기 위한 제반 사항을 확보하고 강화하는 입법, 프로그램, 급여 및 서비스를 포함하는 체계이며 제도이다. 던햄(Dunham, A., 1970)은 사회복지는 가족, 아동생활, 건강, 사회적응, 여가, 경제적 여건, 생활수준 및 사회적 관계성을 개선하고 유지하도록 도와줌으로써 인간의 욕구를 해결하고 사회적 행복의 추구를 위한 체계적이며 조직적 노력이다. 장인협(1987)은 사회복지대상자들이 정상적인 사회생활을 유지할 수 있도록, 인간다운 생활을 보장하고 건강과 번영을 증진시키기 위하여 인간과 사회제도 및 사회체제 간의 상호작용에서 파생되는 제반 문제나 사회적 요구에 효과적으로 대처해 나가도록 계획적인 사회정책과 사회서비스를 마련하여 제공하려는 정부나 민간기관들의 조직적인 노력이며 체계적인 실천 활동이다. 미국사회복지사협회(NASW)의 정의는 사회복지는 사회유지에 기본적인 사회적 · 경제적 · 교육적 · 보건의료적 욕구를 충족시키는 것을 돕는 국가의 프로그램, 급여, 서비스체계의 전문적 활동이다.

2) 사회복지의 관점

(1) 잔여적 관점

가족과 시장경제가 사람들의 복지적 욕구에 대한 일차적 책임을 지며, 사회복지는 어려움에 처한 사람들을 위해 보충적으로 사회가 나서서 돕는 것이다. 이는 가장 기본적이고 정상적인 가족과 시장경제의 욕구충족 제도가 작동하지 못할 때에 사회복지제도가 작동하여 보충적인 서비스 안전망을 제공한다. 수혜자가 될 수 있는 자격은 자산조사를 거쳐서 결정한다. 사회복지의 잔여적 개념에 의하면 빈곤문제, 범죄행위, 사회 혼란 등 사회문제의 발생원인을 개인의 책임으로 돌리기 때문에 서비스나 급여를 권리로 보기보다는 시혜로 간주한다. 수급자의 어려운 상황은 개인의 무능 · 게으름 · 태만, 부적응, 역기능 등에 원인이며 개인의 부족함, 부적절한 행동, 범죄행위 등은 비난을 받아야 한다는 낙인을 찍기도 한다. 또한 사회복지 대상자는 사회에 의존적인 사람으로서 가급적 의존 상태에서 벗어나 자립적 생활을 위해 변화와 노력을 해야 할 의무가 있다.

(2) 제도적 관점

사회복지의 제도적 개념은 현대 산업사회의 복잡성으로 인해 개인과 가족이 시장을 통해 인간적 욕구를 충족시킬 수 없다는 것을 전제하고 사회복지의 기능을 수행해야 한다고 주장한다. 사회복지의 제도적 개념은 사회복지를 각 개인이나 가족 및 지역사회가 만족할 만한 수준의 삶과 건강을 누릴 수 있도록 돕기 위한 사회복지서비스와 제도의 조직화된 체계로써 예방적 · 계획적 · 조직적으로 대처하려고 한다. 제도적 개념의 사회복지는 사회는 욕구를 가진 사람을 도와야 할 의무가 있고, 사회구성원은 사회복지급여와 서비스를 받을 권리(시민권, 복지수급권)가 있다. 또한 현대 산업사회에서 각 개인의 자아실현을 위해 돕고 사회적 기능수행을 위해서 사회제도를 개선하는 데 초점을 두어야 한다는 것이다.

사회복지제도의 변화를 볼 때 사회적 약자의 보호를 기본으로 하면서 일반 국민과 지역사회의 보편적 욕구충족과 필요한 복지서비스 제공으로 확대되어 왔다. 즉 사회복지의 개념은 잔여적 개념에서 제도적 개념으로 변화해 오고 있다. 대상자 선별기준에서 볼 때 잔여적 개념은 그 대상자를 사회적 서비스 도움이 필요로 하는 사회적 취약계층으로 한정하는 선별주의를 취하고 있으며, 제도적 개념은 그 대상을 사회적 취약계층을 포함한 전 국민을 대상자로 삼는 보편주의 입장이다. 따라서 잔여적 개념의 사회복지는 협의의 사회복지에 해당하며, 제도적 개념의 사회복지는 광의의 사회복지이다. 잔여적 사회복지 개념은 국가의 역할보다는 민간의 자발적 참여 활동을 권장하지만, 제도적 사회복지의 개념은 국가의 보다 많은 역할을 강조한다.

이와 같이 잔여적 개념의 사회복지는 자산조사를 통해 원조가 필요하다고 인정하는 사회적 취약계층을 위한 최소한의 국가의 역할을 수행하지만, 제도적 개념의 사회복지는 국가에 의한 소득보장, 의료보장, 주거보장, 사회서비스 등 사회구성원의 삶의 질을 향상시키는 다양한 복지 프로그램을 통해 사회복지를 더욱 발전시키게 된다.

〈표 1-1〉 사회복지의 잔여적 관점과 제도적 관점

잔여적 관점	제도적 관점
• 개인의 욕구는 비정상적 · 병리적인 것으로 간주됨	개인의 욕구는 산업화로 인해 필연적으로 발생하고, 평등의 구현 · 빈곤 탈출 · 우애의 기본가치를 둠
• 문제의 상황은 응급 상황 또는 위기 상황 시임	문제 상황은 복잡한 현대사회에서 항상 발생함
• 개인이 어려움에 처한 이후에야 사회복지가 제공됨(사후적)	사회복지는 문제가 심각해지기 사전에 제공됨(예방적)
• 사회복지에는 낙인(stigma)이 뒤따름	사회복지에 낙인과 응급처치적 요소와 거리가 멂
• 사회복지는 문제를 일시적으로 완화시킬 뿐이며, 가급적이고 단기간적으로 제공됨	사회복지에는 예방과 재활이 제도화되어 있으며, 항구적으로 제공됨

출처: 오종희 외(2020: 35) 재구성.

3) 사회복지의 법적 개념

(1) 사회복지사업법상의 개념

사회복지사업에 관한 기본적 사항을 규정하여 사회복지를 필요로 하는 사람에 대하여 인간의 존엄성과 인간다운 생활을 할 권리를 보장하고 사회복지의 전문성을 높이며, 사회복지사업의 공정 · 투명 · 적정을 도모하고, 지역사회복지의 체계를 구축함으로써 사회복지의 증진에 이바지함을 목적으로 한다(「사회복지사업법」 제1조)라고 규정하고 있다.

(2) 헌법상의 개념

「대한민국 헌법」 제34조

① 모든 국민은 인간다운 생활을 할 권리를 가진다.

② 국가는 사회보장, 사회복지의 증진에 노력할 의무를 진다.

③ 국가는 여자의 복지와 권익의 향상을 위하여 노력하여야 한다.

④ 국가는 노인과 청소년의 복지향상을 위한 정책을 실시할 의무를 진다.

⑤ 신체장애자 및 질병 · 노령 기타의 사유로 인한 생활능력이 없는 국민은 법률이 정하는 바에 의하여 국가의 보호를 받는다.

⑥ 국가는 재해를 예방하고 그 위험으로부터 국민을 보호하기 위하여 노력하여야 한다.

(3) 사회보장기본법상의 개념

「사회보장기본법」 제3조에서 "사회보장"이란 출산, 양육, 실업, 노령, 장애, 질병, 빈곤 및 사망 등의 사회적 위험으로부터 모든 국민을 보호하고 국민 삶의 질을 향상시키는 데 필요한 소득, 서비스를 보장하는 사회보험, 공공부조, 사회서비스를 말한다.

① "사회보험"이란 국민에게 발생하는 사회적 위험을 보험의 방식으로 대처함으로써 국민의 건강과 소득을 보장하는 제도를 말한다.

② "공공부조"란 국가와 지방자치단체의 책임하에 생활유지능력이 없거나 생활이 어려운 국민의 최저생활을 보장하고 자립을 지원하는 제도를 말한다.

③ "사회서비스"란 국가 · 지방자치단체 및 민간부문의 도움이 필요한 모든 국민에게 복지, 보건의료, 교육, 고용, 주거, 문화, 환경 등의 분야에서 인간다운 생활을 보장하고 상담, 재활, 돌봄, 정보의 제공, 관련 시설의 이용, 역량 개발, 사회참여 지원 등을 통하여 국민의 삶이 질이 향상되도록 지원하는 제도를 말한다.

「사회복지사업법」 제3조에 의하면 "사회복지사업"이라 함은 다음 법률에 의한 보호 · 선도 또는 복지에 관한 사업과 사회복지상담 · 부랑인 및 노숙인 보호 · 직업보도 · 무료숙박 지역사회복지 · 의료복지 · 재가복지 · 사회복지관 운영 · 정신질환자 및 한센병력자 사회복귀에 관한 사업 등 각종 복지사업과 이와 관련된 자원봉사활동 및 복지시설의 운영 또는 지원을 목적으로 하는 사업을 말한다(동법 제2조 제1항).

4) 변천사적 개념

서구사회의 사회복지의 변천사적 개념은 고대사회는 상부상조, 중세사회는 구제와 자선사업으로, 산업사회로 접어들면서 인도주의 차원에서 사회공헌활동의 성격으로 사회복지를 실현하는 데 변화를 가져왔다. 사회복지역사는 사회를 유지하고 함께 공존하기 위한 빈곤의 퇴치와 예방하는 방향으로 발전해 왔다.

로만신(Romanyshin, 1971)은 사회복지 개념의 변화를 보완적 개념에서 제도적 개념으로, 자선에서 시민의 권리로, 특수한 서비스에서 보편적 서비스로, 최저기준 목표에서 최적기준 목표로, 개인적 변화에서 사회적 개혁으로, 민간지원 차원에서 공공지원 차원으로, 빈민복지에서 복지국가 실현으로 변화하고 있다고 하였다.

(1) 잔여적 복지에서 제도적 복지

잔여적 복지는 개인 · 가정이 1차적 책임을 지고 부족한 부분은 국가와 지방자치단체가 자산조사를 통한 선별적 복지에서 벗어나 낙인감을 없애고, 자산조사 없이 인구학적 측면에서 일시적인 원조개념에서 벗어난 사회제도로서 정당한 지원과 지위를 갖는 것으로 변화하였다.

(2) 자선에서 시민의 권리

빈민에 대한 자선은 불쌍한 사람들을 위해 베푼다는 의미를 넘어 시민의 권리로 제정되어 사회복지정책을 통하여 사회복지 지위를 보장받게 되었다. 예를 들면, 우리나라의 경우 생활보호 대상자들에게 국민기초생활 수급권으로 변화하였다.

(3) 특수한 서비스 활동에서 보편적인 서비스 활동

사회복지의 대상인 빈민층에 속한 사회적 약자에서 대한 선별적 서비스에서 점차로 전체 국민들의 보편적인 욕구를 충족시키는 예방적 차원의 사회복지제도로 발전하게 되었다.

(4) 최저 기준의 달성에서 최적 기준의 달성

사회복지보장제도의 기준이 생활이 어려운 사람에게 필요한 급여를 제공하여 이들의 최저생활을 보장하고 자립을 지원하여 인간답게 살 수 있는 적정수준으로 변화하였다. 이러한 사회변화에 따라 빈곤에 대한 이해가 구조적이고 절대적 빈곤 개념에서 상대적 빈곤 개념으로 변화하였다.

(5) 개인적 개혁에서 사회적 개혁

과거에는 인간의 빈곤 문제의 원인을 개인의 게으름, 나태, 무지, 부적응, 불성실 등에서 기인했다고 하지만, 이제는 사회구조적 문제로 해결하려는 방향으로 변화하고 있으며, 현대사회에서는 치료와 더불어 예방까지 통합적 개념으로 그 범위를 확대하고 있다.

(6) 민간지원에서 공공지원

산업사회 이전의 사회복지는 자선조직협회와 같은 민간 후원단체 활동을 통해 주로 이루어졌다면, 산업사회로 발전하면서 현대사회에서는 여러 국가가 조세를 통한 정부의 개입으로 국가의 복지기능이 확대되어 사회복지의 공공지원이 확대되었다.

(7) 빈민구제에서 복지사회 건설

초기의 사회복지는 사회적 약자들에게 구제를 목표로 하였으나 현대사회에서는 사회복지제도를 통해 국민 전체가 다 함께 잘 살 수 있는 복지국가를 실현하기 위해 노력하고 있다.

5) 사회복지의 유사개념

(1) 사회복지와 사회사업

사회복지는 국민의 생활 향상과 사회 보장을 위한 사회 정책과 시설을 기반으로 프로그램 및 서비스 체계를 말하며, 사회사업은 이를 이루기 위한 사회사업가들의 전문적인 활동이다.

(2) 사회개발

사회 전반을 정치, 경제, 사회, 문화로 나눌 때 사회개발은 사회, 문화 부분으로 도시, 농촌, 주택, 교통, 보건, 공중위생, 사회복지, 교육 따위를 사회적으로 개발하여 국민의 복지 향상을 도모하는 일이다.

(3) 인간서비스

인간서비스는 사회복지를 포함하여 인간의 복지 증진을 위하여 행해지는 공중 보건, 정신건강, 사회서비스 및 법적 정의를 위한 활동 등을 포함한 포괄적인 활동을 말한다.

(4) 사회사업

사회사업은 인간관계 형성과 개인 및 집단과 공동체에 사회적 욕구 충족을 위한 제반 법률, 프로그램 및 서비스 체계이며, 다방면의 지식을 요구하는 응용과학이고, 사회사업가로서의 윤리적 자세와 인격적 특성이 강조되는 전문적인 활동이다. 처음에는 개인이나 자원단체에 의해 관리되어 왔으나 점차 산업화의 영향으로 확대되어 전문화되고 오늘날에는 공공기관에서 운영하고 있는 곳이 많다.

(5) 사회서비스

사회서비스란 개인 또는 사회 전체의 복지 증진 및 삶의 질 향상을 위해 사회적으로 제공되는 서비스를 말한다. 사회서비스는 국가 · 지방자치단체 및 민간부문의 도움이 필요한 사람에게 제공되는 인간다운 생활보장, 상담, 재활, 돌봄, 정보의 제공, 관련 시설의 이용, 역량 개발, 사회참여 지원 등을 총칭해서 사회서비스(social service)라고 한다. 아동, 청소년, 장애인, 여성, 노인, 다문화 가정 등의 대상별 서비스와 정신보건복지, 산업복지, 의료사회복지, 학교사회복지 서비스 등의 분야별 서비스로 나눈다.

(6) 사회복지사업

사회복지서비스라고도 불리는 사회복지사업은 우리나라와 일본에서 주로 사용되는 용어로, 사회복지라는 제도적 틀 안에서 제공되는 개별서비스라는 보다 제한된 의미를 말한다. 현행 우리나라의 「사회복지사업법」에 의하면 각종 복지사업과 이와 관련된 자원봉사활동 및 복지시설의 운영 또는 지원을 목적으로 하는 사업으로 되어있다.

(7) 사회보장

사회보장은 모든 국민이 다양한 사회적 위험으로부터 벗어나 행복하고 인간다운 생활을 향유할 수 있도록 자립을 지원하며, 사회참여 · 자아실현에 필요한 제도와 여건을 조성하여 사회통합과 행복한 복지사회를 실현하는 것을 기본 이념으로 한다. 사회보장이란 출산, 양육, 실업, 노령, 장애, 질병, 빈곤 및 사망 등의 사회적 위험으로부터 모든 국민을 보호하고 국민 삶의 질을 향상시키는 데 필요한 소득·서비스를 보장하는 사회보험, 공공부조, 사회서비스를 말한다.

(8) 공적부조

국가 및 지방자치단체는 생활이 어려운 사람에게 필요한 급여를 제공하여 이들의 최저생활을 보장하고 자립을 지원하는 국민기초생활보장제도이다. 또한 빈곤문제해결을 위한 노력이 종교기관과 민간 차원에서 자선적이며 구호적 차원에서 진행되었다. 국민기초생활보장정책, 의료급여정책, 재해구호정책, 의사상자 예우에 관한 정책 등을 들 수 있다.

(9) 사회복지서비스

국가나 지방자치단체 및 민간부문의 도움이 필요한 모든 국민에게 상담, 재활, 직업소개 및 지도, 사회 복지 시설 따위를 제공하여 정상적인 사회생활이 가능하도록 지원하는 제도이다. 사회보장은 공적부조, 사회보험, 사회복지서비스(사회서비스는 사회복지서비스와 같은 의미이다)로 구분된다. 사회복지서비스는 사회복지라는 제도적 틀 안에서 제공되는 개별사회서비스이다.

(10) 사회안전망

사회안전망(social safety net)이란 기존의 사회보장제도하에서는 보호를 받을 수 없는 사람들을 보호하기 위한 대책을 말한다. 모든 국민을 실업, 빈곤, 산업재해, 노령, 질병 등의 사회적 위험으로부터 보호하기 위한 제도적 장치이다. 개인의 실업자가 노숙자로 전락하는 것을 막기 위해 정부가 최소한의 생계를 유지할 수 있도록 지원하는 제도를 말하고, 넓은 의미로는 사회보장과 같은 개념으로 모든 국민이 안정된 생활을 보장하기 위한 정부와 민간의 여러 복지 프로그램을 말한다.

(11) 사회보험

「사회보장기본법」 제3조 제2호에 사회보험이란 국민에게 발생할 수 있는 질병, 실업, 장애, 사망, 소득상실 등의 사회적 위험을 보험의 방식으로 대처함으로써 국민의 건강과 소득을 보장하는 제도를 말한다. 사회보험은 국민건강보험, 국민연금보험, 고용보험, 산업재해보상보험, 노인장기요양보험 등이 해당한다.

(12) 복지사회 및 복지국가

복지사회(welfare state)는 모든 사람이 행복하고 인간다운 삶을 누릴 수 있도록 보장하고, 어떤 특수한 장애나 어려움에 있는 사람들을 보호해주는 사회를 말한다. 복지국가의 사회적 기반을 복지사회라 한다. 복지국가는 국민의 복지 증진을 목표로 하는 나라로써 국가기관이 완전고용, 사회보장제도, 사회복지정책을 통해 국민의 생존권 보장과 생활상의 행복을 증진을 위해 경제성장과 사회평화를 실현하는 국가를 복지국가라 한다.

복지사회를 실현한 대표적인 국가로는 서유럽의 영국 · 프랑스 · 독일 · 스웨덴 · 스칸디나비아반도 등의 국가를 들 수 있다. 현재 우리나라는 「헌법」에 생존권 · 환경권 · 행복추구권과 인간다운 생활을 할 권리 등을 규정하여 국민의 복지를 증진시키기 위한 제도적 근거를 마련하여 제반 급여가 권리로 부여된다.

(13) 사회복지정책 및 사회정책

사회정책은 소득보장, 건강보장, 주택보장, 교육보장, 교통, 환경보장 등 다양한 분야를 포함한 사회적 욕구나 문제를 해결하기 위한 국가정책을 말하고, 사회복지정책은 사회복지서비스와 사회보험 및 공공부조에 관련된 제도로써 정부나 지방자치단체의 재정 지출을 수반하는 공공정책으로 사회정책과 혼용되어 사용하는 용어이다.

3. 사회복지의 목적과 필요성

1) 사회복지의 목적

사회복지의 목적은 모든 국민의 인간다운 삶을 보장, 인간의 존엄성과 가치를 추구, 사회통합 구축, 살기 좋은 복지국가를 실현하는 데 있다. 이를 위한 사회복지의 일반적 목적, 사회적 목적, 사회복지실천의 목적으로 설명할 수 있다.

(1) 사회복지의 일반적 목적

사회복지의 대상은 개인과 국민으로서 누리는 사회복지의 일반적 목적은 인간의 생존권 보장, 자립과 자활의 증진, 정상화, 사회적 통합, 개인의 성장과 발달 등을 들 수 있다.

① 인간의 생존권 보장

대한민국 「헌법」 제34조 제1항은 '모든 국민은 인간다운 생활을 할 권리를 가진다' 라고 규정하고 있다. 사회복지의 목적은 무엇보다도 모든 국민의 인간다운 생활을 보장하는 데 있다. 그러므로 사회복지는 인간의 인권과 생존권 보장을 위한 최소한 요구이며, 법적 권리와 장치에 해당하며, 「헌법」 제34조를 실천하는 정책과 제도이다.

② 정상화

정상화란 신체적, 정신적, 정서적 장애를 가진 사람도 가족과 지역사회의 사회구성원으로서 인간욕구 충족과 인간다운 생활을 할 수 있도록 지원하는 것이다. 이는 생활유지 능력이 없거나 생활이 어려운 사람들의 편견과 차별을 감소시키며, 이들에게 자존감을 높여주고 능력을 발휘할 수 있도록 하는 것이 사회복지의 적절하고 설득력 있는 목적이다.

③ 사회통합

사회통합이란 사회구성원 간 또는 인간사회 내의 여러 집단과 조직, 단체, 기관들 간에 서로 사회생활에 적극적으로 참여하여 결속력을 갖도록 해주는 것을 말한다. 이는 현대 사회에서의 사회복지는 보호를 필요로 하는 개인을 사회에서 외면하지 않고, 경제적인 자립과 신체적인 재활을 도와주고, 더불어 살게 함으로써 사회통합을 이루려는 데 목적을 두고 있다.

④ 자립성의 증진과 성장 · 발달 추구

자립성의 증진은 보호를 필요로 하는 상태에 있던 개인이 사회 또는 국가에 대한 의존상태에서 벗어나 독립하여 삶을 스스로 영위하도록 하는 것은 사회복지의 기본목적에 해당한다. 사회복지는 사회보장제도와 함께 개인이 가족과 가족 · 지역사회 · 국가로부터 의존적 관계에서 벗어나 개인 스스로 독립적인 생활을 할 수 있도록 개인의 잠재력을 개발과 자기결정 원칙에 따라 급여와 서비스를 이용하고 개인 스스로의 삶을 영위할 수 있도록 지원하는 데 목적을 두고 있다.

(2) 사회복지의 사회적 목적

사회복지제도가 갖는 사회적 목적은 사회통합과 안정, 경제성장과 안정, 정치적 안정의 세 가지를 말할 수 있다.

① 사회통합과 안정

사회구성원들이 서로 갈등과 대립관계에 처해 있다면 그 사회는 혼란스럽고 불안정하여 인간들의 삶의 질이 떨어지고 매우 불안한 사회가 될 것이다. 이러할 때 사회복지는 개인의 힘으로 사회생활을 영위하기 어려운 사람에게 사회적 원조를 제공하여 경제적인 자립과 신체적인 재활을 도와주어 개인의 안정된 생활을 이룰 수 있도록 지원하여 개인의 사회통합과 사회 전체의 안정과 통합에 기여하는 것을 목적으로 한다. 또한 종교제도는 사회복지역사와 밀접한 관계를 갖고 인간사회에 사랑을 실천해 오면서 사회통합적인 기능의 구심적 역할을 하는 사회제도이다.

② 경제성장과 안정

사회복지가 경제성장에 미치는 영향으로는 생산적 고용 증진으로 이해하면 생산성의 향상으로 나타날 수 있다. 반면에 소비측면에서는 빈곤문제로 인해 구매력이 떨어진다면 사회는 빈곤층의 구매력 증진을 위해 사회복지제도를 확대시킬 것이다. 특히 사회복지의 재원조달은 세금이나 국가지원, 본인부담금은 경제성장과 안정에 영향을 크게 미친다. 세금은 사회문제를 이해하는 출발점이기도 한데, 세금을 어떻게 거둬들여 어디에 쓰느냐를 결정하는 일은 경기변동의 안정화에 영향을 미친다.

③ 정치적 안정

정치적 안정과 권력획득과 유지를 위해 사회복지가 정치적 기능을 가지고 있다. 때론 정치권에서는 막강한 권력을 활용하여 정당의 이익에만 집중하여 상대적인 국민의 삶에 불편함을 초래하는 지대한 영향을 준다. 이를 견제하기 하기 위한 정치적 채널의 공정화와 사회복지정책의 형성과 시행에 적극적으로 참여하여 국민의 복지증진을 위한 노력이 필요하다.

(3) 사회복지실천의 목적

사회복지실천은 도움이 필요한 사람에게 제공되는 인간다운 생활 보장, 상담, 재활, 돌봄, 정보의 제공, 관련 시설의 이용, 역량개발, 사회참여 지원 등을 위한 개별서비스이다. 대상별 서비스는 아동, 청소년, 장애인, 여성, 노인, 다문화 가정 등을 들 수 있고, 분야별 서비스에는 정신보건복지, 산업복지, 의료사회복지, 학교사회복지 서비스 등을 들 수 있다. 사회복지실천의 목적은 개인 대 개인, 인간과 사회환경 안에서 개개인이 인간다운 생활을 영위하면서 자기가 속한 가족과 사회에 적응하고 통합할 수 있도록 인적·물적 자원을 제공하여 인격발달을 도모하고, 사회적 기능을 향상시키는 목적을 가진 사회제도와 전문적 노력이라 할 수 있다.

4. 사회복지의 영역과 분야

1) 사회복지의 영역

사회복지는 다양한 차원과 복합적 개념을 갖고 그 시대와 사회적 환경을 반영하고, 그 영역은 끊임없이 변화를 거듭하며 발전하고 있다. 도움이 필요한 국민에게 보건, 의료, 교육, 주거, 고용, 문화, 환경, 경제, 정치 등의 영역을 포함한 사회복지의 영역이 다양하기 때문에 사회복지의 고유 영역을 규정하는 데는 한계가 있다. 최근 들어 사회복지 대상자가 사회적 약자의 보호를 기본으로 하면서 일반 국민과 지역사회의 보편적 욕구충족과 필요한 사회복지서비스 제공으로 확대되어 가고 있다.

(1) 사회복지 관련 법률

우리나라 「헌법」 제34조는 국가의 사회보장과 사회복지 증진에 대한 책임을 명시하고 있다. 이것은 사회보장을 제외한 사회서비스를 사회복지로 규정하고 있다. 「사회보장기본법」 제3조에서 사회복지 영역을 크게 공공부조, 사회보험, 사회서비스로 규정하고 있다. 또한 「사회복지사업법」 제2조에서는 「국민기초생활보장법」 등의 25개의 법률에 근거하여 제공되는 급여와 서비스로 규정하고 있다. 사회복지의 영역은 크게 공공부문의 사회복지와 민간부문의 사회복지로 구분할 수 있다.

(2) 사회복지와 사회사업과의 관계

사회복지(social welfare)는 모든 국민이 인간다운 생활을 영위하고 제반 문제나 사회적 욕구에 효과적으로 대처할 수 있도록 지원하는 사회제도로써, 개인 · 가정 · 집단 · 지역사회가 사회적 또는 개인적 만족과 독립을 성취할 수 있도록 원조하는 인간관계에 관한 과학적 지식과 기술을 바탕으로 한 전문서비스를 사회사업(social work)이라 한다. 사회복지와 사회사업의 실천영역은 서로 대립적 관계가 아닌 상호보완적 역할이 필요하다.

(3) 사회복지와 사례관리실천과의 관계

기존의 전통적인 방법인 개별사회사업과는 다르게 최근의 사회복지의 방향이 지역사회 차원에서 사례관리에 대한 적극적인 서비스 제공과 점검이 중요하게 부각되고 있다. 사례관리는 지역사회에 거주하는 장기보호를 요하는 클라이언트를 대상으로 개별상담, 치료와 옹호를 제공하는 다양한 대인서비스 실천방식이다. 사례관리의 특성은 통합적이고 포괄적인 서비스, 공식적이고 비공식적인 자원을 조정, 클라이언트에게 필요한 맞춤형 포괄적 서비스를 제공, 직접적이고 간접적인 서비스를 모두 포함하는 것이라고 할 수 있다.

2) 사회복지의 분야

(1) 공적부조: 국민기초생활보장제도 분야

공적부조란 생활이 어려운 사람에게 필요한 급여를 제공하여 이들의 최저생활을 보장하고 자립을 지원하는 제도이다. 공적부조인 국민기초생활보장제도, 차상위 계층에 대한 보호 · 지원, 보건복지콜센터(희망의 전화 129), 긴급구호제도, 자활지원사업, 푸드뱅크, 노숙인 및 부랑인 보호사업 등을 들 수 있다.

(2) 사회보험 관련 분야

사회보험이란 국민에게 발생할 수 있는 질병, 실업, 장애, 사망, 소득 상실 등의 사회적 위험을 보험의 방식으로 대처하는 제도로써 국민연금(특수직역 연금 포함), 건강보험, 고용보험, 산업재해보장보험, 장기요양보험 등이다.

(3) 노인복지 관련 분야

노인복지란 노인이 인간다운 생활을 영위하면서 자기가 속한 가족과 사회에 적응하고 통합될 수 있도록 인적 · 물적 자원을 지원하여 노년기의 삶의 질을 향상시키며 노인문제를 예방하고 해결하기 위한 활동을 포함한다. 기초노령연금, 노인일자리사업, 노인취업지원사업, 재가노인복지서비스(주간보호센터, 단기보호센터, 가정봉사원파견사업, 식사배달 및 밑반찬배달 등), 노인건강진단사업, 노인여가시설지원(경로당 등), 노인의 집 운영, 노인복지시설서비스, 경로우대 실시, 노인종합복지관 등의 노인복지 관련 서비스 프로그램, 노인장기요양보험 등이다.

(4) 장애인복지 관련 분야

장애인복지란 신체적인 면이나 정신적인 면에 장애를 가진 사람들이 신체적 · 심리적 · 사회적인 재활을 통하여 사회구성원들과 마찬가지로 인간다운 삶을 영위할 수 있도록 법적, 제도적, 사회적 보장과 지원을 행하는 활동으로써 장애인생활안정 지원(장애수당, 장애아동 부양수당, 자녀교육비 지원, 의료비 지원, 자립자금 대여, 보장구 지급 등), 장애인복지시설 운영(장애인생활시설, 작업시설, 장애인복지관, 주 · 단기보호시설, 장애인재활정보센터, 장애인공동생활가정, 생산품판매시설, 재활 병 · 의원, 시각장애인심부름센터, 수화통역센터 등 운영), 장애인이동권 보장 및 공공요금 할인, 각종 감면제도, 장애인복지관의 장애인 관련 서비스 프로그램 등이다.

(5) 여성복지 관련 분야

여성복지란 여성이 국가나 사회로부터 남성과 동등하게 권리를 보장받을 수 있게 하기 위해 가부장적 가치에 근거한 각종 차별적 사회복지법과 제도를 개선하고 여성 개인의 능력을 고양시킴으로써 여성의 인간다운 삶을 보장하기 위한 사회복지 차원의 정책적 실천적인 활동을 말한다. 저소득 모 · 부자가정 지원, 모자보건사업(임산부 및 영유아 건강검진 등), 출산지원사업(불임부부 지원사업, 저소득층 산모 · 신생아 도우미 지원사업 등), 여성장애인 관련 서비스, 여성교육, 결혼, 이주여성 및 자녀교육 지원, 여성복지시설 운영 및 서비스(모자보호시설, 모자자립시설, 미혼모시설, 성폭력상담소 등) 등이다.

(6) 아동복지 관련 분야

아동복지란 아동이 편안하고 행복하게 살고, 잠재능력을 최대 한도로 발휘할 수 있고, 신체적 · 사회적 · 심리적 발달과 보호, 아동들에게 혜택을 주기 위한 사회복지프로그램, 아동들을 위하여 제공되는 인간 서비스의 실천적 활동을 포함하는 포괄적인 모든 노력으로써 아동가정보호사업(국내 · 외 입양사업, 가정위탁사업, 소년 · 소녀가정 보호 지원 등), 아동학대 보호 · 지원, 아동급식 지원, 지역사회아동 보호, 그룹홈 보호, 아동 복지시설 운영 및 서비스(보육원, 일시보호시설, 아동보호전문기관, 지역아동센터, 공부방 등), 복지관 등의 아동복지 관련 서비스 프로그램 등이다.

(7) 청소년복지 관련 분야

청소년복지란 청소년이 정상적인 삶을 영위할 수 있는 기본적인 여건을 조성하고 조화롭게 성장 · 발달할 수 있도록 제공되는 사회적 · 경제적 지원을 말한다. 건전한 청소년 활동지원사업(청소년 어울마당 등), 청소년보호 · 선도 및 지원사업(청소년상담복지센터 운영, 청소년유해환경 정화 활동 등), 청소년문화센터 및 문화공간 관련사업, 방과 후 아카데미, 방과 후 공부방 및 학습지도, 학교사회복지, 복지관 등의 청소년복지 관련 서비스 프로그램 등이다.

(8) 병원 및 정신병원에서의 사회복지사업

의료사회복지는 의학과 협력하는 사회복지의 한 실천분야로 사회복지의 가치, 지식, 기술을 보건 분야와 결합한 것이다. 의료사회복지사는 환자의 질병치료와 관련하여 의사, 간호사, 약사, 다양한 분야의 의료기사, 병원의 행정직원 등과 협력적 관계를 유지하면서 활동하게 된다. 또한 병원의 의료적 치료를 보강하여 질병 치료과정에 어려움을 겪는 과정에 사회경제 및 정서적 문제해결에 도움을 제공하고, 퇴원 후 가정과 지역사회에서 적절한 사회화 기능을 발휘할 수 있도록 지원하는 역할을 한다. 의료사회사업, 정신의료사회사업, 정신건강사회복지사업 등이다.

(9) 기타 사회복지사업 분야

보육사업, 건강가정지원 등의 가족복지사업, 산업현장에서의 복지서비스(예: 기업체의 사내상담소 운영), 교정 복지(예: 교도소 재소자들에 대한 각종 상담 및 출소 후 안정적인 생활계획 및 지도, 사후관리 등), 사회복지전담공무원 확충, 학교사회복지사의 비전, 사회복지시설 및 기관의 확대, 기업체복지재단 확대(예: 삼성복지재단, LG복지재단, 아산복지재단 등), 각종 유료사회복지시설 확대(실버타운 등), 군(軍)사회복지 확대, 저출산고령화 대비 관련, 보건-복지-노동 연계 복지의 추진, 사회복지공동모금회의 사회복지사업 지원 확대, 대학사회봉사센터 확대, 인터넷 중독, 게임중독, 에이즈, 건강한 노화와 안락사, 인간복제, 인공수정으로 인한 대리모 문제, 동성애 등 새로운 사회적 위험과 문제에 대한 사회복지 실천적 개입의 필요성 증대되고 있다.

5. 사회복지학의 성격

사회문제의 해결 및 사회적 욕구의 충족을 위한 연구가 이루어지면서 사회복지학은 응용학문으로 다양한 학문과 밀접한 관계를 가지고 있으며, 사회복지와 인접한 학문으로 정치학, 경제학, 사회학, 심리학, 법학 등의 학문의 이론과 패러다임의 가치 등을 체계적 이론을 바탕으로 하는 학문이다.

1) 정치학과의 관계

정치학은 정부와 정치제도의 과정, 원칙, 구조에 관한 연구를 말하는데 사회복지 영역에서는 사회보장제도의 발달과 복지정책에 대한 정부의 역할 및 전달체계 발전에 막대한 영향을 주고 기초지식을 제공하고 있다. 정치적 권력의 다양성은 어떤 정치구조가 국민의 복지를 향상시켰는지에 관심을 갖고 자신들의 정치적 권력획득과 유지를 위한 수단으로 활용한다.

2) 경제학과의 관계

사회복지는 사회문제가 내포하고 있는 경제적인 측면이 사회복지의 기초라는 점에서 매우 중요하다. 경제학은 재화나 서비스, 생산, 교환, 분배, 소비하는 인간의 행동을 연구한다는 점에서 사회복지는 경제이론과 법칙에 대한 이해와 분석을 하며, 현재의 경제적 상황과 경향에 대한 정보를 활용할 수 있어 개인과 사회복지 프로그램에 미치는 영향을 인식하여 현재와 미래의 프로그램을 계획할 수 있어야 한다. 경제학은 인간의 행위 중에서 경제적 행위를 다루는 학문이지만, 사회복지학과 관련된 복지경제학은 바람직한 사회를 실현하고 사회적 복지를 증진시키는 것을 목적으로 사회변화에 다양한 지식과 자료를 제공한다.

3) 사회학과의 관계

사회학은 사회관계, 사회계층, 사회적 상호작용, 일탈, 문화 등을 연구하는 광범위한 학문으로 사회적 존재인 인간행동에 관심을 갖고 사회적 관계를 둘러싼 원인과 성격, 영향에 대한 과정을 중심으로 사회생활, 사회관계와 사회변천, 발전의 법칙을 연구하면서 사회경제적 계층에 관한 개념, 개인과 집단, 지역사회의 사회적 과정에 대한 개념, 가족의 역할 · 기능 · 구조 · 유형, 사회구조와 기능, 사회변동과 변화과정, 소집단 및 경제제도 · 정치제도 · 이데올로기 등의 사회제도에 관한 이론과 개념 제공은 사회복지문제와 밀접한 관계를 맺고 있기 때문에 이들에 대한 사회학적 접근은 사회복지학을 더욱 가치 있게 만들어 준다.

4) 심리학과의 관계

심리학은 개인 · 가족 · 집단의 문제와 해결방안을 찾는 데 절대적 영향을 미친다. 심리학은 인간의 행동 및 심리적 병리현상을 연구하고, 인간의 성격 · 인지 · 지각 · 행동 · 발달에 관한 과학적 이론들을 제시하여 사회복지학에서 개인의 문제와 해결방안 연구에서도 밀접한 관계를 갖고 심리학 전문가와 사회복지학 전문가가 서로 협력하는 분야이다.

5) 법학과의 관계

「헌법」과 사회복지의 관계는 국가의 근본 법률인 「헌법」에 기반하여 사회복지를 그 범위 안에서 성립한다. 이와 같이 법적 근거가 있어야 사회복지서비스를 실시할 수 있다. 국가는 개인의 인권을 인정하고 보장할 의무가 있다. 이러한 기본권 중에서 사회복지법과 밀접한 관계를 갖는 생존권적 기본권 및 사회권적 기본권이라 할 수 있다. 특히 현대사회의 급증하는 사회문제를 해결해야 하는 사회복지서비스 및 사회보장제도 확대를 위해서는 사회복지적 차원에서 법률 연구에 대한 지식과 노력이 필요하다.

학습목표

1. 사회복지의 가치와 윤리의 기본개념을 이해한다.
2. NASW의 윤리강령과 우리나라의 윤리강령을 비교하고 이해한다.
3. 사회복지 현장에서의 윤리적 딜레마에 대해 이해하고 해결방안을 이해한다.
4. 인권에 대한 개념과 사회복지와의 관계를 이해한다.

개 요

사회복지에서 가치와 윤리에 대해 이해하는 것은 사회복지를 실천하는 데 있어 매우 중요한 내용이다. 사회복지전문직의 윤리는 가치로부터 나왔기 때문에 가치와 윤리는 상호 연관되어 있으며, 사회복지전문직의 가치와 타 전문직의 가치 사이에 존재하는 공통점과 차이점을 명료화하기 위해 윤리강령이 요구된다.

사회복지사의 전문성을 확보하고 외부로부터 자신을 보호하는 기능을 수행함과 동시에 사회복지실천 과정에서 클라이언트의 권리를 보호하기 위해 미국사회복지협회와 한국사회복지사협회의 윤리강령을 제시한다.

사회복지현장에서 윤리적 딜레마가 발생하게 되는 주요 원인과 해결에 지침이 되는 로웬버그와 돌고프의 윤리적 준거틀 7가지를 제시한다.

CHAPTER 02

사회복지의 가치와 윤리

1. 사회복지의 가치와 윤리

1) 사회복지의 가치

가치란 어떤 사물, 현상, 행위 등이 문화와 집단 또는 개인에게 바람직한 것이라고 믿는 신념으로, '좋다(goos)'와 '소중하다(valuable)'의 내용을 포함하고 있다. 즉 바람직하다고 여기는 가치가 왜 바람직한 것인지 경험적인 방법으로는 검증될 수 없으며, '무엇이 좋은가'와 관련되어 있을 뿐, '무엇이 옳은가'와는 다른 개념이다.

사회복지에서의 가치란 사회복지실천을 구성하는 3대 요인[1] 중의 하나로, 사회구성원들이 좋거나 바람직하다고 여기는 믿음과 신념으로써 우리 삶에 있어 중요한 것,

1) 사회복지실천의 3대 요소: 지식, 기술, 가치

긍정적인 것, 참된 것들을 의미한다. 많은 사람들은 각자의 가치 기준이 무엇이냐에 따라 행동을 선택하게 되는데 그 기준에 대한 무게와 비중의 차이는 상이하며, 사회복지실천 영역에서의 많은 문제들 또한 가치의 기준과 밀접하게 관련되어 있다.

사회복지사의 활동에 직접적인 반영이 되는 핵심가치는 인간의 존엄성, 자기결정권, 개별성, 역량강화, 자율성, 평등, 사회정의 등 다양하게 제시되고 있으나 일반적으로는 레비(Levy, 1976)의 사회복지 전문직의 가치[2]를 중요시하며 다음과 같이 설명하였다.

(1) **사람우선가치:** 클라이언트에게 사회복지 전문인으로서 갖추어야 할 자세로써, 클라이언트가 존엄하고 고귀한 존재라는 것과 그들이 가진 독특성과 개별성을 인정하여 그에 부합되는 권한 또한 부여해야 한다는 것이다.

(2) **결과우선가치:** 클라이언트에게 바람직한 성취를 이루기 위해서 필요한 결과가 무엇인지를 알려주어 클라이언트가 인간답게 살 수 있고, 삶의 질을 향상시키는 결과를 제공하는 가치이다.

(3) **수단우선가치:** 사람우선가치를 실현하게 되는 방법이다. 즉, 서비스를 수행하는 방법과 도구에 대한 가치로써 클라이언트를 대하는 자세와 태도, 방법 등의 내용이 포함된다.

이 외에 재스트로(Zastrow, 1995)는 사회복지실천의 기반이 되는 가치에 대해 다음과 같이 제시하였다.

(1) **인간의 존엄성과 개별성:** 모든 인간의 정서적 · 신체적 · 사회적 · 경제적 등 다양한 측면에서 독특한 존재이다. 따라서 사회복지사는 클라이언트에게 놓인 상

2) 전문적 가치: 사회복지직이 전문직으로 인정되는 과정에서 실천 활동에 요구되는 가치로, 전문직 활동의 책임과 평가의 소재가 된다.

황의 개별성을 인정하고 존중해야 하지만 클라이언트가 사회적 · 도덕적으로 수용되기 어려운 상황일 때 개별성을 인정하기란 쉽지 않은 일이다.

(2) **자기결정권**: 클라이언트의 자기결정은 사회복지실천의 모든 과정에서 이루어져야 하는 기본 가치이며, 결정의 선택을 하게 함으로써 문제해결에 대한 책임과 의지가 클라이언트 자신에게 있음을 인식하게 해주는 과정이다.

(3) **비밀보장**: 비밀보장의 영역은 사회복지사가 사회복지실천과정에서 알게 되는 클라이언트의 모든 정보를 의미한다. 따라서 클라이언트의 동의가 없이 클라이언트의 정보가 노출되었을 경우 사회복지사는 법적인 제재를 받을 수 있다.

미국사회복지협회(National Association of Social Workers: NASW)는 사회복지전문직에 대한 6가지의 가치에 따른 윤리원칙을 설정하고 있다(노길희, 박일연, 2020).

(1) **인간의 존엄성과 가치 존중**: 사회복지사는 인간의 개인적 차이와 인종적 차이를 고려하여 인간의 천부적 존엄성과 가치를 존중한다. 사회복지사는 클라이언트의 자기결정권을 행사하도록 지원하며 클라이언트의 욕구충족을 위한 역량을 강화시키기 위하여 노력한다.

(2) **사회정의**: 사회복지사는 사회적으로 취약하고 억압받는 사람들을 위하여 그들과 함께 사회적 변화를 추구한다. 사회변화를 위한 노력은 다양한 형태의 사회적 불평등에 초점을 두고 빈곤, 실업, 차별 등의 균등을 보장하기 위하여 노력한다.

(3) **봉사**: 사회복지사는 욕구가 있는 사람들을 원조하고 사회문제를 해결하기 위해 자신의 지식, 가치, 기술을 사용한다. 이러한 봉사는 사회복지사 자신의 이익을 초월하여 자발적으로 제공하되 금전적 보상을 기대하지 않아야 한다.

(4) **인간관계의 중요성**: 사회복지사는 변화를 위한 중요한 매개체가 인간관계라는 것을 인식하여 모든 사람들을 원조과정에 파트너로 참여시킨다. 또한 인간과 지

역사회의 복지를 증진하고 회복 · 유지시키기 위한 인간관계가 강화되도록 적극적으로 노력한다.

(5) **통합성**: 사회복지사는 전문직의 사명, 가치, 윤리원칙과 기준을 인식하고 이에 부합하는 실천을 수행한다. 또한 사회복지사는 정직하고 책임 있는 행동을 하며 자신이 속해 있는 조직의 구성원으로서 윤리적 실천을 증진시킨다.

(6) **능력**: 사회복지사는 자신의 능력 범위 내에서 실천하며, 자신의 전문적 지식과 기술을 향상시키고, 이를 실천에 적용하도록 노력한다.

2) 사회복지의 윤리

윤리는 무엇이 옳고 그른가에 관한 것으로, 인간이 실질적인 선택과 결정을 해야 하는 순간에 필수적으로 작용하여 어떤 선택이 적절하고 부적절한지를 결정짓는 지침이 되며, 옳고 그름을 나타내는 판단기준으로 인간이 마땅히 지켜야 하는 도리이자 인간들이 추구하는 다양한 가치를 일관되게 행동하도록 지시하는 규범인 것이다(이형하 외, 2020). 즉, 윤리는 가치가 행동으로 출현하게 될 때 행동의 판단기준이 되므로 '행동화된 가치'라고 할 수 있다. 따라서 사회복지실천에서의 윤리는 복잡하고 다양한 실천현장에서 직면하게 되는 많은 윤리적 딜레마에 대하여 올바른 판단을 내리도록 도와주는 지침서인 셈이다.

사회복지실천의 윤리는 사회복지사의 전문성을 확보하고 외부로부터 자신을 보호하는 기능을 수행함과 동시에 사회복지실천의 모든 과정에서 클라이언트의 권리를 보호하기도 한다.

(1) NASW의 윤리강령

2017년 대폭 수정된 NASW의 윤리강령은 서문, 목적, 윤리적 원칙, 윤리적 기준 등 4개 영역으로 구성되어 있다(NASW, 2017).

① 서문

사회복지 전문직의 기본적인 사명은 취약하고 억압받고 빈곤한 계층의 욕구 및 능력에 특별한 관심을 두면서 인류의 복지를 증진하고 모든 사람의 인간으로서 기본적인 욕구를 충족시키는 데 도움을 주고자 하는 것이다. 사회복지의 역사적이고 개념적인 특징은 사회복지 전문직이 사회 환경 안에서 개인의 복지와 사회의 복지에 초점을 맞춘다는 것이며, 사회복지실천이 근본적으로 관심을 두는 것은 생활문제를 일으키거나 그에 영향을 미치고 심화시키는 환경요인에 주의를 기울이는 것이다.

사회복지사는 클라이언트(개인, 가족, 집단, 조직, 지역사회)를 위하여 그리고 클라이언트와 함께 사회정의와 사회변화를 촉진한다. 사회복지사는 문화 다양성과 인간의 다양성에 민감하여 차별 · 억압 · 빈곤 그리고 기타 유형의 사회 부정의를 없애기 위해 노력한다. 이러한 행동은 직접실천, 지역사회조직, 지도감독, 상담, 행정, 옹호, 사회적 및 정치적 행동, 정책 개발과 시행, 교육, 그리고 조사와 평가 등의 형태로 나타날 수 있다. 또한 사람들이 스스로 자신의 욕구를 다루는 역량을 강화하도록 지원하며 조직, 지역사회, 기타 사회제도가 개인 욕구와 사회문제에 대해 책임성을 증진하도록 노력한다.

사회복지전문직의 임무는 핵심가치에 기반을 두고 있다. 이 핵심가치들은 사회복지 전문직의 역사를 통해 사회복지사들이 견지해 온 것으로 사회복지실천의 독특한 목적 및 관점에 기반을 두고, 인간의 존엄성 및 가치, 사회정의, 봉사, 인간관계의 중요성, 통합성, 능력은 사회복지 전문직의 독특성을 반영한다. 핵심가치들과 그로부터 파생된 원칙은 인간경험의 맥락과 복잡성 안에서 균형을 이루어야 한다.

② 목적

첫째, 윤리강령은 사회복지실천 사명에 기반이 되는 핵심가치를 확인한다.

둘째, 윤리강령은 사회복지 전문직의 핵심가치를 반영하며 사회복지실천의 지침으로 사용되어야 할 일련의 구체적 윤리기준을 요약한다.

셋째, 윤리강령은 전문직 의무에 갈등이나 윤리적 불확실정이 발생할 때 사회복지사가 적절한 고려사항을 확인해 볼 수 있도록 제정되었다.

넷째, 윤리강령은 일반 대중이 사회복지 전문직의 책임으로 간주할 수 있는 윤리기준을 제공한다.

다섯째, 윤리강령은 신규 사회복지사에게 사회복지실천의 사명, 가치, 윤리기준, 윤리원칙을 사회화한다.

여섯째, 윤리강령은 사회복지사가 비윤리적 행위에 관여하고 있는지를 사정하기 위해 사회복지 전문직 자체가 사용할 수 있는 기준을 명확히 표명한다. NASW는 회원에 대해 제기된 윤리적 고충신고를 판결하기 위해 공식절차를 두고 있으며 회원은 이를 준수해야 한다.

③ 윤리적 원칙

첫째, 인간의 존엄성과 가치

둘째, 사회정의

셋째, 봉사

넷째, 인간관계의 중요성

다섯째, 통합성

여섯째, 능력

④ 윤리적 기준

클라이언트에 대한 윤리적 기준	사회복지사는 클라이언트에 대해 동반자로서 존엄성 관련 윤리적 책임을 가지고 비밀보장, 기록에의 접근, 부적절한 관계 등 의무조항과 금지조항 제시
동료에 대한 윤리적 기준	동료 관계와의 존경, 비밀보장, 협동, 동료의 손상에 대한 금지 등의 조항을 규정하고, 구도, 서면, 정보통신 수단을 통한 비방 금지 조항을 제시
실천현장에서의 윤리적 기준	슈퍼비전, 교육 및 훈련, 업무평가, 능력개발 등의 조항과 다중관계에의 개입 금지조항을 제시
전문가로서 윤리적 기준	사회복지사의 차별 · 사적 행위 · 사기 · 기만 · 잘못된 권유 등 금지조항을 규정
사회복지전문직에 대한 윤리적 기준	전문직으로서 성실성 평가와 조사 관련 의무조항을 규정
사회 전반에 대한 윤리적 기준	사회복지 제도, 사회적 · 정치적 행동, 공공의 긴급사태 등 관련 의무조항을 규정

(2) 우리나라 윤리강령

우리나라의 윤리강령은 2001년 개정되면서 실천적인 행동강령으로서의 모습을 갖추게 되었으며 전문, 윤리기준, 사회복지윤리위원회의 구성과 운영에 대한 내용으로 구성되어 있다(한국사회복지협회, 2001).

① 전문

사회복지사는 인본주의 · 평등주의 사상에 기초하여, 모든 인간의 존엄성과 가치를 존중하고 천부의 자유권과 생존권의 보장활동에 헌신한다. 특히 사회적 · 경제적 약자들의 편에 서서 사회정의와 평등 · 자유와 민주주의 가치를 실현하는 데 앞장선다. 또한 도움을 필요로 하는 사람들의 사회적 지위와 기능을 향상시키기 위해 저들과 함께 일하며, 사회제도 개선과 관련된 제반 활동에 주도적으로 참여한다. 사회복지사는 개인의 주체성과 자기결정권을 보장하는 데 최선을 다하고, 어떠한 여건에서도 개인이 부당하게 희생되는 일이 없도록 한다. 이러한 사명을 실천하기 위하여 전문적 지식과 기술을 개발하고, 사회적 가치를 실현하는 전문가로서의 능력과 품위를 유지하기 위해 노력한다. 이에 우리는 클라이언트 · 동료 · 기관 그리고, 지역사회 및 전체 사회와 관련된 사회복지사의 행위와 활동을 판단 · 평가하며 인도하는 윤리기준을 다음과 같이 선언하고 이를 준수할 것을 다짐한다.

② 윤리기준

기본적 윤리기준	• 사회복지사는 전문가의 품위와 자질을 유지하고, 클라이언트의 종교, 인종, 성, 국적, 경제적 지위 등의 이유로 차별대우하지 않는다. • 사회복지사는 클라이언트의 지불능력과 상관없이 서비스를 제공해야 하며, 이를 이유로 차별대우해서는 안 된다. • 사회복지사는 전문성 개발을 위한 노력을 해야 한다. • 사회복지사는 전문적 관계를 이용하여 경제적 이득을 취하지 않는다.
클라이언트에 대한 윤리기준	• 사회복지사는 클라이언트의 존엄성을 존중, 권익옹호, 자기결정권을 최우선 가치로 삼고 행동한다. • 사회복지사는 클라이언트와 부적절한 관계를 가지지 않는다. • 사회복지사는 적절한 논의 없이 동료나 다른 기관의 클라이언트와 전문적 관계를 맺지 않는다.
동료에 대한 윤리기준	• 사회복지사는 존중과 신뢰로써 동료를 대하며 사회복지 전문직의 이익과 권익을 증진시키기 위해 동료와 협력한다. • 사회복지사는 슈퍼바이저의 전문적 지도와 조언을 존중해야 하며, 슈퍼바이저는 사회복지사의 전문적 업무 수행을 도와야 한다.
사회에 대한 윤리기준	• 사회복지사는 인권존중과 인간평등을 위해 헌신해야 하며, 사회적 약자를 옹호하고 대변하는 일을 주도해야 한다. • 사회복지사는 서비스 개발과 사회정의를 증진하기 위한 사회정책에 적극적으로 참여해야 한다. • 사회복지사는 지역사회 문제를 이해하고, 해결하는 일에 적극적으로 참여해야 한다.
기관에 대한 윤리기준	• 사회복지사는 기관의 정책과 사업 목표의 달성, 서비스 증진을 위해 노력해야 한다. • 사회복지사는 기관의 부당한 정책이나 요구에 대하여 사회복지윤리위원회에 보고해야 한다.

③ 사회복지윤리위원회 구성과 운영

첫째, 한국사회복지사협회는 사회복지윤리위원회를 구성하여 사회복지윤리실천의 질적인 향상을 도모해야 한다.

둘째, 사회복지윤리위원회는 윤리강령을 위배하거나 침해하는 행위를 접수받아, 공식적인 절차를 통해 대처해야 한다.

셋째, 사회복지사는 한구사회복지사협회의 윤리적 권고와 결정을 존중해야 한다.

〈사회복지사 선서〉

나는 모든 사람들이 인간다운 삶을 누릴 수 있도록,
인간 존엄성과 사회정의의 신념을 바탕으로,
개인 · 가족 · 집단 · 조직 · 지역사회 · 전체 사회와 함께한다.
나는 언제나 소외되고 고통받는 사람들의 편에 서서,
저들의 인권과 권익을 지키며 사회의 불의와 부정을 거부하고,
개인 이익보다 공공이익을 앞세운다.
나는 사회복지사 윤리강령을 준수함으로써
도덕성과 책임성을 갖춘 사회복지사로 헌신한다.
나는 나의 자유의지에 따라 명예를 걸고 이를 엄숙하게 선서합니다.

2. 사회복지의 윤리적 딜레마 해결방안

1) 사회복지현장에서의 윤리적 딜레마

윤리적 딜레마는 사회복지사가 전문가로서 지켜야 하는 윤리적 의무와 책임이 서로 상충하게 될 때, 어떤 가치를 선택하는 것이 윤리적으로 옳은가를 판단하기 힘든 상태로써 사회복지사는 때때로 윤리적 딜레마에 빠지곤 한다. 윤리적 딜레마가 발생하게 되는 주요 원인은 다음과 같다(Lowenberg, Dolgoff, & Harrington, 2005).

(1) **상충된 가치**: 사회복지사가 두 개 또는 그 이상의 대립적 가치에 직면하였을 때 어떠한 가치를 우선적으로 선택할 것인지를 고민하게 되는 경우

> **사례)** 클라이언트에게 도움이 된다고 여기어 생활시설에 입소를 권하는 사회복지사(온정주의)와 입소를 거부하는 클라이언트(자기결정권)와의 상황

(2) **상충된 의무**: 사회복지사의 충성심과 역할에 대한 갈등으로써, 자신이 속해 있는 기관에 대한 의무와 클라이언트에 대한 의무 사이에서 고민하는 경우

> **사례)** 지방자치단체의 재정을 지원 받아 운영 중인 시설에서 근무하는 사회복지사(기관에 대한 충성심)에게 기관의 인근 주민들로부터 지자체에 쓰레기매립시설 설립 반대운동에 함께해 달라고 요청(사회복지사로써 클라이언트를 대하는 역할)하는 상황

(3) **클라이언트의 다중성**: 클라이언트가 다수일 경우 누구의 이익을 우선적으로 개입해야 하는지 고민하게 되는 경우

사례) 알코올 남용 중인 남편으로부터 가정폭력과 아동학대에 노출되어 있는 가족에게 개입해야 하는 상황

(4) **결과의 모호성**: 사회복지사가 내린 결정의 효과성이 모호하거나 결과가 불투명한 경우

사례) 미혼모의 경제적 · 사회적 · 정서적인 문제로 아이를 입양시키는 것이 옳은지에 대한 결정을 할 수 없는 상황

(5) **힘(권력)의 불균형**: 클라이언트는 도움을 받는 입장이고, 사회복지사는 도움을 주는 입장이기에 클라이언트는 사회복지사에게 의존하는 상하관계가 형성됨으로써 힘의 불균형이 일어나는 경우

사례) 의사결정을 어려워하는 클라이언트는 자신의 자기결정권을 포기하고 사회복지사의 의견에 전적으로 의존하는 상황

2) 윤리적 갈등의 해결

윤리적 갈등을 해결하기 위해 사회복지사가 고려해야 할 내용에 대해 로웬버그와 돌고프는 윤리 원칙 준거틀(Ethical Principles Screen: EPS)을 제시함으로써 윤리적 갈등상황에서 어떠한 원칙과 의무를 우선 적용해야 하는지 설명하였다. 이 윤리 원칙 준거틀은 갈등상황에 대해 윤리강령으로 해결되지 않은 경우에 최후의 수단으로 적용되며, 원칙에는 순서가 있어 여러 가지 원칙이 충돌하는 경우 상위의 원칙을 우선적으로 적용해야 한다.

(1) 윤리 1원칙: 생명보호의 원칙

인간의 생명보호가 다른 모든 것보다 우선한다.

(2) 윤리 2원칙: 평등과 불평등의 원칙

관계가 동등한 사람들은 평등하게 대우받아야 하며, 동등하지 않은 관계 자체로 인해 문제가 발생한다면 불평등하게 처우받아야 한다(생각의 마을, 2020).

(3) 윤리 3원칙: 자율성과 자유의 원칙

사회복지실천 과정에서 개인의 자율성과 자유를 존중하는 결정을 내려야 하지만 개인의 자율성과 자유도 자신이나 타인의 생명을 위협하는 경우에는 허용되지 않는다.

(4) 윤리 4원칙: 최소 손실의 원칙

손실만 초래될 가능성이 높은 선택에서 비록 손실이 발생하더라도 손실이 최소화되거나 쉽게 회복될 수 있는 것을 선택한다.

(5) 윤리 5원칙: 삶의 질 원칙

인간의 삶의 질을 더 향상시키는 기회를 선택해야 한다.

(6) 윤리 6원칙: 사생활 보호 및 비밀보장의 원칙

클라이언트의 사생활을 보호하고 사회복지실천 과정에서 알게 된 클라이언트의 모든 정보에 대해 다른 사람에게 공개해서는 안 된다.

(7) 윤리 7원칙: 진실성과 정보공개의 원칙

클라이언트 및 관련자에게 오직 진실만을 이야기해야 하며, 관련된 정보 또한 충분하게 제공 및 공개해야 한다.

3. 사회복지와 인권

인권은 고정불변의 개념이 아니기 때문에 개념을 정의하기란 쉽지 않다. 과거에는 인정받지 못했던 권리들이 지금에 와서는 인권으로 보장되는 것처럼 인권의 내용은 새롭게 등장하는 내용이 계속적으로 수정되고 있어 인권의 영역은 점점 확장되고 있다(권혜령, 2018).

먼저 인권(human right)에 대한 사전적인 의미를 살펴보면, 인간(人間)과 권리(權利)의 합성어로 '사람이라면 누구나 태어나면서부터 당연히 가지는 기본적 권리' 또는 '사람답게 살기 위해 필요한 것으로 당연히 인정된 권리' 등을 의미한다. 또한 1948년 12월 10일 UN 총회에서 선포된 「세계인권선언(Universal Declaration of Human Rights)」 전문에서는 "인류사회의 모든 구성원이 갖는 고유한 존엄성과 평등성을 양도할 수 없는 권리의 인정은 세계의 자유, 정의 및 평화의 기초이다."라고 밝히면서 인권을 "모든 인간이 존엄한 존재가 되기 위해 가져야 하는 당연한 권리"로 보았다. 우리나라에서는 「국가인권위원회법」 제2조 제1항에 "인권이란 헌법 및 법률에서 보장하거나 대한민국이 가입·비준한 국제인권조약 및 국제관습법에서 인정하는 인간으로서의 존엄과 가치 및 자유와 권리"로 정의하고 있다.

1) 인권의 유형

「세계인권선언」 출현 이후 구속력이 있는 인권규범이 요구되어 1966년 UN총회는 「경제적 · 사회적 · 문화적 권리에 대한 규약(A규약)」과 「시민적 · 정치적 권리에 대한 규약(B규약)」을 채택하여 1976년에 발효되었다(김혜영 외, 2020).

(1) 사회권(A규약)

경제적 · 사회적 · 문화적 권리는 사회적 평등과 배분적 정의를 기초로 하여 제한된 가치의 생산과 자원의 배분에서 형평성을 보장받는 권리이다.

- 자유로운 선택과 수락에 따라 노동을 할 권리
- 차별받지 않고 동일노동에 대해 동등한 보수를 받을 권리
- 공정하고 쾌적한 노동조건에 대한 권리, 연소자 노동 보호
- 근로시간의 합리적 제한. 정기적 유급휴일을 포함한 휴식과 여가를 가질 권리
- 노동자의 단결권: 노동조합을 결성 · 가입하며 자유롭게 활동할 권리
- 노동쟁의권과 파업권
- 사회보험을 포함한 사회보장에 대한 권리
- 가정의 보호 및 지원에 관한 권리, 적절한 생활수준을 영위할 권리
- 가능한 최상의 신체 및 정신 건강을 영위할 권리
- 교육받을 권리, 문화를 향유할 권리

(2) 자유권(B규약)

시민적 · 정치적 권리는 공적 권력이나 사적 억압으로부터 개인의 자유를 보호할 수 있는 권리이다.

- 생명권, 신체의 자유와 안전을 누릴 권리

- 차별받지 않고 법의 평등한 보호를 받을 권리, 남녀에게 동등한 권리 보장
- 고문과 잔혹하거나 비인도적 · 모욕적인 취급, 형벌을 받지 않을 권리
- 양심과 사상 및 종교의 자유, 표현의 자유, 집회와 결사의 자유
- 사생활 및 개인정보, 가족생활을 존중받을 권리
- 정치 활동을 할 권리
- 적법 절차에 따라 공정한 재판의 권리, 무죄추정의 원칙

2) 인권과 사회복지의 관계

(1) 사회권과 사회복지: ~에 대한 권리

경제적 · 사회적 · 문화적 권리로 국가의 책임과 의무를 강조하여 국가에 대해 적극적으로 제공할 것을 요구하는 적극적인 권리로 노동권, 복지권, 사회권, 문화에 대한 권리 등이 포함된다.

구체적으로는 사회보장에 대한 권리, 일할 수 있는 권리, 실업으로부터 보호받을 수 있는 권리, 유급휴가를 포함한 휴식과 여유를 즐길 권리, 교육을 받을 권리 등을 말하며, 이러한 권리는 일정 기준의 분재 정의에 따른 물질적인 가치에 대한 요구를 포함하고 있기 때문에 자원 배분에 대한 국가의 개입이 필요하다(국가인권위원회, 2018).

(2) 자유권과 사회복지: ~로부터의 자유

시민적 · 정치적 권리는 민주주의와 시민사회를 조직화하는 데 필수적인 기본적 자유를 말하며, 국가의 통치와 간섭으로부터 개인의 청지 참여 및 자유를 보장하기 위한 권리로 정부의 역할을 제한하는 소극적 권리이다.

구체적으로는 생명권, 비인도적 처우와 형벌의 금지, 강제 노동의 금지, 선거권, 참정권, 거주이전의 자유와 주거를 선택할 자유, 공정한 재판의 보장, 법 앞에서 인간다

운 대우, 사생활에 대한 개입금지, 사상, 양심, 종교의 자유, 의견과 표현의 자유 등을 말한다(국가인권위원회, 2018).

3) 인권 관련 법률

우리나라의 사회복지는 제도적인 개념으로 변화됨에 따라 복지권은 모든 국민에게 부여되는 시민권으로 변화되었다(김혜영 외, 2020).

(1) 헌법 제34조

① 모든 국민은 인간다운 생활을 할 권리를 가진다.
② 국가는 사회보장·사회복지의 증진에 노력할 의무를 진다.
③ 국가는 여자의 복지와 권익의 향상을 위하여 노력하여야 한다.
④ 국가는 노인과 청소년의 복지향상을 위한 정책을 실시할 의무를 진다.
⑤ 신체장애자 및 질병·노령 기타의 사유로 생활능력이 없는 국민은 법률이 정하는 바에 의하여 국가의 보호를 받는다.
⑥ 국가는 재해를 예방하고 그 위험으로부터 국민을 보호하기 위하여 노력하여야 한다.

(2) 사회보장기본법 제3조

① 사회보장이란 실업, 질병, 노령, 사망, 장애, 빈곤, 출산, 양육 등의 사회적 위험으로부터 모든 국민을 보호하고 국민 삶의 질을 향상시키는 데 필요한 소득·서비스를 보장하는 사회보험, 공공부조, 사회서비스를 말한다.
② 사회보험이란 국민에게 발생하는 사회적 위험을 보험의 방식으로 대처함으로써 국민의 건강과 소득을 보장하는 제도를 말한다.

③ 공공부조란 국가와 지방자치단체의 책임하에 생활 유지 능력이 없거나 생활이 어려운 국민의 최저생활을 보장하고 자립을 지원하는 제도를 말한다.

④ 사회서비스란 국가와 지방자치단체 및 민간부문의 도움이 필요한 모든 국민에게 복지, 보건의료, 교육, 주거, 문화, 환경 등의 분야에서 인간다운 생활을 보장하고 상담, 재활, 돌봄, 정보의 제공, 관련 시설의 이용, 역량 개발, 사회참여 지원 등을 통하여 국민 삶의 질이 향상되도록 지원하는 제도를 말한다.

⑤ 평생사회안전망이란 생애주기에 걸쳐 보편적으로 충족되어야 하는 기본욕구와 특정한 사회위험에 의하여 발생하는 특수욕구를 고려하여 소득 · 서비스를 보장하는 맞춤형 사회보장제도를 말한다.

학습목표

1. 서구의 사회복지 역사와 발달과정에 대해 이해한다.
2. 한국의 사회복지 역사와 발달과정에 대해 이해한다.
3. 사회복지의 구성요소와 체계에 대해 설명한다.

개 요

인류 역사를 살펴보면 어느 시대에서나 결핍의 문제는 존재해 왔으며, 이러한 결핍을 해소하기 위한 노력으로 사회복지가 출발하게 되었다. 이 장에서는 서구와 한국의 사회복지 역사를 살펴봄으로써 시대의 변화에 따라 사회복지를 정리하도록 한다.

또한 사회복지를 구성하는 각각의 요소와 그 기능을 파악하고, 체계의 의미를 이해하도록 한다.

CHAPTER 03

사회복지의 발달과정과 구성체계

1. 서구의 사회복지 역사

서구 사회에서 사회복지의 역사는 기독교 사상을 중심으로 한 자선활동과 중세의 장원과 길드를 중심으로 하는 지역공동체 활동에 그 기반을 두었다. 그러나 본격적인 사회복지는 구빈법을 기반으로 한 공공복지의 시작과 그 맥을 같이한다. 이 장에서는 구빈법시대, 사회보장시대, 복지국가시대로 구분하여 서구 사회복지의 발전과정을 살펴보도록 한다.

사회복지의 역사를 살펴본다는 것은 그 개념들을 정확히 파악하는 데 도움이 될 뿐만 아니라 후발국가의 경우 복지선진국들이 이미 겪었던 시행착오를 피할 수 있기 때문이다. 사회복지제도에서 선진국의 경험을 배우고자 하는 것은 "사회제도는 사전 실험이 불가능하기 때문이다(Joan Higgins, p. 19)." 이와 같이 복지선진국들의 역사를 살펴보는 것은 선진국들이 오늘날 안고 있는 제도상의 불합리한 면과 어려움들을 우리는 불필요하게 되풀이하지 않을 수 있고, 나아가서는 우리의 실정에 맞는 복지제도를 구현할 수 있을 것이기 때문이다.

1) 구빈법 시대

(1) 시대적 배경

중세 유럽은 백년전쟁(1338~1453)과 흑사병(黑死病; the Black Death, 1347~1349) 등으로 약 250만 명이 사망했다. 이 숫자는 당시 유럽의 인구의 약 1/3에 해당한다. 그 결과 유럽사회는 빈곤의 만연, 인구수의 격감, 군사력의 쇠퇴, 노동력의 감소를 가져왔다. 따라서 국가 재정은 극도로 어려워졌다. 이 당시 영국의 정치상황은 헨리 8세가 로마 교황청으로부터 영국 교회의 독립을 선언하고 영국 국왕이 영국 교회의 수장임을 규정하는 소위 수장령(首長令; Acts of Supremacy, 1534)을 발표하였다.

수장령의 표면상 이유는 헨리 8세의 이혼을 로마 교황청이 반대하는 것이었지만 정치적 배경은 교구와 수도원이 소유한 재산과 토지를 빼앗기 위함이었다. 결국 교회의 재산을 국가가 몰수하였지만 동시에 교회가 베풀던 자선도 고스란히 국가의 몫으로 떠안게 되었다. 이에 정부는 당시 만연하던 빈민들의 문제를 국가의존에서 제외시키기 위한 온갖 법령과 규칙들을 만들었다. 공공부조의 형태로 출발한 국가의 구빈제도는 유럽에서 자본주의가 형성될 때로부터 치안 및 실업대책의 의미도 포함되어 있었다. 노동력이 없는 자는 가족들에게 맡기거나 아니면 구빈원에 수용해서 부조를 받게 했다. 구빈대책은 위로부터 자혜(慈惠)에 지나지 않았다. 노동빈민은 천시 · 멸시를 당했고 가혹한 처우를 받으면서 살아갔다.

(2) 엘리자베스 구빈법(Poor Law of 1601)

영국의 엘리자베스 여왕 시대인 1601년에 집대성된 구빈법의 봉래의 제도를 조직화하고, 치안판사의 권한하에 구빈제도를 강제화한 것으로 유명하다. 이 법률은 그 후 모양과 내용을 바꾸어 가면서 1948년 국가부조법이 나올 때까지 존속되어 오면서, 오랫동안 노동자들의 증오의 표적이 되었다. 사실 구빈법 자체는 빈민을 위한 법이었다. 그럼에도 불구하고 많은 학자들이 빈민억압법이라고 비판하는 것은 법의 내용 때문이 아니라 법의 집행과정에서의 비인권적 태도 때문이었다. 엘리자베스 구빈법(Elizabethan Poor Law)의 주요 골자는 다음과 같다.

① 빈민구제에 대한 국가책임을 인식했다.

② 교회사업이 국가사업으로 바뀜에 따라 교회행정단위에서 국가행정단위로 구빈행정의 체제를 확립했다.

③ 본당단위로 주민들의 구빈세(poor rate)를 재원으로 사용했다.

④ 노동능력자와 노동무능력자를 구분하여 처우했다. 즉, 노동능력이 있는 빈민(the ablebodied poor)은 노역장(Workhouse)에 강제수용하여 이들에게 노동의 재료(아마 · 대마 · 양모 · 철 등)를 주어 노동을 강제하였다. 노동능력이 없는 빈민(the impotent poor)은 구빈원(Almshouse)에 수용하여 보호했고 지체장애인 · 노인 · 시각장애인 등을 국가예산으로 구제하였다.

⑤ 고아와 빈민아동에 대해서는 보호뿐만 아니라 직업교육을 실시하였다. 직업교육은 도제방식으로 실시했다.

사회복지의 근원을 흔히 1601년 엘리자베스 구빈법에서 찾는다. 그것은 이 구빈법이 최초로 빈민구제를 국가책임으로 인정하고 국세를 빈민구제사업에 투입하였기 때문이다. 그러나 이것은 당시 인권사상의 발전 때문이 아니라 수장령에 의해 교회 재산이 국가에 몰수되면서 교회가 수행하던 구빈사업이 국가로 넘어갔기 때문이었다. 이 때부터 국가는 구빈재정을 줄이기 위해 각종 시책을 창안하게 되었고 이것은 결과적으로 사회복지의 발전을 가져온 면도 있었다.

(3) 신구빈법(Poor Law Reform of 1834)

1834년에 개정된 구빈법은 1601년의 엘리자베스 구빈법과 구분하여 일반적으로 신구빈법이라고 부른다. 산업혁명이 막 시작된 영국사회에서는 지주와 자본가들의 이해를 조정하기 위해 빈민구제를 억제하는 방향으로 법을 개정하게 되었다. 이 법에 의하여 확립된 몇 가지의 원칙은 20세기의 사회보장제도가 확립되기까지 영국 공공부조의 기본원리로 간주되어 있는데 그 내용은 다음과 같다.

① **균일처우의 원칙**(The Principle of National Uniformity): 즉, 행정기구를 개혁해서 전국적인 행정수준의 통일을 도모한 것으로 구빈행정의 중앙집권화를 뜻한다.

② **열등처우의 원칙**(The Principle of Less Eligibility): 즉, 구빈대상자의 구제수준이 자활노동자들의 생활수준보다 높지 않아야 한다는 것이다.

③ **작업장 활용의 원칙**(The Principle of Workhouse System): 이것은 '노역장 강제수용의 원칙'이다. 즉, 원조를 억제할 수 있는 작업장 수용을 원칙으로 하고, 다만 병자 · 노인 · 허약자 · 모자가족에게만 원외구호를 허용했다.

그 외에도 빈민들에 대한 선거권의 제한, 보호청구권의 불인정, 사적 부양의무의 이행, 자산조사(means-test)의 실시 등을 규정하였다. 이것은 가능한 한 보호를 청구하지 않도록 하려는 데 목적이 있었다. 또한 빈곤의 원인을 게으름이나 독립심의 결여 등 개인의 도덕적인 결함에 있다고 보아 빈민을 범죄자와 같이 취급해서 억압했다.

(4) 빈곤의 국가책임 인식

구빈법(1601)은 봉건사회의 농촌 노동력과 농촌사회로부터 이탈한 부랑자에 대한 억압책이자 구제책이었다. 그러나 자본주의의 진전으로 도시의 노동자 계급이 등장했고, 이들의 열악한 생활조건, 만성적이고 주기적인 실업, 극도의 저임금, 열악한 위생과 보건 등 이전과는 질적으로 다른 새로운 사회문제가 야기되었다. 이에 신구빈법(1834)은 공적 구빈수준이 자신의 노동으로 생활하는 사람보다 낮아야 한다는 열등처우의 원칙, 작업장 입소 자격조사를 통해서 노동능력이 있는 사람은 작업장으로 보내고 원외구조를 폐지하였다. 그리고 행정의 중앙집권화와 통일 등을 중심 내용으로 하고 있었다.

신구빈법에 의해서 빈민구제의 비용을 줄이려는 목적은 달성되었지만, 17~18세기 당시 불어 닥친 대공황과 대량실업은 빈민의 수를 계속 증가시켰으며, 결국 빈곤문제는 자본주의의 진전과 함께 심각한 사회문제가 되었다. 이러한 빈곤문제에 대해 국가가 개입해야 한다고 생각하기 시작한 것은 1900년대에 와서다. 1930년대에 와서 비로소 영국에서는 오랜 역사를 가진 구빈법으로부터 근대적인 공공부조제도에로의 전환이 이루어졌다. 20세기 초 실업문제가 점점 더 심각해지자 개정 구빈법은 재검토가 불가피해졌고, 1948년 국가부조법이 제정됨으로써 구빈법은 완전히 폐지되었다.

(5) 자선조직협회와 빈곤조사

영국에서 사회보험이 도입되기 전 구빈법 시대가 퇴조하던 시기, 즉 19세기 후반 빅토리아 시대에 박애, 상호부조, 자조 등 민간활동이 활발하게 전개되었다. 대표적인 활동으로 자선조직협회와 인보관운동을 들 수 있다.

1869년 런던에서 자선조직협회(Charity Organization Society)가 설립되었다. 이 협회의 창립 목적은 구제의 중복과 누락을 없애기 위한 여러 자선활동의 조정, 환경조사와 적절한 원조 제공에 있었다. 중복 구빈을 피하기 위하여 연락기관이 설치된 것은 오늘날 지역사회복지로 발전했고, 빈민에 대한 철저한 환경조사는 가족사회복지 또는 개별사회사업으로 발전되었다.

한편, 자선조직협회와 함께 사회복지의 역사에서 중요한 의미를 갖는 인보관운동(settlement movement)이 전개되었다. 이 운동은 캠브리지대학과 옥스퍼드대학의 학생들이 주축이 되어 빈민들과 함께 생활하면서 빈곤문제를 해결하려는 일종의 사회운동이었다. 이들이 1884년 런던의 동부 빈민지역에 만든 토인비 홀(Toynbee Hall)은 세계 최초의 지역사회복지관이 되었다.

산업화와 도시화로 인하여 도시빈민들이 대량으로 생성되었지만, 일반 시민들은 여전히 빈곤의 원인을 개인의 게으름이나 도덕적 결함으로 돌렸다. 이때 부스(Booth)가 런던(London)시 빈민의 생활실태를 조사(1889)한 것과 라운트리(Rowntree)가 요크(York)시의 빈민들의 생활실태를 조사(1901)한 결과는 시민들의 상식을 뒤집어 놓았다. 즉, 이들은 체계적인 조사를 통해서 빈곤의 주된 원인이 게으름이 아니라 노령, 질병, 실업, 낮은 교육수준 등임을 밝혀냈다. 이러한 사회조사는 오늘날의 사회과학적 조사방법론으로 발전했다(원석조, 2002).

2) 사회보험의 시기

(1) 시대적 배경

17~18세기에 자유와 평등을 외치면서 일어나 미국 독립과 프랑스혁명의 여파로 봉건체제는 무너지고 영국에서 시작된 산업혁명은 근대자본주의 체제를 형성시켰다. 이렇게 시기적으로 시민혁명과 산업혁명이 발단이 되어 대지주와 영주로부터 자유권을 쟁취한 농민들은 해방을 얻어 도시로 모여들었다. 농민들의 도시 이주가 계속되자 노동력은 과잉공급을 가져왔고, 자본가와 노동자는 자유민 대 자유민으로서 계약자유의 원칙에 따라 노동계약을 맺었다. 노동력의 과잉공급 현상은 마침내 부녀자와 아동들까지도 산업현장으로 불러내었고, 시장경제의 원리에 따라 저임금과 노동시간의 연장을 초래했다. 이는 결국 커다란 사회문제를 유발했고, 국가는 공장법과 노동법을 재정하게 된다. 그러나 노동법만으로는 노동자들의 생활향상을 가져올 수는 없었다. 노동자들의 생활은 점차 더욱 빈곤해지고 사회문제는 날로 심각해져 갔다. 이에 발맞추어 사회주의운동이 격화되었다. 이런 상황 속에서 독일은 노동자를 중심으로 한 사회보험제도를 도입하게 되고, 이후 전 세계로 확산되어 오늘날 사회복지의 가장 중심적인 축을 형성하게 되었다.

이와 같은 사회보험제도의 도입에 영향을 미친 요인으로는 첫째, 산업화의 진전 및 자본주의적 생산관계의 정립을 들 수 있다. 즉, 자본주의적 임금 · 노동관계의 보편화로 인해 사회보험료를 낼 수 있는 계층이 광범위하게 확대되면서 사회보험의 가능성을 높였다는 것이다.

둘째, 노동계급의 성장과 보통선거권의 확대를 들 수 있다. 노동계급의 성장과 정치세력화는 더 이상 억압과 착취만으로 자본주의적 생산방식을 강요할 수 없는 상황을 만들어 냈으며, 이는 노동자와 그 가족을 대상으로 하는 각종 사회보험 프로그램을 도입하는 계기로 작용했다. 또한 19세기 중반 이후 확대된 보통선거권은 노동자계급의 정치적 지위를 향상시켜 이들을 위한 사회복지제도와 정책이 확장되는 계기를 제공했다.

셋째, 위기관리자로서의 국가의 성장을 들 수 있다. 국민국가의 성장과 국가행정체계의 성립이 전국적 단위의 사회보험 성립에 영향을 주었으며, 더 근본적으로는 자본주의의 주기적 공황의 발생으로 인해 위기관리자로서의 국가의 역할이 필요하게 되었다. 이로 인해 국가는 사회적 합의에 기반을 둔 각종 사회보험제도를 도입하는 데 중심적인 역할을 하게 되었다.

(2) 사회보험의 등장

이즈음 독일은 뒤늦게 통일국가를 형성하고 산업화를 막 시작하려던 시기였다. 당시 재상 비스마르크(Bismark)는 한편으로는 영국에서 격화되던 사회주의운동이 독일에 영향을 미칠 것을 우려하여 사회주의를 금하는 입법조치를 하고, 다른 한편으로는 노동자들을 무마하기 위한 수단으로 사회보험을 채택했다. 이것이 비스마르크의 유명한 '당근과 채찍'의 사회정책이었다. 이때 비스마르크가 채택한 채찍정책은 사회주의진압법(1878)이었고, 당근정책은 질병보험법(1883), 노동재해보험법(1884), 노령 · 폐질 · 유족연금보험법(1889)의 세 가지였다. 독일은 그 후 1911년에 생명보험법을 제정, 질병보험, 재해보험, 노동자연금을 통합 · 정비했다. 또 같은 해 직원보험법, 1923년 광부생명보험법, 1927년 직업소개 · 실업보험법을 제정하여 사회보장제도의 확충을 도모했다.

3) 복지국가의 재편과 발전의 시기

(1) 시대적 배경

복지국가란 국민의 복지를 국가의 가장 중요한 정책으로 삼는 나라, 즉 국민의 복지를 궁극적으로 국가가 책임지는 나라를 의미한다. 이러한 복지국가는 20세기 중반부터 서구 자본주의 국가를 중심으로 본격화되기 시작하는데, 주로 포괄적인 사회복지제도들을 도입하면서부터이다.

서구에서 복지국가가 출연하게 된 배경은 국가마다 다소 상이했으나, 대체로 다음과 같은 두 가지 상황이 중요하게 작용했다(김태성, 성경륭, 1999). 첫째, 자본주의 경제체제의 모순이 누적되면서 발생했던 대공황이다. 대공황은 대량실업과 이에 따른 빈곤의 문제에 대한 국가개입을 불러일으켰다. 1930년대 대공황으로 1935년 미국에 사회보장법이 제정된 것이 대표적인 사례이다.

둘째, 세계대전의 영향을 들 수 있다. 특히 제2차 세계대전의 여파로 사회복지정책과 프로그램의 발전이 나타났다. 전쟁은 기존의 모든 공적 · 사적 복지제도들을 작동 불가능한 상태로 만들어버려, 전후의 국가 개입과 책임은 당연한 것으로 되었다. 또한 국가들은 전쟁 시 효과적인 국민 동원의 수단으로 종전 후의 평화적 삶에 대해 보장을 하게 되고, 이런 과정에서 복지국가에 대한 계획이 만들어진 것이다. 이러한 경우는 바로 제2차 세계대전 당시 영국이 자국민들에게 한 복지국가의 약속은 이후 베버리지 보고서를 탄생시킨 사례에서 알 수 있다.

(2) 베버리지 보고서와 복지국가의 발전

베버리지 보고서(Beveridge Report)는 전후 사회개혁을 위한 영국의 청사진이었으며, 제2차 세계대전 직후 집권한 노동당은 그 보고서에 입각하여 복지국가를 만들어 나갔다. 이러한 베버리지 보고서는 영국에만 국한되지 않고, 프랑스 · 서독 · 스웨덴 등 서유럽 복지국가의 기틀을 형성하는 데도 큰 영향을 미쳤다.

베버리지는 "사회보험과 관련 서비스에 관한 보고서"에서, 국가재건을 위해 극복해야 할 5대 사회악(Five Giants)은 결핍 · 질병 · 무지 · 불결 · 나태라고 지적하고, 이의 극복을 위해 국민의 최저한 삶을 보장해야 한다고 주장했다. 이 외에 보고서의 주요내용을 살펴보면 다음과 같다.

① **동일갹출 · 동일급여**: 소득에 관계없이 보험료와 보험금이 동일해야 한다는 원칙이다.

② **행정책임 통합**: 지방사무소를 둔 하나의 사회보험금고로 관리 · 운영하고, 개인은 한 번 통합된 보험료를 납부하면 된다.

③ **적절한 급여**: 급여수준은 일상생활을 하는 데 충분할 정도가 되어야 한다는 원칙이다.

④ **적용범위의 포괄성**: 기본적이고 예측 가능한 모든 욕구를 해결해야 한다는 원칙이다.

⑤ **대상의 계층화**: 국민을 피고용자, 자영인, 전업주부, 기타 노동인구, 취업 전 청소년, 노동불능 고령자의 6개 집단으로 분류하고 이들 모든 국민의 욕구를 보장한다는 원칙이다.

한편, 베버리지는 사회보험이 성공하기 위해서는 세 가지 기본 전제조건이 필요하다고 했다. 즉, 가족수당, 포괄적인 보건서비스, 완전고용이 그것이다. 가족수당은 가족의 크기와 소득을 고려하여 결정되어야 하고, 보건서비스는 치료적일 뿐만 아니라 예방적이어야 한다고 주장했다. 실업은 실업수당의 비용과 그에 따른 임금 손실을 감안하면 가장 낭비적인 수단이므로 완전고용을 매우 중요한 전제조건이라고 했다.

베버리지 보고서는 실업 · 의료 · 출산 · 미망인연금 · 보호수당 · 장제비 등을 규정한 국민보험법(1946), 정부가 국민보건을 책임지고 의료서비스를 무상으로 제공하는 것을 골자로 한 국민보건서비스법(1946), 국민부조법(1948), 아동법(1948) 등으로 제도화되었다. "요람에서 무덤까지"로 칭송받는 영국의 복지국가정책은 바로 베버리지 보고서가 있었기에 가능했던 것이다.

각국의 사회보장제도는 특히 1960년대에 대폭적으로 확장되었다. 사회 · 경제상황의 변화에 따라 욕구가 증가하고 다양화되었을 뿐만 아니라 경제활동이 순조롭게 진행되어 이 시기에 사회복지분야에서의 자원배분을 늘리는 일이 가능했다. 그래서 대상범위의 확대, 격차의 시정, 급여의 개선, 새로운 제도의 도입 등이 이루어졌다. 그 반면 의료보험과 연금보험의 양 · 부문에 대한 비용의 증대가 두드러졌고, 동시에 1970년대 초 전 세계적으로 불어 닥친 석유파동으로 큰 타격을 받게 되어 많은 나라에서 사회보장제도의 개혁을 서두를 수밖에 없었다.

(3) 복지국가의 위기와 재편

1970년대 후반에 와서 유럽제국의 사회보장제도는 하나의 전환점을 이루었다. 1973년 석유파동이 발생한 이래 경제성장이 둔화되어 저성장의 어려운 여건 속에서도 인플레이션이 진행되고, 스태그플레이션(stagflation), 즉 불황하의 물가고를 맞게 되었다. 또 나라마다 실업자의 증가가 큰 사회문제가 되었다. 한편 인구의 노령화가 점점 나타났고, 여성의 사회진출이 현저해졌다. 이러한 현상들은 어느 것이나 사회보장제도에 큰 영향을 미쳤다. 이러한 이유들로 해서 각국에서는 급여를 줄이거나 또는 중단하는 것 등이 개혁 또는 조정조치로 나타났다. 그 대책의 중심적인 것은 우선 지출이 큰 의료 · 연금부문을 재정립하는 것이었다.

그것은 사회보험의 수입과 지출을 재조정하는 것이었다. 즉, 수입 면에서는 보험료의 인상, 일부 수혜자 부담의 증대를 단행했다. 그렇게 해도 부담이 한계에 다다랐다.

지출 면에서는 공공지출이 삭감, 의료비 증액의 억제, 의료공급체제의 통제 등을 실시하는 국가가 나타났다. 연금에 있어서도 서독 등과 같이 잠정적이긴 했지만, 연금액의 연동(sliding system)조정중지 등 대담한 조치를 취한 나라도 있었다.

그 외에 실업수당, 상병수당, 공공부조에 있어서도 이런 현상이 나타났다. 그 반면 가족수당, 사회복지서비스에 있어서는 더욱 충실해진 것도 있었다. 경제 · 사회정세의 변화에 대응하는 방식은 나라마다 다양했지만, 기본적으로 공통되는 점이 몇 가지 있다. 즉, 시책의 총합화, 자원의 유효이동, 지방에의 분산, 부담방식의 새로운 방식 도입 등이 그것이다.

이렇게 하여 당시 서독 등 일부 국가에서는 재정대책의 효과가 나타나기 시작했다. 프랑스에서도 역시 엄격한 조치가 계속되었고, 영국에 있어서는 그 후에도 여러 가지 면에서 더욱 자세한 조정을 실시했다. 이러한 현상에 대해 정당 및 관계 단체들로부터 많은 의견들이 속출했다. “복지국가의 재정은 파탄했다.”라는 소리도 있었지만 어떤 국가에서는 지금부터라도 복지에 관한 근본적인 재고가 있어야 한다고도 했다.

결과적으로 케인즈-베버리지에 근거한 복지국가의 정책은 위기를 맞게 되었고, 나아가서는 이러한 위기극복을 위한 돌파구를 찾아 각 복지국가들은 나름대로의 해결책을 모색하게 되었다. 이들 복지국가들이 추구한 해결책은 대개 3가지 경향으로 분류할 수 있다(Esping-Andersen, 1996: 31).

① 스칸디나비아 방식이다. 스웨덴과 노르웨이 등 스칸디나비아 복지국가들은 매우 포괄적이고 보편적인 사회복지 프로그램을 전개해 왔다. 이들 국가는 고용 확대를 통해 복지국가의 위기를 해결하려는 시도를 해왔다.

② 신자유주의적 방식이다. 1980년대에 미국과 영국을 중심으로 본격화된 이 방식은 규제완화를 주요 전략으로 삼고 있어 국가복지의 축소가 불가피하다.

③ 노동감축 방식이다. 독일, 프랑스, 이탈리아 같은 유럽 국가들은 노동유연성을 보장함으로써 지금 가지고 있는 사회보장의 기준을 기본적으로 유지하면서 기업활동을 최대한 지원하는 방식을 취했다.

복지국가가 앞으로 어떤 방향으로 나아갈 것인가를 예측한다는 것은 대단히 어려운 일이다. 자본주의 경제구조와 인구구조의 변화를 중심으로 각 국가에 적합한 복지국가 체제를 갖추어 갈 것이다.

2. 한국의 사회복지 역사

1) 근대적 사회복지사업의 효시

한국사회에서의 근대적 사회복지사업으로는 매스트르(Joseph Ambroise Maistre, 1808~1857) 신부의 성영회(聖嬰會; Saint-Enfant) 사업이 처음이다. 이것은 오늘날의 방식으로 표현하자면 아동위탁보호사업이다. 여기서 성영회('영해회'라고도 함) 사업을 평가해 보면 현대 사회사업의 특징을 잘 나타내고 있다. 첫째, 치료적인 면보다 예방적인 면에 치중하였고, 둘째, 과학적이고 전문기술적인 방법을 썼다. 셋째, 조직적이고 지속적인 사업이었으며, 넷째, 물질적인 구제보다 정신적 방향, 즉 물질 대신 지혜를, 돈 대신 직업을, 다시 말해서 자조자립의 방법을 가르쳐주는 데 두고 있었다. 성영회는 아이들을 단순히 기르기만 했을 뿐만 아니라 장래 성장해서 사회인으로 진출할 수 있도록 기술교육과 직업알선을 실시하였다. 이러한 점들로 볼 때 성영회 사업은 이미 훌륭한 현대적 사회복지사업이었음을 알 수 있다.

2) 시설사회복지사업

한국 천주교회는 1880년 버림받은 어린이들을 보살피는 위탁보호를 시행하였다. 이것은 이미 20여 년 전 성영회가 하던 것과 같은 방법으로 고아들을 돌보았다. 그러다가 서울 곤당골(미동=현 을지로 1가 미대사관 서편)에 기와집 한 채를 사서 영해원을 설립하여 보모를 두어 고아들을 보육하였다(한국샬트르성바오로수도회, 1973: 124). 그 후 1885년 3월 15일 곤당골에 '천주교고아원'을 개설하였다(한국샬트르성바오로수도회, 1973: 566). 이때 종로 똥골(東谷=현재 관철동)에 고아원 부설로 양로원을 함께 개설하였다. 이것이 한국 최초의 고아원과 양로원이었고 고아원은 오늘날까지 계속되어 오고 있다.

1888년 9월 8일 샬트르성바오로수녀회가 아동복지사업을 목적으로 한국에 진출하여 1888년 9월 8일 '천주교고아원'을 인수하였다. 1915년에는 고아원 운영비의 조달을 위해 한국 최초의 자선바자(Bazzar)를 열었다.

1910년 조선 총독부가 제생원을 세웠고, 1926년 조선사회사업가협회가 창설되었다. 1929년 조선귀족보호시설로 재단법인 창복회가 설립되었다. 1933년 조선총독부에서 발행한 조선사회사업개요에 의하면 당시 전국의 양로원 수는 9개였고 수용인원은 58명이었다. 1944년에는 조선총독부 구호령이 반포되어 생활이 빈곤한 임산부와 13세 이하의 아동을 대상으로 재가구호를 원칙으로 하고 예외를 위탁구호 또는 시설수용 등의 조치가 시행되었다.

3) 해방과 6 · 25전쟁, 그리고 공공부조의 시도 (1945~1950년대 말)

이 시기는 지주계급의 몰락과 신흥자본가의 등장, 본격적인 산업화 이전 단계로, 해방에서 정부수립, 한국전쟁 그리고 이승만 정권으로 이어지는 사회 전반의 혼란기였다. 미국의 후원을 입은 이승만 정권은 반공이데올로기를 바탕으로 한 권위주의 체제를 수립하여 일본으로부터의 해방보다는 미국과의 친화적 관계에 더 큰 비중을 두었다.

이런 정치 · 경제적 상황으로 인하여 이 기간 동안 국가복지는 논의의 대상이 아니었으며, 그 결과 중요한 사회복지제도의 도입이 거의 이루어지지 않았다. 이 시기의 사회복지는 전쟁난민에 대한 일시적인 구호가 주종을 이루었고, 그것도 국가가 아닌 외원기관이나 종교기관 등의 민간 사회복지기관에 의해 주도되었다. 고아와 기아 등을 위한 육아시설, 감화원과 양로원 등의 시설은 8 · 15 해방 후부터 1948년 3월 말까지 총 시설 수는 47개에서 127개로 증대하고 그 수용인원도 2,228명에서 7,832명으로 3배 이상으로 급증했다(함세남 외, 1996: 558).

6 · 25전쟁으로 피난민이 급격히 늘어나자 정부의 복지정책은 피난민을 위한 수용소 또는 급식소를 설치하는 일이었다. 1950~1951년간 일시에 생긴 이재민은 1,000만여 명에 달했다. 1 · 4후퇴로 남하하는 피난민이 부산에 집중되자 정부는 이들을 위하여 부산 각처에 피난민 수용소를 설치하여 수용하는 한편, 피난민 일부는 거제도로 이송하여 집단수용했다. 보사부는 이들을 구호하기 위하여 거제도에 보사부 분실을 설치하여 지방 관계관을 지도 · 감독했다. 당시 거제도는 원주민이 6만 명이었으나 이송된 피난민이 최고 20만 명까지 집단수용되어 피난민의 땅이 되기도 했다. 요구호자는 막대한 수에 달했지만 구호에 소요되는 자금과 물자는 크게 부족했으므로 정부로서는 재해로 인한 응급구호에 치중할 수밖에 없었다. 특히 아동, 노인, 임산부 및 유아를 거느린 부녀 등을 우선적으로 구호했다.

이 시기에 시설보호와 공공부조사업이 이루어질 수 있었던 것은 거의 전적으로 유엔(UN) 구호계획에 의한 구호물품과 세계 여러 나라로부터 보내온 기증금품과 외국 민간구호물자 덕분이었다. 특히 피난민을 구호하기 위하여 활동했던 외국 민간원조단체가 도입한 양곡 · 식료품 · 의류 · 의약품 · 연료 · 건축자재 등은 피난민의 정착에 크게 기여했다.

전쟁고아를 긴급구호하기 위해서 외국의 원조에 의존한 이 시기의 사회복지 역사는 향후 한국의 사회복지를 시설보호와 공공부조에 한정시키는 경향으로 이끌었다. 이 시기에 피난민을 긴급구제하기 위해서 복지행정을 담당하는 정부의 행정부서가 체계화되었고, 1947년부터 전문사회사업이 대학교육으로 도입되었지만 국가의 복지정책은 응급구호사업과 시설보호를 크게 벗어나지 못했다. 1948년 제헌 헌법은 생활무능력자에 대한 보호규정(제19조)을 두어 국가의 공공부조를 통한 국민의 생존권 보장을 명시하였으나 이는 명문화된 법조항으로서만 의미가 있었으며 실질적인 제도는 훨씬 뒤에 등장했다. 즉, 사회복지적 측면에서는 거의 의미가 없었으며, 일반적으로 복지에 대한 필요성이나 인식은 극히 미약했다.

이처럼 주체적인 사회복지정책의 수립을 기대하기가 어려웠던 것이 사실이지만, 기존 사회운동의 전통과 사회 각계각층의 성장된 의식화, 그리고 해방 후 특히 6 · 25전쟁 이후의 급속한 사회변동 속에서 점차 근대적인 사회관이 형성되어 근대적 사회복지도 이 같은 배경하에서 발전되어 나갈 계기를 맞고 있었다(한국복지연구회, 1985: 44).

4) 공공부조의 체계화와 사회보험의 시도(1960~1970년대)

1961년 쿠데타로 집권한 박정희 정권이 등장하면서 한국은 경공업에 기반한 수출주도형 산업화의 길을 걷게 된다. 본격적인 경제성장과 더불어 근대적 의미의 노동시장이 급속도로 형성되기 시작했고, 어떠한 임금수준과 노동조건하에서도 노동력의 공급은 거의 무한정으로 제공될 수 있는 시대적 상황을 배경으로 하고 있었다. 이런 상황에서는 고용 그 자체가 바로 최저생활을 보장하는 복지가 되었기 때문에 임금이나 노동조건의 개선은 전혀 사회적 쟁점으로 등장하지 않았다. 국가주도의 고도성장과 권위주의적 지배로 인해 소득불평등이 심각한 사회문제로 등장했으나, 박정희 정권은 유신체제를 선포하면서 정치영역과 경제영역에서 노동자들을 철저하게 배제하는 강압적 통제방식으로 일관했다.

아울러 국가는 분배문제에 대해 선성장 후분배 이데올로기로 일관했을 뿐만 아니라 복지문제에도 특별한 관심을 기울이지 않았다. 이 시기에 대량 복지입법이 있었으나 대부분 국가권력과 관련 있는 특수집단에 대한 혜택을 규정하는 것들이었다.

이 시기 공공부조에 관한 법으로는 생활보호법(1961), 군사원호보상법(1961), 국가유공자와 월남귀순용사 특별보호법(1961), 재해구호법(1962), 자활지도사업에 관한 임시조치법(1968) 등이 제정되었으며, 사회보험에 관한 법으로는 공무원연금법(1960), 선원보험법(1962), 군인연금법(1962), 산업재해보상보험법(1963), 의료보험법(1963), 국민복지연금법(1973) 등이 제정되었다. 또한 이 시기에 사회보장의 기본이 되는 사회보장에 관한 법률(1963), 아동복지법(1961), 윤락행위등방지법(1961), 사회복지사업법(1970) 등의 제정은 미약하지만 사회복지의 기초를 다진 것이었다. 그러나 당시 시행된 유일한 사회보험인 산재보험은 500인 이상 사업장을 대상으로 하여 사회정책의 포괄성을 충족시키지 못했으며, 의료보험 · 국민연금은 법 제정만 있었을 뿐 그 실시는 훨씬 뒤로 미루어졌다. 1961년의 생활보호법은 일제강점기하의 조선구호령을 그대로 답습한 것이었으며, 그 외의 입법들도 실효성이 극히 미약한 명목적인 것들이었다. 이러한 상황은 군사쿠데타로 집권한 정권이 그 정당성을 확보하기 위해 국민들의 환심을 얻고자 형식적으로 도입했기 때문이다.

5) 사회보험의 보편화(1980년대)

1980년대에 들어서면서 한국 산업의 중심은 저임금 노동을 기반으로 한 경공업에서 중화학공업으로 전환되었다. 1987년 민주항쟁과 연이은 노동자투쟁은 그간 억압된 사회체제에서 억눌려온 노동계급이 전국적 수준에서 광범위한 노동운동을 전개함으로써 정치적 · 사회적 · 경제적 차원에서 민주화를 가져오게 되었다. 이를 기점으로 군사정권 중심의 권위주의체제에서 형식적이긴 하나 민주체제로의 점진적 이행이 시작되었다. 아울러 노동계급에 대한 억압과 배제를 통한 체제에서 형식적 동의에 의한 체제로 변화되었다. 사회복지에 있어서도 배제적이고 억압적이던 반복지 전략으로부터 포섭전략으로 변화되어 국가 차원에서의 복지에 대한 정책을 마련하는 계기가 되었다. 그러나 사회복지와 관련하여, 당시 노동운동의 유일한 대표였던 한국노총의 최저임금제 도입 투쟁을 제외하고는 복지 확장에 대한 적극적 사회운동이 존재하지 않았다.

제5공화국 정부는 집권 후 '복지사회의 건설'을 국정지표로 내걸었으나, 복지의 획기적인 발전보다는 전반적인 전개를 지향했다(이혜경, 1983: 182). 그러나 비록 형식적이나마 복지국가 구현을 국정목표로 내걸고, 많은 사회복지 관련 법의 입법화 작업에 주력하게 되면서 최저임금제와 국민연금, 그리고 의료보험의 농어촌 확대 등은 사회보험을 중심으로 한 보편주의 복지제도의 본격적인 도입을 마련하는 시기이기도 했다. 1986년에 도입된 3대 보편주의 입법이 1988년부터 시행되었는데, 최저임금제도, 5인 이상 사업장 근로자를 대상으로 한 국민연금제도와 농어민을 대상으로 한 지역의료보험제도가 이것들이다.

3대 입법 외에도 산재보상법의 적용범위가 5인 이상으로 확대되었으며, 직장의료보험의 경우도 5인 이상 사업장으로 확대되었다. 1989년에는 모자복지법과 장애인복지법, 장애인고용촉진법 등의 사회서비스에 관한 법률들이 제정되었고, 영구임대주택을 포함한 200만호 주택건설사업이 시작되면서 지역사회복지관 사업이 본격화되는 계기를 마련했다. 또한 복지행정에도 획기적인 진전이 있어 1987년에 생활보호행정을 전담할 사회복지전문요원이 시범 임용되었다가 이후 점차 확대되었다.

1980년대 사회복지제도의 특징은 사회복지서비스 분야의 입법화 작업이라고 할 수 있다. 노인복지법 · 장애인복지법의 제정(1981), 유아교육진흥법 제정(1982), 사회복지사업법 개정(1983) 등이 이루어져 과거의 요보호대상자만을 위한 사회복지서비스가 아닌 전 국민을 대상으로 하는 제도적 변화를 시도했다.

이 시기에 사회보험이 전 국민에게 적용되고 사회복지서비스가 보편적 서비스를 지향하게 된 것은 노동조합, 여성운동단체 그리고 시민사회단체의 지속적인 입법청원운동이 크게 기여했다. 특히 1987년 학생, 노동자, 시민이 연대하여 권위주의 정부를 굴복시킨 6월항쟁은 전 국민의료보험, 국민연금, 그리고 최저임금제의 시행 등에 영향력을 행사했다. '선성장 후분배(복지)'의 논리가 더 이상 국민에게 설득력을 가질 수 없게 되고 복지권은 국민의 주된 관심사가 되었다.

6) 한국형 복지모델에 대한 모색기(1990년대 이후)

1990년대에 들어서면서 사회보장제도의 안정이 일정 정도 이루어지자 '한국형 복지'에 대한 모색이 시작되었다.

1995년에 「고용보험법」이 시행됨에 따라서 산업사회에서 가장 대표적인 4대 사회보험이 모두 시행되었다. 고용보험은 1997년 외환위기로 대량실업사태를 맞이하여 그 적용 대상자를 30인 이상 사업장에서 점차 확대하기 시작하여 현재는 1인 이상 모든 사업장에 적용되고 있다. 2000년 7월부터는 산업재해보상보험의 적용대상이 1인 이상 사업장으로 확대되었고, 2001년 7월부터는 건강보험도 1인 이상 사업장 종사자까지 직장에서 보험료를 내게 됨으로써 4대 사회보험은 보편적 제도로 정착되었다. 한편, 공공부조는 그동안 노동능력이 있는 연령층이라고 판단하여 생계급여를 하지 않았던 18세 이상 65세 미만 연령층에게도 최저생계비에 미치지 못할 경우에는 생계급여를 제공한다는 내용을 주요 골자로 하는 「국민기초생활보장법」(1999)이 2000년 10월부터 시행됨에 따라 국민의 최저생활을 국가가 보장할 수 있는 제도로 발전했다.

1987년 6월항쟁 이후, 국가는 전반적으로 개혁적 · 민주적 성격을 점차 강화시켜 왔지만, 근본적으로 온건 개혁적이고 자유주의적인 성향을 넘어서지는 못했고, 시장위주의 경제정책과 조세정책을 펼침으로써 재분배를 위한 적극적인 복지정책을 펼치는 데에는 한계가 있었다(정태석, 2002: 7). 정부는 1993년에 신경제 5개년 계획을 수립하고, 1995년에는 국민복지기획단을 구성하여 "삶의 질 세계화를 위한 국민복지구상"을 발표했다. 구체적으로 신경제 5개년 계획은 성장과 분배를 동시에 달성하는 '한국형 사회복지모형'의 개발을 추구하는 정책안을 제시했지만, 그 주요 내용은 생산적 복지의 추구, 민영화 및 지방화의 확대로 요약할 수 있다. 이에 따라 고용보험과 농어민연금 및 보육시설 확충과 같은 생산과 관련된 제도의 개선은 부분적으로 이루어졌지만, 생산적 복지에 대한 강조는 여타의 복지를 위축시키는 결과를 가져왔다.

7) 한국형 복지모델의 혼돈(混沌)기(2000년대 이후)

2000년대에는 진보정당에서 보수정당으로 정권교체가 이루어진 시기이다. 이러한 정권교체기에 사회복지가 정책의 핵심 이슈가 되었다. 모든 정당이 경제민주화를 외치면서 경쟁적으로 진보정당임을 내세웠다. 그러나 선거결과는 보수정당의 승리로 막을 내렸다. 복지에 대한 진보와 보수의 차이는 보편적 내지는 제도적 복지를 추구하는가 아니면 선별적 복지를 선호하는가에 따라 구분되고 있다. 사실 전문가의 입장에서 보면 어느 것이 더 좋다거나 나쁘다고는 말할 수 없다. 제도에 따라서 보편성을 강조해야 할 경우도 있고 선별적인 방법이 좋을 수도 있다. 이러한 혼돈 속에서 사회복지 서비스 법은 다양화되고 사회복지부문의 국가예산도 대폭 증대되었다. 그럼에도 불구하고 국민들이 체감으로 느끼는 복지혜택은 오히려 더 확보했다는 것은 제도 상호 간에 중복 또는 누락 부분이 있고 전달체계에 마비가 있기 때문이다. 선별성을 지나치게 강조하여 국민들의 자존심을 상하게 하는 점도 있었다. 복지는 향상되는 데 복지사각지대의 국민들이 자살하는 현상이 오히려 늘어나고 있음은 이를 단적으로 말해주는 것이다.

3. 사회복지의 구성요소와 체계

1) 사회복지의 주체

사회복지를 실천하는 주된 체계를 지칭한다. 일반적으로는 공공부문과 민간부문으로 구분되지만 실제 사회복지의 주체는 순수하게 공적부문과 민간부문으로 명확하게 구분하기보다는 매우 복잡하게 혼합되어 실시되고 있다. 중앙정부와 지방자치단체가 주체가 되어 실시하는 사회복지는 공적사회복지라 하여 민간사회복지보다는 광범위하고 무차별적으로 접근하는 것이며, 개인 또는 민간단체가 주체가 되어 실시하는 사회복지는 민간사회복지라 하여 공적 사회복지에 비해 보다 융통성이 있고 새로운 문제를 접하게 되었을 때 즉각적인 대안 수립이 가능하다는 특징이 있다. 이러한 민간사회복지는 점점 확대되어 법인의 형태로 운영되거나 종교단체, 기업체, 자원봉사단체 등에서 다양하게 운영되고 있다.

2) 사회복지의 객체

사회복지 객체는 사회복지 서비스를 제공받는 대상을 의미한다. 과거 사회복지 서비스를 제정받는 자를 흔히 클라이언트(client)라고 지칭하였으나 이 용어는 힘이 없는 자(the powerless) 혹은 의존자(the dependent)의 의미가 강하기 때문에 사회복지 객체는 서비스 이용자(service user)로 칭하는 것이 타당하다는 지적이 있다(Trevithick, 2011). 19세기까지 사회복지의 주된 객체는 노인, 장애인, 과부 등 시회적 약자와 빈곤층이었다. 그러나 현대사회에서는 산업화가 야기하는 실업, 사고, 환경오염, 퇴직 등 비복지 문제가 누구에게나 대두됨으로써 전 국민이 사회복지의 대상이 되고 있다. 그러나 모든 국민이 모든 사회복지 서비스를 동일하게 제공받는 것은 아니다. 한정된 재원을 효율적으로 사용하기 위해서는 욕구 수준이 상대적으로 높은 대상자를 선정하여 우선적으로 복지 서비스를 제공하게 된다. 즉, 현금을 지급하는 소득보장 서비스는 실직자와 은퇴자, 빈곤 가구에게 우선적으로 제공되며, 돌봄 서비스는 거동이 불편한 노인과 장애인에게만 제공된다. 이 경우 대상자를 가려내는 데 일정한 선정 기준이 적용된다.

3) 사회복지 접근방법

사회복지의 목적을 달성하기 위한 기술적인 방법으로 사회문제에 대한 개입은 정책론적 · 기술론적 · 통합론적 접근방법으로 구분할 수 있다(최성균 외, 2005).

(1) 정책론적 접근방법

사회의 제도로 인하여 발생하는 문제를 해결하기 위한 사회정책으로 보는 입장이다. 사회문제를 개인의 책임으로 보기보다는 국가와 사회의 책임으로 보며, 인간다운 생활을 보장하는 생존권 · 생활권적인 기본권에 기초하는 사회정책이다. 접근대상은 주로 노동문제 · 빈곤문제 · 사회문제 및 구조적 문제 등에 두고 있으며, 정책론적 접근은 사회복지 정책 · 보장 등으로 다루고, 사회보험제도와 공공부조제도 및 사회복지 서비스 그리고 사회복지 관련 정책 등을 포함하고 있다.

(2) 기술론적 접근방법

사회문제를 개인의 성격결함에 의한 성격구조로 보고 정신분석이론에 근거한 인간행동 이해를 통하여 인간관계의 조정기술로 접근하는 방법이다. 인간의 욕구를 위기나 문제적 상황으로 규정하며 부작용이나 부조정의 문제에 대한 심리요법이나 환경조정을 통하여 해결하는 방법이다. 미국의 실형주의사상을 기반으로 한 심리정신의학적 개별사회사업(Case Work)과 집단사회사업(Group work) 및 지역사회조직사업(comerumity organization) 등의 전문기술로 발전되고 확립되어져 왔다.

(3) 통합론적 접근방법

사회복지정책론적 접근방법과 기술론적 접근방법은 상호 대립적이지만, 실천면에서는 보완적인 측면이 강하다. 법이나 제도는 생활 전반적인 일정한 인간의 수준・범위를 다루게 되고, 복지 서비스를 필요로 하는 기술적인 면은 개별화된 원조활동을 통하여 제공되어져야 하는 것이다. 따라서 접근방법들 나름대로 특정한 상황에 맞는 문제해결을 위한 것이지만, 현실적인 방법으로 한 가지 방법만으로는 문제해결에 한계가 있다. 그러므로 각각의 방법을 잘 조화하고 통합시켜서 개별화된 서비스를 제공할 수 있는 통합적 발전을 이룰 때 사회복지실천의 목표를 달성할 수 있다.

4) 사회복지 자원체계

일반적으로 자원이라 함은 사회복지대상자인 개인, 가족, 공동체 구성원 그리고 국민 전체의 사회적 요구를 충족시키거나 그들이 당면한 문제를 해결해주기 위한 수단을 의미한다. 사회적 욕구를 적절히 충족하기 위해서는 충분한 수준의 자원이 확보돼야 함은 물론이다. 사회복지에 필요한 자원을 부담하는 주체의 성격에 따라 크게 공공(정부)자원과 민간자원으로 구분할 수 있다.

(1) 공공자원

공공부문이 제공하는 공공자원은 크게 일반예산, 사회보험을 위한 조세, 조세비용으로 나눌 수 있는데, 일반예산은 정부가 다양한 조세제도를 통하여 거두어들인 세금으로 이루어진다. 전 국민을 대상으로 하는 조세제도를 통해서 이루어지는 일반예산은 그 안정성과 지속성이 높으며, 조세제도에 누진적 성격을 가미함으로써 소득재분배의 효과도 거둘 수 있기 때문에 복지지원 중 그 중요성이 매우 크다(송근원, 김태성, 1995).

사회보험을 위한 조세는 사회보험제도를 운용하기 위하여 사회보험 가입자와 가입자의 피고용자에게 부과하는 기여금이다. 이러한 기여금은 국가에 의하여 강제로 징수되기 때문에 사회보험을 위한 특수목적세의 성격을 가진다. 실제 우리나라에서도 국민연금, 건강보험, 고용보험, 산재보험의 4대 보험에서 기여금을 부과하여 사회보험제도를 운용하기 위한 자원을 만들고 있다.

조세비용은 실제로 정부가 비용을 지출하지는 않지만 사회적 욕구에 해당하는 부분에 대하여 세금을 감해줌으로써 실제로는 비용을 지출한 효과를 얻는 자원이다. 예를 들면, 우리나라의 조세제도에서도 자녀 수에 따라 자녀양육비에 대한 일정 금액의 소득을 징수대상에서 감면해 주고 있다. 이 경우 정부가 직접 자녀양육비를 제공하지는 않았지만, 감세된 금액만큼을 자녀양육의 욕구를 가진 가구가 자녀양육에 대한 자원으로 사용할 수 있게 되는 효과를 거둔다.

(2) 민간자원

민간자원은 이용자 사용료, 기부금, 기업복지, 비공식자원(가족, 이웃, 친지 등을 통해 얻을 수 있는 자원) 등으로 나뉘는데, 이용자 사용료는 말 그대로 복지서비스를 이용하는 사람들이 부담하는 비용이다. 가령 건강보험 이용 시 내는 자기부담이나 2007년에 도입되어 확대되고 있는 바우처를 이용한 사회서비스의 경우에는 서비스 가격의 일정분을 서비스 이용자가 부담한다. 하지만 통상적으로 사회복지서비스를 이용하는 계층은 소득수준이 낮기 때문에 이용자사용료를 통해 축적되는 자원의 양은 많지 않다. 특히 우리나라에서는 대부분의 복지서비스가 무료로 제공되고 있기 때문에 더욱 그렇다.

기부금은 기업이나 개인이 자발적으로 사회복지를 위해 쓰도록 내는 자원이다. 이러한 자원은 현금일 수도 있고 현물일 수도 있다. 가령 사회복지공동모금회가 해당 연도에 모금한 금액이나 어느 기업에서 지역사회 푸드뱅크를 위해서 식품을 무상으로 제공하는 것은 기부금의 유형이다.

사회복지의 자원 중에는 기업이 그 종사자들을 위해 지출하는 것들이 있다. 예를 들면, 기업에서 제공하는 자녀학비보조, 사원주택, 직장보육시설, 퇴직연금 등은 기업복지를 통한 자원확보의 대표적 유형이다.

비공식 자원은 비공식적 관계망을 통하여 사회복지를 위하여 사용되는 자원이다. 비공식 자원 중 가장 대표적인 유형은 가족 내에서 이루어지는 자원의 교환이다. 예를 들어, 어르신의 부양을 위하여 자녀가 부담하는 부양비는 복지를 위해 쓰이는 비공식적인 자원이다. 이러한 비공식 자원은 가족 내에만 국한되는 것은 아니다. 이웃끼리 어려운 일을 당한 경우에 십시일반으로 돕는 것도 비공식 자원의 일종이다. 현대 복지국가에서는 공식적인 자원이 과거에 비공식 자원이 담당하던 많은 부분을 대체해서 해결하고 있지만, 비공식 자원은 여전히 복지자원으로서 중요한 역할을 한다. 특히 유교적 전통이 강한 우리나라의 경우는 비공식 자원의 중요성이 아직도 높은 편이다(최일섭, 2018).

5) 사회복지 전달체계

클라이언트들은 여러 사회복지기관들로부터 동시에 여러 가지 도움을 받아야 할 복합적 문제를 지닌 경우가 많다. 기초생활보장 수급권자의 경우는 저소득에 의한 생계유지의 어려움뿐만 아니라 주택불량, 가구원의 탈선, 교육기회상실, 건강결핍, 가족구성원 간의 불화, 사회부적응 등 다양한 문제로 어려움을 겪는다. 그렇기 때문에 정부의 공공부조서비스와 동시에 다른 공사 사회복지기관으로부터의 추가서비스를 필요로 하는 경우가 많다. 심신장애인의 경우도 장애와 관련한 의료서비스는 물론 재활에 필요한 특수교육, 직업훈련, 사회적응 등의 측면에서 여러 전문기관의 도움을 받지 않을 수 없다.

따라서 클라이언트 한 개인이나 가족에 초점을 두고 서비스효과를 극대화시키려면, 조직적 환경인 서비스 전달체계가 제대로 작동해야 한다. 다시 말해, 서비스를 제공하는 모든 사회복지기관들이 서비스 내용, 제공절차 등에서 유기적 관계를 유지해야 하는 것이다. 그와 같은 일체의 공·사 사회복지기관과 이들 기관의 서비스가 전달되는 전체의 연결망을 우리는 인간 서비스 전달체계(human services delivery system)라고 부른다(Friedlander & Apte, 1980: 181).

효과적인 사회복지서비스의 전달체계 구축을 위해 고려해야 할 기본 원칙에는 사회복지기관의 행정구조적 측면과 서비스공급자의 측면이 있다(서상목 외, 1988: 23-31). 행정구조적 측면이란 수급자의 욕구가 최선의 행정적 지원조건하에서 처리될 수 있도록 배려함을 의미하며, 서비스공급자 측면은 클라이언트에게 서비스를 제공하는 전문가들이 지켜야 할 수직들을 최대한 실천할 수 있도록 하는 여건조성을 말한다.

(1) 행정구조적 측면

사회복지기관이 수행하는 기능들의 효과성과 효율성을 극대화시키는 데 필요한 행정구조적 원칙들은 다음의 일곱 가지가 있다.

① 체계성의 원칙

사회복지기관 행정의 효율성을 고려한다면 행정상 위치에 따라 각각의 주 기능이 달라진다. 예컨대 보건복지부와 같은 상부체계의 주 기능은 정책결정과 관련된 계획 및 통제기능이 된다. 그리고 기획, 감독 및 지도를 맡게 될 중간체계인 시·도 단위에서는 책임기능 및 서비스 제공기능에 초점을 맞춘다. 시·군·구 및 읍·면·동 단위의 하부체계는 클라이언트와의 접촉을 가장 빈번하게 가져야 하는 초입기능 및 서비스 제공기능을 주로 맡게 되는 것이다. 따라서 이상적 전달체계는 상부로부터 하부 또는 하부에서 상부로 연결되는 기능상의 분담이 체계성과 일관성을 유지해야 한다.

② 전문성의 원칙

사회복지서비스의 제공과 관련된 제반업무는 그 특성에 따라 반드시 전문가가 해야 할 일과 그렇지 않은 것으로 구별될 수 있다. 예컨대 클라이언트의 욕구파악이나 진단, 그가 필요로 하는 서비스에 대한 판정 및 평가 그리고 자원봉사자의 관리 등과 같은 업무는 전문적 성질의 것이다. 그러나 기록, 보고서의 정리 및 보관, 현금 및 물품의 전달, 수급자의 소재파악 그리고 타 기관의 위치파악 및 업무소개 등은 전문가의 감독하에 비전문라도 할 수 있는 것이다. 따라서 전문가의 채용에 수반되는 높은 인건비를 절약하려면, 우선 해당 기관의 업무를 전문적인 것과 비전문적인 것으로 구분하여 전문가의 필요성이 낮은 업무는 최대한 비전문가에게 맡기는 것이 좋다. 그리고 경우에 따라서는 전문가조차 전문가(pro-fessional)와 준전문가(semi-professional)로 구분함으로써 행정비를 절감시킬 수 있다.

③ 책임성의 원칙

사회복지가 사회의 한 제도라는 것은 서비스 공급자는 반드시 규정에 맞는 절차를 따라야 할 의무가 있다는 의미이다. 그것을 전달세계의 책임성이라고 부르는데, 책임성의 문제는 서비스의 효과성과 밀접하게 관련된다. 사회복지서비스의 책임자가 구체적으로 누구에 대해 책임을 지는가에 관해서는 ㉠ 사회에 대한 책임, ㉡ 클라이언트에 대한 책임, ㉢ 전문가협회에 대한 책임 등 세 가지로 나누어 생각할 수 있다.

사회에 대한 책임이란 사회로부터 사회복지기관이 위임받은 소정의 기능을 적절히 수행해야 하는 책임을 의미한다. 예를 들면, 실적평가 또는 감사결과, 업무태만과 같은 사실이 발견되었을 때, 해당 기관에 대해 명확하고 신속하게 책임을 물을 수 있는 행정체계가 되어야 한다는 뜻이다. 클라이언트에 대한 책임은 그의 욕구를 최대한으로 해결해야 할 책임을 의미한다. 이러한 책임을 완수하려면, 전문가의 능력 또는 근무태도 등에 대한 클라이언트의 불만이나 비판이 자유롭게 표현될 수 있어야 한다. 그리고 이후 적절한 후속조치가 뒤따를 수 있는 행정체계를 갖추어야 한다. 마지막으로, 전문가협회에 대한 책임은 전문가로서의 윤리강령을 준수하고 전문가다운 지식과 기술을 지속적으로 연마하고 발전시킬 책임을 의미한다. 예컨대 전문가로서의 무능력이나 비리가 드러나면, 그에 따른 행정적 처벌은 물론 전문가협회가 해당자의 자격증을 박탈하는 조치까지 취할 수 있어야 한다.

④ 접근용이성의 원칙

사회복지서비스를 필요로 하는 사람이 필요한 때 편리한 곳에서 해당 서비스를 받을 수 있는가 하는 문제는 매우 중요하다. 서비스공급의 시기가 늦어진다면 클라이언트의 문제가 그만큼 더 악화되어 서비스의 효과가 떨어지기 때문이다. 뿐만 아니라 그 문제의 악영향이 크게 파급될 가능성도 높아지기 때문이다. 서비스가 제공되는 위치와 장소도 마찬가지이다. 자신의 문제해결을 위해 도움 받기를 원하지만 어디로 찾아가야 좋을지 모르는 경우가 허다하다. 설사 알고 있다 하더라도 그 장소가 원거리에 위치한다든지, 혹은 찾아가보고 싶은 마음이 내키지 않을 수도 있다. 그렇게 된다면, 결국 서비스와 복지대상자의 욕구는 별개로 존재하여 상호연결이 될 수 없다. 이때 서비스와 욕구의 연결상태를 접근용이성이라고 부른다.

전달체계상의 접근용이성은 클라이언트 측면과 서비스 공급자 측면으로 나누어 생각해 볼 수 있다. 클라이언트 측면에서 본다면, 사회복지서비스에 대한 필요성을 느낄 때 용이하고 편안하게 접근할 수 있는 전달체계가 만들어져야 한다. 이는 지리적으로 서비스를 공급하는 장소가 자신의 거주지로부터 교통이 편리한 곳에 위치할 뿐만 아니라 심리적으로도 소외의식이나 차별적 대우가 없다는 느낌을 줄 수 있는 곳이라야 한다. 반면 사회복지사의 입장에서 볼 때, 문제를 안고 있으면서도 사회복지기관의 이용을 기피하거나, 무지로 인해 사회복지기관의 존재를 전혀 모르는 수급자가 있을 수 있다. 이런 경우를 대비하여 사회복지기관은 잠재적 수급자를 발견해낼 수 있는 전달 체계를 갖추어야 한다.

⑤ 통합성의 원칙

사회복지서비스는 행정의 편의상 그리고 전문성 문제 때문에 다양하게 분산되어 있는데 이러한 현실은 자칫하면 여러 개의 서비스기관이 각기 독립적으로 동일한 클라이언트에게 서비스를 공급함으로써 서비스 효과를 저하시키고 자원을 낭비하는 문제를 야기한다. 이와 같은 부작용을 없애려면, 다양한 서비스를 통합하여 관리할 수 있는 책임기관을 선정하거나 책임전문가를 선정할 필요가 있다. 그리고 사회복지 계획 및 자원의 배분과 업무수행 시, 관계기관 및 관계자 간의 협조 · 조정이 원활하게 이루어질 수 있도록 세심한 배려를 해야 한다. 최근에는 이러한 통합조정의 문제를 해결하기 위하여 우리나라에서도 원스톱서비스 센터나 통합사례관리 등 지역사회의 다양한 복지자원을 통합하고 조정하고자 노력한다.

⑥ 지역사회참여의 원칙

현대사회의 사회복지문제는 공식적 사회복지체계만으로 해결하기에는 서비스의 양과 질이 모두 부족한 것이 사실이다. 다시 말해서, 비공식적 사회복지체계의 복지기능을 결코 과소평가할 수 없다. 그러나 이상적 관점에서 보면, 공식적 체계가 비공식적 체계를 최대한으로 수용, 활용해야 하는 것이다.

⑦ 조사연구의 원칙

앞에서 열거한 사회복지기관의 주요 기능 중 하나인 계획 및 통제기능을 수행하기 위해서는 조사 및 연구의 필요성이 지대하다. 조사와 연구를 필요로 하는 활동영역으로는 표출된 욕구를 해결하기 위한 적절한 프로그램의 개발, 잠재된 욕구를 발견하는 노력, 서비스의 효과성과 효율성을 평가하는 기술의 개발, 사회적 보호의 질을 개선시킬 수 있는 전문적 임상기술의 개발, 서비스의 관리 및 운영기법의 개발 등 여러 가지가 있다. 한마디로 사회복지서비스의 전문화는 바로 이 조사 및 연구활동의 성패에 달려 있다. 따라서 사회복지서비스의 전달체계는 조사 및 연구기능을 극대화시킬 수 있도록 구성되어야 한다.

(2) 서비스 공급자 측면

행정구조적 측면이 다소 포괄적인 데 반해 서비스공급자의 측면은 주로 직접 서비스 제공기능과 관련된다. 특히 하부 전달체계에서 지켜야 할 원칙으로 다음의 다섯 가지 원칙이 있다.

① 평등성의 원칙

이 원칙은 모든 국민이 사회복지서비스를 신청 또는 이용할 수 있는 권리를 부여받을 수 있음을 규정하는 것이다. 즉, 클라이언트들은 성, 연령, 지역, 종교, 인종, 지위 및 소득과 관계없이 필요로 하는 서비스를 받을 수 있어야 한다는 것이다. 다만, 복지자원의 희소성을 고려하여 사전에 공개적으로 규정된 적격 여부나 전문가의 전문적 진단에 따라 서비스의 제공이 제한될 수도 있다. 그러나 이러한 경우에도 서비스의 신청자 또는 당사자가 그 제한의 배경을 충분히 납득할 수 있어야 하겠다.

② 자활목표의 원칙

사회복지서비스의 궁극적 목표는 클라이언트로 하여금 사회복지서비스의 필요성을 줄여주거나 해소시킴으로써 자립 또는 정상적 사회복귀를 가능하게 해주는 것이다. 따라서 자립능력을 완전히 상실한 상태에 있는 클라이언트를 제외한다면, 대부분의 수급자들은 일시적 클라이언트에서 서비스가 종료될 수 있도록 해야 한다.

③ 적절성의 원칙

클라이언트는 앞에서 언급한 서비스의 궁극적 목표인 자활을 성취하는 과정에서 필요로 하는 충분한 서비스의 양과 질을 공급받을 수 있어야 한다. 어느 정도의 서비스가 필요하고 적당한가에 대한 판정은 매우 어려운 작업이다. 사회적 욕구에 대한 객관적 측정이 사실상 불가능하지만 이러한 상황에서 클라이언트 자신이 바라는 인지적 욕구와 전문가가 판단한 규범적 욕구 간에는 불일치 현상이 종종 발생하게 된다. 그럼에도 불구하고, 필요한 서비스의 양과 질에 대한 최종판정은 전문가의 고유권한이다. 그렇기 때문에 이상적 전달체계는 전문가의 인지적 욕구와 규범적 욕구를 최대한으로 조화시킬 수 있도록 보장해야 한다.

④ 포괄성의 원칙

복지와 관련된 문제를 가진 사람일수록 욕구는 보다 다양하다. 그렇기에 클라이언트들이 필요로 하는 서비스도 다양해질 수밖에 없다. 서비스에는 교육, 의료, 주택, 소득, 사회적응뿐만 아니라 예방을 목적으로 하는 서비스가 있는가 하면 치료를 목적으로 하는 서비스가 존재하는 등 서비스의 성격도 다양하다. 따라서 이상적 전달체계는 클라이언트의 다양한 욕구를 처리할 수 있게 구성되어야 한다.

⑤ 지속성의 원칙

클라이언트가 다양한 서비스를 이용함으로써 점차 정상화에 접근해가는 발전과정에서, 특정 기간별로 필요한 서비스의 종류와 양은 달라진다. 서비스공급자인 사회복지사가 클라이언트의 변화과정을 면밀히 분석·평가하는 인내심을 가져야 한다. 그 말을 클라이언트 입장에서 해석하면, 자활의 목표가 성취될 때까지 모든 서비스는 자활이라는 목표를 중심으로 통합되고 지속되어야 한다는 것을 의미한다. 따라서 지속성 원칙은 앞에서 설명한 포괄성의 원칙이나 통합성의 원칙 그리고 적절성 원칙과도 밀접히 관련되는 것이다.

학습목표

1. 사회복지실천과 실천기술의 개념과 특성을 설명한다.
2. 사회복지실천의 기본원칙을 제시한다.
3. 사회복지실천의 과정을 분석한다.
4. 사회복지실천의 대상을 이해한다.
5. 사회복지실천 현장과 사회복지사의 역할을 요약한다.

개　요

사회복지실천과 실천기술을 통하여 사회복지실천과 실천기술의 개념과 특성 설명하며 사회복지실천의 주요 개념은 사회정의와 사회복지의 목적이라고 할 수 있다. 사회복지실천의 기본원칙을 제시하며, 사회복지실천은 고객 또는 서비스 대상자 중심으로 이루어진다. 사회복지실천의 과정을 통해 사회복지실천은 다양한 단계와 절차를 거치는 과정으로서, 개인이나 커뮤니티의 복지를 증진시키기 위해 수행되는 다양한 활동들을 포함한다. 사회복지실천의 대상은 다양한 사회적 어려움과 불평등에 직면한 개인, 가족, 공동체, 혹은 특정 집단들을 포함한다.

그리고 사회복지실천 현장과 사회복지사의 역할에서 볼 때 사회복지실천 현장은 다양한 사회적 어려움과 불평등에 직면한 개인, 가족, 공동체, 혹은 특정 집단들에 대한 실질적이고 전문적인 지원을 제공하는 곳이다.

CHAPTER 04

사회복지실천과 실천기술

1. 사회복지실천과 실천기술의 개념과 특성

1) 사회복지실천과 실천기술의 개념

사회복지실천은 사회복지 전문가나 사회복지 서비스 제공자가 개인, 가족, 공동체, 혹은 사회 전체에 대해 다양한 방법으로 실제로 행동하고 활동하는 것을 의미한다. 이는 사회복지의 목적과 원칙을 구체적으로 실천하고 추구하는 것을 포함한다.

사회복지실천의 주요 개념은 사회정의와 사회복지의 목적이라고 할 수 있다. 사회복지실천은 사회정의를 기반으로 한다. 사회정의는 사회적 불평등, 불의, 차별 등을 해소하고 공평하고 정의로운 사회를 추구하는 것이다.

사회복지실천은 이러한 목적을 달성하기 위해 다양한 방법으로 노력한다.

그리고 개인화와 시스템적 접근이 사회복지실천이다. 사회복지실천은 개인과 가족의 욕구를 고려하면서도, 동시에 시스템적인 차원에서도 문제를 해결하려고 한다. 개인 문제의 원인이 구조적 문제에 기인하는 경우 이를 시스템적으로 해결하려는 노력이 포함된다.

사회복지실천은 고객 또는 서비스 대상자 중심으로 이루어진다. 개인이나 집단의 욕구와 자율성을 존중하고 그들의 니즈에 맞추어 효과적이고 지속적인 지원을 제공하는 것이 중요하다. 사회복지실천은 환경이나 상황에 따라 적응하고 유연하게 대처하는 능력이 필요하다.

사회복지전문가는 사회의 변화에 민감하게 대응하고, 실천 방법을 지속적으로 새롭게 적용해 나가는 것이 중요하다. 그리고 사회복지실천은 다양한 문화, 인종, 성별, 종교 등 다양한 배경을 가진 사람들을 포용하고 그들의 다양성을 존중하는 것이 중요하다.

사회복지실천은 다문화주의를 기반으로 하여 공정하고 평등한 서비스를 제공하려고 노력한다. 사회복지는 다양한 전문가, 기관, 단체와의 협력을 통해 효과적으로 이루어진다.

팀 협력과 협업을 통해 다양한 관점과 지식을 활용하여 복잡한 문제에 대처한다. 사회복지실천은 이러한 원칙과 개념을 토대로 사회복지전문가가 현장에서 효과적으로 봉사하고 지원하는 과정을 나타낸다.

사회복지실천기술은 사회복지전문가나 다양한 사회복지 서비스 제공자들이 클라이언트나 고객에게 효과적이고 품질 높은 지원을 제공하기 위해 사용하는 기술적인 접근 및 능력을 의미한다. 사회복지실천기술의 주요내용은 평가 및 진단 기술로서 클라이언트의 욕구를 이해하고, 그들의 욕구를 파악하기 위해 평가 및 진단 기술이 사용된다. 이는 클라이언트의 상황을 정확하게 이해하고 맞춤형 서비스를 제공하기 위한 기반을 제공한다. 다음은 커뮤니케이션 기술로서 효과적인 소통은 사회복지실천에서 핵심 역량 중 하나이다. 클라이언트와의 상호작용, 팀 내 협업, 다양한 이해관계자들과의 소통 등에서 적절하고 효과적인 커뮤니케이션 기술이 필요하다. 그리고 상담 기술은 클라이언트와의 심리적, 사회적, 신앙적 등 다양한 측면에서의 어려움을 해결하기 위해 사용된다.

사회복지전문가는 상담 기술을 통해 클라이언트와의 관계를 구축하고 지원하는 역할을 수행한다. 또한 자원 개발 및 매칭 기술로서 클라이언트의 욕구를 충족시키기 위해 지역사회나 기관의 자원을 효과적으로 활용하고 매칭시키는 기술이 필요하다. 이는 클라이언트의 자원을 최대한 활용하여 지속 가능한 지원체계를 구축하는 데 도움이 된다. 사회복지실천기술은 문제해결 및 의사결정 기술이다.

사회복지전문가는 클라이언트의 어려움을 해결하고 적절한 결정을 내릴 수 있는 능력이 필요하다. 이는 문제해결 기술과 의사결정 기술을 통해 이루어진다. 시스템 접근과 변경 전략으로 사회복지전문가는 개인 수준에서부터 사회 시스템 전반에 걸친 변화를 촉진하기 위해 시스템 접근과 변경 전략을 사용한다.

이는 조직 내부에서의 변화나 사회적 정책에 대한 개입 등을 포함하고 있다. 그리고 실천기술은 문서화 및 기록 기술이 중요하다. 클라이언트의 정보를 안전하게 기록하고, 프로그램의 효과를 평가하고 개선하기 위해 문서화 및 기록 기술이 필요하다. 이는 윤리적인 측면과 정보 보안을 고려하여 이루어져야 한다. 사회복지실천기술은 다양한 상황에서 유연하게 적용되며, 전문가들이 실제 현장에서 지속적으로 발전시켜 나가는 중요한 부분이다.

사회복지실천과 실천기술은 사회복지의 핵심 개념으로서, 사회복지 전문가들이 사회문제해결과 개인·집단의 복지 향상을 위해 적용하는 원칙과 기술을 나타낸다.

사회복지실천(social work practice)은 사회복지실천은 개인, 가족, 집단, 혹은 사회 전반에 걸쳐 다양한 수준에서 이루어지는 사회복지 전문가의 실질적인 노력과 행동을 의미한다. 사회복지실천은 실제로 문제를 해결하고 개인 또는 집단의 삶의 질을 향상시키는 것에 중점을 두며, 상담, 지원, 교육, 개발 등의 다양한 방법과 기술을 활용한다.

실천기술(practice skills)은 사회복지전문가가 사회복지실천을 효과적으로 수행하기 위해 필요한 구체적인 기술, 기법, 그리고 접근법을 의미한다. 이는 상담 기술, 문제해결 기술, 커뮤니케이션 기술, 협력과 협상 기술 등 다양한 측면에서 나타날 수 있다. 예를 들어, 상담사례에서는 리스닝 스킬, 에스컬레이션 기술, 인터뷰 기술 등이 실천기술에 해당한다.

리스닝 스킬(듣기 기술)은 상대방의 의견, 감정, 요구사항 등을 이해하고 존중하는 데 필요한 기술이다. 효과적인 리스닝은 의사소통의 핵심이며, 개인 간 관계를 향상시키고 문제해결을 도와준다.

리스닝 스킬의 주요 특성으로는 적극적인 청취(active listening)는 청취자가 상대방에게 주의 깊게 귀를 기울이고, 말하는 사람의 언어적이지 않은 신호(목소리, 톤, 억양 등)를 잡아내며, 몸짓이나 표정 등의 비언어적인 신호도 주의 깊게 인식하는 것을 의미한다. 피드백 제공은 청취자는 상대방의 발언에 대한 피드백을 제공하여 이해했음을 나타내거나 추가 질문을 통해 더 깊이 이해하려는 노력을 보여준다. 이는 상호적인 의사소통과 이해를 증진시키는 데 도움이 된다. 몸짓, 표정, 제스처 등의 비언어적인 신호를 읽고 해석하는 능력이 필요하다. 말과는 별개로 비언어적인 요소들은 종종 상대방의 감정이나 의도를 표현하는 데 중요한 역할을 한다.

효과적인 청취(듣기)는 상대방의 의견을 존중하고 그들의 맥락에서 이해하려는 의지를 보여준다. 각자의 관점을 존중하고 이해하는 것은 건강한 의사소통을 유지하는 데 중요하다.

효과적인 청취(듣기)는 적절한 시점에 질문을 통해 추가 정보를 얻거나 상대방의 의도를 명확히 하는 것을 포함한다. 개방형 질문과 폐쇄형 질문을 적절하게 사용하는 것이 중요하다.

청취자는 상대방의 감정에 공감하고 이해하는 능력을 가져야 한다. 공감능력을 통해 상대방과의 관계를 더 깊게 형성하고 상대방이 안정감을 느끼도록 도와준다.

리스닝 스킬은 업무 환경, 가정, 친구 사이, 또는 상담 상황에서 유용하게 활용될 수 있으며, 상대방과의 원활한 의사소통을 통해 관계의 질을 향상시키는 데 기여한다.

에스컬레이션 기술은 사회복지실천 분야에서 자동화, 효율성, 조기 개입, 개별화, 그리고 데이터 기반 의사결정 등 다양한 측면에서 활용될 수 있다. 이를 통해 더 효과적이고 효율적인 사회복지 서비스를 제공하는 데 기여할 수 있다.

인터뷰 기술은 상호작용과 의사소통에 중점을 두며, 목적에 따라 다양한 기술과 기법을 활용하여 정보를 수집하고 분석하는 프로세스를 나타낸다.

이러한 개념들은 사회복지전문가가 클라이언트와의 상호작용에서 효과적으로 대응하고 지원을 제공하기 위해 이해하고 활용해야 하는 중요한 원리와 도구들을 포함하고 있다. 사회복지실천과 실천기술은 이론적 지식과 함께 경험과 미덕, 윤리 등과 결합되어 전문가의 역량을 형성한다.

2) 사회복지실천과 실천기술의 특성

사회복지실천과 실천기술은 다양한 특성을 가지고 있으며, 이러한 특성들은 사회복지 전문가가 다양한 상황에서 효과적으로 대응하고 지원을 제공하는 데 도움을 준다. 다음은 사회복지실천과 실천기술의 주요 특성들이다.

(1) 다양성과 유연성(Diversity and Flexibility)이다. 사회복지실천과 실천기술은 다양한 클라이언트 인구, 문제, 상황에 대응할 수 있어야 한다. 각 개인이나 집단은 독특한 상황과 필요를 가지고 있으며, 이에 맞춰 유연하게 대처할 수 있는 능력이 필요하다.

(2) 커뮤니케이션 기술(Communication Skills)이다. 사회복지전문가는 효과적인 커뮤니케이션 기술을 가져야 한다. 상담, 인터뷰, 그룹 모임 등에서 적절한 의사소통이 핵심이며, 클라이언트와의 관계를 구축하고 유지하는 데 중요하다.

(3) 문제해결 능력(Problem-Solving Skills)이다. 실천기술은 문제를 정확히 평가하고

분석하며, 그에 따른 적절한 해결책을 찾는 능력을 포함한다. 사회복지전문가는 클라이언트의 문제해결 조건을 이해하고 개선하기 위한 효과적인 전략을 개발해야 한다.

(4) 진단 능력(Assessment Skills)이다. 클라이언트의 상황을 정확하게 평가하는 능력이 필요하다. 이는 심리적, 사회적, 경제적 측면 등을 종합적으로 고려하는 능력을 의미한다.

(5) 자기인식과 윤리의식(Self-Awareness and Ethical Awareness)이다. 사회복지전문가는 자기 자신의 가치, 신념, 한계 등을 이해하고 클라이언트와의 상호작용에서 올바른 윤리적 판단을 내리는 능력이 필요하다.

(6) 협력과 연대감(Collaboration and Empathy)이다. 사회복지실천은 다양한 이해관계자와의 협력이 중요하다. 또한, 클라이언트의 상황을 이해하고 공감하는 능력도 필요하다.

(7) 교육과 자기계발(Education and Professional Development)이다. 사회복지전문가는 계속해서 최신의 지식과 기술을 습득하고 자기계발에 투자해야 한다. 이는 지속적인 교육, 훈련, 팀원들과의 경험 공유를 통해 이루어진다.

이러한 특성들이 조합되어 사회복지전문가는 다양한 상황에서 효과적으로 실천하고, 클라이언트의 복지와 삶의 질을 향상시키는 데 기여한다.

2. 사회복지실천의 기본원칙

사회복지실천의 기본원칙은 다양한 사회복지 활동을 이끌어내고 지속가능한 성과를 얻기 위한 기준이자 가이드라인으로 작용한다. 다음은 일반적으로 받아들여지는 사회복지실천의 기본원칙들이다.

1) 인간 존엄성 존중(Respect for the Inherent Dignity of Individuals)이다. 모든 개인은 존엄성과 인권을 가지고 있으며, 사회복지실천에서는 이를 최우선으로 존중하고 보호해야 한다. 사회복지 전문가는 클라이언트 및 고객들을 평등하게 대우하며 그들의 다양성과 차이를 존중해야 한다.
2) 사회적 정의(Social Justice)이다. 사회복지실천은 불평등과 불공평에 대한 대응으로서 사회적 정의 실현을 목표로 한다. 이는 모든 개인이 균등하고 공평하게 사회적 자원과 혜택에 접근할 수 있도록 하는 것을 의미한다.
3) 고객의 우선(Client's Best Interest)이다. 사회복지실천은 개인 및 고객들의 이익을 최우선으로 두어야 한다. 그들의 안전과 복지가 항상 최우선 고려사항이 되어야 한다.
4) 자기결정권 존중(Respect for Client Self-Determination)이다. 개인은 자신의 삶과 관련된 결정에 대한 권한을 갖고 있어야 하며, 사회복지실천에서는 이를 최대한 존중하고 지원해야 한다.
5) 안전과 보호(Ensuring Safety and Protection)이다. 사회복지실천은 개인 및 커뮤니티의 안전과 보호를 보장하는 데 주력해야 한다. 위험한 상황에서 개입하고 예방조치를 취함으로써 안전과 보호를 제공하는 것이 중요하다.
6) 포용성(Inclusiveness)이다. 다양성을 포용하고, 사회적 배타와 차별을 최소화하여 모든 사람이 사회적으로 참여하고 존중받을 수 있도록 노력해야 한다.

7) 문제해결과 협력(Problem Solving and Collaboration)이다. 사회복지실천은 문제해결과 협력을 통해 개인 및 커뮤니티의 향상을 도모한다. 이는 클라이언트와의 긍정적인 협력과 함께, 다양한 이해당사자들과의 협력을 강조한다.
8) 지속 가능성(Sustainability)이다. 사회복지실천은 장기적인 영향을 고려하여 지속 가능한 결과를 창출하고자 한다. 일시적인 지원뿐만 아니라 시스템적이고 구조적인 변화를 통해 사회적 문제에 대한 지속 가능한 솔루션을 모색한다.

이러한 원칙들은 사회복지 전반에서 표방되며, 사회복지실천자들이 이러한 원칙을 중심으로 업무를 수행함으로써 개인과 사회의 복지를 향상시키는 데 기여할 수 있다.

3. 사회복지실천의 과정

사회복지실천은 다양한 단계와 절차를 거치는 과정으로서, 개인이나 커뮤니티의 복지를 증진시키기 위해 수행되는 다양한 활동들을 포함한다. 다음은 일반적으로 사회복지실천의 과정에 포함되는 주요 단계들에 대한 설명이다.

1) 평가(Assessment)이다. 사회복지실천의 첫 번째 단계는 현재의 상황을 평가하는 것이다. 이는 개인이나 커뮤니티의 어려운 상황, 강점, 약점, 리소스 등을 파악하는 과정을 포함한다. 이를 위해 다양한 평가도구와 방법이 사용될 수 있다.
2) 계획(Planning)이다. 평가를 토대로, 사회복지실천자들은 목표를 설정하고, 개입 및 지원 계획을 수립한다. 이는 클라이언트 또는 대상자와의 협의를 통해 실제로 이루어지며, 개인 또는 커뮤니티의 필요에 맞추어 맞춤형 계획이 수립된다.

3) 개입 및 서비스 제공(Intervention and Service Provision)이다. 이 단계에서는 계획에 따라 실질적인 개입과 서비스가 이루어진다. 이는 상담, 교육, 자원 제공, 기술 향상, 심리 지원 등 다양한 방법과 서비스를 통해 이루어질 수 있다.
4) 평가 및 모니터링(Evaluation and Monitoring)이다. 실천 과정 중에는 지속적인 평가와 모니터링이 필요하다. 이는 목표 달성의 정도를 측정하고 개입 방법의 효과를 평가하는 것을 의미한다. 필요에 따라 계획을 수정하거나 새로운 개입 방법을 도입하는 등의 조치를 취할 수 있다.
5) 자기결정권 존중(Respecting Self-Determination)이다. 이 과정에서는 개인이나 커뮤니티의 자기결정권을 최대한 존중한다. 개입과 서비스는 클라이언트의 의사와 욕구에 부합하도록 조절되어야 한다.
6) 협력과 네트워킹(Collaboration and Networking)이다. 사회복지실천은 종종 다양한 이해당사자와의 협력과 네트워킹을 포함한다. 이는 기관, 단체, 지방자치단체, 가족 등과의 협력을 통해 효과적인 지원 시스템을 구축하고 지속 가능한 결과를 도출하는 데 기여할 수 있다.
7) 포용성과 다양성 고려(Inclusiveness and Diversity Consideration)이다. 사회복지실천은 모든 개인과 그들의 다양성을 포용하는 과정이어야 한다. 문화적, 인종적, 종교적 차이 등을 고려하여 개입과 서비스를 제공해야 한다.

사회복지실천의 과정은 상황에 따라 다르게 적용될 수 있으며, 유연성과 다양성을 고려한 접근이 필요하다. 중요한 것은 개인이나 커뮤니티의 어려운 상황과 지속 가능한 변화를 위한 전략을 적용하는 것이다.

4. 사회복지실천의 대상

사회복지실천의 대상은 다양한 사회적 어려움과 불평등에 직면한 개인, 가족, 공동체, 혹은 특정 집단들을 포함한다. 사회복지는 이러한 대상들에게 지원을 제공하여 삶의 질을 향상시키고 사회적 포용과 공정성을 증진하는 것을 목표로 한다. 이러한 대상들은 다음과 같은 특성을 가질 수 있다.

1) 경제적 어려움을 겪는 가정 및 개인이다. 저소득층, 노숙인, 실업자, 경제적 어려움을 겪는 가족 등은 사회복지의 주요 대상이다. 이들은 기본적인 생존 수단인 음식, 주거, 의료 등에 어려움을 겪을 수 있다.
2) 아동 및 청소년이다. 가정 내 폭력, 유기, 학교 부적응 등으로 어려움을 겪는 아동 및 청소년들은 사회복지의 중요 대상이다. 그들에게는 가정지원, 교육 지원, 정서적 지원 등이 필요하다.
3) 장애인이다. 신체적, 정신적, 발달적 장애를 가진 개인들은 사회적 차별과 접근성 문제 등으로 어려움을 겪을 수 있다. 장애인의 권리 보장과 사회적 통합을 위한 지원이 필요하다.
4) 노인이다. 고령화 사회에서는 노인들이 사회적 고립, 건강 문제, 경제적 어려움 등 다양한 문제에 직면할 수 있다. 노인들에게는 건강 지원, 사회활동 참여 기회, 경제적 지원이 필요하다.
5) 다문화 가정이다. 다문화 가정에서는 언어, 문화적 차이로 인해 어려움을 겪는 경우가 많다. 다문화 사회에서의 이주자 및 그들의 가족에 대한 문화 중립적이고 특화된 지원이 필요하다.
6) 범죄 피해자 및 가해자이다. 범죄의 피해를 입은 개인 또는 범죄 행위를 저질렀지만 사회적 지원이 필요한 가해자들은 사회복지의 대상으로 고려될 수 있다. 재

활과 재정비를 위한 프로그램이 필요하다.

7) 성소수자: 성적 지향, 성 정체성, 성적 성향 등에서 오는 사회적 차별이나 어려움을 겪는 성소수자들에 대한 지원이 필요하다.

이 외에도 다양한 사회적 문제에 직면한 다양한 그룹이 사회복지의 대상으로 포함될 수 있으며, 이들에 대한 맞춤형 서비스 및 지원이 제공되어야 한다. 사회복지는 이러한 다양성을 고려하여 불평등을 해소하고, 사회적 정의를 추구하는 데에 기여한다.

5. 사회복지실천 현장과 사회복지사의 역할

사회복지실천 현장은 다양한 사회적 어려움과 불평등에 직면한 개인, 가족, 공동체, 혹은 특정 집단들에 대한 실질적이고 전문적인 지원을 제공하는 곳이다. 이 현장에서 사회복지사는 중요한 역할을 수행하며, 그 역할은 다음과 같다.

1) 개인 및 가족 상담 및 지원이다. 사회복지사는 개인과 가족들과의 상담을 통해 그들이 직면한 어려움을 이해하고, 심리적, 사회적으로 지원을 제공한다. 이를 통해 문제의 근본 원인을 파악하고 효과적인 대처 전략을 도출하는 데 도움을 준다.

2) 자원 연계 및 지원 서비스 제공이다. 사회복지사는 클라이언트들을 사회서비스, 의료 서비스, 교육 기관 등으로 연계시키고 필요한 자원을 제공한다. 이는 주거, 의료, 식량, 교육 등의 다양한 분야에 걸쳐 다양한 지원 서비스를 포함할 수 있다.

3) 커뮤니티 개발과 프로그램 운영이다. 사회복지사는 지역사회의 개발과 사회복지 프로그램을 개발하고 운영하는 데 참여한다. 이를 통해 지역 사회의 특별한 개발에 맞는 솔루션을 찾아내고, 커뮤니티의 발전과 지속가능성을 지원한다.
4) 사회 정책에 대한 참여 및 변화이다. 사회복지사는 현장에서 얻은 경험과 데이터를 기반으로 사회 정책 개선을 위한 참여와 활동을 수행한다. 그들은 정부 기관, 비영리 단체, 사회단체 등과 협력하여 사회적 불평등 해소를 위한 제도적 변화를 촉진한다.
5) 폭력 예방과 보호이다. 가정 내 폭력, 아동학대, 성폭력 등과 같은 문제에 직면한 개인들에게 사회복지사는 보호를 제공하고, 해당 문제를 예방하기 위한 교육 및 지원 프로그램을 진행한다.
6) 다문화 및 다양성에 대한 이해와 포용이다. 다문화 사회에서는 사회복지사가 다양한 문화와 신념체계에 대한 이해를 바탕으로 상담 및 지원을 제공하는 것이 중요하다. 다양성에 대한 포용과 문화 간 이해를 촉진하여 사회적 통합을 돕는다.
7) 윤리적인 기준과 권리 보호이다. 사회복지사는 클라이언트들의 권리를 보호하고 윤리적인 기준을 준수해야 한다. 개인 정보 보호, 공정한 대우, 투명한 의사소통 등이 중요한 가치로 여겨진다.

이러한 역할을 통해 사회복지사는 개인과 사회 전반에 걸친 긍정적인 변화를 이끌어내어, 사회적 공정성과 복지를 증진시키는 데 기여한다.

PART

2

사회복지의 방법

학습목표

1. 지역사회복지의 개념과 특성을 이해한다.
2. 지역사회복지의 모델과 실천과정을 안다.
3. 지역사회복지의 실천현장을 파악한다.
4. 사례관리에 대해 이해한다.

개 요

지역사회복지는 지역사회가 안고 있는 공통의 욕구와 사회문제를 해결하기 위하여 지역자원을 동원하여 지역사회 수준에 개입하여 제도에 영향을 주고 사회문제를 예방하고자 하는 사회적 노력을 말하는데, 지역사회복지는 개별사회사업, 집단사회사업과 함께 대표적인 사회복지실천방법으로 자리매김하고 있다. 특히 지방자치제도 실시 이후 지역성이 강조되고, 탈시설화, 민간부문의 참여강조, 시민사회의 영향력 확대로 지역사회복지가 사회복지영역에서 차지하는 중요성은 날로 커지고 있다. 이에 본 장에서는 지역사회복지 개념 및 특성, 지역사회복지 모델과 실천과정을 살펴보고, 주요 실천현장인 지역사회복지관, 사회복지협의회, 사회복지공동모금회를 소개한다.

또한 빈곤 사각지대를 해결하고 지역주민 욕구에 대응하여 개별화된 복지서비스를 제공하기 위한 방법론으로 최근 적극 활용되고 있으며, 향후 더욱 강화될 사회복지실천 영역인 사례관리도 함께 소개한다. 본 장에서는 사례관리의 정의, 목적, 특성과 도입배경 및 역사를 설명하고, 사례관리의 구성요소와 구체적인 과정에 대해서도 살펴본다.

CHAPTER 05

지역사회복지와 사례관리

1. 지역사회복지의 개념과 특성

1) 지역사회복지의 개념

(1) 지역사회복지의 정의

지역사회복지는 개별사회사업, 집단사회사업과 함께 사회복지실천의 대표적인 방법론 중 하나로 지역사회를 실천대상으로 접근하는 전문적인 사회복지실천방법이다. 지역사회복지에 대한 개념은 범위에 따라, 학자에 따라 다양하게 정의된다.

범위에 따라서는 협의와 광의로 정의되는데, 협의의 지역사회복지는 지역사회를 활용하나 그 초점이 지역사회구성원의 욕구나 문제해결에 초점을 두는 것이고, 광의의 지역사회복지는 지역사회 자체를 대상으로 하여 직접서비스보다는 체계와 환경의 변화, 제도의 개선 등과 같은 거시적 측면의 개입에 초점을 두는 것으로 정의한다.

국내외 학자의 정의를 살펴보면, 브래거와 스펙트(Brager & Spect)는 지역사회복지는 지역사회를 구성하는 개인, 집단, 이웃 등의 사회적 복리를 원하는 방향으로 향상하기 위해 지역사회 수준에서 이루어지는 일련의 활동으로 정의하며, 로스(Ross)는 불충족된 욕구나 달성하고자 하는 목표를 찾아내고, 우선순위를 설정하고, 이를 달성하기 위한 자신감과 의지를 발전시키고, 달성에 필요한 자원을 발견하고, 달성하기 위한 활동을 하며, 이러한 실천 활동을 통하여 지역사회 내에 협력적인 태도와 실천력을 증대시키고 발전시키는 과정으로 정의한다. 최일섭은 지역사회복지란 전문 혹은 비전문 인력이 지역사회 수준에 개입하여 지역사회에 존재하는 각종 제도에 영향을 주고 지역사회의 문제를 예방하고 해결하고자 하는 일체의 노력이라고 기술하고 있으며, 정무성은 공동체를 포함하여 지역사회에 조직적이고 체계적인 개입을 통해 구성원들의 삶의 질을 향상시키기 위한 사회복지적 지식과 기술을 활용하는 전문적인 사회복지실천방법으로 정의한다.

이와 같은 다양한 정의를 종합하여 볼 때, 지역사회복지는 지역사회가 안고 있는 공통적인 욕구와 사회문제를 해결하기 위하여 지역사회 자원을 동원하여 전문 혹은 비전문 인력이 지역사회수준에 개입하여 각종 제도에 영향을 주고 지역사회 문제를 예방하고 해결하고자 하는 일체의 사회적 노력을 말한다.

(2) 지역사회복지 관련 용어

지역사회복지(community welfare)는 지역사회에 대한 규정이 상이하고 나라마다 지역사회를 기반으로 하는 서비스 접근 방식의 차이에 의해 다양한 용어로 사용되어 왔다. 미국에서는 전문가주의에 기반을 둔 지역사회조직이라는 용어를 사용하고, 영국에서는 지역사회사업(community work) 또는 지역사회보호(community care)를 사용하며, 학자에 따라서 지역사회개발(commutny development), 지역사회구축(community building) 등의 용어를 사용하기도 한다. 우리나라에서는 미국에서 사용하는 용어와 같이 1990년대까지 지역사회 조직이라는 용어를 널리 사용하여 왔으나 1990년대 이후 정부와 민간조직의 협력이 강조되고, 지역성을 강조한 보다 체계적이고 다양한 지역사회서비스 제공에 관심을 가지면서 지역사회복지라는 용어를 사용하게 되었다.

(3) 지역사회복지 발달과정

우리나라에서 지역사회복지에 관심을 가지게 된 데에는 여러 가지 배경이 있다. 먼저 1990년대 이후 시설보호의 대안으로 재가복지 및 지역사회보호가 강조되었다는 점이다. 요보호 대상자의 급격한 증가와 욕구의 다양화로 인하여 기존의 시설 중심에서 벗어나 지역사회 중심으로 사회서비스의 초점이 바뀌었기 때문이다. 둘째, 공공부문 사회복지 책임을 제한하면서 민간부문의 참여를 강조하는 경향에 영향을 받았다. 셋째, 시민사회단체의 조직적 활동 혹은 운동이 갖는 사회적 영향력이 커지면서 지역사회복지가 발전하게 되었다. 지역사회복지는 문제해결에 있어서 개인이나 가족에 비해 집합적 대응효과가 뚜렷하며, 반대로 규모가 너무 커서 공동체적 정체성을 갖기에 부적절한 전체 사회와 차별화됨으로써 사회복지의 접근단위로서의 중요성과 유용성이 부각되었다. 2000년 이후에는 지역사회복지의 공공전달체계가 급속도로 발달하기 시작하였는데, 2011년에는 복지전달체계 개선을 위하여 지역단위 통합·맞춤형 서비스 제공체계가 구축되어 지역단위의 통합사례관리와 서비스연계업무를 효율화하였고, 2012년 공공사례관리 전담조직인 희망복지지원단이 설치되면서 시·군·구 단위에서 주민생활지원 조직의 확대 개편 및 전담공무원의 확충이 이루어지기 시작하였다. 2013년부터는 읍·면·동복지허브화가 시작되었다. 주민센터를 복지허브의 기능을 수행하는 주체로 하였는데 읍·면·동 복지담당공무원을 확충하고 사례관리 전문인력을 배치하여 원스톱 기능을 확장하며 맞춤형 서비스 기능을 강화하였다. 2016년부터 행정복지센터에 복지직 팀장을 포함한 최소 3인 이상의 맞춤형 복지전담팀을 구성하고 지역특성 및 여건에 따라 운영하고 있고, 2022년까지 읍·면·동을 보건복지서비스 제공 중심기관으로 개편하는 계획을 적극 추진하고 있다.

2) 지역사회복지의 특성

지역사회복지는 다음과 같은 특성을 가진다.

(1) 예방성

예방성은 지역사회 내의 사회복지 욕구가 필요할 때 적절한 수준으로 충족되지 못하거나 해결되지 못한 복지사각지대의 생활문제를 주민참여를 통해 조기에 빠르게 발굴하여 즉각 대응할 수 있기에 예방적 효과가 있다는 의미이다. 복지욕구나 생활문제의 조기발견과 대응에는 주민참여와 네트워크 구축이 핵심이라 할 수 있다. 주민 자신의 생활적인 욕구를 지역사회 내의 유사한 복지욕구를 지닌 주민들과 함께 집단적 혹은 조직적인 활동을 통하여 지역사회복지 욕구로 형성하고 이에 대한 해결 및 예방을 위해서는 실질적인 주민참여와 조직 및 기관 간의 네트워크 형성이 필요하기 때문이다.

(2) 종합성과 포괄성

지역주민의 욕구는 다양하기 때문에 종합적이고 포괄적인 서비스를 통해 서비스의 효과성 및 효율성을 높여야 한다. 지역사회복지서비스 제공은 서비스 공급자 측면에서는 종합성, 서비스 이용자 측면에서는 포괄성이라는 특성을 가지고 있다.

공급자 측면의 종합성은 서비스 제공기관 간의 연락, 조정, 합의 등의 서비스 네트워크 구축을 통하여 지역사회 주민에게 종합적으로 서비스를 제공하는 것을 의미하는데, 대표적으로 원스톱서비스, 서비스 패키지화 등을 예로 들 수 있다.

서비스 이용자 측면의 포괄성이란 지역사회 주민의 욕구충족과 문제해결을 위해서는 보건, 복지, 의료, 고용, 교육, 문화, 교통, 안전, 환경 등 주민생활 전반과 관련된 다양한 분야를 포괄적으로 다루어야 함을 의미한다.

(3) 연대성과 공동성

지역사회복지에서는 주민 개인이 해결하기 어려운 문제를 주민들이 연대를 형성하며 공동으로 해결하는 것을 의미한다. 이러한 연대성과 공동성은 대외적으로는 주민운동으로 나타나게 되고, 대내적으로는 상호부조활동으로 나타난다.

(4) 지역성

지역사회복지는 주민의 생활권역을 기초로 하여 전개되고, 주민의 생활권역은 주민생활의 장임과 동시에 사회참가의 장이므로 지역성의 특성을 고려해야 한다는 것이다. 이때 주민의 기초적인 생활권역을 구분하는 기준은 다양한데, 물리적인 거리뿐만 아니라 심리적인 거리까지 포함하여 다양하게 지역성을 파악해야 한다.

2. 지역사회복지의 모델과 실천과정

1) 지역사회복지의 모델

지역사회복지 실천 모델로 가장 많이 활용되는 것은 로스만(Rothman)의 지역사회개발 모델, 사회계획모델, 사회행동모델이라 할 수 있다. 로스만은 3가지 모델에서 소개하고 있는 방법을 통하여 지역사회 문제해결, 공동체 의식 함양, 복지향상을 도모한다고 보고 있다.

첫째, 지역개발모델(local development model)은 낙후된 지역사회의 물리적, 사회적 환경 개선을 위하여 주민 참여를 조직하는 데 초점을 둔 것이다. 민주적 문제해결 능력이 결여되어 혼란 상태에 있는 지역사회를 대상으로 지역사회 주민들이 주도권을 가지고 주민변화를 위한 목표결정과 실천행동에 참여하도록 하는 과정중심의 목표에 중점을 두는 실천모델이다. 이 모델의 실천과정 중 민주적 절차, 자조, 토착 지도자 개발, 교육이 강조되며, 실천가는 촉매자, 촉진자, 조정자, 문제해결기술의 교육자의 역할을 담당한다. 이때 지역사회의 다양한 구성원과 집단의 의견조정을 통한 통합을 이끌어 내는 것이 지도자의 가장 큰 역할이고, 충분한 자원분포에 대한 이해와 권력구조 파악이 되어 있어야 한다. 이 모델은 기능주의적 관점을 강조함으로써 지역사회에 존재하는 불평등과 갈등을 해결하지 않는다는 한계를 가지고 있다.

둘째, 사회계획모델(social planing model)은 지역사회문제(주택, 약물, 범죄, 실업, 정신건강 등) 해결에 있어 합리적 계획을 수립하고 통제된 변화의 도모가 중요하다고 본다. 따라서 전문가가 지역사회복지 과정을 주도하고, 개입하여 가장 합리적인 방안을 도출할 것을 강조하며, 주민은 주로 수혜자의 입장이 되므로 참여 정도는 문제 성격 및 문제해결 방향에 따라 달라질 수 있다고 본다. 이때 전문가로는 정부나 행정기관은 물론 사회복지사도 포함된다. 이 모델에서 실천가는 전문기획자, 사실 수집가, 분석가, 프로그램 개발자, 수행자의 역할을 담당한다.

셋째, 사회행동모델(social action model)은 지역사회의 억압받고 소외된 주민이 정치, 경제, 사회적으로 더 나은 처우를 받을 수 있도록 제도나 상태에 대한 근본적인 변화를 추구하며 권력, 자원, 지역 정책결정에서의 역할 등의 재분배 등에 초점을 둔다. 이 모델에서 실천가는 행동가, 옹호자, 선동가, 브로커, 협상가의 역할을 하게 되는데, 지역주민이 직접적인 행동을 취할 수 있도록 인적 및 물적 자원을 조직하고 동원하며, 사회적 약자의 권리를 옹호해나가는 역할을 수행한다. 이때 지역사회는 정의와 공평이 구현되지 않는 공간으로 이해하며, 기존의 제도적 방식으로는 변화가 어렵기 때문에 문제해결 방법도 항의, 시위 등의 방법을 이용한다.

〈표 5-1〉 로스만(Rothman)의 지역사회복지 모델

	지역개발모델	사회계획모델	사회행동모델
목표	• 지역사회 생활개선 • 과정 목표 강조(주민 태도와 의식 변화)	• 과업완수(지역사회문제 해결) • 과업 목표 강조	• 근본적 제도변화 추구 • 억압받고 소외된 사람들을 위한 권력관계와 자원 강화 • 과업 목표 또는 과정 목표 강조
지역사회에 대한 가정	• 문제해결 능력과 기술 부족 • 소수의 지도자에 의한 비민주적인 피지배	• 지역사회는 많은 사회문제를 가지고 있음	• 지역사회에는 권력구조와 억압받는 주민이 존재하고 사회부정의가 가장 문제
변화를 위한 전략	• 문제발견과 해결에 주민이 광범위하게 참여 • 함께 모여서 이야기하자	• 전문가가 사실에 관한 자료를 수집하고 문제해결 접근방법을 적용	• 자신들을 억압하는 적대적 권력구조에 대항하기 위하여 조직 구성
변화를 위한 주요 전술과 기술	• 합의, 의사교환, 집단토론	• 사실발견, 분석 • 합의, 갈등에 이르는 기술	• 갈등, 경합, 대치, 직접행동 • 시위, 피케팅, 협력 거부
변화의 매개체	• 과제 지향적 소집단	• 공식집단, 자료	• 대중조직, 정치적 과정
실천가(전문가)의 역할	• 촉매자, 촉진자, 조정자, 문제해결기술의 교육자	• 전문기획자, 사실 수집가, 분석가, 프로그램 개발자, 수행자	• 행동가, 옹호자, 선동가, 브로커, 협상가
권력 구조에 대한 관점	• 과감한 시도를 관철함에 있어 권력 구조의 구성원을 같은 편으로 간주	• 권력구조를 전문가의 후원자(스폰서) 및 고용주(고용기관)로 간주	• 권력구조를 행동의 타겟으로 간주 • 클라이언트 집단 외부의 반대세력이나 강압세력으로 간주
클라이언트에 대한 관점	• 시민(개발되지 않은 잠재력을 가진 정상인)	• 소비자	• 피해자, 희생자
클라이언트의 역할에 대한 관점	• 문제해결 과정의 참여자(욕구표현, 목표결정 등)	• 소비자, 수혜자	• 수혜자, 회원, 구성원

출처: 원석조(Zastrow, 2000)에서 재인용

2) 지역사회복지의 실천과정

지역사회가 당면하고 있는 문제와 충족되지 않은 욕구를 발견하여 효과적인 대책을 수립하고 이를 실천에 옮기는 일련의 과정을 지역사회복지의 실천과정이라 할 수 있다. 지역사회의 문제해결을 위해서는 과학적 지식을 토대로 합리적, 체계적, 의도적 접근방법이 요구된다. 지역사회복지의 실천과정은 여러 학자들에 의해 다양하게 설명되는데, 여기서는 다양한 학자의 의견을 반영하여 문제발견 및 욕구사정, 계획수립, 실행, 평가의 4단계로 정리하여 설명하고자 한다.

〈표 5-2〉 학자별 지역사회복지 실천과정

<table>
<tr><th>던햄</th><th>칸</th><th>길버트와 스펙트</th><th>최일섭, 류진석</th><th>박석돈</th><th>백종만 외</th></tr>
<tr><td rowspan="2">문제인식</td><td rowspan="2">계획선동</td><td>문제발견</td><td rowspan="3">문제발견 및 분석</td><td rowspan="3"></td><td rowspan="2">문제확인</td></tr>
<tr><td>문제분석</td></tr>
<tr><td>문제분석</td><td>탐색</td><td>대중홍보</td><td>욕구사정</td></tr>
<tr><td rowspan="3">계획</td><td rowspan="2">계획과정결정</td><td>정책목표설정</td><td rowspan="3">정책 및
프로그램 개발</td><td rowspan="3">계획</td><td rowspan="4">계획수립 및
실행</td></tr>
<tr><td>일반지지, 합법성 구축</td></tr>
<tr><td>정책형성</td><td>프로그램 설계</td></tr>
<tr><td>조치</td><td>프로그램화</td><td>실천</td><td>프로그램 실천</td><td>실행</td></tr>
<tr><td>평가</td><td rowspan="2">평가 및 환류</td><td rowspan="2">평가 및 사정</td><td rowspan="2">평가</td><td rowspan="2">종결 및 평가</td><td rowspan="2">평가</td></tr>
<tr><td>차후</td></tr>
</table>

(1) 문제발견 및 욕구사정

문제발견 단계는 지역사회에 내재해 있거나 표출된 문제를 찾아내거나 규명하는 과정이다. 이 단계에서는 지역사회가 가지고 있는 문제와 표적집단에 대한 확인이 필요하고 지역사회가 가지고 있는 문제유형을 특정화하는 과정을 거쳐 문제를 구체적으로 규정하여야 한다. 문제를 어떻게 규정하느냐에 따라 정책수립의 구상이 달라지며, 그에 따른 구체적인 해결방안 및 실천전략이 달라지게 된다.

욕구사정은 지역주민이 무엇을 필요로 하는지 확인하는 단계이다. 지역사회복지실천에서는 다양한 대인관계 및 조사 기술을 가지고 지역주민, 지역기관 등에서 필요한 정보를 획득해야 한다. 욕구사정은 단지 지역문제나 욕구를 확인하는 차원이 아니라 욕구를 충족할 수 있는 서비스나 프로그램을 개발하여 활용하는 것이 목적이 되므로 충분한 준비가 필요하다.

이러한 문제발견 및 분석, 욕구사정을 위해 사회복지사는 지역사회의 구조, 특성, 문화를 충분히 이해하고 있어야 하며, 문제를 명확하게 정의내릴 수 있어야 한다.

(2) 계획 수립

계획 수립은 지역사회의 특성을 고려하여 이루어져야 하는데, 펄만과 구린(Perman & Gurin, 1972)은 구체적인 지역사회 문제해결을 위한 프로그램 계획에는 업무내용, 자원, 가능성 등의 요소가 고려되어야 한다고 하였다. 계획 수립 단계에서는 문제발견 및 욕구사정 단계에서 분석한 내용을 바탕으로 목표를 설정하고, 설정된 목표를 기반으로 가장 효과적이고 효율적인 대안을 모색하여 세부계획을 수립한다.

(3) 실행

실행은 목표를 달성하기 위하여 행하게 되는 일련의 활동을 말한다. 수립된 계획은 주민들의 적극적인 참여와 지원으로 이루어지며, 수립된 계획의 실행을 위해서는 다양한 전략과 전술이 활용된다. 하디나(Hardina, 2002)는 지역사회복지실천에서의 전략과 전술의 선택기준으로 지역사회변화의 궁극적 목표와 관련된 참여집단 간의 합의 정도, 표적체계에 대한 행동체계의 관계, 기존 권력구조에서 목표가 달성될 수 있는가 하는 문제 등을 제시하였다. 예로 개입방법에 대해 모든 참여 집단이 동의하면 협력전술이, 공통의 동의가 어려우면 경쟁이나 대항전술이 선택될 것이라 하고 있다. 워렌(Warren, 1971)은 지역사회 변화를 위한 주요전략으로 협력, 캠페인, 경쟁 또는 대항을 제시하였고, 주요 전술로는 협조, 협상, 대중교육, 설득, 대중매체 활용, 로비활동, 대중호소, 대중 집회, 보이콧, 파업, 시민불복종운동 등이 있다고 말하고 있다. 김남선(2000)은 문제해결이 지역주민의 누구에게 도움이 되며 그러한 이익은 지역발전에 얼마나 기여하는지 주민 스스로가 인지하고 참여 동기가 유발될 수 있도록 주민조직화를 하는 것은 중요하다고 말하고 있다. 주민조직화를 위해 자원봉사, 회비 및 후원금 신청, 이벤트사업, 지원금 등의 방법이 활용된다.

실행의 과정에는 새로운 문제가 발생할 수 있으며 원래의 계획을 수정할 필요가 생기므로 지속적인 모니터링과 점검이 필요하다. 사회복지사는 변화를 예측할 수 있는 통찰력이 있어야 하고 변화가 발생했을 때 즉각적으로 대응할 수 있는 능력과 기술이 있어야 한다.

(4) 평가

지역사회복지실천의 마지막 단계는 평가단계로, 결과평가와 과정평가로 크게 구분된다. 결과평가는 지역사회 문제해결 전 과정의 결과와 최종산출을 평가하는 것을 목표로 한다. 지역사회의 변화를 위해 계획단계에서 수립한 목표가 제대로 수행되었는지, 전략과 전술의 효과는 어떠했는지 등 프로그램 프로그램의 효과성과 영향을 측정한다. 평가결과는 새로운 정책과 프로그램에 중요한 자료가 되며, 지역사회복지의 문제해결과정은 순환의 형태를 유지하게 된다. 과정평가는 지역사회 문제해결을 실행하는 과정에서 계획이 차질 없이 수행되고 있는지를 파악하고 실행 방향을 수정해 나가는 것을 목표로 한다. 이때 평가는 문제해결 과정의 마지막이 아니라 문제발견 및 욕구사정, 계획수립, 실행의 전 과정에 영향을 주는 계속적인 활동이다. 이를 위해 사람들의 대표로 위원회를 구성하여 정기·비정기적인 평가회의를 개최하거나 모니터링단을 구성하여 프로그램 추진 상황을 면밀히 검토하는 등의 평가를 진행한다.

3. 지역사회복지의 실천현장

1) 지역사회복지관

지역사회복지관은 지역사회를 서비스 제공기반으로 삼아 개별 욕구에 따라 포괄적인 서비스를 제공하는 가장 대표적인 직접서비스기관이다. 지역사회복지관은 「사회복지사업법」 제34조에 의해 설치 · 운영되고 있는데, 보건복지부의 사회복지관 운영안내에 따르면 지역사회복지관은 지역사회를 기반으로 일정한 시설과 전문 인력을 갖추고 지역 주민의 참여와 협력을 통해 지역사회 복지문제를 예방하고 해결하는 종합적인 복지서비스를 제공하는 시설이라고 규정하고 있다.

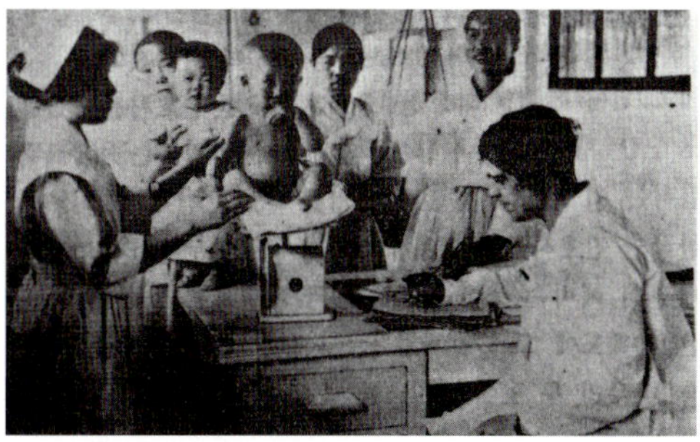

[그림 5-1] 태화여자관 어린이 건강검진모습

출처: 태화복지재단 홈페이지

한국사회복지관 협회는 1906년 미국 감리교 선교사 놀즈(Knowles)가 원산에 설립한 반열방(班列房)이라는 인보관을 사회복지관사업의 태동으로 찾고, 1921년 서울에 세워진 태화여자관을 최초의 사회복지관으로 본다. 태화여자관은 여성들을 대상으로 한글교육, 가정방문상담, 가정위생, 생활개선 사업을 주로 하였고, 이후 대학, 종교단체, 민간기관에서 많은 사회복지관을 설립하였다. 1989년부터는 「주택건설촉진법」 등에 의해 저소득층 영구임대아파트 건립 시 일정 규모의 사회복지관 건립을 의무화하면서 1988년 24개였던 사회복지관은 1993년 188개로 증가하였으며, 2020년 기준 전국 475개소가 설치 · 운영되고 있다.

지역사회복지관의 주요 사업대상은 모든 지역주민으로 규정하고 있지만 우선 지원대상은 국민기초생활보장수급자, 차상위계층 등 저소득 주민, 장애인과 노인, 한부모가족, 다문화가족 등 취약계층주민, 직업 및 취업알선이 필요한 사람, 유아, 아동·청소년과 같이 보호와 교육이 필요한 주민 등이다.

지역사회복지관은 「사회복지사업법」 제34조의5에 따라 지역복지증진을 위하여 다음과 같은 사업을 진행하는데, 지역사회복지관은 지역사회의 특성과 지역주민의 복지욕구를 고려한 서비스 제공 사업, 국가·지방자치단체 및 민간 부문의 사회복지서비스를 연계·제공하는 사례관리 사업, 지역사회 복지공동체 활성화를 위한 복지자원을 관리하고, 주민교육 및 조직화 사업 등이다. 이는 「사회복지사업법 시행규칙」에서 정하고 있는 사회복지관의 3대 기능(서비스제공기능, 사례관리기능, 지역조직화기능)과 연계된다.

지역사회복지관의 주요사업을 구체적으로 살펴보면, 첫째, 서비스제공기능은 클라이언트에게 직접적인 전문서비스가 제공되는 것을 말하며 사업 분야는 가족기능강화, 지역사회보호, 교육문화사업, 자활지원 등이 있다. 가족기능강화사업은 지역사회 내 가족구성원 개인 및 가족 전체를 대상으로 가족문제해결, 예방, 가족해체를 방지하고 가족기능을 정상화하여 가족행복을 유지할 수 있도록 지원하는 사업으로 가족관계 증진, 가족기능 보완, 가정문제해결·치료, 부양가족 지원, 다문화가정 및 북한이탈주민 등 지역 내 이용자 특성을 반영한 사업이 포함된다. 지역사회보호사업은 지역사회 내에서 가족기능이 해체되어 보호가 필요한 사람을 대상을 제공되는 사업으로, 급식서비스, 보건의료서비스, 경제적 지원, 일상생활 지원, 정서서비스, 일시보호서비스, 재가복지봉사서비스 사업이 해당된다. 교육문화사업은 각종 교육문화프로그램을 사회복지서비스로 통합하여 문화결핍을 예방하고, 성인과 노인의 재사회화하기 위한 것으로, 아동·청소년 사회교육, 성인기능교실, 노인 여가·문화, 문화복지사업 등이 있다. 자활지원사업은 취업을 원하는 사람의 자립을 지원하기 위한 서비스로 직업기능훈련, 취업알선, 직업능력개발 등의 사업을 제공한다. 둘째, 사례관리기능은 사례관리는 통합적인 서비스 전달체계를 위하여 지역사회 내 민·관을 아우르는 서비스 네트워크를 구축하여 다양한 지역주민의 복지욕구를 연결시켜 맞춤형 서비스를 제공하는 것을 말한다. 사례관리의 주요 사업 분야는 사례 발굴, 사례개입, 서비스 연계 등이 있다. 셋째, 지역조직화기능은 지역주민의 참여와 책임의식 강화, 복지자원 개발 및 조직화와 같이 의도적 · 계획적으로 지역사회문제를 해결하려는 노력을 말한다. 주요 사업으로는 복지네트워크 구축, 주민조직화, 자원개발 및 관리가 있다. 복지네트워크 구축은 지역 내 복지기관, 시설 등과의 네트워크 구축을 통해 복지공급의 효율성을 제고하고 지역중심기관으로써 사회복지관의 역할을 강화하는 사업으로 지역사회연계사업, 지역욕구조사 실습지도 등의 사업이 진행된다. 주민조직화는 주민 스스로가 지역사회문제에 동참하도록 주민 조직의 육성을 지원하고 주민의식을 높이기 위한 교육을 실시하는 사업으로 주민복지증진사업, 주민조직화사업, 주민교육 등이 진행된다. 자원개발 및 관리는 지역주민의 다양한 욕구 충족 및 문제해결을 위해 인력, 재원 등을 발굴하여 연계 및 지원하는 사업으로 자원봉사자 개발 및 관리, 후원자 개발 및 관리 등을 진행한다.

2) 사회복지협의회

던햄(Dunham)은 사회복지협의회를 지역사회 내의 다양한 사회복지시설, 사회복지에 관심을 가지고 있는 민간단체나 개인의 연합체이며, 지역사회가 요구하는 사회복지의 욕구를 달성하고 기관의 기능을 강화하기 위하여 정보를 제공하고 서비스를 조정하는 역할을 수행하는 단체라고 언급하고 있다. 또한 백종만(2015)은 사회복지협의회는 사회복지서비스 제공을 목적으로 하는 법인의 대표, 서비스 관련 각계 대표, 협의회나 연합회 같은 권역별 조직의 대표, 사회복지전문가 등이 참여하여 지방 또는 전국단위의 민간 차원 사회복지를 협의 · 조정하는 2차 조직이라고 언급하기도 한다.

사회복지협의회는 크게 지역사회복지협의회, 사회복지기관협의회, 전문분야 협의회 등이 있는데, 지역사회복지협의회는 특정지역을 중심으로 전문, 비전문 개인회원이나 사회복지기관을 대표하는 단체회원으로 구성되는데, 한국사회복지협의회가 해당된다. 사회복지기관협의회는 사회복지기관이나 사회복지전담 위원회, 부서 등이 단체로 구성되는 협의회로 한국사회복지관협회, 장애인복지관협의회 등이 해당된다. 전문분야 협의회는 기능적 형태로 소규모 협의회 또는 독립기구로 존재가 가능하며 재활협회, 장애인협회, 청소년 연맹 등이 해당된다.

사회복지협의회의 기능으로 던햄(Dunham)은 ① 사회복지에 관한 기초 자료수집, 연구, 조사, 타기관에 대한 독려, 공동연구 수행, ② 사회복지에 관한 정보교환, 자원봉사자 관리 등 지역사회복지의 중추기관으로서의 역할, ③ 기관들 간의 연합회나 회의 주체, 공동위원회 개최 등 기관들 간 협조와 협력증진 원조, ④ 정보제공 및 위탁서비스, 공통의 복지서비스 기능 수행, ⑤ 집단 혹은 개별 접근방법을 통해 사회복지기관 업무의 질적 수준 제고 기능, ⑥ 사회복지에 관한 공동계획 수립 및 실천, ⑦ 사회복지 정보제공, ⑧ 사회복지분야 재정상태 개선 활동, ⑨ 취약계층에 대한 복지 입법대안 제시 등 사회행동을 제시하고 있다.

우리나라의 경우 지역사회복지협의회로서 한국사회복지협의회와 지역단위(시 · 도, 시 · 군 · 구) 사회복지협의회의 운영이 대표적이라 할 수 있는데, 사회복지협의회는 「사회복지사업법」 제33조에 근거하여 운영되고 있다. 사회복지협의회는 1952년 한국사회사업연합회로 창립하여, 1954년 사단법인 한국사회사업연합회로 법인을 설립하였고 1970년 한국사회복지협의회로 개칭하였다. 1983년 「사회복지사업법」 개정으로 법정단체로 위상이 격상되었고, 1984년부터는 시 · 도 사회복지협의회가 조직되었다. 1998년 「사회복지사업법」의 개정과 함께 시 · 도 사회복지협의회가 사회복지법인으로 인정됨에 따라 한국사회복지협의회 지원 없이 독립되어 운영하는 체제로 변화되었다. 2023년 현재 중앙의 한국사회복지협의회와 17개 시 · 도 사회복지협의회, 163개 시 · 군 · 구 사회복지협의회가 운영되고 있다. 한국사회복지협의회와 지역사회복지협의회는 사회복지에 관한 조사 · 연구 및 정책 건의, 사회복지 관련 기관 · 단체 간의 연계 · 협력 · 조정, 사회복지 소외계층 발굴 및 민간사회복지자원과의 연계 · 협력, 교육훈련,

자료수집 및 간행물 발간, 계몽 및 홍보, 자원봉사활동의 진흥, 사회복지사업에 관한 기부문화의 조성, 사회복지사업에 종사하는 사람의 교육훈련과 복지증진, 사회복지에 관한 학술 도입과 국제사회복지단체와의 교류 등의 업무를 수행한다.

3) 사회복지공동모금회

공동모금회는 지역사회의 복지욕구를 직접 충족시키거나 충족시키기 위해 노력하는 사회복지기관을 원조하기 위한 목적으로 자원봉사자가 모여 만들고 운영하는 시민과 복지기관의 협동조직이라 할 수 있다. 우리나라 민간사회복지기관의 가장 큰 어려움은 재정적 어려움이라 할 수 있는데, 많은 경우 정부보조금에 재정을 의존하기 때문에 정부예속성을 탈피하기 힘들고 사회복지기관의 자율성을 살릴 수 없는 결과를 야기해왔다. 이에 지역사회 기금 조성의 주체성 향상뿐만 아니라 기금의 기획 및 기금 배분에 적극적으로 참여하기 위해 국민의 자발적이고 적극적 참여가 끊임없이 요청되어 왔고, 이러한 문제를 해결하는 방법으로 민간복지의 새로운 재원조달 방식인 공동모금 제도가 등장하였다.

사회복지공동모금회의 전신인 한국공동모금회가 재원 마련과 배분을 합리적으로 모색하고자 1971년에 설립되었으나 사회경제적 상황과 사회복지에 대한 인식이 낮아 기대할 만한 성과를 거두지 못하였고, 1992년부터는 경제계, 언론계 및 사회단체 등을 중심으로 이웃돕기운동추진협의회를 결성하여 사회복지활동을 활성화시키기 위해 노력하였다. 이처럼 관 주도의 성금모금 및 관리 · 운영을 지양하고 민간단체가 이웃돕기성금을 직접 모금 · 배분 및 관리하도록 함으로써 이웃돕기운동의 자율성을 보장하며 민간의 참여를 활성화하기 위하여 1997년 「사회복지공동모금법」이 제정되면서 1998년부터 공동모금회가 설립 · 운영되고 있다.

사회복지공동모금회는 전국단위의 공동모금사업을 관장하기 위하여 전국공동모금회를 두고, 지역단위의 공동모금사업을 관장하기 위하여 특별시 · 광역시 · 도에 지역 공동모금회를 두는데, 공동모금회는 「사회복지사업법」에 의한 사회복지법인으로 본다.

공동모금회의 업무는 공동모금사업, 공동모금재원의 관리 및 사회복지기관에 대한 재원 배분, 공동모금에 대한 조사 · 연구 · 홍보 업무를 수행한다. 공동모금을 위해 연중모금과 캠페인, 기업사회공헌을 통한 기부를 받고 있으며, 연중모금은 착한가정, 착한가게, 착한일터, 나눔리더, 유산기부, 아너 소사이어티, 희망자산나눔, 기부자 맞춤기부 등이 진행된다. 모금은 2018년까지 5,000억 원대였다가 2019년 처음으로 6,540억 원을 달성하였고, 2020년에는 코로나19로 기부가 크게 늘어 8,461억 원의 모금액을 달성하였다. 배분은 8대 배분분야를 중심으로 UN의 지속가능발전목표(SDGs)를 적용하여 독자적인 영역별 지원사업(C-SDGs)으로 체계화하여 16개 분야에 지원하고 있다.

4. 사례관리

1) 사례관리의 개념과 목표

(1) 사례관리의 정의

사례관리는 구체적인 정의가 결여된 여러 가지 실천이 절충된 프로그램이며 무정형(無定形) 특성을 갖고 있어 개념정의가 쉽지 않아 시대에 따라, 학자에 따라, 실천분야에 따라 다르게 정의된다.

미국사례관리자협회는 클라이언트와 그의 가족의 복합적 욕구를 충족시키기 위해 사정, 계획, 실행, 조정, 평가, 점검하는 협력적인 과정이며, 의사소통과 자원을 활용함으로써 클라이언트 삶의 질을 향상시키고 비용 효과적 성과를 촉진시키는 과정으로 정의한다.

목슬리(Moxley, 1989)는 다양하고 복합적 욕구를 가진 클라이언트를 대상으로 사례관리자, 사례관리팀이 기능화와 복지를 위해 공식적 · 비공식적 자원과 활동의 관계망을 조직 · 조정 · 유지하는 것이라고 정의하고 있고, 무어(Moore, 1990)는 클라이언트의 욕구를 충족시키기 위해 비공식 보호체계 및 공식 보호체계의 활동을 통합하여, 클라이언트가 잠재력을 최대한 발휘할 수 있도록 지원하며 사회 환경 내에서 효과적으로 상호작용할 수 있도록 촉진하는 것으로 정의한다. 홍현미라(2010)는 사례관리란 클라이언트의 다양한 욕구충족을 위해 지역사회에 퍼져 있는 서비스 자원체계를 개발하면서 동시에 클라이언트의 삶을 변화시키는 방법이자 실천모델이라 정의하였고, 권진숙과 박지영(2009)은 생태체계적 관점을 기반으로 만성적이고 복합적인 문제를 가진 개인 및 가족과 함께 일하면서 그들과 자원제공자들의 기능을 향상시키고자 하는 것이며, 이를 통해 환경 속에서 자신에게 필요한 서비스와 자원을 스스로 획득하고 사회적 기능을 원활하게 수행할 수 있도록 돕는 통합적인 접근방식이라고 정의하고 있다.

이상의 정의를 기반으로 사례관리를 정의하면, 사례관리는 다양하고 복합적인 욕구를 지닌 클라이언트와 가족의 사회적 기능과 삶의 질 향상을 위해 사례관리 운영체계를 기반으로 사례관리 과정을 통하여 통합적이며 지속적으로 서비스를 제공하는 전문적 실천방법이라 할 수 있다.

(2) 사례관리의 목적

사례관리의 목적은 다음과 같다.

첫째, 서비스와 지원들을 이용하고 접근하는 데 있어서 가능한 한 클라이언트 자신의 생활기술을 증진시키도록 하는 것이다. 클라이언트의 역량을 강화하고, 상호작용능력을 향상시켜 클라이언트의 기능과 복지가 최대화되도록 하는 것이다.

둘째, 클라이언트 복지와 기능화를 증진시키기 위해 사회적 망과 관련 대인복지서비스 제공자들의 능력을 발전시키도록 하는 것이다.

셋째, 가능한 한 가장 효율적인 방법으로 전달되는 서비스 및 지원이 되도록 하고 동시에 서비스의 효과성을 증진시키도록 하는 것이다.

(3) 사례관리의 특성

사례관리는 사회복지실천의 새로운 접근방법으로 개별사회복지실천에 기초하고 있다. 그러나 클라이언트의 실천의 초점이 클라이언트의 욕구와 강점에 있다는 점, 실천과정에서 개별 서비스계획과 점검단계가 강조된다는 점, 다차원적 특성을 갖고 있다는 점, 미시적 실천방법이면서 운영체계와 서비스전달체계가 강조된다는 점에서 사회복지실천과 차이를 보인다. 사례관리의 주요 특징을 살펴보면 다음과 같다.

첫째, 통합적 실천방법이자 체계적이고 전문적인 과정이다.
둘째, 포괄적 서비스를 작동하게 하는 기제이다.
셋째, 공식적, 비공식적, 개인적, 지역사회 자원을 조정하는 것에 초점을 둔다.
넷째, 클라이언트의 요구와 선호에 대응하는 맞춤형 포괄서비스를 제공한다.
다섯째, 클라이언트의 자기결정, 관여, 임파워먼트를 강조한다.
여섯째, 직접적, 간접적 서비스를 모두 포함한다.
일곱째, 직접서비스 제공, 연계, 의뢰, 서비스 구매 등 다양한 서비스 개입을 활용한다.

2) 사례관리의 도입배경 및 역사

사례관리는 탈시설화, 지역사회보호의 강화, 통합적 실천의 강화, 복합적 욕구를 가진 클라이언트 증가, 비용절감의 문제 등에 의해 등장하지만 나라마다 등장배경에 차이가 있다.

미국의 경우 1848년 메사추세츠 청소년정신장애인시설에서 사례관리가 최초로 시작되었으나 본격적으로 사례관리가 활성화한 것은 1960년대 이후이다. 1960년대부터 빈곤, 인종문제, 정신건강 문제, 가정해체 등 다양하고 복합적인 문제를 가지고 있는 클라이언트가 증가하게 되었다. 이러한 문제를 보다 효과적이고 통합적으로 해결하기 위해 1963년 「지역사회정신보건법」 제정으로 정신질환자의 탈시설화 및 사례관리 활성화가 본격화되었고, 1970년 이후 서비스의 단편화, 포괄적 서비스를 필요로 하는 클라이언트 인구의 증가, 비용 절감의 문제 등으로 사례관리는 더욱 활성화되었다.

영국의 경우도 1879년부터 퇴원환자들에게 소규모 주거보호와 일상생활 지도서비스를 제공하는 정신질환자 애프터케어협회의 사례관리가 시작되었으나 본격적으로 사례관리가 시작된 것은 1970년대 이후이다. 1988년 그리피스 보고서에서 복지의 혼합경제를 강조하면서 그 일환으로 사례관리가 도입되었고, 1990년 「국민보건서비스와 지역사회보호법」 제정되면서 지역사회 보호 촉진되고 재가서비스 발달이 촉진되면서 사례관리가 더욱 발달하게 되었다.

우리나라는 서구의 공공비용절감을 위한 지역사회보호의 차원보다는 지역사회 요보호대상자의 재가복지에서 사례관리가 시작되었고, 지역사회취약계층의 탈빈곤 및 탈위기화를 목적으로 맞춤형 실천서비스를 제공하는 것을 목적으로 한다는 데서 차이가 있다.

우리나라의 경우 1987년 가정봉사원 파견 사업으로 초기 사례관리 실천이 시작되었다고 볼 수 있으나 1990년대 사회복지의 방향이 지역사회복지 중심으로 전환되고 재가서비스에 대한 확장이 이루어지면서 사례관리가 본격화되었다고 볼 수 있다. 장애인, 노인, 소년소녀가장 등 가족기능이 취약한 저소득계층을 위한 지역사회 보호사업에서 사례관리 방법이 적극적으로 요구되었으며, 2003년 서울지역 사회복지관 평가에 사례관리가 포함되면서 확산되었다. 사회복지 민간실천현장인 종합사회복지관, 노인 및 장애인복지관, 정신장애인 사회복귀를 돕는 실천현장에서 만성적이고 복합적인 문제를 지닌 클라이언트에게 제공되면서 전문성이 강화되어 왔으며, 지역아동센터, 아동

보호시설 및 장애인생활시설 등에 이르기까지 사회복지 여러 실천영역에서도 적용되고 있어 사례관리의 수행방법과 과정, 사례관리자의 전문적 개입 수준 등에 대한 실천적 관심이 높아지고 있다.

최근에는 공공영역에서 빈곤의 사각지대를 해결하고 지역주민의 욕구에 대응하여 개별화된 복지서비스를 제공하기 위한 방법론으로 적극 활용되고 있는데, 2005년 「사회복지사업법」 개정을 통하여 공공영역에 사례관리 개념이 포함되었고 2012년 희망복지지원단 출범과 함께 민관협력 통합사례관리를 가속화하였다. 또한 2022년까지 읍·면·동을 보건복지서비스 제공 중심기관으로 개편하는 계획을 추진하고 있어 공공영역의 사례관리는 더욱 강화될 전망이다.

3) 사례관리의 구성요소

사례관리의 구성요소는 사례관리의 대상자, 사례관리자, 사회자원, 사례관리과정, 사례관리 운영체계 등이 있다.

사례관리의 대상자는 생계, 주거, 의료, 교육, 고용 등 복합적인 복지욕구를 가지고 있어 사례관리가 필요하다고 판단되는 개인 혹은 가족인데, 지역사회에서 신체적·정신적·경제적·사회적 문제를 복합적으로 가진 아동, 청소년, 장년, 장애인, 노인, 가족 등 다양한 인구층의 클라이언트라 할 수 있다.

사례관리자는 직접적 실천 및 간접적 실천을 통해 복합적인 욕구를 가진 클라이언트에게 질 높은 서비스를 제공하고 연계함으로써 클라이언트의 기능과 복지를 최대화하는 전문사회복지사이다. 미국사회복지사협회(NASW, 2010)는 사례관리자를 클라이언트와 그의 가족의 욕구를 사정하고, 그 욕구를 해결하기 위해 서비스를 계획하고, 실행하며, 조정하고, 점검하며, 평가하고, 클라이언트를 옹호하는 다양한 서비스의 패키지를 제공하는 전문가로 정의하고 있다.

사회자원은 클라이언트의 강점 및 능력을 포함하는 개인 내적 자원과 공식적, 비공식적 자원을 포함하는 사회자원이 있다. 공식적 자원에는 공공기관, 행정기관, 복지관, 법인 등이 제공하는 인적 · 물적 서비스가 있으며, 비공식적 자원에는 가족, 친척, 동료, 이웃 등이 제공하는 인적 · 물적 서비스가 있다.

사례관리과정은 사례관리 체계 내에서 사례관리 실천의 목적을 달성하기 위하여 수행되는 과정이다. 사례관리의 과정은 초기단계, 사정단계, 서비스계획단계, 서비스실행 및 점검단계, 평가 및 종결단계로 진행된다.

사례관리 운영체계는 사례관리실천과정이 잘 실행될 수 있도록 지원하는 지원체계를 말하는데, 기관 내부조직인 내부운영체계와 기관 외부조직인 외부운영체계로 구분할 수 있다. 내부 운영체계는 사례관리자, 사례관리팀, 전문슈퍼바이저가 있고, 외부운영체계는 희망복지지원단, 솔루션위원회 등이 있다.

4) 사례관리의 과정

(1) 초기단계

초기단계는 사례관리의 첫 단계로 사례관리를 필요로 하는 클라이언트를 발견하고, 파트너십을 형성하는 과정이며, 적격성 여부를 확인하여 클라이언트로 확정하는 과정이다. 초기단계의 주요과업은 사례발굴(대상자발굴)과 인테이크(intake), 접수 및 계약이다. 사례발굴은 잠재적 클라이언트가 자발적으로 사례관리기관에 방문, 전화, 이메일 등으로 접촉 및 의뢰하는 방법, 내 · 외부인 또는 기관으로부터 사례를 의뢰받는 방법, 서비스가 필요한 잠재적 클라이언트에게 직접 접근하여 발굴하는 아웃리치 방법이 있다. 인테이크는 초기면접자가 잠재적 클라이언트에 대한 정보를 수집하고 서비스욕구를 파악하여 서비스 제공의 적격성의 기준을 확인하고, 사례관리의 클라이언트로 결정하는 과정이다.

(2) 사정단계

사정(assessment)은 인테이크를 통해서 확보된 정보를 토대로 클라이언트의 다양하고, 복잡한 욕구를 확인하고, 강점과 자원, 장애물을 분석하여 종합화하는 과정이다. 이때 클라이언트의 욕구는 신체적 · 사회적 · 정서적 · 인지적 · 재정적 · 환경적 욕구 및 지지 욕구를 구조화된 사정도구를 사용하여 종합적으로 확인하고, 클라이언트의 능력, 강점, 외부자원 등에 대해 포괄적으로 사정이 이루어진다. 사정은 사정단계에서 끝나는 것이 아니라 사례관리자가 사례를 다루는 동안 지속적으로 이루어지는 과정이다.

사정단계에서 사례관리자는 비심판적이고 수용적인 태도를 유지해야 하며, 클라이언트와 사정 내용을 합의하고 공유하고, 클라이언트가 표현하는 언어를 사용하며, 클라이언트의 강점과 자원을 적극적으로 사정하여야 한다.

(3) 계획단계

계획단계는 사정을 통해 밝혀진 내용에 기반을 두고 달성하고자 하는 목적 및 변화목표를 분명히 하며 필요한 서비스를 구성해가는 논리적인 과정으로 사정과 서비스 전달을 이어주는 중요한 역할을 한다. 서비스 계획단계는 목표를 수립하고, 서비스 실천계획을 구체적으로 수립한다.

먼저 목표수립은 클라이언트의 욕구충족 방향 또는 문제해결 방향을 문서로 설정하는 것이다. 목표는 명시적이고 구체적이며, 측정 가능하게 기술하고, 행동적인 표현으로 기술하며, 긍정적인 언어로 수립한다. 목표는 현실적이고 달성 가능한 내용으로 서술하고 사례관리기관의 정책과 일관성이 있어야 한다.

실천서비스계획은 설정된 목표를 달성하기 위한 실행계획으로, 클라이언트를 개별화하여 욕구를 충족할 수 있는 적절한 맞춤형 서비스(Individualized Service Plan: ISP)를 수립한다. 서비스계획에는 서비스 우선순위, 욕구영역, 욕구내용, 장기목표, 단기목표, 서비스명, 서비스 횟수, 제공기관 및 담당자 등의 계획을 구체적으로 수립한다.

(4) 실행 및 점검단계

실행단계는 세워진 계획에 따라 개별화된 서비스가 제공되는 단계를 말한다.

실행단계에서는 직접 서비스 제공과 간접 서비스 제공이 모두 활용된다. 직접서비스는 주로 상담, 교육 및 훈련 등의 방법이 활용된다. 상담은 클라이언트의 강점을 활용하여 클라이언트가 지속적으로 서비스에 참여하도록 하는 동기강화상담에 집중하며, 교육 및 훈련은 일상생활 기술 및 독립적 삶의 기술 등을 모델링, 코칭, 역할바꾸기, 빈의자기법, 강화물 활용, 실습 등의 방법을 활용하여 습득하도록 한다. 간접서비스는 연계, 옹호, 조정 등의 방법을 활용한다. 연계는 사례관리자가 클라이언트의 욕구에 부응하는 자원을 사정하여 자료화하거나 자원망을 조직하고 이를 활용하여 클라이언트로 하여금 최선의 선택을 할 수 있도록 지원하는 것이고, 옹호는 사례관리자가 힘이 약한 클라이언트의 입장을 대신 말하여 기관의 서비스 제공의지를 높여주고, 자원의 접근성과 활용성을 증진시키는 활동을 의미한다. 조정은 클라이언트를 위한 서비스가 중복될 때, 자원망 간의 갈등이 있을 때, 자원망 간 역할분담이 필요할 때 기관의 역량에 적합한 역할분담을 하도록 하는 활동이다.

점검은 계획된 서비스와 자원이 잘 전달되고 있는지를 확인하는 중간검토 활동으로 계획의 이행도를 점검하고, 목표 성취도를 점검하며, 새로운 욕구를 발견하는 과정이다. 점검은 클라이언트의 노력 및 참여도를 점검하는 클라이언트 점검, 외부서비스 담당자의 목표달성을 위해 기여하고 있는 정도를 점검하는 서비스 점검이 있다.

(5) 평가 및 종결

사례관리의 마지막 단계는 평가 및 종결 단계이다. 평가는 서비스 대상자가 욕구와 변화목표에 부합된 서비스를 적절히 제공받고 원하는 변화를 성취하였는지를 확인하는 과정이다. 사회복지전문직의 전문직의 윤리와 가치를 지키면서 클라이언트와 계약한 내용대로 서비스를 제공하고 기관의 정책 및 지침에 적합한 서비스를 제공할 책무성이 있기 때문에 평가는 중요하다. 사례관리의 평가는 종결단계의 과업이지만, 평가

활동은 초기단계부터 종결 시까지 지속적으로 이루어지는 과정이다. 평가는 과정평가와 성과평과로 구성되며, 성과평가는 목표달성도와 서비스만족도 평가가 포함된다.

종결은 대상자의 욕구가 충족되거나 사례관리실천의 목표가 달성되어 더 이상 사례관리 서비스가 필요하지 않다고 합의적인 판단이 이루어진 마무리 과정이다. 종결은 개입목표 달성, 거부 또는 부득이한 사유가 발생한 경우 사례회의를 통해 결정된다. 종결 이후에는 일정 기간 동안 종결 후의 변화 상황의 안정화 여부를 모니터링하고 재개입의 필요성을 판단하기 위하여 사후관리를 진행한다.

학습목표

1. 사회복지정책의 개념과 가치 및 영역을 이해한다.
2. 사회복지의 특징과 이론 및 형성과정을 이해한다.
3. 사회복지 행정의 개념과 이념 및 특징을 이해한다.
4. 사회복지 행정의 조직이론과 행정과정을 이해한다.

개 요

사회복지를 실천함에 있어서 사회복지정책과 사회복지행정은 불가분의 관계를 가지고 있다. 사회복지정책은 사회복지에 대한 정책을 의미하며 인간의 기본적 욕구를 충족시키거나 사회문제를 해결하기 위한 목적으로 사회복지제도 및 프로그램을 만들고 가치를 배분하는 활동을 의미한다.

사회복지 행정은 사회복지 정책을 구체적인 사회복지서비스로 전환하여 이를 필요로 하는 서비스 대상자에게 효과적이고 효율적으로 전달하기 위한 합리적인 의사소통 과정이나 협력적인 활동의 체계 과정을 말한다.

따라서 사회복지가 갖고 있는 목표를 달성하기 위해서는 사회복지정책이 필요하고, 그 정책을 실천하기 위해서는 협력적이고 효율적인 서비스 전달과정으로서 행정이 필요하다고 본다.

CHAPTER

06

사회복지 정책 및 행정

1. 사회복지정책의 개념과 가치

1) 사회복지정책의 개념

(1) 정책의 개념

사회복지정책이라는 말은 사회복지(social welfare)와 정책(policy)이라는 두 용어의 합성어를 말한다. 사회복지정책이란 정부와 지방자치단체가 공익 목적, 사회 형평성 실현, 사회문제 예방해결 등을 위해 시행하는 일련의 정책을 말한다. 이러한 사회복지정책은 정책형성과 집행에 있어서도 정치적 노력이 불가결하다는 점에서 정부와 지방자치단체의 정치적 고려의 의미도 가지고 있다.

그리고 사회복지 정책은 인간의 기본적인 욕구(need)를 충족시키거나 사회문제를 해결하기 위한 목적으로 사회복지제도나 프로그램을 만들고 그 가치를 배분하는 전체적인 활동을 의미하기도 한다. 사회복지정책에 대한 정의는 학자들마다 다양하고, 소소한 견해 차이가 있는데 다음과 같다.

첫째, 칸(Kahn, 1969)은 사회복지정책의 개념에 대해 "사회복지 프로그램과 서비스 전달체계가 장기적으로 기초가 되는 원리와 관계가 있다."라고 주장한다.

둘째, 프리그모어(Prigmore)와 아서튼(Atherton)은 사회복지정책을 사회복지 프로그램의 문제에 있어서 의사결정을 위해서 사용되는 지침을 가리키는 일반적인 용어라고 언급한다(강영숙 외, 2020).

셋째, 마르샬(Marshall, 1965)은 "사회정책은 시민들에게 서비스나 소득을 제공함으로써 시민들의 복지에 직접적인 영향을 주는 행위와 관련된 정의의 정책을 지칭하는 것이다. 그러므로 그 핵심은 사회보험, 공공부조, 보건 및 복지서비스 그리고 주택정책으로 이루어져 있다."라고 하였다(강영숙 외, 2020).

넷째, 티트머스(Titmuss, 1976)는 현물서비스의 직접적인 공공의 급여와 직접적인 현금 급여는 사회복지가 지니는 물 위에 드러난 빙산 현상으로 보며 재정적 복지와 직업적 복지는 간접적이며 빙산의 잠수된 부분으로 비유하여 보고 있다. 티트머스는 사회복지정책을 국민을 위한 복지증진이라는 목표를 달성하기 위한 정부의 활동, 정부의 사회복지제도라고 정의한 바 있다(한국임상사회사업학회, 2019).

다섯째, 길버트와 스펙트(Gilbert & Specht, 1986)는 공사의 기간에 있어 행동의 방향이나 계획이 기초를 이루는 결정과 선택으로 정의한 바 있다. 그리고 사회복지정책을 요보호계층을 포함한 모든 국민이 직면한 의료, 주거, 소득, 고용, 사회서비스 등과 관련된 사회문제를 해결하기 위해 중앙정부 및 지방정부가 책임지고 시행하는 일련의 계획, 원칙, 규칙, 지침 등을 의미한다.

이렇게 사회복지정책은 인간의 욕구 충족을 위한 서비스 및 사회문제를 해결하기 위해 필요한 행동들에 관한 원칙이나 지침, 또는 일정한 계획, 조직화된 노력 등의 의사결정과정으로써의 복지정책을 의미하며 각종 사회복지서비스, 공공부조, 사회보험, 사회보장 등이 포함하고 있음을 볼 수 있다.

2) 사회복지정책의 가치

사회복지정책의 가치에 대한 의견은 학자들마다 다양한 견해를 가지고 있음을 볼 수 있다. 길버트와 스펙트(Gilbert & Specht, 1986)는 평등(equality), 형평(equity), 적절성(adequacy)을 강조하고, 윌딩과 조지(Wilding & George, 1975)는 평등, 자유(freedom), 개인주의(individualism)를 강조하며, 퍼니스와 틸튼(Furniss & Tilton, 1977)은 평등, 자유, 민주주의(democracy), 사회연대감(social solidarity), 생존권 보장(security of existing rights), 경제적 효율성(economic efficiency)을 사회복지정책의 가치로 제시한 것을 볼 수 있다.

이를 순서대로 표로 정리하면 공통적으로 강조하고 있는 가치를 살펴볼 수 있다.

〈표 6-1〉 사회복지정책의 가치

길버트와 스펙트	윌딩과 조지	퍼니스와 틸튼
평등	평등	평등
형평	자유	자유
적절성	개인주의	민주주의
		사회연대감
		생존권 보장
		경제적 효율성

평등은 모두가 공통적으로 강조하고 있는 부분이고, 자유는 윌딩과 조지, 퍼니스와 틸튼이 강조하는 부분이다. 따라서 사회복지정책의 가치는 공통적인 부분에 해당하는 평등, 자유, 그리고 겹치지는 않지만 중요하다고 생각되는 부분에 해당하는 경제적 효율성과 생존권 보장에 대해서 구체적으로 살펴보고자 한다.

(1) 평등

평등은 모든 사람에게 사회자원을 동일하게 배분하는 것을 말한다. 결과의 평등을 의미하는 수량적 평등, 개인의 능력이나 가치, 또는 욕구에 따라 사회자원을 차등 배분하는 비례적 평등, 그리고 평등한 출발이나 평등한 위치에서 경쟁할 수 있도록 기회를 보장해 주는 것으로서 과정상의 평등을 의미하는 기회의 평등으로 구분한다(권중돈 외, 2019).

(2) 자유

자유는 다른 사람의 간섭이나 의지에서 벗어날 수 있는 소극적 자유와 자신이 원하는 것을 할 수 있는 적극적 자유로 구분된다. 소극적 자유는 '기회(opportunity)'를 강조하고, 적극적 자유는 '능력(capacity)'을 강조한다. 여기서 능력은 한 사회에서 자신이 원하는 것을 이루며 살아가는 데 있어서 필요한 자원을 획득할 수 있는 힘(power)을 말한다(권중돈 외, 2019).

(3) 경제적 효율성

경제적 효율성은 정책이 목표하는 대상자에게 자원이 얼마나 집중적으로 할당되었는지를 판단하는 목표효율성과 정책을 집행하고 운영하는 과정에서 투입되는 비용의 여부를 판단하는 운영효율성으로 구분된다. 예를 들면 공공부조는 목표효율성이 높고, 사회보험은 운영효율성이 높음을 볼 수 있다.

(4) 생존권 보장

생존권 보장은 기본적인 인간의 인권을 보장하는 것으로 인간이 인간답게 살아갈 권리이며 국가에 대해 인간의 생존을 위해 필요한 서비스를 당당하게 요구할 수 있는 권리를 말한다.

3) 사회복지정책의 영역

(1) 사회복지정책의 영역

사회복지정책의 영역은 협의적 사회복지정책과 광의적 사회복지정책으로 구분된다.

① 협의적 개념

타운센트(Townsend, 1970)는 소득보장, 건강, 교육, 주택, 아동, 노인, 장애인 등 사회적 약자들의 욕구 해결을 위한 서비스를 협의적 영역이라고 언급하였다.

한국임상사회사업학회(2019)에서는 협의적 사회복지정책 영역을 소득보장정책, 건강보장정책, 주택보장정책, 대인적 사회서비스, 교육정책 등으로 구분한다. 첫째, 소득보장정책에는 노령 · 사망 · 장애 · 실업 · 질병 · 사고 · 저임금의 위험 등에 의하여 일시적으로 소득원이 상실되었을 경우 국민이 최소한의 생활을 유지하기 위한 소득을 국가가 일부 또는 전부를 보장해 주는 것으로 사회보험, 공공부조와 각종 수당제도 등을 든다. 둘째, 건강보장정책은 치료와 예방의 포괄적 의료서비스를 국가의 책임하에 실시하고 국민의 건강한 삶의 유지를 돕는 것으로, 국민건강보험, 의료보험 및 보건의료서비스 등이 있다. 셋째, 주택보장정책은 인간다운 기본적 생활을 위한 주거권을 보장하기 위한 것으로 주택 구입을 지원하는 주택담보대출제도, 공공임대주택, 국민주택, 보금자리주택 제공, 주거환경 개선사업 등이 있다. 넷째, 대인적 서비스에는 사회적 약자인 아동, 청소년, 노인, 여성, 장애인, 다문화 가족 등을 대상으로 한 사회복지정책 등이 있다. 다섯째, 교육정책은 국민의 잠재력과 역량을 개발하기 위해 적절한 교육환경을 제공하고 교육받을 기회, 과정, 결과 등을 보장함으로써 교육의 불평등을 해소하고자 하는 정책으로 교육 접근 기회의 확대, 교육환경의 개선, 교육재정 확대, 특수교육 활성화, 사회교육의 활성화 등을 든다.

② 광의적 개념

디니토(DiNitto, 1995)는 광의적 개념으로 협의적 개념 외에 조세정책(Titmuss, 1969)이나 노동시장 · 고용정책(Kahn, 1979)을 포함하고 있다. 디니토는 조세정책은 직접적인 급여는 아니지만 간접적으로 소득의 재분배에 크게 기여하고, 노동시장정책의 경우는 저소득층이 시장에서 얻는 1차 소득을 높이는데 크게 기여한다고 보고 있다.

한국임상사회사업학회(2019)에서는 광의적 개념으로서의 사회복지정책은 첫째, 조세정책으로 조세의 징수규모와 징수방식을 조절하여 재원확보와 경제의 안정 및 성장을 목적으로 한다. 둘째, 노동정책으로 노동능력이 있는 사람들을 대상으로 노동시장과 관련된 불이익을 해소하고 자신의 힘으로 생계를 유지할 수 있도록 국가가 지원하는 정책으로 고용정책, 노사정책, 임금정책, 사회보장, 산업복지 등을 들 수 있다.

2. 사회복지정책의 특징과 이론 및 형성과정

1) 사회복지정책의 특징

사회복지정책의 특징은 다음과 같이 일곱 가지로 정리한다(고명수 외, 2018).

첫째, 시대와 사회적 환경에 따라 변화한다. 즉, 그 시대에 가장 필요로 하는 정책으로 계속 변화하고 진화한다. 사회복지정책이 변화하는 시대의 흐름과 함께하지 못하면 복지가 발전할 수 없고 국민의 삶의 질이 떨어지게 된다.

둘째, 가치 개입적이다. 어떤 지도자가 혹은 어느 정당이 집권하느냐에 따라 달라진다. 어떤 지도자가 인간의 존엄성을 기본 가치로 여기고 국민이 우선인 나라를 생각하고 국정운영을 해나갈 것인가가 매우 중요하다.

셋째, 자원의 희소성으로 선택의 문제가 발생한다. 인간의 욕구는 무한한 반면, 한 나라의 자원과 소득은 한정되어 있다. 따라서 부족한 자원과 소득으로 인간의 어떤 욕구를 얼마나 충족시켜 주어야 하는가에 대해 선택의 문제가 발생한다. 그래서 보편적 복지를 실천할 것이냐 선별적 복지를 실천할 것이냐가 중요하게 대두되는 것이다.

넷째, 이익집단의 힘이 약하다. 이익집단인 클라이언트들은 사회적으로 약자이고 소수자이다. 이익집단이 나서서 정책을 세워야 하는 것이 마땅하지만 사실 약자인 클라이언트들은 힘을 잘 발휘하지 못한다. 현대사회는 경제적, 사회적으로 다원화되고 세분화됨에 따라 사람들의 욕구나 이해관계도 매우 복잡해지고 있는 사회다. 본래 이익집단은 정부로 하여금 시민이 원하는 정책을 시행하도록 압력을 가하는 역할을 한다. 그러나 이익집단이 사회의 약자인 클라이언트일 경우는 시민을 대표하는 데 매우 취약하고, 저항이나 방어하기에도 약하다.

다섯째, 인간 지향적이다. 사회복지정책은 인간의 삶에 관심을 두고 인간답게 살도록 하는 데 관심이 있다. 인간의 삶의 질을 높이고, 행복하게 사는 데 문제가 없게 해야 하는 것이다.

여섯째, 재분배를 지향한다. 사회적 약자들을 위한 소득재분배를 지향한다. 소득의 재분배를 사회계층구조의 흐름에 따라 수직적 재분배와 수평적 재분배로 구분하는데 전자는 상위 소득계층으로부터 하위 소득계층으로 재분배를 하는 것이고, 수평적 재분배란 동일 소득 계층 내에서의 재분배를 의미한다.

일곱째, 정책형성 또는 집행에 있어 클라이언트의 참여를 필요로 한다. 클라이언트가 힘이 없지만 반드시 어떤 욕구(needs)가 있는지 알려야 하고, 정책을 형성하는 과정과 집행하는 과정에서도 클라이언트가 긍정적 정책인지 아닌지 참여를 확인해야 한다.

2) 사회복지정책의 이론

사회복지정책을 설명하는 많은 이론 중에서 수렴이론과 확산이론, 시민권이론, 음모이론, 사회양심이론, 종속이론에 대해서 다음과 같이 살펴보고자 한다(서보준 외, 2018; 고명수 외, 2018).

(1) 수렴이론

수렴이론(convergency theory)은 경제발전이 상당한 수준에 도달하게 되면 사회복지가 유사한 형태로 수렴된다는 이론으로 기술결정론이라고도 한다. 이 이론은 산업사회의 사회구조를 결정짓는 것은 산업화이며 이 산업화를 이룬 국가들의 사회제도는 어느 한 점으로 수렴되어 서로 비슷하게 되어 있다는 주장이다. 이 이론의 대표적인 학자는 윌렌스키와 르보(Wilensky & Lebeaux)이다.

(2) 확산이론

확산이론(diffusion theory)은 한 나라의 사회복지정책이 다른 나라에 영향을 미친다는 데 초점을 둔 이론이다. 이 이론에 의하면 현재 유럽대륙의 국가들이 다른 대륙에 비해 사회보장제도가 확립된 것은 복지국가의 면모를 갖추고 다양한 사회보장 프로그램을 개발한 영국과 지리적으로 가까운 주변 유럽국가들이 우선적으로 영향을 받고 제도의 구축을 이룩해 온 것으로 본다(강영숙 외, 2020).

(3) 시민권이론

시민의 권리에 의해서 사회복지정책 및 사회보장제도가 진화되고 발전한다는 가설을 전제하고 사회구성원이라면 누구든지 사회복지를 향유할 수 있는 권리를 가진다고 보는 이론으로 대표적인 학자는 마르샬(Marshall)이다(강영숙 외, 2020).

(4) 음모이론

음모이론(conspiracy theory)은 사회복지의 주목적이 인도주의나 동정이 아니라 사회 안정과 질서유지와 사회통제를 위한 수단으로 사용되고 있다고 보는 이론이다. 대표적인 학자는 피븐(Prven)과 클로워드(Cloward)이다. 이 이론에 의하면 사회복지정책에 관한 의사결정은 지배층의 장기적인 계획으로 이루어지며 그 결과 피지배층에게는 불리하게 작용한다고 가정한다. 그렇기 때문에 사회적 약자들에 대한 사회복지정책의 발달을 설명하는 데는 한계가 있다(강영숙 외, 2020).

(5) 사회양심이론

사회양심이론(social conscience theory)이란 사회구성원들의 집단양심을 사회복지의 변수로, 즉 사회적 양심의 증대가 사회복지의 발전을 가져오는 원동력이 되었다고 보는 이론으로 정부의 사회복지정책을 국가의 자선활동으로 간주한다. 이 이론의 대표적 학자는 홀(Hall)과 베이커(Baker)가 있다(강영숙 외, 2020).

(6) 종속이론

종속이론(dependency theory)은 제2차 세계대전 이후 제3세력들의 사회복지정책의 변천과정을 설명하고 있는 이론으로 이들 국가들이 독립 이후에도 그 사회복지정책 등이 그대로 모방되거나 유지되는 현상을 설명하고 있다(강영숙 외, 2020).

3) 사회복지정책의 형성과정

사회복지정책의 분석과 연구에서 가장 중요한 측면은 정책형성과정이다. 디니토는 정책의 형성과정을 정책문제 확인, 정책제안 형성, 공공정책의 정당화, 공공정책 실행 및 공공정책 평가로 5단계를 언급했고, 길버트와 테렐도 문제의 발견, 문제분석, 대중의 지지와 정당화 구축, 프로그램 설계 실행 및 평가와 사정의 5단계로 언급했다. 그러나 여기서는 정책형성과정을 일반적인 사회문제의 정책의제 형성을 시작으로 해서 정책의제 설정, 정책결정, 정책집행, 정책평가로 구분해서 살펴보고자 한다.

(1) 사회복지정책 의제형성단계

사회복지정책 의제형성단계는 사회적 문제로 이슈가 되는 쟁점들을 부각시켜서 사회복지정책으로 연결시키는 단계를 말한다. 사회문제는 인간이 해결하고자 하는 욕구를 불러일으키는 불만족스러운 상태를 말한다. 사회문제를 이슈로 부각하기 위해 이슈촉발장치와 이슈제기자가 절대적으로 필요하다(권중돈 외, 2019).

사회적 이슈(social issue)란 문제의 성격이나 문제의 해결방법에 대해서 이해 관련 집단들 사이에 의견의 일치를 보기 어려운 사회문제로서, 다수의 개인이나 집단들 간에 논쟁의 대상이 되어 있는 사회문제를 의미한다.

사회문제의 해결은 일반적으로 여러 사회계층이나 집단에 서로 다른 영향을 미친다. 즉, 사회문제의 개념이 어떻게 규정되느냐에 따라 해결방법이 달라지고, 해결방법이 어떻게 결정되느냐에 따라 이 문제의 해결에 의한 수혜집단과 피해집단이 달라지기 때문에 사회적 이슈화 과정은 문제정의를 위한 토론의 과정이며 논쟁의 과정이기도 하다.

그런데 실제 모든 사회문제가 사회적 이슈가 되는 것은 아니다. 이슈화되지 못하는 주된 이유로는 사회복지 문제는 주로 정치적 · 경제적으로 가지지 못한 자들의 문제이며, 그들은 자기들의 문제를 이슈화시킬 자금, 지식, 조직, 사회적 지위 등을 가지고 있지 못하기 때문이다. 따라서 사회적 이슈가 되기 위해서는 이 문제를 사회적 이슈화 시키려는 촉발장치와 주도자가 있어야 한다(Cobb & Elder, 1983; 강영숙 외, 2020).

특히, 사회문제의 사회적 이슈화를 위해서는 사회복지의 역할은 중요하다. 사회복지사는 클라이언트를 대신하여 사회문제를 이슈화하고, 그들의 대변자 역할을 하거나 언론홍보, 자원봉사 등의 역할을 하는 한편, 정부에 대해서는 사회문제에 개입하도록 압력을 행사할 수도 있다.

이 외에도 공중의제나 정부의제가 있는데 공중의제는 일반 대중의 주목을 받을 가치가 있으며 정부가 문제해결을 하는 것이 정당한 것으로 인정되는 사회문제를 의제로 삼게 되는 것을 말하며, 정부의제는 정책결정자가 공식적으로 해결의지를 갖고 심각하게 고려하기로 명백하게 밝힌 문제이다. 따라서 새 쟁점이 정부의제로 채택된 후에는 의제의 중요성을 계속 유지시키려는 노력이 발휘됨으로써 정책적인 해결에 도달할 수가 있다.

(2) 정책결정

정책결정은 여러 정책대안 중에서 가장 바람직한 정책대안을 선택하는 행위이다. 즉, 문제해결을 위해 제시된 여러 가지 대안들 중에서 합리적이고 바람직한 정부의 미래 대안을 작성 · 선택하는 과정을 말한다. 정책과정은 일반적으로 문제의 인지와 목표의 설정, 정보수집 및 분석, 대안의 탐색 및 평가, 최선의 정책대안 선택 등으로 이루어진다(박경일, 2016). 정책결정의 과정은 다음과 같이 네 단계로 설명된다.

① **문제 인지와 목표의 설정**: 정책결정을 하는 데에 있어서 가장 먼저 행해져야 할 단계는 당면하고 있는 문제점이 무엇인가를 인지하는 것에 중점을 두고 정확한 파악이 문제를 바르게 해결할 수 있다.

② **정보의 수집 및 분석**: 정책문제가 구체화되면 문제해결에 도움을 줄 수 있는 정확한 정보와 자료를 수집하고 분석한다. 정확하고 올바른 정보와 자료의 뒷받침 없이는 합리적인 의사결정을 내리기 힘들기 때문이다.

③ **대안의 탐색 및 평가**: 문제해결에 필요한 정보와 자료의 분석이 끝나면, 문제해결을 위한 대안이 모색되어야 한다.

④ **선택**: 정책결정자가 당면한 문제를 만족스럽게 명확히 인식 · 정의하고 그와 관련된 정보를 수집한 이후에는 선택기준의 모호성 및 실천 가능성, 여론 등을 포함한 제반 여건이 고려되어야 하며, 이러한 여건이 선택된 경우라 하더라도 선택된 이후에는 반대, 위험성 및 저항 등을 감안하여 부작용을 최소화시키고자 하는 노력이 있어야 한다.

정책결정과정을 설명하기 위한 여러 가지 모형이 있는데 합리모형, 점증모형, 만족모형, 최적모형 등이 있다. 합리모형은 인간은 이성과 고도의 합리성에 따라 행동하고 결정하는 것을 강조하는 모형이며, 점증모형은 현실적인 정책결정과정은 과거의 정책이나 결정의 부분적 · 점진적 · 순차적 수정이나 약간의 개선 및 향상으로 이루어지며, 그렇게 점진적으로 정책이 결정되는 것이 바람직하다고 보는 모형이다. 만족모형은 제한된 합리성 안에서 의사결정을 하는 것으로 정책결정의 상황은 매우 복잡하고 동태적이므로 문제를 충분히 파악하기에는 제한적이서 선별적으로 인식 및 선택한다고 보며, 대안을 선택하는 기준은 최적화가 아니라 만족화의 기준에 따르는 것을 말한다(권중돈 외, 2019). 최적모형은 양적모형이 아닌 질적모형으로서 정책결정을 행함에 있어서 직관이나 판단과 같은 초합리적 요소의 중요성도 강조하면서, 인적 · 물적 · 시간적인 제한까지를 고려하여 가능한 범위 내에서 최대의 합리성을 추구함으로써 결정능력을 최적의 수준으로 향상시키고자 하는 모형이다(강영숙 외, 2020).

(3) 정책집행

정책집행이란 정책의 내용을 실현하는 과정 또는 정책을 구체화하고 실체화하는 과정을 의미한다. 특히 사회복지정책 집행의 경우 재분배정책으로서 정치적 성격이 강하다. 그러므로 재분배 목적에 대한 반대가 심할 수 있다. 집단의 압력, 로비 등으로 인해 원래의 목표가 변질되어 클라이언트가 불리한 입장에 놓일 수 있으며, 재원의 확보와 서비스 전달체계 구축 정도가 사회복지 정책집행에 많은 영향을 미치게 된다(권중돈 외, 2019).

정책집행을 의도한 대로 진행하여 정책목표를 달성하는 것이 중요하지만, 정책집행이 원래 의도했던 대로 항상 조금씩 오차가 발생할 수도 있다.

정책집행과정의 일반적인 사항은 첫째, 형성과정은 정책집행 관리자(감독자)와 집행행동 담당자에게 기본정책의 집행과 관련하여 무엇을 해야 하는지, 그리고 어떻게 해야 하는지를 명확히 제시해 주는 구체적인 정책지침의 기능이고, 둘째, 정책의 행동화단계에서는 국민(주민)의 정책집행에 따른 수용이 중요하다. 셋째, 수정관리란 정책의 테두리 안에서 수정하는 것을 말한다(강영숙 외, 2020).

(4) 정책평가

정책평가란 정책활동에 관한 평가를 말한다. 즉 정책이 원래 의도한 목표를 어느 정도 달성하였는가 혹은 부족했다면 그 원인은 무엇인가 등을 종합적으로 분석해 봄으로써 정책의 지속적 유지 및 중단을 결정하고, 부족한 부분을 보충함으로써 정책이 목표하는 바를 달성하도록 유도해나가는 단계이다. 따라서 정책평가는 정책과정의 마지막 단계이자 동시에 새로운 정책결정의 시작이라고 할 수 있다. 정책평가의 결과가 환류 과정을 거쳐 새로운 정책에 영향을 미친다는 것이다(강영숙 외, 2020).

정책을 평가하는 기준으로는 효과성, 효율성, 적절성, 형평성, 반응성, 적합성이 있다(권중돈 외, 2019). 여섯 가지를 살펴보면 다음과 같다.

① **효과성**: 정책의 목표달성 정도로서 의도했던 정책 효과가 과연 그 정책 때문에 발생했는지를 살피는 것이다.

② **효율성**: 투입에 대한 산출의 비율로서 경제적 가치로 환산하여 평가하는 것이다.

③ **적절성**: 문제해결을 위해 사용한 수단이나 방법이 바람직한 정도와 바람직한 수준에서 이루어졌는지를 평가하는 것이다.

④ **형평성**: 분배의 공정성에 의거해서 전체 사회구성원의 이익에 타당하게 분배되었는지를 평가하는 것이다.

⑤ **반응성**: 정책결과가 특정 집단의 욕구, 선호, 가치를 충족하였는지를 평가하는 것이다.

⑥ **적합성**: 정책결과가 실제로 가치가 있는지를 평가하는 것이다.

사회복지정책에서 정책의 평가가 중요한 이유는 사회복지정책의 개선에 필요한 정보를 얻기 위해서이며 정책 활동에 대한 책임성이나 근거를 확보하기 위해서라고 말할 수 있을 것이다.

3. 사회복지 행정

1) 사회복지행정의 개념과 이념

(1) 사회복지행정의 개념

사회복지행정이란 사회복지와 행정의 합성어로 사회복지정책을 구체적인 사회복지서비스로 전환하여 이를 필요로 하는 서비스 대상자에게 효과적이고 효율적으로 전달하기 위한 합리적인 의사소통의 과정 및 협력적인 활동의 체계와 과정을 말한다(한국임상사회사업학회, 2019). 즉, 사회복지정책이 사회복지서비스로 전환되는 총체적인 활동을 의미하는데, 사회복지정책은 사회복지정책으로 표현된 추상적인 것을 구체적으로 유·무형의 서비스로 전환하여 수혜자에게 전달하는 공·사적 전 과정을 의미한다. 사회복지행정의 개념은 크게 광의적 개념과 협의적 개념으로 구분한다.

① 광의적 개념

사회복지행정은 사회복지서비스가 클라이언트에게 전달되는 과정에 대한 총체적인 활동으로 이해하는 입장으로, 사회복지정책을 사회복지서비스로 전환시키는 데 필요한 사회복지조직의 모든 활동과정에 기여하는 조직구성원들의 협동적 · 조정적 노력으로 본다. 광의적 사회복지 행정은 조직구성원 모두가 목표달성에 대한 책임을 공유하고 사회복지조지의 효과적인 활동을 위해서는 행정과정이 중요하다는 것을 강조한다.

그리고 사회복지행정은 전국민을 대상으로 하며 모든 생활영역의 복지향상을 위하여 실천하는 모든 공공의 정책 및 활동을 의미한다.

② 협의적 개념

협의적 개념의 사회복지행정은 사회복지조직의 목표를 달성하기 위해 관리자가 수행하는 과업, 기능 및 관련 활동들로 구성된 하나의 체계적인 개입과정을 의미한다. 사회복지행정은 관리자가 수행하는 목표 달성, 프로그램 기획, 자원의 동원과 유지, 성과 평가와 같은 과업활동에 사회사업적 지식, 기술, 가치 등을 적용하는 일련의 과정이다. 협의적 개념의 사회복지행정은 특정한 국민만을 대상으로 존재하며 기본적 의식주 및 기타 생활 유지에 필요한 최저 한계선을 정해 그들의 규제 · 보호 · 갱생을 위해 도움을 주는 제반 시책과 방법의 실천 활동을 의미한다(한국임상사회사업학회, 2019).

도니슨(Donnison, 1964)은 사회복지행정에 대해서 "사회복지행정은 행정관리의 과정뿐만 아니라 사회정책의 결정 과정 및 전문적 기술적 실천과정도 포괄하는 것이다." 라고 언급했다. 티트머스(Titmuss, 1974)도 "사회복지 행정은 사회정책과 깊이 연관되어 있어 행정의 방법이나 서비스 전달의 과정, 조직구조 등은 정책에 커다란 영향을 끼친다. 그러나 정책은 행정의 영향을 미치고 있는 것이다. 따라서 사회정책과 행정은 하나의 통합과제를 구성하는 것으로 받아들여야 한다."라고 했다.

따라서 사회복지행정이란 공 · 사 사회복지기관에서 보호자나 국민의 복지증진을 위한 어떠한 목적을 설정하며 그것을 달성하기 위해 관련된 인간 간의 협동적 노력의 한 과정임을 볼 수 있다.

(2) 사회복지행정의 이념

사회복지행정의 이념은 사회복지행정이 지향하고자 하는 최고 가치와 정신을 의미한다. 사회복지행정의 이념은 사회복지정책을 서비스로 전환하는 행정과정의 기준이 되며 목표가 되고 실천적 방향을 제시해준다.

앞에서 언급한 것처럼 사회복지행정이 목표적 개념인 사회복지와 수단적 개념인 행정이 합성되었듯이, 사회복지행정의 이념도 사회복지가 지향하는 인간의 존엄성에 대한 가치와 행정이 지향하는 능률이라는 가치가 함께 조화를 이루고 있다.

사회복지행정의 이념은 다음과 같이 4가지 차원에서 설명할 수가 있다.

① 효과성(effectiveness)

효과성은 사회복지조직에서 제공된 서비스나 프로그램이 클라이언트의 욕구와 문제해결에 적절하고 효과적이었는지를 판단하는 이념을 말한다(한국임상사회사업학회, 2019). 목표 달성을 의미하는 개념으로서 욕구의 충족 또는 해결에 있어서 어느 정도 유효한가를 의미하는 것이다. 즉, 욕구 충족을 위해 선택된 서비스가 어느 정도 적합한가의 관점이며, 효과성의 측정은 목표의 명확한 설정을 전제함으로써 가능하다(강영숙 외, 2020).

② 효율성(effciency)

효율성은 최소의 자원을 투입하여 최대의 효과를 거두려는 것으로 제한된 자원으로 사회복지의 목표를 최대한 성취하고자 하는 것이다. 즉, 자원의 제한성이 있는 사회복지서비스의 공급에서 중요시되는 부분이다(한국임상사회사업학회, 2019). 대부분 제한된 자원으로 공급되므로 효율성은 더욱더 중요시되며, 투입과 산출의 비율로 표시하게 된다.

③ 접근성(accessibility)

접근성 또는 편이성이라고도 말한다. 편이성은 클라이언트가 사회적 서비스를 쉽게 이용할 수 있도록 접근이 용이해야 한다는 이념이다. 접근성은 서비스에 대한 정보 결여, 물리적 장벽, 심리적 장벽, 제도적 장벽, 자원 부족 등에서 제한받을 수 있다.

④ 공평성(equity)

공평성은 동일한 욕구를 가진 클라이언트에게 동일한 서비스가 제공되었는지에 대한 이념이다. 즉, 동일한 욕구를 가진 대상자는 누구나 서비스의 기회나 내용·비용까지도 모두 포함해 동일한 혜택을 받아야 한다는 것으로 평등적 분배를 이루고자 하는 부분이다(한국임상사회사업학회, 2019).

(3) 사회복지행정의 특징

사회복지행정은 클라이언트에게 의존적인 태도를 조장하는 종전의 자선사업과는 근본적으로 다른 특징을 지닌다. 단순한 구호, 육성, 갱생조치가 아니라 서비스를 받는 자가 정상적인 사회인으로 참여하도록 하는 데 의의가 있을 뿐만 아니라 사회문제의 예방, 나아가 복지의 증진을 의도하고 있다는 점에서 일반 행정과 다른 특징을 가지고 있다(강영숙 외, 2020).

① 사회복지행정은 국가의 이념, 개발 방향, 정책 등의 내용에 따라 결정된다.
② 사회적으로 인지된 욕구(needs)를 충족시키기 위해 사용 가능한 자원을 동원하는 것을 비롯한 욕구충족을 위한 방법으로써 적용한다.
③ 사회복지행정은 이윤추구 및 가격관리를 목적으로 하는 것이 아니며, 다양한 복합적 욕구충족의 우선순위 및 그 선택에 관련된다.
④ 사회복지행정은 복지정책으로 설정된 목표를 달성하는 이행수단 방법과 그것을 선택, 사회복지서비스를 준비하고 운영하는 특정의 조직과 기구에 관심을 둔다.

2) 사회복지행정의 조직이론과 행정의 과정

(1) 사회복지행정의 조직이론

사회복지행정가는 조직을 형성하고 관리하기 위해 필요한 이론과 지식을 갖추고 있어야 한다. 특정 조직 내에 특정 문제가 발생하였을 경우, 사람들은 대부분 자신의 경험과 진단에 의존하는데, 이때 조직원들은 자신의 사적인 견해가 아닌 일정하게 이론화된 방법으로 접근해야 한다(강영숙 외, 2020).

사회복지행정에서 조직과 관련된 이론은 크게 전통적 이론과 현대적 이론으로 구분한다.

전통적 이론에는 과학적 관리론과 관료제이론, 인간관계이론, 체계이론이 있고, 현대적 이론으로는 X-Y이론, 목표관리이론, 총체적 품질관리이론이 있다. 여기서는 상황이론, X-Y이론은 생략하도록 하겠다.

① 과학적 관리론

과학적 관리론은 테일러(Taylor, 1923)에 의해 창시된 이론으로 조직 내 직원의 업무를 과학적으로 분석하여 이에 관한 지식을 적극적으로 활용하면 조직능률성은 극대화되며 조직에서 개개인이 수행하는 일의 형태와 소요시간을 표준화시켜 성과에 기초한 임금을 지급하면 조직의 생산성이 높아진다는 것이다(강영숙 외, 2020).

과학적 관리론은 조직에서 사람의 육체적 능력의 중요성을 강조하고 있으며, 개인이 과업을 수행하는 데 필요한 시간 및 동작(time and motion)에 초점을 두고 있다(권중돈 외, 2019).

② 관료제이론

관료제이론은 현대 사회의 조직들이 증대되어 그 규모의 복잡성을 극복하기 위하여 등장한 이론으로 베버(Weber, M.)가 처음 체계적으로 정의했다. 관료제 조직은 공적인 지위에 기반을 둔 수직적이며 위계적인 조직으로 조직의 목표달성을 위하여 그가 가지고 있는 인적 · 물적 자원을 가장 효율적으로 활용할 수 있도록 짜여 있다.

베버의 관료제 모형의 근본적인 명제는 관료제에 대해 정당성을 부여하는 권한의 양식이 전통적이거나 카리스마적인 것이 아니라 합법성을 띠고 있는 점이 주목할 점이다. 또한 관료제 내에서는 정당한 권한 의해 내려지는 명령에 순응하기 위해 합리적인 수단이 사용된다는 것이다(권중돈 외, 2019).

③ 인간관계이론

인간관계이론(human relations)은 조지 엘턴 메이오(George Elton Mayo)를 중심으로 행해진 호손(Hawthorne) 공장의 실험을 계기로 전개되었다. 조직에서의 구성원들의 상호작용과 인간적 요소를 중요시한다. 이는 관료제 이론과 과학적 관리론을 비판하는 입장에서 등장한 이론으로 미국의 호손 공장에서 수행한 일련의 실험에 의해 이론적 틀이 마련되었다.

인간관계이론은 조직구성원들의 사회적 · 심리적 욕구와 조직 내 비공식집단 등을 중시하며 조직의 목표와 조직구성원들의 목표 간 균형 유지를 위하여 민주적이고도 참여적 관리를 강조한다(강영숙 외, 2020).

④ 체계이론

체계이론(systems theory)은 고전적 이론, 인간관계이론 및 구조주의이론을 통합한 것이다. 하나의 체계와 그 주변의 체계와의 상호관계, 그리고 하나의 체계에 있어서 투입과 산출의 계속적인 과정을 설명해 주는 이론이다. 체계이론에 의하면 조직체는 개방체계로서 항상 환경 속에서 자체의 생존과 유지에 도움이 되는 상호의존적인 다양한 하위체계들로 구성된다고 가정한다(강영숙 외, 2020).

⑤ 목표관리이론

목표관리이론(Management By Objectives: MBO)은 1954년에 드러커(Drucker, P.)에 에 의해 만들어진 목표 중심의 참여적 관리기법으로 기업들 중심으로 활용도가 급속히 증대되어왔다. 즉 이 이론은 조직 상하 구성원의 광범위한 참여와 합의하에 조직목표, 각 부서목표, 개인목표를 설정하고 그에 따라 사업이나 생산 활동을 수행한 후 활동결과를 평가 및 환류시키는 관리체제로서, 조직의 민주성, 효과성에 이바지하는 총체적인 관리기법을 말한다(강영숙 외, 2020).

⑥ 총체적 품질관리이론

총체적 품질관리이론(Total Quality Management: TQM)은 품질에 중점을 두고, 전원 참여에 의해 고객만족과 조직구성원 및 사회에 대한 이익창출로 장기적인 성공에 목표를 두는 조직 전체의 체계적 노력을 의미한다. 총체적 품질관리는 조직운영, 제품, 서비스의 지속적인 개선을 통해 고품질과 경쟁력을 확보하고자 하는 모든 종업원의 체계적인 노력을 말한다(권중돈 외, 2019).

따라서 TQM이 성공적으로 운용되기 위해서는 최고관리자의 리더십을 기반으로 끊임없는 교육훈련과 참여의식에 의해 능력이 개발된 조직구성원이 과학적인 품질관리기법과 합리적인 사고방식을 활용하여 조직 내의 모든 절차를 표준화하고 지속적으로 개선함으로써 고객만족을 달성하며 궁극적으로는 조직의 장기적인 성장을 추구해나가야 한다.

본 이론은 우리나라 사회복지에 적용 가능성을 살펴보면 우선 클라이언트의 욕구를 더욱 공식적으로 인정함으로써 서비스전달과정에 모든 직원의 관점을 더욱 체계적으로 포함시키는 방법을 제공하는 유용성이 있다(강영숙 외, 2020).

(2) 사회복지행정의 과정

모든 조직은 기능을 수행하는 과정에서 목표를 수립하고 구체적인 정책을 결정하며, 인적 · 물적 자원의 동원 및 분배를 수행하고 평가를 통한 피드백을 한다.

사회복지행정이 조직을 통해 이루어지는 과정은 8단계 과정으로 기획, 조직, 인사, 지시, 조정, 보고, 재정, 평가로 전개되며, 영어 알파벳의 철자를 따서 'POSDCoRBE'로 표현된다(Gulick & Urwick, 1937). 8단계를 설명하면 다음과 같다.

① 기획

기획(planning)은 조직이 추구하는 목표를 달성하기 위해 과업과 수행방법을 결정하는 단계이다(한국임상사회사업학회, 2019). 사회복지행정가에 의하여 수행되는 첫 번째 과정으로, 즉 목표의 설정, 목표 달성을 위한 과업 및 활동, 과업을 수행하기 위해 사용되는 방법의 결정을 포함한다. 사회복지 기관의 목적은 기관이 설립될 때 법인의 정관에 기술되지만, 공공기관의 목적은 해당 법령에 기술된다. 변화하는 목표에 따라 새로운 과업을 계획하고 목표를 달성할 수 있는 방법이 제고되어야 한다(강영숙 외, 2020).

② 조직

조직(organizing)은 공동의 목적을 추구하기 위해 조직 구성원의 역할과 지위를 체계적으로 연결시키는 과정으로 조직단계에서 구성원에게 과업을 할당하거나 조정하는 것을 말한다(한국임상사회사업학회, 2019). 사회복지조직에서의 역할과 책임이 분명하지 않을 때 직원 간의 갈등이 초래되며 비효율적이고 비효과적인 기관이 된다. 즉, 효과적이고 활발한 조직을 유지하기 위해서는 행정가가 그 구성원들에게 조직의 목표를 명백하게 이해시켜야 한다(강영숙 외, 2020).

③ 인사

인사(staffing)는 사회복지 기관의 목표를 효율적으로 달성할 수 있는 능력을 가진 인적 자원을 확보하는 데 필요한 사회복지행정가의 중요한 과업이다(한국임상사회사업학회, 2019). 책임자는 직원의 임면에 책임을 질뿐만 아니라 구성원들의 개방적인 의사소통 유지, 대인 간의 갈등관계 완화와 그들의 훈련과 우호적인 활동 조건의 유지에 대해서도 책임을 진다.

④ 지시

지시(directing)는 행정책임자가 기관을 효과적으로 운영하기 위해 하위구성원에게 업무를 부과하는 과정을 말한다. 즉, 행정관리자는 명령, 지시, 봉사 등으로 구체화하게 된다. 행정책임자는 다음과 같은 능력을 갖추어야 한다.

㉠ 가능한 한 모든 관련된 사실들을 검토한 후에 합리적인 결정을 내리는 능력을 갖춘다.
㉡ 기관의 목적에 대한 능동적인 관심과 그것을 달성하려는 헌신적인 태도를 보인다.
㉢ 다른 직원의 공헌을 칭찬하고 기관에서의 그들의 지위 향상을 도와주는 능력이 필요하다.
㉣ 책임과 권한을 효과적으로 위임하는 능력이 필요하다.
㉤ 개인과 집단의 창의성을 고취하는 능력을 갖추도록 한다.

⑤ 조정

조정(coordinating)은 사회복지기관의 활동에서 기관 활동의 다양한 부분들을 상호 연결시키는 중요한 과정이다. 조정을 통해 업무의 충돌이나 중복을 방지할 수 있으며 구성원 간에도 효과적인 의사소통을 이끌어낼 수 있다(한국임상사회사업학회, 2019). 행정책임자는 기관의 조정기능을 달성하기 위해서 기관의 여러 부서와 직원들 간의 효과적인 의사소통의 통로가 만들어져서 유지되도록 해야 한다. 특정한 문제를 해결하거나 다양한 전문가의 투입이 요구되는 활동을 위하여 위원회를 종종 활용한다(강영숙 외, 2020).

⑥ 보고

보고(reporting)는 사회행정의 책임자가 기관에서 일어나는 상황을 직원, 이사회, 행정기관, 후원자, 지역사회 내 다른 기관 등에 알리는 것을 말한다. 이러한 기능을 수행하기 위해서는 기록유지, 정기적인 감사, 조사연구 활동, 현재의 서비스 필요 여부 및 새로운 서비스 내용 등에 대한 조사 활동이다(한국임상사회사업학회, 2019).

⑦ 재정

재정(budgeting)이란 조직의 목표달성을 위해 필요한 재정자원을 합리적이고 계획적으로 동원하고 배분하며 효율적으로 사용하고 관리하는 과정이다(한국임상사회사업학회, 2019). 건전한 재무행정은 첫째, 조직의 구조가 예산상의 관점에서 건전해야 한다. 둘째, 장기적인 목표와 현재의 운영을 위한 계획을 포함하는 재정계획은 예산정책에 기초하여 수립되어야 한다. 셋째, 행정책임자 또는 재정책임자는 재정기록을 통하여 기관의 재정상 운영을 통제하는 전반적인 책임을 진다(강영숙 외, 2020).

⑧ 평가

평가(evaluating)란 하나의 프로그램이 거쳐야 하는 각 발달과정에서 성취하게 되는 결과를 자원투입, 효과, 효율, 책무성, 이용자 만족도 등을 기준으로 체계적인 자료를 수집하고 분석하는 모든 행위를 포함한다(권중돈 외, 2019).

또한 사회복지기관의 목표에 따라 전반적인 활동 결과를 사정하는 과정으로 클라이언트에게 제공된 사회복지서비스가 욕구나 문제해결에 적절했는지에 대한 서비스의 효과성과 자원의 투입 대비 산출에 대한 효율성을 측정하는 것을 말한다(한국임상사회사업학회, 2019). 기관의 목표나 목적의 달성을 평가하기 위해서 행정가는 효과성과 효율성에 대한 가치척도를 적용할 수 있어야 한다. 효과성 척도는 서비스에 대한 요구와 관련하여 기관의 서비스가 수행된 정도를 사정하는 것이며, 효율성 척도는 가용한 자원과 관련하여 기관의 서비스가 수행된 정도를 사정하는 것이다(강영숙 외, 2020).

학습목표

1. 아동 · 청소년 복지의 개념과 범주에 대해서 이해한다.
2. 아동 · 청소년의 특성과 복지욕구에 대해서 이해한다.
3. 아동 · 청소년 복지의 정책 현황과 실천현장을 이해한다.
4. 아동 · 청소년 사회복지사의 역할을 이해한다.

개 요

사회복지실천의 주요 분야인 아동복지는 1990년대 이후 아동 · 청소년복지로 또는 아동과 청소년복지로 청소년을 따로 구분하여 논의해 왔다. 이는 그동안 아동복지 안에서 언급되었던 청소년복지가 독립적인 위상과 프로그램을 지니게 되었다는 것을 뜻한다. 아동복지가 주로 아동이 속한 가정을 중심으로 지원 서비스가 이루어지는 데 비해서 청소년복지는 청소년의 독자적인 성장과 발달에 더 많은 관심을 두고 있다.

따라서 아동과 청소년의 복지 이해를 위하여 아동과 청소년의 개념 및 범주, 발달 특성, 복지 욕구의 이해, 아동과 청소년의 복지 정책과 현황, 사회복지실천 현장, 사회복지사의 역할에 대하여 살펴보고, 아동과 청소년의 건강한 성장을 돕는 방안에 대하여 살펴보고자 한다.

CHAPTER 07

아동 · 청소년복지

1. 아동복지

1) 아동복지의 개념과 범주

(1) 아동의 개념

아동복지와 관련하여 단어의 뿌리를 살펴볼 때, 영어에서 아동을 의미하는 'child'라는 용어는 라틴어의 '인판스(infans)'에서 등장하였다. 라틴어에서 인판스는 '말하지 못하는 사람'을 의미한다. 그리고 로마인에게 인판스는 태어나서 7세까지의 아동을 의미하고 있다(Humanium, 2020a).

그동안 아동에 대한 정의는 통일되어 있지 않은 편이지만 아동을 정의할 때는 나이(연령)나 성숙의 측면에서 정의하는 경우가 많았다. 아동에 대해 정의한 것을 몇 가지 제시하면 다음과 같다(국가법령정보센터, 2020).

미국의 전국사회복지사협회(NASW)에서 발간한 사전에 따르면, 아동은 자신에 대해 책임지는 법정 나이, 부모의 간섭으로부터 벗어나는 법정 나이보다 어린 사람을 가리킨다. 이 사전에 따르면, 대부분의 국가에서는 아동 여부를 결정하는 법정 나이를 18세라 보고 있으며, 유엔(UN)에서 만든 '아동권리협약'에 의하면 아동은 '18세 미만의 모든 사람'을 가리키고, 미국의 아동학대예방치료법에서는 18세에 이르지 못한 사람을 아동이라고 언급한다. 우리나라의 경우는 「아동복지법」에 따르면 아동은 18세 미만의 사람을 가리킨다. 정리하면 일반적으로 아동은 '18세 미만의 사람'임을 볼 수 있다.

(2) 아동복지의 범주

아동복지는 이들을 위한 사회복지정책과 실천을 뜻한다. 아동을 위한 정책과 실천은 성인에 의해서 일방적으로 베풀어지는 것이 아니라 아동의 권리, 즉 복지권의 강조를 뜻한다.

카두신(Kadushin, 1980)은 아동복지를 넓은 의미에서 '모든 아동들의 행복과 사회적응을 위해 심리적 · 신체적 잠재력을 개발시켜 주기 위한 가족 방법'이라고 언급한 바 있다. 좁게는 '특수한 문제를 가진 아동과 그 가장을 대상으로 전문적인 기관에서 행하는 서비스'로 정의하고 있다.

아동복지는 사회구성원으로서 아동의 기본적인 욕구를 충족시키고 건전한 성장과 발달을 도모하기 위해 여러 가지 활동을 가능하게 하는 공적인 방법과 절차라고 볼 수 있다. 그리고 아동복지를 협의와 광의의 개념으로 구분하여 설명한다면 먼저 협의의 개념은 '부모의 양육이 불가능한 경우의 요보호아동과 그 가족을 위해 공공 및 민간 기관에서 제공하는 서비스'를 말하며, 광의의 개념은 '모든 아동의 행복을 위해 그들의 신체적 · 사회적 · 심리적 발달을 보호하고 촉진하기 위해 경제, 교육, 보건, 노동 등 아동을 둘러싼 사회체계의 개선을 위한 총체적인 노력'이라고 언급할 수 있다.

이처럼 아동복지의 범주는 일반아동과 요보호아동과 아동의 보호자까지를 포함하여 그들이 갖고 있는 문제와 욕구들에 직접 개입하여 그들에게 제도적 · 경제적 · 실천적 측면에서 서비스를 실천하는 공적 방법이나 절차임을 알 수가 있다.

2) 아동의 특성과 복지욕구

(1) 아동발달 이론의 발전

아동발달은 아동이 의존하는 상태에서 벗어나 점점 자율적인 상태로 나아가는 것이라고 볼 수 있으며, 아동발달에 관한 현대적 이론은 17세기와 18세기의 철학에서 그 뿌리를 찾을 수 있다. 일반적으로 아동발달 이론은 로크(Locke)와 루소(Rousseau)의 이론에서 시작된 것으로 볼 수 있다. 이에 관해 간단히 살펴보면 다음과 같다(노병일, 2020).

로크의 경우는 아동을 양육하고 아동을 교육하면서 아동의 성격을 형성해 주는 사람은 부모와 기타 인물이라고 보고 있다. 따라서 로크는 아동발달에서 양육이 가장 중요하다고 보고 있다.

루소의 경우, 아동은 '고상한 야만인'으로서, 아동은 옳고 그른 것이 무엇인지를 자연적으로 판단한다고 본다. 즉, 아동은 태어날 때부터 본질적으로 착하고, 스스로 생각하고 결정을 내리는 능력이 있다고 보았다. 루소는 아동발달에서 중요한 것이 천성(nature)이라고 보았으며, 아동과 성인은 근본적으로 다르다고 했다. 이러한 아동발달에 대해서 바라보는 관점에 따라 아동의 발달단계를 이해할 수 있고 또한 아동의 특성을 이해할 수 있을 것이다.

(2) 아동발달 이론의 분류

아동발달 이론에서 '교육이냐 또는 천성이냐'는 예전부터 종종 논쟁거리가 되었다. 따라서 그동안 교육(환경적 요인)과 천성(유전적 요인) 중에서 어느 것이 아동발달에 더 영향을 미치는지에 대해서 오랫동안 논쟁해 왔다. 그리고 현재에도 이런 논쟁은 어느 정도 계속되고 있다.

그러나 최근에는 유전적 요인과 환경적 요인이 결합해 아동의 지적 능력을 결정한다는 관점을 널리 받아들이고 있다. 따라서 아동의 유전적 요인은 변화시킬 수 없지만, 부모가 아동의 환경적 요인에 개입하여 아동의 지적 발달을 높일 수는 있다고 보는 경우가 많다(Strickland, 2001). 여러 학자들의 대표적인 아동발달 이론을 종합하여 몇 가지 제시하면 다음과 같다(노병일, 2020).

① 천성 강조 이론

심리학적 관점을 따르는 이론들의 경우, 아동발달을 결정하는 데 있어 생물학의 역할을 강조해 왔다. 이런 이론들 중에서 가장 대표적인 이론은 피아제(Piaget)의 인지발달 이론이다.

피아제의 경우, 생각하는 능력이 아동에게 어떻게 발달하는지에 대해 주로 관심을 가지고 있으며, 아동이 생각하는 능력을 '인지능력'이라고 부르고 있다. 아동은 생각하는 방식에서 일련의 변화를 거친다고 주장하고 있다. 이와 관련해 피아제는 인지가 발달하는 단계를 네 단계로 구분하고 있는데, 아동이 한 단계에서 다음 단계로 진행하면서 크게 변화한다고 보고 있다. 각 단계를 구체적으로 살펴보면 다음과 같다.

제1단계는 감각운동(sensory-motor) 단계(탄생~2세)로 감각운동기의 아동은 마음속에서 상징을 생각할 수 없다. 이 단계의 아동은 감각기관(듣고 보고 맛보는 것)을 통해 들어온 것을 움직임(손에 무엇인가를 가지고 있는 것)과 연관시키는 것밖에 하지 못한다.

제2단계는 전 조작(pre-operational) 단계(2~6세)이다. 2세 정도가 되면 아동은 처음으로 추상적으로 생각할 수 있게 된다. 즉, 아동은 처음으로 정신적으로 상상할 수 있게 된다. 아동이 언어를 사용하고 아동이 어떤 사건을 오래된 후에도 기억할 수 있다는 점을 통해서 아동이 정신적으로 상상할 수 있는 능력을 가진다는 점을 알 수 있다.

제3단계는 구체적 조작(concrete operational) 단계(6~11세)이다. 6~7세 정도가 되면 지능이 크게 발달하게 된다. 이전에는 직관적으로 생각하였으나 이 단계에서는 논리적으로 생각하게 된다. 그러나 이 단계의 아동은 성인처럼 생각하지는 못한다. 이 단계의 아동이 가지는 논리는 '실제적' 세계만을 상상할 수 있기 때문이다. 아동 자신이 경험한 세계만을 상상할 수 있다.

제4단계는 형식적 조작(formal operational) 단계(11세~성인)이다. 이 단계에 이르면 가상적으로 생각하고, 직접 경험하는 것 이외의 것을 생각한다. 만약에 이러면 어떻게 될 것인가를 마음속으로 생각할 수 있다. 추상적으로 생각할 수 있는 나이는 11~12세 정도에 이르러서이다.

② 교육(환경) 강조 이론

교육(환경)이 미치는 영향을 강조하는 이론으로 학습이론(learning theory)과 문화적 영향이론(theory of cultural influence)이 있다. 학습이론은 심리학자가 주목하는 이론이고, 문화적 영향이론은 인류학자가 주목하는 이론이다. 이 중에서 아동발달과 크게 관련되는 이론은 학습이론이다. 학습이론은 다음과 같은 이론을 포함하고 있다.

고전적 학습이론(classical learning theory)은 스키너(Skinner)와 같은 심리학자들이 연구한 것을 토대로 삼고 있는데, 행동주의자(behaviorist)라고 부른다. 경험은 개인적이기 때문에 연구될 수 없다고 주장하고 있으며, 학습이론의 근본이 되는 개념은 보상과 처벌이다. 보상이 따르는 행동은 더 많이 하게 되고, 처벌이 따르는 행동은 더 적게 한다고 본다.

사회적 학습이론(social learning theory)은 자기가 하는 것을 알고 거기에 대해 꿰뚫어 보는 힘을 가지기 때문에 서서히 배우게 된다는 것이다. 사회적 학습이론은 이런 측면에 근거해서 심리학자들이 더 발전시킨 이론이다. 사회적 학습이론에서는 학습이 복잡한 사회적 상황 속에서 일어나는 경우가 많다고 주장하고 있으며, 복잡한 사회적 상황에서는 보상과 처벌이 심리적 수준에서 발생하고 있다고 본다. 예를 들어, 보상은 성취하였다고 느끼는 것이나 자신이 가치 있다고 느끼는 것, 자아존중감을 포함할 수 있고, 처벌은 둔하다고 느끼는 것이나 모욕당하는 것 등을 포함하고 있다.

③ 상호작용 이론

상호작용 이론은 프로이트의 정신·성적 발달이론(theory of psychosexual development)에서 출발한다. 프로이트의 이론에서 중요한 이론이 두 가지 등장하였는데, 하나는 보울비(Bowlby)의 애착 이론(attachment theory)이고, 다른 하나는 에릭슨(Erikson)의 정신사회 발달이론(theory of psychosexual development)이다.

프로이트의 이론에서 중요한 것은 각 단계마다 생기는 내적인 정신적 갈등을 개인이 어떻게 해결하느냐이다. 즉, 아동이 자라서 성인이 되어 적응할 때 영향을 미치는 것은 어린 시절에 겪는 정신·성적 경험이라고 보고 있다. 아동이 발달과정에서 여러 가지 정신·성적 단계를 거침에 따라서 육감적 쾌락이 발생하는 위치가 단계적으로 변한다고 보고 있다. 유아가 경험하는 첫 단계는 구강기(oral stage)이며, 육감적 쾌락을 얻는 장소는 입이며, 빨고 씹으면서 육감적 쾌락을 얻는다. 1세 정도가 되면 항문기(anal stage)에 이르며, 육감적 쾌락의 장소는 항문이고 배설을 통해서 육감적 쾌락을 얻는다. 3~4세 정도가 되면 음경(phallic) 단계에 이르며 육감적 쾌락을 얻는 장소는 생식기이다. 다음 단계는 잠복기(latency stage)로 육감적 쾌락이 가지는 중요성이 매우 크게 줄어든다. 마지막 단계는 남근기(phallic stage)로, 이 단계에 이르러서는 사춘기에 생리적 변화를 겪음에 따라서 성적 욕구에 다시 관심을 가지게 된다.

보울비의 애착이론(attachment)은 아동이 세상에 태어나 처음 몇 년 동안 아동과 보호자 사이에서 형성된 지속적인 관계를 말한다. 애착은 인간과 관련된 모든 영역에 영향을 미치고 있다. 이런 영역의 예로 마음, 신체, 감정, 관계, 가치 등이 있다. 보울비에 따르면, 아동과 주요 보호자 사이의 유대는 아동이 건전하게 발달하는 데 매우 중요하다고 하였다. 아동이 애착을 가지는 주요한 인물은 주 양육자인 엄마인 경우가 많다. 엄마와 아동 사이의 유대는 독특하고 강렬한데, 이런 유대관계는 아동발달에 매우 중요하다. 민감한 시기에 유대가 생기지 않거나 중단되면, 이런 유대화는 나중에 생길 수도 있다. 이렇게 될 경우 아동에게는 애착을 가지는 주요한 인물이 없게 되고, 이에 따라서 아동은 정상적으로 발달하지 못하게 된다.

에릭슨은 프로이트의 정신분석 이론을 토대로 하여 출발하였지만, 더 나아가서 나름의 성격 발달 이론을 제시하였다. 성격은 삶의 모든 기간에 걸쳐서 변화하고 발달한다고 보았으며 여덟 단계로 구분하고 있다. 각 단계는 심리적 · 사회적 위기를 가지고 있으며 각 단계에서 인간은 새로운 도전을 맞이하고, 이런 도전을 헤쳐나가게 된다는 것이다.

(3) 아동발달의 특성과 복지욕구

아동은 아동기 동안에 계속해서 발달하고 있다. 이에 따라 관심을 가지는 영역이 아동발달(child development)이다. 일반적으로 아동발달은 인간이 태어나서부터 청소년기가 끝나는 시기까지의 사이에 나타나는 생물학적 · 심리학적 변화를 말한다. 아동의 욕구를 제대로 충족시키는 것은 아동발달과 밀접하게 관련되어 있다. 따라서 아동을 보호하고 아동의 복리 수준을 높이고자 하는 전문가는 아동발달 이론에 대해 알고 있어야 하고 또한 아동발달에 주목하여야 한다(Harris & White, 2013).

그동안 학자들은 아동이 여러 영역에서 적절하게 발달하는 데 필요한 요소에 크게 관심을 가져왔다. 예를 들어, 다음과 같은 요소는 아동이 긍정적으로 발달하는 것과 관련이 있는 것으로 알려져 있다. 즉, 아동이 긍정적으로 발달하는 것을 보여주는 것으로 학습을 잘하는 것, 사회적으로 적응하는 것, 신체적 건강이 좋은 것 등이다.

아동은 성인이 되기 위한 발달과정에 있으며 그에 수반되는 욕구는 가족과 사회에 의해 충족되어야 할 대상이다. 아동은 미성숙한 단계에 있지만, 이 '미성숙'이란 개념은 결핍의 의미나 모자람의 의미가 아니라 발달단계의 의미로 이해해야 하며, 온전한 사회인으로 성장하기 위한 '욕구'를 가진 대상으로 파악되어야 한다(박석돈 외, 2019).

그리고 아동복지와 관련이 있는 사회복지사, 교육자, 심리학자들의 경우, 아동발달에 대한 과학적 지식을 얻는 데 크게 관심을 가지고 있으며, 이들은 이런 지식을 아동복지에 활용하고 적용하고자 노력한다.

3) 아동복지정책과 현황

(1) 아동복지정책

아동복지정책은 아동복지를 위한 목적 달성을 위해 추진되는 조직적이고 의도적인 노력으로 아동복지를 위한 정부와 공공기관의 행동 원칙에 따른 조직적인 노력이다. 이와 같은 정책은 법과 제도를 근간으로 계획되고 추진된다. 우리나라의 경우 아동복지와 가장 밀접한 법률체계는 「아동복지법」이며, 정책을 수행하기 위한 전달체계도 정책 범위에 포함될 수 있다.

이러한 아동복지정책은 그 궁극적인 관심의 대상이 아동이 되지만 아동의 복지는 많은 부분 가족의 복지와 깊은 관련을 갖는다. 즉, 아동의 복지 증진을 위한 정책 수행은 가족이라는 매개체를 거치게 되는 경우가 많다. 이러한 배경에서 아동복지는 아동을 보호하는 가족에 대한 복지를 포함한다.

「아동복지법」은 「사회복지사업법」에 기초를 둔 법령이다. 「아동복지법」에는 아동복지를 책임지는 주체를 명시하고 있으며, 아동의 보호와 육성을 위한 보호조치 등을 규정하고 있다. 또한 아동복지를 위한 위원회와 기관 규정 및 아동복지시설에 대한 분류와 설치를 규정하고 있다. 아동복지시설에는 아동양육시설, 아동일시보호시설, 아동보호조치시설, 아동직업훈련시설, 자립지원시설, 아동단기보호시설, 아동상담소, 아동전용시설 및 복지관 등이 포함된다.

(2) 아동복지서비스 현황

보편적으로 아동복지서비스는 카두신(Kadushin)이 언급한 서비스 기능에 따른 세 가지 분류를 언급하게 된다. 이는 지지적 서비스, 보충적 서비스, 대리적 서비스로 구분되며, 이들 서비스는 상호 배타적인 것이 아니며 서로 간에 보완·중첩될 수 있는 성격을 갖는 점이 특징적이다.

① 지지적 서비스(supportive service)

지지적 서비스는 아동이 속한 가정의 지지와 지원을 통해 가정의 기능을 강화하고 아동과 관련된 문제를 예방하는 서비스이다. 즉, 부모와 아동 사이에 일어나는 문제를 해결하여 스스로 책임을 질 수 있도록 가족의 능력을 지원하고 강화시켜 주는 서비스를 말한다. 이는 다른 서비스와 달리 아동이 자기 가정에 머물면서 서비스를 받는다는 특성이 있다. 지지적 서비스는 부모나 아동의 역할을 대신하는 것이 아니라 가족이 원활히 기능을 수행하도록 도와주는 역할을 담당한다. 상담, 가족치료 등이 대표적인 지지적 서비스의 예이며, 아동복지기관과 건강가정지원센터 등이 지지적 서비스를 수행하는 기관이다.

② 보충적 서비스(supplementary service)

보충적 서비스는 아동이 속한 가정의 어려움을 부분적으로 보조하거나 보완하는 서비스를 말한다. 지지적 서비스가 가정 밖에서 이루어지는 데 반하여 보충적 서비스는 가정 내에서 이루어진다. 이 서비스는 아동의 건전한 성장을 위해 사회가 부모의 역할을 일부분 대행함으로써 부모의 역할이 충족되도록 도와주는 것이다. 부모의 맞벌이, 실업, 질병, 장애 등의 문제를 보완하는 데 목적을 두고 있으며, 아동보육서비스, 가정조성사업 등이 대표적인 서비스의 예이다.

③ 대리적 서비스(substitutive service)

대리적 서비스는 가정이 해체되거나 기능을 상실하여 부모가 역할을 전적으로 수행할 수 없을 때 아동이 자신의 가정이 아닌 다른 가정이나 장소에 의해서 보호받는 서비스를 말한다. 대리적 서비스에는 입양, 가정위탁보호사업, 시설보호 등이 있다. 입양은 부모가 사망하거나 부모의 권리와 책임을 포기한 아동의 경우에 이루어진다. 특히 입양은 가정 붕괴로 인한 불가피한 차선의 선택이지만 우리나라의 경우 사회·경제적으로 상당한 발전을 이룩했음에도 불구하고 국내 입양보다 해외 입양이 더 활발하여 사회적 각성과 전환이 필요한 실정이다.

(3) 아동복지실천 현장

① 아동시설보호의 의의 및 대상

시설보호와 관련된 아동시설은 시설에서 보호받는 아동이 가족이나 사회로 되돌아갈 때까지 가족의 역할을 일시적으로 대신하는 장소를 말한다. 다만, 가족이 일반적으로 혈연관계로 맺어진 집단이지만 아동시설은 전문가들이 인위적으로 관계를 맺도록 되어 있는 집단이라는 점에서 가족과 아동시설은 서로 차이가 있다. 그러므로 시설보호와 관련된 아동시설은 자신과 혈연관계가 없는 전문가들의 보호를 받으면서, 서로 혈연관계가 없는 아동집단이 함께 사는 거주시설이라고 볼 수 있다(노병일, 2020).

시설보호는 보호가 필요한 아동이 생활과 관련해 가지는 기본적인 권리를 사회가 마지막으로 보호한다는 데 의의가 있다. 즉, 친가족이 제1차 방어선이고 대리가족이 제2차 방어선이라면, 시설보호는 제3차 방어선에 해당된다고 볼 수 있다. 시설보호 대상은 여러 가지 상황에 있는 아동들을 대상으로 삼고 있지만, 일반적으로 다음과 같은 아동을 보살피고 있다.

㉠ 심각한 문제를 가진 아동: 아동 자신이 심각한 문제를 가지기 때문에 시설보호에 놓이는 아동이 많다. 이런 아동의 예로 신체장애를 가진 아동, 심각한 발달장애를 겪는 아동, 비행에 가담한 아동, 행동과 관련된 문제나 정서적 문제를 가진 아동이 있다.

㉡ 가족과 격리가 필요한 아동: 가족과 격리되어야 하고 집단을 통한 생활 경험이 필요한 아동이다. 아동이 입양이나 가정위탁을 효과적으로 이용할 수 없다고 판단될 경우, 이런 아동에게 시설보호를 제공할 수 있다.

㉢ 가정환경이 좋지 않은 아동: 가족이나 부모의 상황이 매우 좋지 않은 아동이 있다. 가족이 빈곤하거나 부모가 아동을 버리거나 부모가 사망 · 이혼 · 가출한 경우에 해당 아동에게 시설보호를 제공할 수 있다.

② 아동시설보호의 장점 및 문제점

아동시설보호의 역할은 아동에게 적절한 서비스 제공을 위해 계획을 세우고, 아동이 시설에서 생활하는 동안에 집단생활 시설 제공, 일상적으로 필요한 것 제공 및 보호, 감독 등 아동을 도와준다. 또한, 도움이 필요한 아동에게 정신건강 및 특수교육 등과 관련된 서비스를 직접 제공하거나 의뢰하고, 부모가 있는 아동이 시설에서 생활하는 동안에 아동의 부모를 도와주는 역할을 한다.

㉠ 시설보호의 장점

시설에서 생활하는 아동이 시설의 직원 및 또래와 관계를 맺는 기회를 가질 수 있고, 가족 내에서는 관계를 많이 맺어야 하는 부담이 있으나, 시설보호에서는 관계를 맺어야 하는 부담이 줄어들 수 있다. 또한 아동이 갖는 개별적 욕구를 충족시켜 주기 위해 다양한 프로그램을 제공할 수 있다.

㉡ 시설보호의 문제점

시설보호는 아동에게 심리적 · 사회적으로 어려움을 유발할 가능성이 있다. 시설보호 상태에 있는 아동이 겪을 수 있는 어려움을 몇 가지 제시하면 다음과 같다.

첫째, 아동이 인격을 형성하는 데 중요하게 영향을 미치는 부모와 격리되어 생활하기 때문에 시설보호를 받는 아동은 심리적 문제와 사회적 문제를 겪을 수 있다. 예를 들어, 시설 환경과 관련해 스트레스를 경험할 수 있고, 이것은 다시 아동이 학교에 적응하는데 부정적으로 영향을 미칠 수 있다.

둘째, 아동은 전통적 가정과 다른 규모나 형태의 시설에서 생활하기 때문에 시설보호를 받는 아동은 사회가 자신에 대해 부정적으로 인식한다고 생각할 수도 있다. 이 때문에 시설보호를 받는 아동은 자신에 대해 긍정적으로 인식하는 정도가 낮을 수 있고 희망을 적게 가질 수 있다.

셋째, 시설의 직원은 상대적으로 많은 아동을 담당하고 있다. 따라서 시설의 직원은 시설보호를 받는 아동 개개인이 가지는 욕구를 충분하게 충족시켜 주기 어려울 수 있다.

넷째, 시설보호를 받는 아동은 시설에 거주하는 사람들과 교류하면서 시설에서 나름의 역할을 하고 있다. 또한 시설보호를 받는 아동은 집단 고유의 문화를 경험하고 있다.

2. 청소년복지

1) 청소년복지의 개념과 범주

일반적으로 청소년이라 함은 청년과 소년을 아울러 이르는 말이다. 청년은 청춘기에 있는 젊은 사람, 소년은 아직 성숙하지 않은 아이로 정의될 수 있다. 우리나라 청소년 육성정책의 기본사항을 규정하고 있는 「청소년기본법」에서는 만 9세 이상 24세 이하의 자를 청소년으로 정의하고 있다. 그러나 「청소년보호법」에서는 만 19세 미만의 자를 청소년으로 정의하고 있고, 「소년법」에서는 20세 미만의 자를 미성년자 또는 소년으로 정의하고 있다. 또한 「소년법」에서는 촉법소년과 우범소년을 규정할 때, 10세 이상의 나이를 명시하고 있다. 청소년복지와 밀접히 관련되어 있는 「아동복지법」에서는 만 18세 미만의 자를 아동이라고 정의하고 있다. 이는 아동복지의 대상에 아동과 청소년이 모두 포함되어 있음을 보여주는 것이다(이성기 외, 2020).

이러하듯 우리나라의 법체계 속에서 청소년은 아동의 개념과 혼재되어 다양한 연령대로 정의되고 있어서 사회복지 대상으로서 아동과 청소년을 구별하는 것도 용이하지 않았다. 이러한 이유로 청소년복지는 종래에 아동복지 속에 포함되어 왔으나, 최근 들어 아동복지와 청소년복지 영역을 구분해야 한다는 의식이 확산되면서 청소년복지는 아동복지와 별개로 다루어지고 있다. 아동복지에서 아동은 주로 '보호의 대상'으로 다뤄지는 측면이 강한 반면, 청소년복지에서 청소년은 '독립생활을 준비하는 과정에 있는 사람'으로 다뤄지는 측면이 강하다.

이처럼 청소년복지의 개념과 범주에 대한 합의된 정의는 찾아보기 어려우나, 대체로 사회복지가 인간의 행복을 실천적으로 추구하는 활동이라는 점에서 볼 때, 청소년이 행복하게 잘 살아갈 수 있도록 돕는 제도와 실천적 기술이라고 정의할 수 있다. 구체적으로 「청소년기본법」에는 청소년이 정상적인 삶을 영위할 수 있는 기본적인 여건을 조성하고 조화롭게 성장할 수 있도록 제공되는 사회적 · 경제적 지원으로 규정하고 있다. 이러한 규정은 청소년복지가 청소년의 기본적인 욕구를 충족하게 하고, 정신적 · 정서적 · 신체적으로 최상의 발달을 기하기 위해 청소년에게 직접적으로 또는 가정이나 사회를 통해 간접적으로 제공되는 모든 사회제도적 · 전문적 활동을 의미하는 것이다(천정웅, 2012).

따라서 청소년복지는 일차적으로 소외된 청소년의 사회적 회복을 위해 개입을 하고, 나아가 전체 청소년들의 제도적이고 실천적인 복지 증진을 위해 노력하는 청소년과 함께하면서 그들이 속한 가정을 지원하는 대상별 복지 분야라고 할 수 있다.

2) 청소년의 특성과 복지욕구

(1) 청소년기의 발달 특성

청소년기는 급속한 신체적 변화와 인지적 발달을 경험하며 아동기와 성인기를 연결하는 다리의 역할을 함으로써 자아정체감 확립과 더불어 성인 생활 준비를 위한 여러 가지에 집중하는 시기이다(구혜영, 2019).

① 신체적 발달

신체적 발달은 다음과 같이 세 가지 면에서 살펴보게 된다.

㉠ 체격의 변화: 신장과 체중이 급격히 늘어나는 성장 급등 현상을 보인다. 성장 급등 현상은 신장과 체중뿐만 아니라 근육, 골격, 신경, 얼굴, 내장, 생식기관 등에도 나타난다. 간장, 폐활량, 소화기능 등이 현저하게 발달하고, 특히 내분비선의 발달이 특징적이다. 성호르몬의 분비로 남자 청소년은 어깨가 벌어지고 각진 외모를 갖게 되며, 여자 청소년은 골반 부위가 발달하고 체지방이 증가하여 전체적으로 외모가 둥글어진다.

㉡ 성적 변화: 내분비선 자체의 성장이 활발하여 뇌하수체와 성선(性腺)이 발달하게 된다. 뇌하수체는 다른 내분비선의 활동을 자극하거나 억제하여 여러 호르몬을 분비하게 하여 남성호르몬인 안드로겐과 여성호르몬인 에스트로겐을 분비시켜 여러 가지 신체적, 성적 특징의 변화를 가져온다.

㉢ 뇌의 발달: 뇌구조와 뇌기능의 변화는 청소년기 인지능력의 급격한 발달, 동기, 주의력, 정서적 측면의 변화와 관련되어 있다. 특히 전두엽이 관여한다고 알려져 있는 실행기능인 논리 전개나 동기부여, 사리 분별과 같은 더 복잡한 고도의 기능들은 청소년기에 지속적으로 발달하고 성인기까지도 그 발달과정이 지속된다.

② 인지적 발달

청소년기는 피아제가 말한 형식적 조작기에 해당하는 사고가 이루어지기 시작하는 시기로 새로운 지식을 습득할 뿐만 아니라 그러한 지식을 이해하고 이용하는 방법이 달라진다. 청소년의 인지적 특성은 복잡성이 증가하고 가능성에 대해 생각하게 되며 정보처리의 속도와 효율성이 증가한다는 것이다.

이때 청소년은 사회적 관점에서의 조망이 가능해지고 동시에 자기중심성이 줄어들게 된다. 이러한 인지의 발달은 청소년에게 있어서 자신의 사고를 비판적으로 검토할 수 있게 하고, 자신과 세계에 대해 상대론적 관점에서 이해하도록 하지만, 미래에 일어나게 될 일에 대한 지나친 염려로 인한 과도한 불안감을 경험하기도 한다. 형식적 사고의 발달은 청소년에게 부정적 영향을 미치기도 한다. 청소년의 자기성찰과 비판적 성향이 지나치게 강화될 경우 열등의식이 강화될 우려가 있다. 또한 형식적 사고의 질적 발달을 도모하기 위해서는 다양한 역할수행이 요구되는 상황에 직면함으로써 두 개 이상의 변인을 정신적으로 조절하는 능력을 갖추어야 한다. 그리고 이질적 성원으로 구성된 동년배집단에 참여하여 다양한 경험을 하는 것이 필요하며, 학교 수업을 통해 논리적 사고능력을 키워나가야 한다.

③ 자아정체감의 발달

청소년기는 자아인식이 보다 다양해지는 시기이며 자신을 발견하는 시기이다. 에릭슨(Erikson)은 처음으로 자아정체감이라는 용어를 사용하면서 객관적인 자아정체감과 주관적인 자아정체감으로 구분하여 설명하였다. 자아정체감 형성이 청소년기에 중요한 과업으로 등장하는 이유는 급격한 신체적 변화와 성적 성숙이 이루어짐에 따라 스스로 통제, 억제할 수 없는 내적 충동이 증폭되면서 자신의 존재에 대한 의문을 갖게 되기 때문이다.

이러한 자아정체감을 확립하기 위해서는 자신의 장단점을 방어기제 없이 그대로 인정하는 자기 객관화, 자신을 있는 그대로 받아들이는 자기수용, 자아실현을 위한 경험

기회의 확대, 지혜와 용기를 통한 성취의 경험, 남에게 조언을 구할 수 있는 열린 마음 등이 필요하다(구혜영, 2020).

④ 정서적 발달

청소년기에는 2차적 성적 특징의 발달과 그로 인한 성적 충동으로 인해 성적 색채가 강한 정서를 보이며, 극단적 정서 경험과 변화를 수반하기 때문에 청소년기를 질풍노도의 시기라고 한다. 여러 측면에서 급격히 일어나는 변화와 발달에 대처할 수 있는 충분한 지식이나 기술을 아직 갖추고 있지 못하기 때문에 정서적으로 항상 불안과 혼란 속에서 끊임없이 긴장하고 갈등하게 된다.

친구들의 희로애락에는 온갖 관심을 쏟으면서 부모의 노고는 무시하거나 부모나 기성세대의 행동을 비판하는 경향을 보이기도 하고, 자신의 일을 다른 사람에게 미루는 등 생각과 의지, 행동 간에 일관성이 결여된 행동을 보이기도 한다. 이러한 정서적 부적응은 우울증, 정서장애, 정체성 장애, 약물 남용, 자살, 가출, 폭력 등과 같은 다양한 정신장애와 비행 그리고 범죄행위로까지 발전되어 개인뿐만 아니라 사회에 바람직하지 못한 결과를 초래하기도 한다.

⑤ 사회심리적 발달

사회심리적 발달은 다음과 같이 네 가지로 살펴볼 수 있다.

㉠ 가족관계: 청소년기의 특징적인 사회적 발달 중의 하나는 부모나 가족으로부터 분리되어 친구나 자기 자신에게 의존하려는 경향이 높아진다는 점이다. 부모에 대한 종속적이고 의존적인 관계에서 벗어나 자율적인 사고와 행동을 할 수 있는 독립적인 성인으로서 성장 발달하기 위해 부모나 다른 성인으로부터 정서적으로 독립하려는 심리적 이유(怡愉)가 일어난다. 청소년이 심리적 이유를 추구하는 과정에서 부모에게 반항하는 행동적 특성 때문에 청소년기를 제2의 반항기라고 부른다.

㉡ 친구관계: 독립을 요구하는 청소년기는 자유롭고 상호 대등한 수평적인 횡적 인간관계를 원칙적으로 하는 친구 관계가 중요시된다. 즉 서로 뜻이 같고 자신의 요구나 고민을 이해하고 격려해 주면서 깊이 사귈 수 있는 친구를 요구한다. 청소년기의 사회적 발달에 큰 영향을 주는 요소는 또래집단이다. 또래집단은 강한 집단의식과 유대관계, 사회적 기술, 사회적 통찰력 등을 기르는 계기를 마련하게 된다.

㉢ 컴퓨터 및 모바일 폰과 가상공간: 컴퓨터나 스마트폰은 의사소통, 정보수집의 장이자 게임이나 블로그 등 취미나 여가생활의 공간으로 자리 잡아가고 있다. 그러나 오프라인의 대인관계를 통해 청소년이 자기에 대한 정체성을 확립해 가야 하는 중요한 시기에 컴퓨터나 스마트폰의 적극적 활용은 가상의 공간에서 가상의 인물들과 접촉하는 것만을 중시하게 하여, 자기중심의 세계에만 몰입하게 하는 등의 부정적인 측면이 있다. 이와 같은 맥락에서 단순히 스트레스 해소의 공간을 넘어 중독 증상으로 나타나는 컴퓨터의 몰입은 최근 청소년에게 커다란 문제로 대두되고 있다.

㉣ 문화적 발달: 소비 지향성 문화적 특성을 갖는다. 특별한 생산 능력이 없는 그들의 문화는 소비 지향적인 문화이며, 존경하는 사람이 없는 아이들에게 모델이 되는 것은 연예인이다. 또한 느낌의 문화를 강조하는 특성이 있다. 그로 인해 청소년들은 즉흥적이다. 그리고 모방의 문화 특성을 갖는다. 청소년들은 아직 자신의 정체성이 확립되어 있지 않기 때문에 주위에 있는 많은 캐릭터들을 모방해 봄으로써 자기 자신에게 맞는 모습을 찾으려는 시도를 하게 된다. 따라서 자신의 외모에 대한 열등감이나 공부에 대한 열등감을 어떤 스타에게 투사시킴으로써 대리 만족을 하려는 성향을 갖고 있으므로, 이러한 성향이 자아정체성을 찾으려는 노력으로 발전하도록 지원해야 한다.

(2) 청소년기의 복지 욕구

청소년복지는 청소년의 기본적인 욕구를 충족시켜 주고, 정신적 · 정서적 · 신체적으로 최상의 발달을 기하기 위해 청소년 자신들에게 직접적으로 또는 가정이나 사회를 통해 간접적으로 제공되는 모든 사회 제도적 · 전문적 활동을 의미한다.

따라서 청소년복지는 국가나 사회가 청소년에 대한 책임을 인식하고 청소년의 복지 증진에 적극적이고 주도적으로 개입함으로써 청소년들이 가정적 · 사회적 위험 요소로부터 보호받으며 자신들의 과업이나 문제를 원만하게 해결할 수 있도록 돕는 것이라 할 수 있다.

① **개인적 근거**: 현대사회에서 개인적으로 청소년복지가 요청되는 요인은 크게 세 가지로 나뉜다. 첫째, 양육비의 증가와 부모의 결손 등으로 청소년이 성장하기에 가족의 양육환경이 적절하지 못한 경우, 둘째, 청소년이 고민이 있거나 문제행동을 하는 경우, 셋째, 연령차별과 유해환경과 같이 사회환경에 의한 문제 등이 발생할 경우이다.

② **법률적 근거**: 우리나라의 「헌법」에 '국가는 노인과 청소년의 복지향상을 위한 정책을 실시할 의무를 진다'라고 규정되어 있다. 그러므로 국가 및 지방자치단체는 청소년복지정책을 수립하고 시행하는 책무가 「헌법」상 부여된 고유한 의무가 되는 것이다.

③ **사회적 근거**: 우리나라에서 청소년에 대한 사회적 책임이 인식되어 청소년복지가 국가적 차원에서 정책적으로 다루어지게 된 것은 1990년 이후이다. 그 이유는 첫째, 인구학적 측면에서 청소년 인구가 한국 사회구성원의 약 1/4 정도를 점하고 있고, 청소년들이 중요한 사회적 영향력을 갖게 됨에 따라 이들에 대한 정책적 배려가 필요하기 때문이다. 둘째는 인적자원개발의 측면으로 인적자원개발이 국가 경쟁력을 결정하는 핵심적 요소로 부각됨에 따라, 미래의 국가 경쟁력 확보를 위해 청소년에 대한 관심이 증가되었기 때문이다. 셋째는 인생주기의

측면에서 현대사회의 삶의 조건은 과거 그 어느 때보다도 청소년기를 연장시키고 있고, 이들의 관심과 이해, 요구가 사회와 직 · 간접적으로 결부되어 있기 때문이다.

3) 청소년복지정책과 현황

(1) 청소년복지정책

청소년복지정책은 청소년육성정책과 청소년대책으로 구분하여 기획되고 집행되고 있다. 청소년육성정책은 모든 청소년을 대상으로 그들의 전인적 성장과 시민의식 함양, 잠재력의 개발 등을 지원하기 위한 정책이고, 청소년 대책은 특정 계층이나 집단의 청소년들을 대상으로 그들을 선도하고 보호하고 문제를 해결해 주는 정책이다.

청소년복지정책은 여성가족부를 중심으로 전개되고 있지만, 보건복지부에서 결식아동 · 청소년을 지원하고 교육과학기술부에서는 교육복지투자 우선지역사업을 통하여 저소득층 학생을 돕는 등 다양한 복지시책이 중앙과 지방정부에서 이루어지고 있다. 따라서 청소년복지정책의 범위를 어떻게 설정하느냐에 따라 그 의미가 달라질 수 있다(윤철수 외, 2020).

한편 좁은 의미에서 「청소년복지지원법」에 의한 청소년복지정책은 아동복지정책과 중복되는 면이 강하기 때문에 취약계층 청소년을 위한 자립지원과 청소년의 보편적 권리 증진에 초점을 맞추고 있다. 이와 같은 청소년복지정책은 다음과 같이 크게 세 가지 관점에서 이루어지고 있음을 볼 수 있다.

① **예방적 접근**: 청소년과 가정의 문제 또는 장애를 가져올 수 있는 요소를 사전에 제거하거나 완화시키는 것이다. 대다수의 문제 또는 사안은 치료보다는 예방이 더 경제적이다.

② **치료적 접근**: 우리의 삶에서 문제는 언제나 발생하기 마련이다. 이에 대한 신속한 개입과 치료가 이루어진다면 빨리 회복될 수 있지만, 그 속도나 양과 질이 충분하지 않다면 또 다른 문제를 일으킬 수 있다. 청소년은 발달과정에서 많은 문제를 유발할 수밖에 없다. 그것이 잠재된 문제이든 표출된 문제이든 이를 해결하여 청소년을 안정시켜야 한다. 그렇게 되어야만 가정과 사회의 안정도 뒤따를 것이다. 그 방법으로는 상담과 개별사회복지 등 개별적인 치료부터 가족과 집단 및 지역사회를 통한 치료 등을 들 수 있다.

③ **개발적 접근**: 이제는 사회복지가 예방적 · 치료적 역할을 초월하여 국가의 발전목표를 달성함에 있어 구체적인 개발목표를 달성하도록 요청하고 있다. 사회복지사가 사회개발적 기능 또는 역할을 담당한다면 그 중심 대상은 오히려 청소년이 될 수 있을 것이다. 청소년복지에 있어서 개발적인 접근은 복지영역 안에서 상호보완성을 찾는 가능성을 탐색하게 된다. 따라서 바람직한 인력개발을 위해서 문화적 지원을 확대하고 다양한 프로그램을 마련하려는 노력이 필요하다.

(2) 청소년복지서비스 현황

청소년복지서비스는 제도와 법률을 기반으로 해서 청소년 개발 계획에 초점을 맞추어 중앙 및 지방정부와 행정 전달체계를 통해 전달된다. 청소년복지는 포괄적으로는 청소년 보호를 시작으로 하여 건전하게 육성하는 시책까지 다양한 서비스가 전개된다(윤철수 외, 2020).

① 지역사회 청소년통합지원체계(CYS-Net)

양극화에 따른 가정해체, 가정 내 갈등에서 비롯된 가출, 학교부적응, 학업중단, 친구관계에서의 소외 등 복합적인 문제를 안고 있는 위기 청소년들이 우리 사회에서 급증하고 있다. 이러한 위기 청소년들의 다양한 욕구 충족과 상담, 긴급구조, 보호 · 지원, 자활, 활동 장려 등의 기능을 체계적으로 통합하는 역할을 수행하기 위한 지역사회 기반 통합적인 지원체계가 지역사회 청소년통합지원체계(Community Youth Safety-Net)이다.

② 방과 후 청소년 보호(청소년 방과 후 아카데미)

청소년 방과 후 아카데미 사업은 학교 수업을 마친 후 혼자서 시간을 보내는 저소득층 · 맞벌이 · 한부모 가정의 청소년에게 청소년수련시설(청소년수련관, 청소년문화의 집, 공공 청소년 공부방, 청소년단체시설 등)을 활용해 학습능력을 배양하고 다양한 체험활동과 특기 적성 계발활동 및 급식 · 건강관리 · 상담 등 종합적인 지원을 제공하는 사업이다.

③ 비행 청소년 보호

청소년 비행은 보통 청소년 일탈행위로 불린다. 청소년 비행이라 함은 형벌 법령을 어긴 행위에 해당하는 소년범죄와 법에 어긋나지는 않지만, 사회의 윤리와 규범상 청소년으로서 바람직하지 않은 행위를 모두 포괄한다. 청소년비행이 적절한 대책이 없을 경우에 청소년복지에 부정적 영향을 미치게 되고, 이것은 곧 사회적 비용을 발생할 수 있기 때문에 비행 청소년 보호의 서비스를 제공하는 사업이다.

④ 시설보호 청소년(자립 청소년)

시설보호는 여러 가지 사정으로 가정생활을 할 수 없거나 가정에서 욕구가 제대로 충족될 수 없는 청소년을 위해 불가피하게 제공되는 서비스이다. 시설에 입소해 있는 청소년들의 대부분은 한부모가정의 경제적 어려움으로 시설에 입소해 있거나 더 이상 부모나 친척의 도움을 받을 수 없는 상황에서 입소한다.

(3) 청소년복지실천 현장

① 청소년복지시설 및 보호시설

청소년을 위한 복지시설 및 보호시설은 생활시설과 이용시설로 구분할 수 있다. 생활시설은 시설에 입소하여 생활 중심의 서비스를 제공받는 시설을 의미하며, 이용시설은 가정에서 생활하는 청소년이나 그 보호자가 시설에 동원하여 특정의 전문적 서비스를 제공받는 시설을 의미한다.

생활시설에는 시설에 입소하여 특정 목적 중심의 서비스를 제공받는 특수 목적 생활시설이 있는데, 여기에서는 생활보호적 욕구와 더불어 특정 목적의 욕구를 지닌 아동이 주로 대상이 된다. 즉, 생활지도를 기본으로 하면서 특정 목적에 따라 심리치료적 · 보건의료적 · 기능훈련적 전문성을 살린 서비스가 제공되고 있다.

② 청소년활동시설

청소년활동시설은 「청소년활동진흥법」에 의해 설치된 시설이 이에 속한다. 활동시설은 청소년수련시설과 청소년이용시설로 구분된다. 수련시설은 기능이나 수련거리 및 시설의 입지적 여건 등에 따라 크게 생활권 수련시설, 자연권 수련시설 및 유스호텔로 나뉘며, 이는 시설의 규모와 세부 내용 등에 따라 다음과 같이 각각 몇 개의 유형으로 세분된다.

수련시설의 유형은 생활권 수련시설, 자연권 수련시설, 유스호텔로 분류할 수 있는데 그 특징을 살펴보면 다음과 같다.

㉠ 생활권 수련시설: 주로 일상생활권 안에서 수련활동을 실시하는 시설을 말한다. 따라서 도보나 대중교통수단으로 쉽게 접근할 수 있도록 주택가, 도심지 또는 도심지 근교에 설치되며, 각종 취미활동, 체육활동, 체육활동 등 주로 숙박을 요하지 않는 당일 귀가형 수련활동을 실시하게 된다.

㉡ 자연권 수련시설: 주로 자연과 더불어 체험활동 위주의 수련활동을 실시하는 시

설을 말한다. 따라서 야외활동 기능이 상대적으로 중요시되며, 주로 1박 2일 이상의 단체 숙박 수련활동이 실시되므로 체류할 수 있는 생활관 또는 야영지가 요구되고 일상생활권과는 격리된 지역에 위치하게 된다. 자연권 수련시설은 청소년수련원, 청소년야영장으로 세분된다.

㉢ 유스호스텔: 청소년의 숙박 및 체재에 적합한 시설, 설비와 부대 편의 시설을 갖추고 숙박 및 편의 제공, 여행 청소년의 수련활동 지원을 주된 기능으로 하는 시설을 말하며 교육적 기능, 수련활동 기능 등을 보유한 일종의 청소년 전용 숙박시설로 볼 수 있다.

3. 아동 · 청소년 사회복지사의 역할

아동 · 청소년을 대상으로 현장에서 근무하는 사회복지사의 역할은 일반적인 사회복지사의 역할과 크게 다르지 않다. 상담자, 교사, 촉진자, 격려자, 옹호자 등과 같이 아동과 청소년 복지서비스 현장에서 강조되어야 할 역할을 중심으로 살펴보면 다음과 같다(윤철수 외, 2020).

1) 상담자의 역할

사회복지실천에서 아동 · 청소년 상담은 아동 · 청소년의 단순한 심리적 갈등의 문제를 넘어서 포괄적으로 이해되어야 한다. 즉, 아동 · 청소년을 둘러싼 사회적 상황 속에 존재하는 클라이언트의 심리와 태도 그리고 행동의 변화를 추구하는 폭넓은 개입

서비스가 되어야 한다. 이와 같은 상담자로서의 활동은 그들이 현재 처해 있는 자신의 문제를 해결하도록 도움으로써 문제를 해결하고 해결 능력을 부여하는 데 일차적 목표로 둔다.

2) 지도자의 역할

지도자로서의 사회복지사의 역할은 아동 · 청소년과 그 가족이 여러 가지 서비스를 이용할 수 있도록 도와주는 역할이다. 이런 서비스에는 의료 서비스, 정신건강 서비스, 보육 서비스, 주거 서비스가 포함된다. 또한, 아동 · 청소년이 학대를 겪을 경우, 사회복지사는 아동에게 더 적극적으로 개입하여 도와주고, 학대를 겪고 있는 아동 · 청소년을 보호하기 위해 가족과 격리시켜야 할 경우에도 도움을 주어야 한다.

3) 옹호자의 역할

옹호자는 힘이 없어 고통을 겪는 개인이나 집단을 위해서 대신해서 행동하도록 하고, 원인에 대하여 변론하거나 방어하며, 그들의 정당한 이익을 위해서 싸우는 것을 말한다. 아동과 청소년은 발달과정에 있어 사회적 약자의 위치에 있으며, 특히 빈곤과 결손, 가정적으로 어려움을 겪는 취약계층의 아동 · 청소년은 스스로 자신의 고통과 아픔을 표출하고 개선을 요구할 수 있는 힘이 없다.

따라서 이들에게 옹호자로서의 역할은 위기에 처한 아동과 청소년을 위해서 불합리한 사회적 조건을 바꾸고, 아동 · 청소년의 목소리를 대신해서 사회에 전달하는 기능을 함으로써 바람직한 사회환경을 조성하는 역할이다.

4) 역량강화자의 역할

역량강화(empowerment)는 힘을 부여하는 일이다. 아동 · 청소년에게 힘이란 그들의 현재의 삶을 긍정적으로 헤쳐나갈 수 있을 뿐만 아니라 잠재된 능력을 발달하는 것까지를 포함한다. 아동 · 청소년은 성인에 비하여 사회에 대해 무력함을 나타낼 수밖에 없다. 따라서 사회복지사는 그들에게 정의와 평등의 철학을 기반으로 창조적인 방법을 통해 자신을 통제할 수 있도록 힘을 길러주는 역량강화자로서의 역할이다.

학습목표

1. 노인복지 개념과 노인문제를 이해한다.
2. 노인복지정책 및 서비스 내용을 이해한다.
3. 노인복지실천현장과 사회복지사의 역할을 이해한다.
4. 저출산 고령화에 따른 노인복지 과제를 생각해 본다.

개 요

저출산 고령화에 따른 환경변화로 경제, 복지, 보건 등의 다양한 영역에서 노인문제가 중요한 사회문제로 대두되고 있다. 특히 우리나라는 초고령사회로의 변화 기간이 매우 빠르며 기대수명 및 인구감소, 지방소멸 등의 문제에 복합적으로 노출되어 있다.

노인의 빈곤율과 자살률 등이 세계 최고 수준이며 가족기능약화, 1인가구 증가, 치매유병률 증가 등에 따른 돌봄 수요도 지속적으로 증가되고 있다.

노인복지는 노인이 한 사람의 독립된 인간으로 기본적인 욕구충족과 문화적 생활을 영위하며 가정이나 사회에서 존경을 받고 역할과 지위를 유지함으로써 삶의 보람을 갖도록 하는 데 있다. 이에 노인복지의 기본적인 개념을 이해하고 노인복지 발전 방향을 모색해 보고자 한다.

CHAPTER 08

노인복지

1. 노인복지 개요

1) 노인복지의 개념

노인복지란 노인 삶의 질 향상을 위해 필요한 다양한 욕구를 충족시키고자 하는 정책과 제도 및 서비스 활동을 의미하며 학자들에 따라 다양한 정의가 있다.

- 김성순(1981): “노인복지는 다양한 사회문제 가운데 노인에게 일어나는 문제를 해결하고 노인의 복지를 이룩하려는 사회적 노력”
- 권중돈(2014): “노인복지는 모든 노인이 최저 수준 이상의 생활을 유지하고 사회적 욕구충족과 생활상의 문제를 예방하고 해결하여 노후생활에 대한 적응과 사회통합을 이루는 데 필요한 급여와 서비스를 제공하는 공공과 민간 부문의 조직적이고 전문적인 제반활동”
- 최성재와 장인협(2010): “노인복지란 노인이 인간다운 생활을 영위하면서 자기가 속한 가족과 사회에 적응하고 통합할 수 있도록 필요한 자원과 서비스를 제공하는 데 관련된 공적 또는 사적 자원에서의 조직적 제반 활동”

2) 노인의 법적 정의

우리나라 노인의 기준은 1981년에 제정된 「노인복지법」상의 나이를 기준으로 적용하여 65세로 하고 있다. 따라서 노인복지의 대상이 되는 노인은 일반적으로 65세 이상 되는 사람을 말한다. 일반적으로 노인은 나이가 듦에 따라 신체적, 정신적, 사회적 기능이 감퇴하여 정상적인 생활을 수행하기 어려운 사람을 의미한다.

요즘은 생활환경 변화와 평균수명이 향상되면서 노화에 대한 개인차와 주관적 견해가 다르고 사회적으로도 65세 이후에도 건강한 생활을 유지하고 있는 사람이 많기 때문에 노인의 정의와 나이에 대한 다양한 의견뿐만 아니라 호칭에 대해서도 "나이가 들어 늙은 사람"이란 한자 뜻인 노인(老人) 대신 혜인, 선배시민 등 다양한 이름이 사용되고 있다.

❖ 노인복지사업별 나이 구분

- 「노인장기요양보험법」, 「교통약자의 이동편의 증진법」, 「장애인 · 고령자 등 주거약자 지원에 관한 법률」 등에서는 65세 이상을 노인 또는 고령자로 정의하고 있음
- 장기요양급여: 「노인장기요양보험법」 제1조 및 제2조 제1호에서는 고령이나 노인성 질병 등의 사유로 일상생활을 혼자서 하기 어려운 사람, 즉 65세 이상의 사람으로서 치매 뇌혈관성 질환 등 노인성 질병을 가진 사람으로 정의하고 있음

❖ UN의 나이 구분

UN은 생산연령인구의 범위를 14~64세로 하며 65세 이후를 노인인구로 규정하고 있음

3) 노인복지 기본 방향

(1) UN의 노인복지 기본원칙

UN은 1991년 유엔총회에서 '노인을 위한 유엔 원칙(UN Principles for older persons)을 채택하여 노인복지사업을 추진하는 데 있어 독립(independence), 참여(participation), 보호(care), 자아실현(self-fulfuillment), 존엄(dignity)의 5가지 원칙을 반영하도록 하였다.

① 독립(independence)의 원칙

- 노인은 소득, 가족과 지역사회의 지원과 자조를 통하여 식량, 물, 주거, 의복 등의 건강보호에 접근할 수 있어야 함
- 노인은 일을 할 수 있는 기회와 퇴직에 대한 결정에 참여할 수 있어야 함
- 노인은 적절한 교육과 훈련 프로그램에 접근할 수 있어야 함
- 노인은 자신의 선호와 변화하는 능력에 맞추어 안전하고 적응할 수 있는 환경에서 살 수 있어야 함

② 참여(participation)의 원칙

- 노인은 사회에 통합되고 복지에 직접적인 영향을 미치는 정책의 형성과 이행에 적극적으로 참여하여 자신이 가진 지식과 기술을 젊은 세대와 함께 공유해야 함
- 노인은 지역사회 봉사를 위한 기회를 찾고, 노인들을 위한 사회활동과 단체를 조직할 수 있어야 함

③ 보호(care)의 원칙

- 노인은 가족과 지역사회의 보살핌과 보호를 받아야 함

- 노인은 신체적 · 정신적 · 심리적 안녕의 최적 수준을 유지하거나 되찾도록 도와주고 질병을 예방하거나 지연시키는 건강보호에 접근할 수 있어야 함
- 노인은 스스로의 자율과 보호를 고양시키는 사회적이고 법률적인 서비스에 접근할 수 있어야 함
- 노인은 인간적이고 안전한 환경에서 보호, 재활, 사회적 · 정신적 · 심리적 격려가 제공되는 적정 수준의 시설보호를 이용할 수 있어야 함
- 노인은 생활시설이나 치료시설에 거주할 때도 노인의 존엄, 신념, 욕구와 사생활을 존중받으며, 자신들의 건강보호와 삶의 질을 결정하는 권리를 존중받는 등 인간의 권리와 기본적인 자유를 향유할 수 있어야 함

④ 자아실현(self-fulfuillment)의 원칙

- 노인은 자신의 잠재력을 완전히 개발하기 위한 기회를 추구해야 함
- 노인은 사회의 교육적 · 문화적 · 정신적 자원과 여가에 관한 자원에 대해 접근할 수 있어야 함

⑤ 존엄(dignity)의 원칙

- 노인은 존엄과 안전 속에서 살 수 있어야 하며, 착취와 육체적 · 정신적 학대로부터 자유로워야 함
- 노인은 나이, 성, 인종, 민족적인 배경 등과 상관없이 공정하게 대우받아야 하며, 노인의 경제적인 기여와 관계없이 평가되어야 함

(2) 우리나라 노인복지 기본이념

우리나라는 「노인복지법」 제2조에 노인복지의 기본이념을 다음과 같이 규정하고 있다.

① 노인은 후손의 양육과 국가 및 사회의 발전에 기여하여 온 사람으로서 존경받으

며 건전하고 안정된 생활을 보장받음

② 노인은 그 능력에 따라 적당한 일에 종사하고 사회적 활동에 참여할 기회를 보장받음

③ 노인은 노령에 따르는 심신의 변화를 자각하여 항상 심신의 건강을 유지하고 그 지식과 경험을 활용하여 사회의 발전에 기여하도록 노력하여야 함

2. 고령사회와 노인문제

UN은 65세 이상 노인인구가 전체 인구 중에 차지하는 비율에 따라 고령화 사회, 고령사회, 초고령사회로 구분하고 있다.

- 고령화 사회(aging society): 65세 이상 인구가 7% 이상 14% 미만
- 고령사회(aged society): 65세 이상 인구가 14% 이상 20% 미만
- 초고령사회(ultra-aged society): 65세 이상 인구가 20% 이상

우리나라의 고령화 속도는 그 유례를 찾아보기 힘들 정도로 빠르게 진행되는데 고령화사회에서 고령사회로 진행되는 속도가 프랑스 115년, 미국 71년, 독일 40년, 일본 24년이며 우리나라는 17년이 걸렸으며, 고령사회에서 초고령사회로의 진행은 오스트리아 53년, 영국 50년, 프랑스 41년, 미국 15년, 일본 10년이며 우리나라는 8년 만인 2025년에 65세 이상 노인인구가 20.6%로 진입할 것으로 전망된다.

고령사회의 주요한 노인문제는 다음의 다섯 가지로 정리할 수 있다.

1) 노인인구 증가에 따른 부양비 증가

기대수명 증가와 낮은 출산율로 인해 우리나라의 인구 구조는 다른 OECD 국가보다 더 빠른 속도로 고령화되고 있다. 2023년 18.4%인 노인비율은 2025년에는 20%, 2050년에는 노인비율 40.1%로 2023년에 비해 거의 두 배로 높아지며 평균연령도 2023년 44.5세에서 2025년에는 54.8세로 높아진다.

〈표 8-1〉 노인인구 구성비 및 부양비 추이 (단위: 만 명, %)

인구구조, 부양비별	2020	2023	2025	2030	2040	2050
총인구	5,183	5,155	5,144	5,119	5,019	4,735
65세 이상	815	949	1,058	1,305	1,724	1,903
65세 이상 구성비	15.7	18.4	20.6	25.5	34.4	40.1
총부양비	38.7	41.8	44.5	51.4	76.0	95.8
유소년부양비	16.9	15.6	14.7	12.8	15.5	17.2
노년부양비	21.8	26.1	29.7	38.6	60.5	78.6
노령화지수	129.3	167.1	201.5	301.6	389.5	456.2
평균연령(세)	42.7	44.5	45.6	48.1	51.9	54.8

출처: KOSIS, 주요인구지표 재구성

노인인구가 많아지면 노년부양비도 높아지는데 〈표 8-1〉에 의하면 2020년에 21.8%였던 노년부양비는 2025년에는 29.7%로 증가하며 2050년에는 78.6%로 증가한다. 노년부양비란 생산인구(15~64세) 100명이 부담해야 하는 65세 이상 인구의 수를 의미하기 때문에 노년부양비가 높아질수록 생산인구의 부양부담 또한 높아지게 된다.

2) 노인빈곤

우리나라는 고령화가 OECD 37개국 중 가장 빠르게 진행되고 있으며, 2041년에는 셋 중 한 명이 노인인 나라가 되고, 2048년에는 세계에서 가장 나이 든 나라가 될 전망이다. 우리나라의 노인빈곤율은 2018년 43.4%로, OECD 평균 14.8%의 약 3배 정도로 가장 높은 수준이며, 미국(23.1%), 일본(19.6%), 영국(14.9%), 독일(10.2%), 프랑스(4.1%)보다 압도적으로 높아 노인의 빈곤이 중요한 문제가 되고 있다.

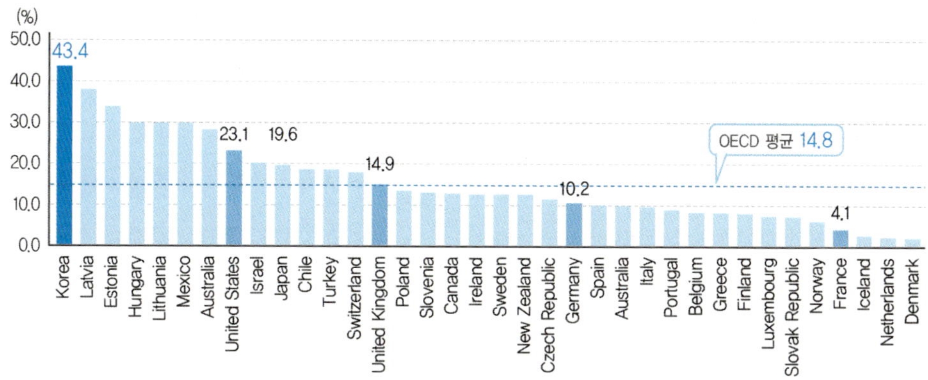

※주: 수치는 '18년 기준(단, 뉴질랜드 '14년, 일본·스위스 '15년, 멕시코·네덜란드 '16년, 칠레·덴마크·독일·아이슬란드·아일랜드·이탈리아·스위스·미국 '17년 기준)

※자료: OECD.stat(Colombia는 미공시)

[그림 8-1] OECD 노인 빈곤율 비교

출처: 한국경제연구원

3) 1인 독거가구 증가

혼인율 감소와 초혼연령 지체에 따른 미혼 독신가구의 증가, 이혼이나 별거에 따른 단독가구의 증가, 그리고 고령화에 따른 노인 단독가구의 증가 등으로 우리나라 1인 가구는 점점 증가하고 있는 추세이다. 65세 이상 노인가구도 현재 22.4%에서 2050년에는 49.8%로 증가할 것으로 예측되며 저출산으로 인한 전체 인구는 감소되고 있지만 의료 및 건강수준 향상 등으로 혼자 사는 노인인구는 점점 증가하고 있다.

따라서 독거가구의 증가는 아플 때 도움이 필요하거나 고독사 등의 위험에 노출되는 인구수도 점점 증가하고 있다는 것을 생각할 수 있다.

4) 복합적 욕구를 가진 돌봄 노인의 증가

노화 등으로 인한 신체적 능력의 쇠퇴와 건강문제는 모든 사람에게 전 생애에 걸친 과정을 통해 발생하지만 노년기에 겪는 은퇴 등으로 인한 사회적 역할 상식 및 건강악화로 인한 역할 상실문제는 연령이 높아질수록 더 큰 어려움으로 작용한다. 또한, 만성질환 등으로 장기간의 치료나 요양을 필요로 하는 경우 가족 및 주변 사람들에게 심리적, 경제적 부담으로 작용한다고 느끼므로 노년기의 건강문제는 건강이 악화될수록 더 큰 관계의 단절을 경험하며 이로 인한 정신적, 사회적 문제 및 치매 등으로도 연결되어 복합적 욕구를 가진 돌봄이 필요한 노인은 점점 증가하고 있다.

3. 노인복지 주요정책

1) 노인복지정책

노인복지는 노인이 가질 수 있는 다양한 욕구에 대응하고, 노년기의 각종 위험과 문제를 예방하거나 해결하기 위한 것으로, 노인이 자기가 속한 가족과 사회에 적응하고 통합되어 인간다운 생활을 할 수 있도록 필요한 자원과 서비스를 제공하는 공적 및 사적 정책을 말한다. [그림 8-2]처럼 소득보장, 건강보장, 주거 및 여가, 인권보호, 사회서비스의 다섯 가지로 구분할 수 있다.

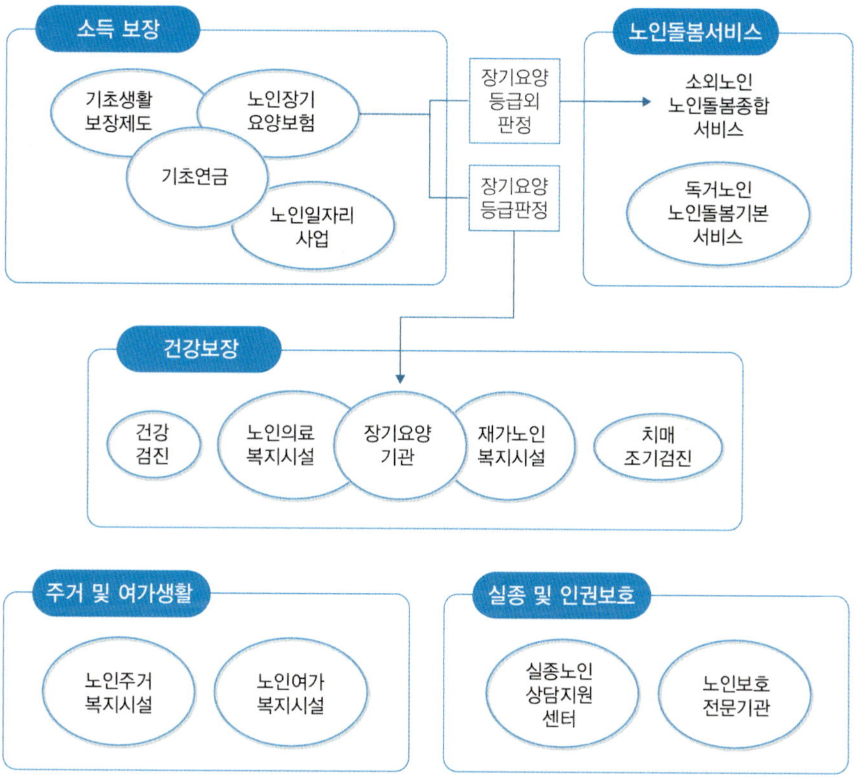

[그림 8-2] 노인복지정책

출처: 찾기쉬운 생활법령정보 https://easylaw.go.kr/

(1) 소득보장

소득보장이란 국가가 노인이 처한 경제적 문제를 해결하기 위해 노인에게 최소한의 소득을 지원해 주는 사회적 차원의 대책으로 국민기초생활보장제도, 기초연금 등이 있다. 우리나라는 1998년부터 국민연금제도를 도입함으로써 공적 연금체계를 정비하였고, 2008년 1월부터 기초노령연금을 실시하였으며 2014년 7월부터 기초노령연금은 기초 연금으로 전환되었다.

① 국민기초생활보장제도

생계가 어려운 사람을 위한 공공부조제도로서 개인이나 가족의 노력으로 생계를 유지할 수 없는 대상에게 정부가 현물 또는 현금급여를 제공하는 것

② 기초연금제도

1988년 도입된 국민연금 제도가 국민연금에 가입하지 못했거나 그 기간이 짧아 충분한 연금을 받지 못하는 어르신들의 노인빈곤문제를 해결하면서, 미래세대의 부담을 덜고 노후에 안정된 혜택을 누릴 수 있게 도움

- 대상: 만 65세 이상 소득인정액이 선정기준액(소득하위 70%) 이하인 자

선정기준액	월 최대 지원금액	
	단독가구	부부가구
2,130,000원(단독) 3,408,000원(부부)	월 최대 33만 4,810원	월 최대 53만4,400원

출처: 보건복지부 2024년 고시

③ 주택연금제도

주택연금은 살고 있는 집을 담보로 맡기고 매달 연금을 받는 노후보장제도로 주택금융공사에서 실시하며 국가가 보증하는 제도

보유주택 공시가격 등 9억 원 이하인 만 55세 이상에게 집을 담보로 내 집에 살면서 매월 연금을 수령하여 경제적인 어려움을 겪지 않도록 돕는 제도

④ 경로우대

65세 이상 전체 노인을 대상으로 교통수당을 지급하고 국립공원 및 박물관 등 방문

시 무료 또는 할인혜택 적용하며 그 외 목욕, 이발 등과 같은 서비스업종에서 자발적으로 경로우대를 실시하도록 권장하는 제도

<table>
<tr><th>감면내역</th><th>대상</th><th>지원내용</th></tr>
<tr><td rowspan="3">교통비</td><td rowspan="3">65세 이상 어르신</td><td>철도요금 감면
• 지하철 무료 이용
• KTX · 새마을호 · 무궁화호 30% 감면
(KTX · 새마을호는 토 · 일, 공휴일 제외)
• 통근열차 50% 감면</td></tr>
<tr><td>항공요금 감면
• 대한항공 국내선 · 국제선 10% 감면(단, 성수기, 일부노선은 제외)</td></tr>
<tr><td>국내연안여객선 여객운임 감면
• 여객운임 20% 감면</td></tr>
<tr><td>문화활동비</td><td>65세 이상 어르신</td><td>고궁, 능원, 국 · 공립박물관, 국 · 공립 공원, 국 · 공립미술관 무료입장
• 국 · 공립국악원 입장료 50% 이상 할인
• 국가 · 지자체가 운영하는 공연장(대관공연 제외) 입장료 50% 할인</td></tr>
<tr><td rowspan="2">국민건강보험료</td><td>65세 이상 어르신이 있는 지역가입자</td><td>소득 · 재산요건 만족 시 최대 30% 할인
<table>
<tr><th>구분</th><th>1등급</th><th>2등급</th><th>3등급</th></tr>
<tr><th>소득</th><td colspan="3">360만 원 이하</td></tr>
<tr><th>재산</th><td>6,000만 원 이하</td><td>9,000만 원 이하</td><td>1억3,500만 원 이하</td></tr>
<tr><th>경감률</th><td>30%</td><td>20%</td><td>10%</td></tr>
</table></td></tr>
<tr><td>70세 이상 어르신이 있는 지역가입자</td><td>재산 1억 3,500만 원 이하이며, 소득이 360만 원 이하인 경우 30% 경감</td></tr>
<tr><td>통신요금</td><td>기초연금수급자</td><td>월 청구된 이용금액이 2만 2,000원(부가세 별도) 미만인 경우 50% 감면
• 월정액, 음성통화료, 데이터통화료를 합쳐 최종 청구된 금액의 최대 1만 1,000원 감면</td></tr>
<tr><td rowspan="3">각종공공요금</td><td rowspan="3">노인복지시설</td><td>도시가스요금 감면</td></tr>
<tr><td>전기요금감면</td></tr>
<tr><td>상수도, 하수도 사용료 감면</td></tr>
</table>

⑤ 노인일자리 사업

평균수명이 연장되고 생산적 노후생활을 영위하려는 욕구가 증가하고 베이비붐 세대가 본격적으로 은퇴함에 따라 노년기의 고용보장은 노인복지정책의 중요 과제가 되었다. 우리나라는 「고용상 연령차별금지 및 고령자 고용촉진에 관한 법률」에 의해 고령자의 고용을 촉진하고 있으며 「노인복지법」에 의해 실시되는 노인취업원사업이 있다.

- 대상: 공공형(만 65세 이상 기초연금 수급자), 사회서비스형(만 65세 이상 사업참여 가능자), 시장형(만 60세 이상 사업참여 가능자)

〈표 8-2〉 노인일자리 및 사회활동 지원사업

유형		정의	예시
공공형		노인이 자기만족과 성취감 향상 및 지역사회 공익증진을 위해 자발적으로 참여하는 봉사활동	노노케어(취약노인 안부확인) 취약계층지원, 보육시설 봉사 등 공익 증진을 위한 프로그램
사회서비스형		노인의 경력과 활동역량을 활용하여 사회적 도움이 필요한 영역(지역사회 돌봄, 안전 관련 등)에 서비스를 제공	가정 및 세대 간 서비스, 취약계층전문서비스, 공공전문 서비스(공공행정업무지원) 등
사회서비스형 선도모델		지역사회가 보유한 자원과 기업 등의 외부자원을 활용하여 신규 노인일자리 아이템 개발, 창출	돌봄, 안전, 환경문제 등 지역사회가 당면한 현안을 해소하는 일자리 등
시장형	시장형 사업단	노인에게 적합한 업종 중 소규모 매장 및 전문 직종 사업단 등을 공동으로 운영하여 노인일자리 창출	식품제조 및 판매, 매장운영(실버카페), 운송(실버택배) 등
	취업 알선형	일정 교육을 수료하거나 관련 업무능력 있는 자를 수요처로 연계하여 근무기간에 대한 일정 임금을 지급받을 수 있는 일자리	시험감독 보조, 경비원 시설관리자, 가사도우미 등
	시니어 인턴십	노인에게 기업 인턴 연계 후 인건비 지원, 계속 고용 시 기업에 인건비 추가 지원	한식조리, 매장관리원, 영화관 보조원, 자동차 검사대행원 등
	고령자 친화 기업	노인의 경륜을 활용하여 경쟁력을 갖추고 양질의 노인일자리를 창출할 수 있는 기업의 설립 및 운영지원	공모심사에 따른 기업 모집

(2) 건강 보장

노인이 건강문제에 대해 의료서비스에 접근할 수 있게 하는 제도로 비노인층에게는 예방적 노력을 통해 노년의 생활을 건강하게 유지할 수 있도록 하며, 노후의 상병에 대해서는 경제적으로 큰 부담없이 의료진료와 건강보호를 받을 수 있도록 하는 정책이다.

① 국민건강보험제도

국민의 질병, 부상, 분만 또는 사망 등에 대해서 보험급여를 제공함으로써 국민보건을 향상시키는 제도이다.

② 의료급여제도

국민 중 4~5%의 의료 사각지대에 놓인 저소득층이나 극빈층에게 무료 진료를 받을 수 있도록 하는 제도이다.

③ 노인장기요양보험제도

고령이나 노인성 질병 등의 사유로 일상생활을 혼자서 수행하기 어려운 노인 등에게 제공하는 신체·가사활동지원 등의 장기요양급여에 관한 사항을 규정하여 노후의 건강증진 및 생활 안정을 도모하고 그 가족의 부담을 덜어 줌으로써 국민의 삶의 질 향상을 목적으로 하는 제도이다.

- 대상: 65세 이상 노인 또는 65세 미만 노인성 질환자(치매, 중풍, 뇌혈관 질환, 파킨슨병 등)로 6개월 이상의 기간 동안 혼자 일상생활을 수행하기 어려운 자 중 장기요양 1~5등급, 인지지원등급을 인정받은 자

〈표 8-3〉 노인장기요양보험제도

구분	지원내용
재가급여	• 장기요양요원이 수급자의 가정을 방문하여 신체활동 및 가사활동 등을 지원하거나 목욕 · 간호를 제공, 주야간보호, 단기보호, 복지용구(구입 또는 대여) 등 제공 • 장기요양 급여비용의 15% 본인부담
시설급여	• 노인요양시설 등 장기요양기관에 입소한 수급자에게 신체활동 지원 및 심신기능의 유지 · 향상을 위한 교육 · 훈련 등 제공 • 장기요양 급여비용의 20% 본인부담
특별현금급여 (가족요양비)	• 섬지역 거주자, 천재지변, 신체 · 정신 또는 성격 등 대통령령으로 정하는 사유로 가족 등으로부터 방문요양에 상당한 장기요양급여를 받은 경우 가족요양비 월 22만 3,000원 지급

④ 치매검진 지원

"치매"란 퇴행성 뇌질환 또는 뇌혈관계 질환 등으로 인해 기억력, 언어능력, 지남력(指南力), 판단력 및 수행능력 등의 기능이 저하됨으로써 일상생활에서 지장을 초래하는 후천적인 다발성 장애를 말하며(「치매관리법」 제2조 제1호), 전국 보건소 및 치매안심센터에서 선별검사와 진단검사를 무료로 받을 수 있으며 정밀검사 필요시 전국 600여 개소 협약병원에서 추가 진단 감별 검사 및 검사비 일부 지원

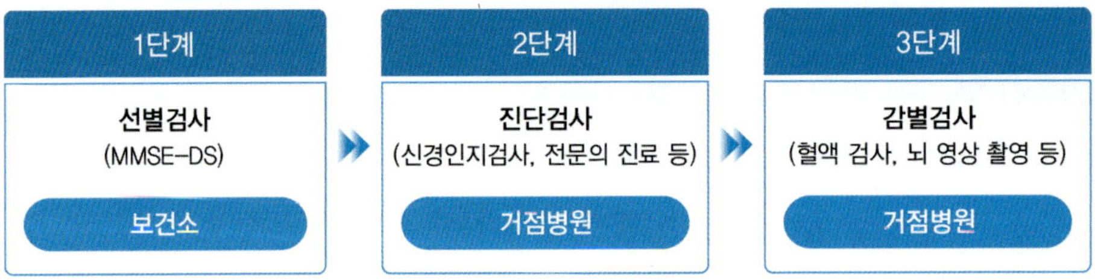

[그림 8-3] 치매검진사업 수행 절차

- 선별검사: 만 60세 이상 어르신(만 60세 미만으로 인지능력이 현저히 저하되는 조기검진이 필요하다고 판단되는 경우 포함)

• 진단감별검사: 만 60세 이상으로 소득이 기준 중위소득 120%(4인 기준 월 648만 2,000원) 이하인 어르신

〈표 8-4〉 치매검진 제도

검사종류	검사내용	지원내용
선별검사	치매 선별을 위한 간단한 인지선별검사(CIST)	보건소에서 무료검사 실시
진단검사	전문의 진찰, 치매척도검사, 치매신경인지검사, 일상생활척도검사 등	협약병원에서 실시한 검사비 (15만 원 한도 내) 지원
감별검사	혈액검사, 간기능검사, 신장기능검사, 뇌영상촬영 등	협약병원에서 실시한 검사비(병 · 의원, 종합병원급 8만원, 상급종합병원 11만원 한도 내) 지원

⑤ 치매치료 관리비 지원사업

치매치료제를 복용 중인 만 60세 이상 치매 환자 중 기준 중위소득 120%(4인 기준 월 648만 2,000원) 이하인 어르신에게 약제비와 진료비의 본인부담금을 최대 월3만원(연간 36만원)까지 지급하는 사업

치매진단(F00~03, G30)을 받고 치매치료약을 복용하는 경우 치매치료관리비 보험급여분에 대한 본인부담금(치매약제비+약 처방 당일의 진료비)에 대해 실비 지원

2) 건강보장 시설

(1) 노인의료복지시설

노인의료복지시설은 노인성 질환 등 심신의 상당한 장애로 요양이 필요한 65세 이상의 노인이 입소하여 급식 · 요양 그 밖의 일상생활에 필요한 편의를 제공받는 시설로 노인요양시설과 노인요양공동생활가정이 있다.

① **노인요양시설**: 치매 · 중풍 등 노인성 질환 등으로 심신에 상당한 장애가 발생하여 도움을 필요로 하는 노인을 입소시켜 급식 · 요양과 그 밖에 일상생활에 필요한 편의를 제공함을 목적으로 하는 시설

② **노인요양공동생활가정**: 치매 · 중풍 등 노인성 질환 등으로 심신에 상당한 장애가 발생하여 도움을 필요로 하는 노인에게 가정과 같은 주거여건과 급식 · 요양, 그 밖에 일상생활에 필요한 편의를 제공함을 목적으로 하는 시설

(2) 재가복지시설

재가노인복지시설은 정신적 · 신체적인 이유로 독립적인 일상생활을 수행하기 곤란한 65세 또는 60세 이상의 노인과 노인 부양가정에 필요한 각종 서비스를 제공하는 시설을 말하며 다음과 같은 서비스를 제공한다.

① 방문요양서비스

가정에서 일상생활을 영위하고 있는 노인(재가노인)으로서 신체적 · 정신적 장애로 어려움을 겪고 있는 노인에게 필요한 각종 편의를 제공하여 지역사회 안에서 건전하고 안정된 노후를 영위하도록 하는 서비스

② 주 · 야간보호서비스

부득이한 사유로 가족의 보호를 받을 수 없는 심신이 허약한 노인과 장애노인을 주간 또는 야간 동안 보호시설에 입소시켜 필요한 각종 편의를 제공하여 이들의 생활안정과 심신 기능의 유지 · 향상을 도모하고, 그 가족의 신체적 · 정신적 부담을 덜어주기 위한 서비스

③ 단기보호서비스

부득이한 사유로 가족의 보호를 받을 수 없어 일시적으로 보호가 필요한 심신이 허

약한 노인과 장애노인을 보호시설에 단기간 입소시켜 보호함으로써 노인 및 노인가정의 복지증진을 도모하기 위한 서비스

④ 방문 목욕서비스

목욕 장비를 갖추고 재가노인을 방문하여 목욕을 제공하는 서비스

⑤ 재가노인지원서비스

그 밖의 재가노인에게 노인생활 및 신상에 관한 상담을 제공하고, 재가노인 및 가족 등 보호자를 교육하며 각종 편의를 제공하여 지역사회 안에서 건전하고 안정된 노후생활을 영위하도록 하는 서비스

⑥ 방문간호서비스

간호사 등이 의사, 한의사 또는 치과의사의 지시서에 따라 재가노인의 가정 등을 방문하여 간호, 진료의 보조, 요양에 관한 상담 또는 구강위생 등을 제공하는 서비스

⑦ 복지용구지원서비스

장기요양기관이 수급자의 일상생활 · 신체활동 지원 및 인지기능의 유지 · 향상에 필요한 복지용구를 제공하거나 대여하는 서비스

3) 주거 및 여가생활 지원

(1) 주거복지정책

우리나라는 노인이 안전하고 안락한 삶을 영위할 수 있도록 생활공간을 제공하기 위해 주거복지시설을 운영하고 있다.

노인주거복지시설은 65세 또는 60세 이상의 일상생활에 지장이 없는 노인이 가정과 같은 주거 공간에서 일상생활에 필요한 편의를 제공받을 수 있는 시설로 양로시설, 노인공동생활가정 및 노인복지주택이 있다.

① 양로시설

노인을 입소시켜 급식과 그 밖에 일상생활에 필요한 편의 제공을 목적으로 하는 시설

② 노인공동생활가정

노인들에게 가정과 같은 주거 여건과 급식, 그 밖에 일상생활에 필요한 편의 제공을 목적으로 하는 시설

③ 노인복지주택

노인에게 주거시설을 임대하여 주거의 편의 · 생활지도 · 상담 및 안전관리 등 일상생활에 필요한 편의 제공을 목적으로 하는 시설

(2) 여가복지시설

노인의 여가생활을 위한 여가복지시설은 65세 또는 60세 이상의 노인들이 여가를 즐기고 친목도모 · 취미생활 등을 할 수 있는 시설로 노인복지관, 노인교실, 경로당이 있다.

① 노인복지관

노인의 교양 · 취미생활 및 사회참여활동 등에 대한 각종 정보와 서비스를 제공하고, 건강증진 및 질병예방과 소득보장 · 재가복지, 그 밖에 노인의 복지증진에 필요한 서비스를 제공함을 목적으로 하는 시설

② 노인교실

노인들에 대하여 사회활동 참여욕구를 충족시키기 위하여 건전한 취미생활, 평생교육, 노인건강증진 · 소득보장을 위한 노인일자리 및 사회활동제공, 재가복지, 그 밖의 일상생활과 관련한 프로그램을 제공함을 목적으로 하는 시설

③ 경로당

지역노인들이 자율적으로 친목도모 · 취미활동 · 공동작업장 운영 및 각종 정보교환과 그 밖의 여가활동을 할 수 있도록 하는 장소를 제공함을 목적으로 하는 시설

❖ **노인여가복지시설의 입소 대상**

① **노인복지관 · 노인교실 이용대상:** 60세 이상인 자
② **경로당 이용대상:** 65세 이상인 자

(4) 인권보호

① 노인보호전문기관

노인보호전문기관이란 노인학대를 예방하고 학대받는 노인의 발견 · 보호 · 치료 등을 신속히 처리하기 위한 업무를 담당하는 시설로 중앙노인보호전문기관과 지역노인보호전문기관이 있다.

② 중앙노인보호전문기관

국가가 지역 간의 연계체계를 구축하고 노인학대를 예방하기 위하여 설치, 운영하는 시설

③ 지역노인보호전문기관

학대받는 노인의 발견이나 보호, 치료 등을 신속히 처리하고 노인학대를 예방하기 위하여 광역시도에 설치 운영하는 시설

〈표 8-5〉 노인보호전문기관 주요 업무

24시간 노인학대상담	노인학대예방교육	협력체계 구축	홍보
• 전문상담 및 심리치료 지원 • 일시보호서비스, 의료 지원 • 사회복지서비스, 법률 지원 연계	• 노인학대 예방교육 • 노인인권 교육	• 중앙 · 지역노인 학대 사례 판정위원회 운영 • 지역사회 연계망 구축 • 후원, 자원봉사 사업	• 노인 인식개선 홍보 • 학술행사, 캠페인 • 이동상담 • 카툰 및 사진전시회 • 노인학대예방의 날(6.15) 기념행사

❖ 노인학대

"노인학대"란 노인에 대하여 신체적 · 정신적 · 성적 폭력 및 경제적 착취 또는 가혹행위를 하거나 유기(遺棄) 또는 방임(放任)을 하는 것

〈노인학대의 유형〉

1. 노인의 신체에 폭행을 가하거나 상해를 입히는 행위
2. 노인에게 성적 수치심을 주는 성폭행 · 성희롱 등의 행위
3. 자신의 보호 · 감독을 받는 노인을 유기하거나 의식주를 포함한 기본적 보호 및 치료를 소홀히 하는 방임행위
4. 노인에게 구걸을 하게 하거나 노인을 이용하여 구걸하는 행위
5. 노인을 위해 증여 또는 급여된 금품을 그 목적 외의 용도에 사용하는 행위
6. 폭언, 협박, 위협 등으로 노인의 정신건강에 해를 끼치는 정서적 학대행위

4. 노인복지실천 현장과 사회복지사의 역할

노인복지현장에서 종사하는 사회복지사는 크게 노인상담, 가족상담, 집단활동 관리·조정, 노인교육, 노인에게 지역사회자원 연결, 노인의 취업알선, 노인의 돌봄(케어)에 관한 사항, 노인가정방문, 노인의 일상생활동작 계획 및 훈련, 노인사례관리 등의 역할을 담당하며 노인복지 현장에 따라 그 내용이 조금씩 달라질 수 있다.

1) 경로당

경로당은 「노인복지법」에 의한 여가시설로 지역 거주 노인이 가장 손쉽게 접근할 수 있는 공간이다. 경로당에서는 건강, 여가, 봉사 등 이용하는 노인의 욕구에 맞는 프로그램을 제공하며 지역의 노인복지정보센터, 학대노인 지킴이센터로도 운영된다. 경로당에서의 사회복지사는 치매예방 활동, 노래교실, 스마트폰 활용 교육, 노인일자리사업 등 노인의 인지, 신체, 사회적 관계 향상 등을 위한 서비스 계획, 연계, 훈련, 제공 등의 역할을 한다.

2) 노인복지관

시·군·구는 지역의 실정에 따라 최소 1개 이상의 노인복지관을 설치·운영하여 지역사회 노인들의 여가복지를 증진하며, 여가, 건강, 일자리, 자원봉사 사회참여 등 노인들의 다양한 복지욕구에 따른 서비스를 체계적이고 복합적으로 제공하여 노인복지증진에 기여하도록 하고 있다.

노인복지관은 60세 이상 모든 노인이 다 참여할 수 있는데, 노인복지관을 이용하고자 하는 노인이 해당 지역에 실거주하지 않더라도 자녀, 친지 등의 연고가 있는 경우, 거주지역 내 여가시설이 없는 경우 등은 탄력적으로 운영하여 노년의 삶에 사회적 관계를 지속하게 해주는 자원연계의 역할을 하고 있다.

노인복지관의 사회복지사는 「노인복지법 시행규칙」 제26조 제2항에 의해 상담, 사례관리 및 지역사회돌봄, 건강생활지원, 노년사회화교육, 지역자원 및 조직화, 사회참여 및 권익증진의 6대 기본사업을 통해 노년기의 관계적 자원을 풍요롭게 지원한다.

〈표 8-6〉 노인복지관의 주요 사회복지실천 내용[1)]

사업구분		프로그램(예시)
상담	일반상담 및 정보제공	노인복지정보제공 외부전문가 활용을 통한 상담제공
	전문상담	우울 및 관계증진 상담
사례관리 및 지역사회돌봄	위기 및 취약노인지원	취약노인의 신체 · 정서 · 사회적 자립 지원 노인맞춤돌봄서비스 등
	지역사회자원 연계 및 지원	노인에게 필요한 서비스 조정 · 중재 · 의뢰 · 옹호 등
	가족기능지원	노인과 관련된 가족상담, 세대통합 프로그램 등
건강생활지원	건강증진지원	건강교육 건강프로그램 등
	기능회복지원	양한방진료, 작업요법, 운동요법 등
	급식지원	경로식당운영, 도시락배달 등
노년 시회회교육	평생교육지원	노인역량강화, 정보화, 사회화 시민사회교육 등
	취미여가지원	취미여가활동, 동아리활동, 체육활동 등
지역자원 및 조직화	지역자원개발	자원봉사자 발굴 · 관리, 후원자 개발 등
	지역복지연계	경로당프로그램 연계, 지역협력 등
	주거지원	주거환경개선, 주택수리 등

1) 보건복지부(2024).

<table>
<tr><th colspan="2">사업구분</th><th>프로그램(예시)</th></tr>
<tr><td rowspan="3">사회참여
및 권익증진</td><td>사회참여지원</td><td>노인자원봉사활성화, 노인일자리 및 사회활동지원사업 등</td></tr>
<tr><td>노인권익증진</td><td>정책건의, 노인인권옹호, 인식개선사업 등</td></tr>
<tr><td>고용 및 소득지원</td><td>고령자취업지원, 취업교육, 창업지원</td></tr>
<tr><td>돌봄(선택사업)</td><td>요양서비스</td><td>치매환자 프로그램, 주 · 야간보호 등</td></tr>
</table>

3) 노인교실

노인교실은 「노인복지법」 제36조, 제37조 등에 의해 노인들의 사회활동 참여 욕구를 충족시키기 위하여 건전한 취미생활, 노인 건강유지, 소득보장, 기타 일상생활과 관련된 학습프로그램의 제공을 목적으로 운영된다.

〈표 8-7〉 노인교실의 주요 사업[2)]

구분	사회복지사의 역할
취미 여가	각종 문화 · 예술활동 등
건강	체조, 요가, 단전호흡, 건강관리
교양	한글, 외국어, 컴퓨터, 교양강좌
사회참여	시민단체 및 사회활동, 자원봉사활동 등

4) 시니어클럽

노인의 생애 경험 및 지식을 활용할 수 있는 다양한 노인 적합형 사회활동을 개발하고 환경을 조성하여 지역사회에서 건강하고 생산적인 노인 사회활동을 만들어가는 노

2) 보건복지부(2021). 2021년 노인보건복지사업안내. 보건복지부.

인일자리지원기관으로 사회복지사는 다음과 같은 역할을 수행한다.

① 지역노인일자리지원기관으로서 기능 및 역할 수행
② 지역특성에 적합한 공익활동, 사회서비스형, 시장형사업단 사업 수행
③ 지역사회 내의 노인인력 활용을 위한 교육 훈련 및 사후 관리
④ 일하는 노인을 위한 지역 연대 및 기타 관련 사업 수행

5) 노인맞춤돌봄서비스

노인맞춤돌봄서비스란 일상생활 영위가 어려운 취약노인에게 적절한 돌봄서비스를 제공하여 안정적인 노후생활 보장, 노인의 기능·건강 유지 및 악화를 예방하기 위한 사회서비스로 노인맞춤돌봄의 사회복지사는 돌봄을 제공하는 생활지원사를 관리하고, 방문형, 통원형(집단 프로그램) 등의 직접 서비스 및 연계 서비스, 연계 서비스(민간후원 자원), 특화서비스, 사후관리 서비스 등을 지원한다.

〈표 8-8〉 노인맞춤돌봄서비스 사회복지사 역할

구분	서비스 대상 및 내용
맞춤돌봄서비스 어르신 담당	어르신댁을 방문하는 생활지원사가 어르신에게 필요한 서비스를 잘 지원할 수 있도록 배치, 관리, 교육, 연계, 상담 등 지원
특화서비스 담당	사회관계 단절, 우울증 등을 겪는 어르신 상담, 생활지원연계, 주거개선연계, 건강지원연계, 맞춤형 사례관리, 집단활동, 우울증 진단 및 투약 지원 등 서비스 지원

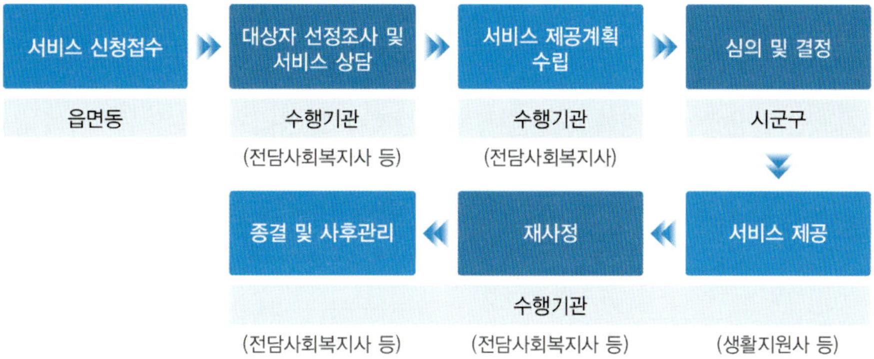

[그림 8-4] 노인맞춤돌봄 서비스 제공 절차

❖ 노인맞춤돌봄 서비스 내용

직접 서비스

- 안전지원: 대상자의 전반적인 안전 여부를 점검하기 위하여 생활환경, 가구구조와 같은 환경 여건뿐만 아니라 노인의 기본적인 신체적 정신적 사회적 안녕 여부 등을 점검 지원하는 서비스[안전·안부확인(방문·전화·ICT), 생활안전점검, 정보제공, 말벗]
- 사회참여: 대상자가 사회적 관계망을 형성·확장하여 사회적 교류와 활동을 유지하도록 지원하는 서비스(사회관계 향상 프로그램, 자조모임)
- 생활교육: 사회적, 신체적, 정신적 기능을 유지하거나 악화를 지연·예방하기 위한 교육·프로그램을 제공하는 서비스(신체건강·정신건강분야 생활교육)
- 일상생활지원: 대상자의 일상생활을 지원하기 위하여 외출동행, 가사지원을 제공하는 서비스(이동·활동지원, 가사지원)

연계 서비스(민간후원 자원)

- 대상자의 안정적인 생활을 지원하기 위하여 지역사회 내 민간자원 등의 후원물품이나 서비스를 연계지원하는 서비스
- 노인맞춤돌봄서비스 수행기관은 물품후원, 자원봉사자 등 민간후원자원을 적극 발굴·연계
- 생활지원연계, 주거개선연계, 건강지원연계, 기타 서비스 등

특화서비스

- 고립, 우울, 자살생각 등이 높은 노인을 대상으로 개별 맞춤형 사례관리 및 집단활동 제공

사후관리 서비스

- 사후관리가 필요한 대상자에게 정기적인 모니터링 및 자원연계 실시

출처: 2024년 보건복지부 홈페이지

6) 독거노인 · 장애인 응급안전 안심서비스

독거노인과 장애인 가정에 화재센서, 활동감지기 및 응급호출기를 설치하여 응급상황 발생 시 신속하게 대처할 수 있도록 119에 자동 신고해주는 서비스

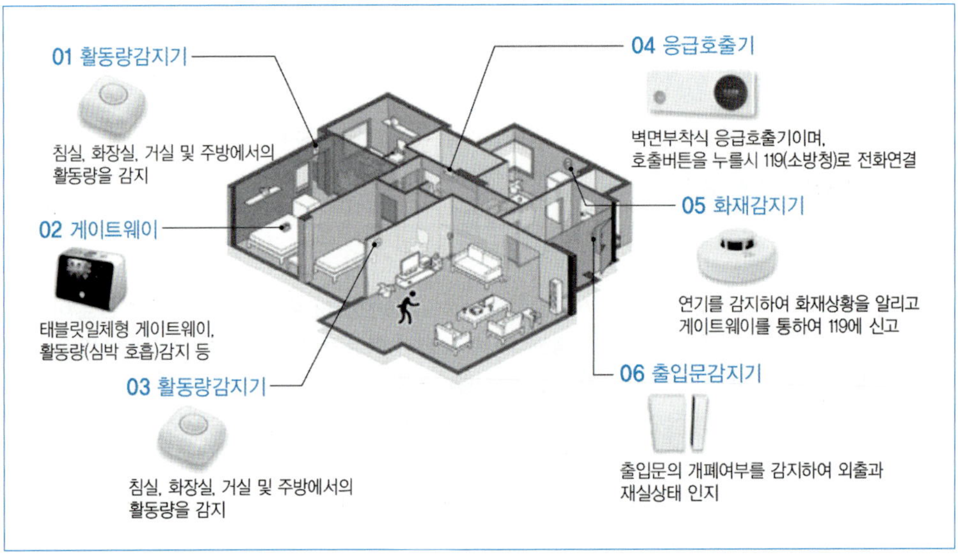

5. 노인복지의 과제

1) 노인인식개선 및 사회적 돌봄 확대

의학의 발달과 생활수준의 향상으로 평균수명이 연장되어 은퇴 후 30~40년 이상의 노년기를 보내는 노인인구는 급속히 증가하고 있다. 또한 노인은 노화로 인한 기능의 쇠퇴뿐만 아니라 질병, 만성질환 등으로 복잡하고 다양한 어려움을 갖게 되는데 노화가 진행됨에 따라 신체적 기능은 점점 더 악화되므로 이로 인한 돌봄(케어)과 의존에 대한 욕구는 더 커질 수밖에 없다. 그러나 저출산 및 핵가족의 사회변화로 인해 가족부양 및 돌봄 기능이 약화되고 독거노인가구도 증가하므로 노인에 대한 인식개선과 사회적 돌봄이 확대되어야 할 것이다.

2) AI, 인터넷 등 비대면 환경 확대에 따른 서비스 접근성 향상

노인 욕구의 다양화, 복합화와 함께 노인복지서비스의 종류 및 공급 주체도 다양하고 복잡해지고 있다. 노인은 서비스에 대한 정보와 인식이 부족하고 이용 방법을 몰라서 스스로 서비스에 접근하지 못하는 경우가 많으며 인터넷 등의 발달로 정보 취득 및 신청 등이 더 복잡하고 어려워지고 있으므로 적절한 사례관리를 통해 서비스의 정보와 접근성을 높여야 한다.

3) 커뮤니티케어등의 보건 · 의료 · 주거 · 복지의 통합서비스 및 정보망 정착

건강한 노화(Healthy Aging)와 지역사회 거주(Aging in Place) 등은 노인이 살던 곳에서 공식적, 비공식적 자원들과 끊임없이 소통하며 살아갈 수 있도록 돕는 것이 매우 중요하다. 노인이 독립적인 주체로 살아가면서 필요한 서비스를 제공받기 위해서는 보건, 의료, 주거, 복지 등 다양한 전문 분야의 서비스가 통합적으로 제공되어야 할 뿐만 아니라 이와 연관된 건강보험공단, 시 · 군 · 구복지관, 민간사회서비스 기관 등 서비스를 연계하고 제공하는 다양한 기관과 주체들의 통합적인 정보망시스템이 정착되어야 할 것이다. 분절적이고 제한된 현재의 시스템 구조는 자원 및 서비스의 중복, 탈락, 사각지대 등의 어려움을 극복하기 어려우며 개개인의 욕구에 맞는 맞춤형 통합서비스 제공을 위해서는 서비스통합정보시스템의 정착이 무엇보다 중요할 것이다.

4) 자기결정권 및 인권보호 확대

노화로 인한 신체, 심리, 인지, 사회적 기능의 저하는 노인 스스로 자립적 생활을 하기 어렵게 만들기 때문에 인권을 침해받는 경우가 많다. 살던 곳에서 공식적, 비공식적 자원들과의 끊임없는 교류는 노인이 스스로 잔존기능을 최대한 활용할 수 있도록 도울 뿐만 아니라 노인이 지역사회 안에서 자기결정권을 행사할 수 있도록 돕는다. 이를 통해 노인은 신체, 사회, 인지, 심리적 기능을 오랫동안 유지할 수 있는 환경에서 살게 되며 노인의 인권보호 기능이 강화될 수 있으므로 노인의 인권보호를 위한 전세대의 실천이 더 확대되어야 될 것이다.

학습목표

1. 장애의 개념과 범주를 이해한다.
2. 장애인복지의 기초이론을 습득한다.
3. 장애인복지시설의 유형을 이해한다.
4. 장애인복지 주요 정책과 실천의 내용을 이해한다.

개 요

장애인복지는 장애인을 대상으로 하는 사회복지의 한 분야이다. 사회복지사들이 장애인복지를 잘 전달하기 위해서는 장애에 대한 인식의 변화와 장애의 정의와 개념, 분류 등을 살펴보고, 우리나라 장애인복지시설의 유형과 장애인복지 주요 정책과 실천의 내용에 대해 파악하는 것이 중요하다. 우리나라는 세계에서 유래를 찾기 어려운 만큼 빠른 속도의 고령화와 산업화 등에 따른 장애인의 증가과 더불어 핵가족을 넘어서 독거세대의 증가 등 가족구조의 변화, 평생교육 수요의 증가 등 패러다임의 변화로 인해 사회적 문제 차원에서 장애인복지에 대한 관심이 꾸준히 증가하고 있다. 따라서 장애인복지의 문제에 장애인 당사자와 가족은 물론 지역사회와 정부가 공동의 노력을 기울여 급변하는 사회 여건과 패러다임의 변화에 따른 새로운 복지 수요에 효율적인 대응이 요구된다.

CHAPTER 09

장애인복지

1. 장애의 개념과 범주

1) 장애에 대한 인식의 변화

고대사회의 장애인에 대한 관점은 원시적이고 부정적이었다. 신석기시대에는 장애인에 대해 그들의 악한 영으로 인해 신이 분노하여 장애인이 되었다고 보았고, 장애인들은 거의 죽임을 당하거나 신체적 학대와 유기, 방치되었다. 그리스와 로마시대에는 기형아는 아버지가 아이를 죽이거나 노예로 팔았고, 네로 왕은 장애인을 활쏘기 연습의 표적으로 사용하기도 하였다. 중세에서도 기독교의 전통으로 장애를 사악한 영혼이나 신의 저주에 의해 생긴 결과물로 보고 마녀사냥이 절정에 달하였으며 장애인에게 낙인을 가한 암흑기였다.

한편, 중세는 기독교의 박애사상으로 종교적 자선사업이 시작되었다. 장애인이나 빈민을 위한 시설을 설립하기 시작하였으며, 산업화에 따라 도시가 발전되면서 구빈대책이 도시를 중심으로 이루어졌다. 장애인은 노동능력이 없는 빈민으로 구분되어 구빈원, 수용소, 각종 사회복지시설에 수용되었다. 이 시기의 장애인 보호사상은 종교적 측면의 자선 형태였기에 장애인을 비장애인과 평등하게 보는 근대적인 의미의 복지사상은 아니었다.

근대에는 르네상스, 의학의 발전, 종교개혁의 영향으로 장애인에 대한 운명론적인 사상을 버리고 근대적인 장애인관에 입각하여 인식이 크게 변화되고 장애인 교육이 시작되었다(오혜경, 2005). 그러나 장애인을 사회적 제거의 대상으로 보는 사회진화론과 우생학이론이 널리 퍼지며 장애인의 시설 수용의 이론적 근거가 되었으며(Rothman, 1971) 20세기 초 대규모 수용시설이 발달하는 데 영향을 주었다.

현대적 의미의 장애인복지가 시작된 것은 두 차례의 세계대전 이후이다. 전쟁으로 많은 전상장애인이 발생하면서 장애를 개인의 문제가 아닌 국가의 책임으로 인정하게 되면서부터이다.

이렇게 20세기 중후반에 들어 장애에 대한 패러다임이 바뀌면서 장애인은 비정상적인 사람이 아니라 치료와 도움이 필요한 사람으로 간주되었으며, 신체적 · 정신적 장애를 이유로 사회적으로 낙인을 가하고 차별하는 대신 장애인을 사회와 가족에 통합시켰다. 신체적 손상을 입은 장애인이라도 본인이 원하면 일할 수도 있고 결혼도 할 수 있으며 공동체 안에서 자신의 능력을 발휘할 수도 있게 되었다. 장애인에 관한 각종 부정적 호칭이 중립적 용어로 대체되었으며 장애인에 대한 사회적 낙인도 크게 감소되었다.

장애에 대한 인식의 변화는 NGOs와 UN, WHO 등 국제기구가 큰 역할을 하였다. 유럽 각국의 NGOs는 정부와 입법부에 장애인에 대한 인식의 전환을 꾸준히 요구했으며, UN은 1981년을 장애인의 해로 선포했고, 1983~1992년을 장애인 10년으로 선포하였다. WHO는 신체구조와 신체기능의 장애뿐만 아니라 사회적 차별까지 장애로 포함시키는 국제장애분류를 제시했다(이성기, 2020).

1992년 유럽회의(the Council of Europe)는 총회에서 장애를 '장애인을 사회에 통합시키는 것을 막는 신체적 · 심리적 · 감각적 · 사회적 · 문화적 · 법적 장애물에 의해 야기된 제한'으로 정의했으며, 운동, 시각, 청각, 정신적 · 심리적 장애로 인한 모든 손상(impairment)과 무능력(incapacities)을 포함한다고 했다(이성기, 2020). 2002년 유럽연합 집행위원회(European Commission)는 장애를 소득이나 제반 자원, 즉 개인적 · 가족적 · 사회적 · 문화적 자원이 충분치 않아 사회적으로 수용 가능한 삶의 질과 기준을 향유할 수 없는 상태로 정의했다(Maudinet, 2003).

2) 장애와 장애인의 정의

장애의 개념은 그 사회에서 어떤 장애인을 대상으로 서비스를 제공할 것인가에 대한 합의와 사회적 · 경제적 · 문화적 환경에 기반하여 정의될 수밖에 없다. 장애의 개념은 의학적 · 법적 · 사회적 관점에 따라 다양하게 정의될 수 있으며, 시대별 · 국가별 · 학자별로 다르게 정의된다. 따라서 한마디로 정의하기 어렵고 상대적으로 정의되며, 시대의 변천과 사회복지의 발전에 따라 많은 영향을 받게 된다. UN의 '국제장애인권리협약'(2006) 제1조에서는 "장애인은 다양한 장벽과의 상호작용으로 다른 사람들과 동등한 조건으로 완전하고 실질적인 사회참여를 저해하는 장기간의 신체적 · 정신적 · 지적 또는 감각적인 손상을 가진 사람을 포함한다."라고 정의하고 있다. 우리나라의 장애인에 대한 정의는 「장애인복지법」, 「장애인고용촉진 및 직업재활법」, 「특수교육진흥법」, 「산업재해보상보험법」, 「자동차손해배상보장법」, 「근로기준법」, 「국가유공자 등 예우 및 지원에 관한 법률」, 「국민연금법」, 「공무원연금법」, 「사립학교교원연금법」, 「군인연금법」, 「국가배상법」 등에서 정의하고 있는데, 장애라는 개념은 각 법에 따라 장애, 장해, 폐질, 상이, 후유장애 등으로 다르게 표현되어 있다. 「장애인복지법」은 장애를 정의하는 대표적인 법으로서 일반적으로 장애개념을 정의할 때는 「장애인복지법」 상의 장애인을 장애개념으로 본다. 「장애인복지법」 제2조에서는 "장애인이란 신체적 · 정신적 장애로 오랫동안 일상생활이나 사회생활에서 상당한 제약을 받는 자"로서

“대통령령이 정하는 장애의 종류 및 기준에 해당하는 자”로 정의하고 있다.

우리나라에서는 과거에 장애를 가진 사람을 폐질자, 병신, 불구자라고 불렀으며, 시각장애인은 장님, 소경, 봉사로 부르고, 청각장애인은 귀머거리, 지적장애인은 백치, 지체장애인은 절름발이 등으로 불렀다(임종호 외, 2018). 장애인에 대한 호칭은 그 시대의 장애인에 대한 인식과 관점이 들어가 있다. 호칭은 장애인에 대한 인식형성에 큰 역할을 하며 장애인에 대한 편견을 만들어 낸다. 현재 장애를 가진 사람을 표현할 때 가장 보편적으로 사용되는 용어는 장애인이다. 영어로 장애인을 표현할 때는 신체적 혹은 정신적 결함이 있다는 ‘handicapped’라는 표현보다는 ‘the person with disability(장애를 가진 사람)’라는 긍정적인 용어를 사용한다. 이러한 표현에서 중요한 점은 장애를 강조하는 것이 아니라 사람을 강조하는 것이다. 사람들은 각각 생김새와 개성이 다른데 장애도 이러한 개인의 특성의 일부로 받아들여져야 한다는 것이다(권선진, 2007).

3) 장애의 개념적 접근

장애와 장애인에 대한 인식과 관점을 기초로 한 장애개념과 이론적 패러다임은 개인적(의료적) 모델과 사회적 모델로 나눌 수 있다.

(1) 개인적(의료적) 모델

장애에 대한 지배적인 모델로 개인적 모델(individual model) 또는 의료적 모델이 있다. 이 모델의 특징은 장애문제를 개인에게 위치 지으며, 그 원인을 기능적 제약이나 신체적 손상(impairment)과 심리적 손상에서 찾는다(Brunzy, 1997; Drake, 1996; Hahn, 1987; Oliver, 1983, 1989, 1996; Pender, 1987; Rioux, 1997; Williams, 1997). 이 모델의 관점은 장애를 불행한 개인에게 무작위적으로 발생하는 사건이라는 개인적 비극이론을 구성한다(Oliver, 1996). 장애아를 둔 부모가 장애의 원인이 자신에게 있다고 자책하는 경우나 중도장애인이 장애를 가지게 된 것이 자신의 잘못이라고 자책하는 경우는 장애의 문제가 개인의 문제이며 치료도 개인의 책임이라는 관점이다. 우리 사회에서 장애의 이미지는 크게 두 가지로 볼 수 있다. 장애로 인해 무능하고 불쌍한 존재의 이미지와 장애를 극복한 영웅의 이미지다. 장애를 극복한 영웅의 이미지는 예를 들면 헬렌 켈러나 루즈벨트 대통령이다. 이 영웅적 이미지는 평범한 장애인들에게 비범해지도록 강요하는 경향이 있다(Longmore, 1987). 그러나 장애인은 불쌍한 존재도, 영웅적인 존재도 아닌 그냥 보통 사람들이다. 그들이 비장애인과는 다른 특별한 사람이라고 생각하는 순간 차별적인 요인들이 발생할 수 있다(한인영 외, 2016).

개인적 모델은 개별적 치료와 전문가의 지원, 훈련과 통제 등을 통해 개별적인 사회적응을 목적으로 하기 때문에 치료나 재활 관련 전문가의 역할이 절대적이다. 개인적 모델은 장애를 의료적 관점에서 접근하는 경향을 강화시켰다.

개인적 모델은 크게 두 가지 측면에서 비판을 받아 왔다. 첫째, 장애의 사회적 맥락을 고려하지 못했다는 점이다. 이 모델에서는 장애를 처치나 치료가 필요한 개인들의 의료적 상태들로 축소하는 경향이 있으며, 다양한 환경에 따른 손상의 결과에 차이가 나타나는 것을 설명하지 못한다. 환경에 따른 손상의 결과가 장애인 개인에게 더 심각한 영향을 미칠 수도 있고 덜 미칠 수도 있다는 사실을 충분히 설명하지 못한다. 둘째, 개인적 모델은 장애인의 생물학적 결함의 강조는 장애인이 사회적으로도 열등하다고 추정하게 만든다는 점이다(김경미, 김미옥, 2006). 사회적으로 부여된 결함과 억압을 간과하고 생물학적 결함만을 강조하는 것은 장애인들이 생물학적으로 열등하고 기능적으로도 열등하다고 추정하는 일반적인 오해와 선입견을 강화할 위험이 있다.

(2) 사회적 모델

개인적 모델에 대한 새로운 대안으로서 사회적 모델이 있다. 이 모델은 장애를 사회적 억압에서 비롯된 문제로 간주하는 관점으로 사회환경의 문제를 중시하는 사회행동모델 또는 환경중심 모델이라고 할 수 있다.

사회적 모델에서는 사회가 장애인을 어떻게 주변화시키고 낙인찍으며 범주화하는가를 검토하는 것이 중요하다(Oliver, 1983, 1996; Rioux, 1997; Zola, 1993). 전문가들의 역할은 장애가 발생될 수 있는 환경을 개선하는 것과 장애인들이 경험하는 물리적 · 제도적 · 문화적 장벽이 무엇인지 확인하고 그것을 개선하기 위해 노력하는 것이다. 또한 장애인들이 스스로 환경을 극복하거나 그 개선을 요구할 수 있는 능력을 갖추게 하는 것에 초점을 두게 된다(Williams, 1997). 사회적 모델에서는 사회행동을 통한 사회변화를 이루기 위해 장애인이 집합적 주체가 될 것을 요구한다.

사회적 모델은 크게 두 가지 비판을 받는다. 첫째, 장애인이 경험할 수 있는 심리적 고통이나 개개인의 독특한 개별성을 무시하고 있다는 점이다. 둘째, 사회적 모델은 사회적 맥락에만 초점을 맞출 경우 장애를 가진 개인들의 심리적 · 신체적 욕구들과 목표들이 간과될 수 있다는 점이다. 즉, 사회적 개입들에 우선적일 경우 개인의 특수성들을 간과하게 되는 위험이 있다는 것이다(Priestly, 2003).

4) 장애개념의 분류

장애의 개념은 시대의 변천과 사회의 발전과 함께 변화하고 있다. 세계보건기구(WHO)에서는 장애의 개념을 전 세계에서 사용할 수 있는 범주로 분류하고자 노력해왔으며, 장애패러다임의 변화에 따라 이를 반영한 새로운 장애개념과 분류기준을 제시하고자 하였다. 장애개념의 변화 경향은, 첫째 장애 당사자의 자기결정과 선택에 대한 강조, 둘째 장애를 규정하는 개념이 단순모델에서 복합 모델로 전환, 셋째 장애의 개념 규정에서 환경적 요인을 점차 강조, 넷째 긍정적인 용어 사용을 강조하고 있는 점 등으로 요약할 수 있다(김용득, 2002).

(1) ICIDH

1980년에 세계보건기구(WHO)에서는 국제장애분류(International Classification of Impairments, Disabilities, and Handicaps: ICIDH)라고 하는 개념적 틀을 발표하고 이 분류기준을 적용할 것을 권장하였다. ICIDH는 장애의 개념을 세 차원으로 설명하고 있다.

첫째, 손상(impairment)은 장애의 가장 기본적인 수준으로 유전적, 사고 혹은 질병 등으로 심리적 · 생리적 · 해부학적 구조나 기능의 손실 또는 비정상성을 말한다. 주로 의학적 진단에 의해 그 범위와 정도가 정해진다. 예를 들면, 교통사고로 인해 다리가 절단되었다면 다리의 손실 그 자체를 장애로 보는 것을 의미한다.

둘째, 능력장애(disability)는 손상에서 야기된 것으로서 일상생활, 즉 가정과 직장생활을 영위하는 능력에 제한을 받는 2차적 장애이다. 예를 들면, 교통사고로 인해 다리가 절단되었다면, 다리의 손실로 인해 보행능력을 상실했기 때문에 장애로 보는 것이다. 손상이 영구적인 데 비해 능력장애는 적절한 치료나 재활로 제거 또는 완화될 수 있다.

셋째, 사회적 불리(handicaps)는 손상이나 능력장애로 인한 사회적 불이익을 의미한다. 장애로 인한 기본권 제약과 사회적 차별과 같은 3차적 장애이다. 예를 들면, 사고로 다리가 절단된 장애인이 정상적인 사회활동(취업, 스포츠 등)을 즐기고 사회적 관계를 형성하는 데 겪을 수 있는 어려움을 의미한다. 손상과 능력장애는 의료적 치료나 재활이 필요한 데 비해 사회적 장애는 사회복지서비스가 필요하다.

ICIDH의 세 차원은 1차 장애, 2차 장애, 3차 장애라고도 불리며 세 차원에 대한 정책적 행동지침 및 대안으로는 1차적 손상은 예방, 2차적 능력장애는 재활, 3차적 사회적 불리는 기회의 균등화로 제시하고 있다.

〈표 9-1〉 ICIDH에 의한 장애개념

개념	의미	차원
손상	임상적인 질병을 다른 사람이 인식할 수 있게 되었다. 즉, 일반 타인이 개인의 어떤 '비정상성'을 인식하였다.	신체적 차원
능력장애	활동상 능력제한이 발생하였다. 즉, 개인적인 차원에서 활동 수행 능력이 감소되었다.	개인적 차원
사회적 불리	개인의 활동상의 능력제한에 대하여 사회적 참여의 제한이라는 사회적 반응이 발생했다. 즉, 개인은 다른 사람에 비해 불리한 상황에 처해졌다.	사회적 차원

출처: WHO(1980). *ICIDH: International classification of impairments, disabilities and handicaps.* Geneva: Author. 임종호 외(2018) 재인용.

(2) ICIDH-2

장애의 개념에서 개인적 차원 외에 사회환경적 접근이 강조되기 시작하면서 WHO(세계보건기구)에서는 ICIDH를 수정하여 1997년에 새로운 분류기준인 ICIDH-2를 발표하였다. ICIDH가 건강상태에 따라 손상, 능력장애, 사회적 불리가 일직선상에서 발생하는 것이라고 보는 것과 달리, ICIDH-2의 특징은 환경과 개인이라는 상황적 요인을 포함한 장애개념을 채택한 것이다. ICIDH-2는 장애를 손상(impairment), 활동(activities), 참여(participation)로 설명하면서 손상과 활동은 개인적 모델의 개념을, 참여와 상황요인(contextual factors)은 사회적 모델의 개념을 제시하고 있는 것으로 보고 있다.

〈표 9-2〉 ICIDH-2에 의한 장애개념

	손상	활동	참여	상황 요인
기능의 수준	신체 (신체의 부분)	개인 (전체로서의 개인)	사회 (사회와의 관계)	환경적 요인 (기능에 영향을 미치는 외적 요인) 개인적 요인 (기능에 영향을 미치는 내적 요인)
특징	신체기능 신체구조	개인의 일상활동	상황에서의 관련	신체적 · 사회적 · 태도적 측면의 실체

	손상	활동	참여	상황 요인
긍정적 측면	기능적 · 구조적 통합	활동	참여	촉진 요소
부정적 측면	손상	활동제한	참여제한	장벽, 어려움

출처: WHO(1997). *ICIDH-2: International classification of impairments, activities and participation. A manual of dimensions of disablement and functioning. Beta-1 draft for field trials.* Geneva: Author. 임종호 외(2018) 재인용.

(3) ICF

WHO(세계보건기구)는 ICIDH-2에서 제시된 내용을 계승하면서 장애분류를 한층 발전시켜 2001년 새로운 국제분류기준인 기능, 장애, 건강에 관한 국제분류(International Classification of Functioning, Disabilities and Health: ICF)를 공식적으로 발표하였다. ICF는 장애에 관한 가장 광범위하고 역동적인 기준이라고 평가받았으며, 많은 나라들이 ICF를 건강 관련 조사에 사용하게 되면서 건강과 장애에 관한 국제기준으로 자리잡았다(이성기, 2020).

ICF는 장애를 가지고 있는 사람들에 제한되어 적용될 수 있는 것이 아니라 모든 사람의 건강에 관련된 요소들을 설명해 줄 수 있는 보편적인 적용이 가능한 틀이라 할 수 있다. ICF는 크게 두 영역으로 나뉘는데 첫 번째 영역은 기능과 장애이며, 두 번째 영역은 상황요인이다.

첫째, 기능과 장애 영역의 구성요소는 신체기능과 구조, 활동과 참여로 구성된다. 신체기능은 육체의 심리학적 기능을 포함하는 생리학적 기능을 말하며, 신체구조는 신체 내부기관, 팔 · 다리 및 그 구성요소의 해부학적 부분을 말한다. 손상은 신체기능과 구조에 발생한 심각한 변형 또는 손실과 같은 문제를 말한다. 활동은 과업 또는 행동의 실행을 의미한다. 참여는 생활상황에 개입하는 것을 말한다. 활동제한은 활동을 수행하는데 부딪히는 어려움을 말한다. 참여제한은 생활상황에 개입하면서 겪는 문제를 말한다(임종호 외, 2018).

둘째, 상황요인의 구성요소는 환경적 요소와 개인적 요소로 나뉜다. 환경적 요소는 기능과 장애의 모든 구성요소에 영향을 미치며, 개인의 가장 직접적인 환경에서 일반적인 환경 순으로 정리되어 있다. 환경적 요소는 사람이 살고 생활을 영위하는 물리적 · 사회적 · 인식적 환경을 구성한다. 이 요소는 사회의 인식, 건축물의 이용불편 요소 등과 같은 개인의 외적 요소다. 환경적 요소는 사회의 구성원으로서 그 개인의 수행, 행동 및 과업을 실행하는 능력, 신체기능 또는 구조에 긍정적 또는 부정적 영향을 미칠 수 있다. 개인적 요소는 개인의 삶과 생활의 특정한 배경이며 건강상태의 일부분이 아닌 개인의 특성을 구성한다. 이 요소는 성, 연령, 인종, 습관, 대처양식 등의 개인 특성을 말한다. ICF는 장애에 대한 개인적 모델과 사회적 모델의 통합을 위한 노력의 결과라고 할 수 있다(임종호 외, 2018).

〈표 9-3〉 ICF에 의한 장애개념

<table>
<tr><th>구분</th><th colspan="2">영역 1: 기능과 장애</th><th colspan="2">영역 2: 상황요인</th></tr>
<tr><td>구성요소</td><td>신체기능과 구조</td><td>활동과 참여</td><td>환경적 요소</td><td>개인적 요소</td></tr>
<tr><td>영역</td><td>신체기능
신체구조</td><td>생활영역
(과업, 행동 등)</td><td>기능과 장애에 영향을 미치는 외적 영향력</td><td>기능과 장애에 영향을 미치는 내적 영향력</td></tr>
<tr><td>구성물</td><td>신체기능의 변화
(생리학)
신체구조의 변화
(해부학)</td><td>표준환경에서의 과제수행 능력 현재 환경에서의 과제수행 정도</td><td>물리적 · 사회적 · 인식적 측면에서 촉진 또는 방해하는 힘</td><td>개인 특성에 의한 영향</td></tr>
<tr><td rowspan="2">긍정적 측면</td><td>기능적 · 구조적 통합성</td><td>활동과 참여</td><td rowspan="2">촉진요소</td><td rowspan="2">해당없음</td></tr>
<tr><td colspan="2">기능</td></tr>
<tr><td rowspan="2">부정적 측면</td><td>손상</td><td>활동제한 및 참여제한</td><td rowspan="2">장벽/방해물</td><td rowspan="2">해당없음</td></tr>
<tr><td colspan="2">장애</td></tr>
</table>

출처: WHO(2001). *ICF: International classification of functioning, disabilities and health*. Geneva: Author. 임종호 외(2018) 재인용.

5) 장애의 범주

(1) 우리나라의 장애범주

장애범주는 그 나라의 정치적 · 사회적 · 경제적 · 문화적 환경에 따라 법으로 정해진 장애의 정의를 따른다. 우리나라의 경우에 1988년 11월 장애인등록사업이 전국적으로 확대 실시되어 1989년 「장애인복지법」에서 법적인 장애인을 지체장애, 시각장애, 청각장애, 언어장애, 정신지체의 5가지 범주로 한정하였다. 다른 나라들에 비해 장애범주가 협소하게 규정되어 있다는 비판에 의해, 2000년과 2003년 두 차례에 걸쳐 장애 종류가 추가되어 현재 총 15가지 범주로 확대되었다. 또한 2007년 개정된 「장애인복지법」에 따라 정신지체는 지적장애, 발달장애는 자폐성 장애로 개칭되었다.

장애범주의 확대는 그동안 복지서비스를 받지 못하고 있던 많은 장애인이 수급자격을 얻어 복지혜택을 받을 수 있게 되었다는 점에서 의의가 있다. 법적인 장애범주는 장애인구의 규모나 서비스 종류, 복지재정 등과도 밀접한 관련이 있기 때문에 핵심적인 사안이다(정무성, 양희태, 노승현, 2006). 따라서 국제적 기준이나 경제적 여건, 장애인의 욕구 수준 등을 바탕으로 장애범주를 단계적으로 확대해 나가야 할 것이다(임종호 외, 2018).

〈표 9-4〉 「장애인복지법」에 따른 장애분류 및 장애범주

대분류	중분류	소분류	세분류
신체적 장애	외부 신체 기능 장애	지체장애	절단장애, 관절장애, 지체기능장애, 변형 등의 장애
		뇌병변장애	중추신경의 손상으로 인한 복합적인 장애
		시각장애	시력장애, 시야결손장애
		청각장애	청력장애, 평형기능장애
		언어장애	언어장애, 음성장애
		안면장애	안면의 기능상의 장애
	내부 기관 장애	신장장애	투석치료 중이거나 신장을 이식 받은 경우
		심장장애	일상생활이 현저히 제한되는 심장기능 이상
		간장애	일상생활이 현저히 제한되는 만성 중증의 간기능 이상

대분류	중분류	소분류	세분류
		호흡기장애	일상생활이 현저히 제한되는 만성 중증의 호흡기능 이상
		장루 · 요루장애	일상생활이 현저히 제한되는 장루 · 요루
		뇌전증장애	일상생활이 현저히 제한되는 만성 중증의 간질
정신적 장애	지적장애		IQ 또는 지능지수 70 이하
	정신장애		정신분열병, 분열정동장애, 양극성정동장애, 반복성우울
	자폐성장애		소아자폐 등 자폐성장애

(2) 외국의 장애범주

서구 선진국의 경우에 일반적으로 장애범주가 저개발 국가들이나 아시아 국가들에 비해 매우 포괄적이다(권선진, 2007). 예를 들어, 한국이나 일본의 경우 주로 의학적 모델에 입각하여 장애범주를 판정하는 것에 비하여 유럽 등 서구 선진국에서는 개인적 요인뿐만 아니라 환경적 요인에 의해 불이익을 받는 조건까지 포함하는 사회적 의미의 장애 등 포괄적인 장애 범위를 채택하고 있다(임종호 외, 2018).

〈표 9-5〉 장애범주의 국제 비교

국가[1]	장애인구 비율	장애범주
한국[2]	5.59%	• 지체장애, 뇌병변장애, 시각장애, 청각장애, 언어장애, 안면장애 • 신장장애, 심장장애, 간장애, 호흡기장애, 장루 · 요루장애, 뇌전증장애 • 지적장애, 정신장애, 자폐성장애
일본[3]	4.70%	• 지체장애, 시각장애, 청각장애, 언어장애 • 정신장애, 지적장애 • 내부장애: 심장, 호흡기, 신장, 방관 및 직장, 소화기능장애
미국	11.9%	• 신체장애(지체, 시각, 청각, 언어), 외형적 추형, 신경계, 근골격계, 감각기관장애 • 정신질환, 자폐성장애, 정서장애, 학습장애, 알코올중독 • 내부장애: 생식기, 소화기, 비뇨기, 피부, 혈액 · 내분비계, 암, AIDS
스웨덴	18.1%	• 신체장애(지체, 시각, 청각, 언어) • 지적장애, 학습장애, 정신장애, 정서장애, 약물 · 알코올 중독 • 내부장애: 폐질환, 심장질환, 알레르기, 당뇨 • 사회적 장애: 의사소통이 어려운 외국이민자, 타인의존자

국가[1]	장애인구 비율	장애범주
호주	12.0%	• 신체장애(지체, 시각, 청각, 언어, 추형) • 지적 장애, 정신 질환, 정서장애 • 내부장애: 호흡기, 심장·순환기, 소화기, 비뇨기, 신장, 생식기, 신진대사, 혈관, 피부
독일	17.5%	
OECD-27[4]	13.8%	

출처: OECD(2010). Sickness, Disability, and Work: Breaking the Barriers.
한국장애인고용공단 고용개발원(2015). 한눈에 보는 2015 장애인통계. 재인용
김성희 외(2014). 2014년 장애인 실태조사. 보건복지부·한국보건사회연구원
임종호 외(2018). 장애인복지론. 서울: 학지사. 재인용

2. 장애인복지의 이론적 접근

과거 장애인복지에서 강조되었던 의료적 모델 등의 지배적인 이론에서 탈피하여 새로운 패러다임으로 강조된 탈의료화, 탈시설화, 사회통합의 이론과 최근 중증장애인의 지역사회에 기반을 둔 자립생활을 가능하게 하는 자립생활이론에 대해 살펴보도록 한다.

1) 탈의료화

장애인복지의 지배적인 개념이 장애에 대한 의료적 모델로서 의료 서비스 개념이었으나 1970년대 이후 의료적 모델에 대한 비판이 제기되면서 장애인의 탈의료화

1) 2000년대 중반 20~64세 인구 대비 자가판정 장애인 비율임.
2) 한국: 인구 100명당 장애인수로 재가장애인과 시설장애인 수를 합함(2014년 장애인 실태조사).
3) 일본: 2000년 자료.
4) OECD-27은 27개국에 대해 가중치를 부여하지 않은 수치의 평균임.

(demedicalization)에 대한 주장이 제기되었다. 탈의료화는 시설 수용 중심의 장애인 치료 및 보호의 개념으로, 개개인이 자신의 건강과 의료적 보호에 대해 스스로 책임을 질 수 있다는 것이다. 탈의료화는 병자역할이나 손상된 역할에 따른 행동 기대를 거부하고, 장애인이 가족, 시민 및 사회구성원으로서의 책임을 박탈당하는 것을 기대하지 않음을 주장하고 있다(오혜경, 1998).

2) 탈시설화

탈시설화(deinstitutionalization)는 정상화를 지지하고 장애인을 사회로부터 분리하는 것을 거부하는 것이다. 사회복지시설 내에서 생활하는 장애인이 시설을 벗어나서 재활, 사회복귀 그리고 자립할 수 있도록 시설과 지역사회에서 적절한 사회복지서비스를 제공하기 위한 방안으로 대두되었다(조흥식, 1998). 지역사회보건운동이 가장 대표적인 탈시설화의 노력이라고 볼 수 있는데 이러한 운동의 여파로 만성장애인들은 시설의 수용보호 생활을 떠나서 지역사회에 복귀할 수 있었으며, 장애인복지, 노인복지, 청소년복지에도 탈시설화의 경향이 나타났다(오혜경, 1998).

초기에는 비용절감 차원에서 탈시설화를 채택하였으나 실제 사회복지서비스 지출에 있어서 비용 효과적인 측면을 제시하지 못해 탈시설화에 대한 시민들의 설득력을 잃고 냉소적인 반응 등으로 장애인 자립생활운동을 확산시켜 나가는 데 장벽으로 작용하였다.

따라서 탈시설화의 이념을 달성하기 위해서는 규제가 많은 생활에서 적은 생활로, 규모가 큰 시설에서 작은 시설로, 큰 생활단위에서 작은 생활단위로, 집단생활에서 개인생활로, 지역사회로부터 격리된 생활에서 통합된 생활로, 의존적인 생활에서 자립생활로 시설보호의 방향을 바꾸어 나가야 하며, 지역사회 내에서 지속적으로 적응하기 위한 훈련이 필요하다(Scheerenberger, 1977).

3) 정상화

탈의료화 및 탈시설화와 밀접하게 연관된 것이 정상화(normalization) 개념이다. 장애인이 일반인과 동일한 삶을 사는 것을 정상화라고 한다. 정상화이론은 1960년대 후반 북유럽에서 시설 보호 중심의 장애인복지 접근을 비판하면서 출발된 이념으로 울펜스버거(Wolfensberger, 1983)가 '사회의 일상생활에서 장애인이 사회의 보편적인 흐름에 합류하기 위하여 문화적인 수단'을 이용하여야 한다는 것과 그 문화적인 수단으로 '가치 있는 사회적 역할강화(Social Role Valorization)'를 제시함으로써 사회복지에 적용되기 시작하였다. 즉 정상화이념은 장애인의 정상적이고 일상적인 생활리듬을 존중하는 것, 장애인 개인의 성장과 발달에서 정상적인 발달경험, 장애인 자신의 삶에 중요한 영향을 미치는 일상 사건에의 참여와 선택의 중요성을 강조하며, 장애인을 위해 '가능한 한 사람들에게 내재화된 사회적 역할을 창조하고 지원하며, 방어해 주는 것'이 가장 확실한 복지라고 주장하고 있다(양희택 외, 2011).

정상화의 개념에 입각하여 장애인이 같이 공존하는 사회 속에서 장애인들이 인간다운 정상적 생활을 할 수 있도록 사회적 · 문화적 · 물리적인 통합 환경을 이뤄나가야 한다.

4) 사회통합

장애인복지의 궁극적인 목표는 장애인들의 완전한 사회참여를 통한 사회통합(Social Integration)이다. 사회통합이란 장애인을 포함한 모든 사람들이 사회구성의 일원으로 차별없이 공평한 기회를 공유하며 상호 협력하는 것을 의미한다. 사회의 각각의 구성원들이 하나의 통합된 전체로 결합해 가는 과정으로, 다양한 사회집단이나 인종집단들로 결합하여 조화로운 관계를 형성해 가는 과정이라 할 수 있다(Barker, 1995).

사회통합은 장애인과 비장애인이 기회를 서로 공유하며 협력을 통해 통합가능성을 높여 나가는 과정이다. 또한 장애인 개인의 발달주기에 맞추어 각 발달단계에서 이에 적합한 사회와의 통합이 이루어져야 하며 지역사회와의 통합도 이루어져야 한다. 아울러 이런 통합이 이루어지는 과정에서 장애인 자신의 의견이 존중되는 선택의 자유(self determination)를 누릴 수 있어야 한다. 하지만 현실은 아직도 장애인을 소수자로 취급하고 공존사회를 거부하는 사회문화적 환경이 여전히 남아 있다. 사회통합의 이념은 사회구성원으로서의 장애인이 인간의 기본적인 권리와 장애인이 공존할 수 있는 사회실현을 동시에 추구하고, 장애인복지 이념을 실현하기 위한 효과적인 수단이라고 할 수 있다.

5) 자립생활

앞서 언급한 정상화와 사회통합 이념은 장애인의 자립생활의 기초로 작용하고 있다. 자립(independent)은 인간의 기본적 요구인 동시에 권리이며 인간다운 생활을 해 나가는 데 있어 전제가 된다. 미국자립생활협의회(the National Council on Independent Living: NCIL)에서는 자립생활을 "삶에 대한 자신의 결정에 대하여 타인의 개입 또는 보호를 최소화하여 스스로 삶에 대하여 선택하고 결정하는 모든 과정에 장애인 당사자가 참여하는 과정"이라고 정의하였다. DPI(Disabled Peoples International)는 "자립이란 기술을 갖게 하는 도구를 활용하거나 하지 않거나, 혹은 타인의 원조를 받거나 받지 않거나 자신의 행동에 책임을 지며 동시에 스스로의 능력에 맞는 생활을 자신이 선택하고 실천하는 것"이라고 하면서 자기 책임을 강조하였다.

장애인의 자립생활이념과 운동은 1960년대 미국에서 탈시설화와 흑인들이 중심이 된 공민권 운동의 영향을 받아 지역사회에서 생활하고자 하는 미국의 중증장애인들에 의해 시작되었다. 미국의 에드워드 로버츠(Edward Roberts, 1939~1995)는 자립생활운동을 "차별과 분리에 항거하며 사회적 책임과 기쁨을 공유할 수 있는 장애인의 권리와 능력에 대한 확인"이라고 하였으며 넓은 의미에서 '장애인들의 시민권운동'이라 하였다.

장애인들에게 있어서 자립적인 생활은 장애인들이 자신의 삶을 스스로 선택·조정하고 자신의 삶의 전부를 관리하는 일로써 장애인들이 언제 어디서나 자신들이 영위할 수 있는 자유를 누릴 수 있음을 의미한다. 또한 장애인의 자립생활이란 장애인들이 스스로 자신의 삶을 선택하고 관리할 수 있도록 필요한 기술과 원조를 제공하는 일이 필수적이다. 즉, 장애인의 자립이란 장애인 자신이 가지고 있는 능력을 최대한 활용하여 직업적·경제적으로 자립적인 생활을 영위하는 것을 의미한다(오혜경, 1999).

3. 장애인복지시설의 유형

장애인복지시설이란 장애인이 입소하거나 통원하여 재활에 필요한 상담, 치료, 교육, 훈련 및 요양 등의 장애인복지서비스를 제공받을 수 있는 사회복지시설을 말한다. 「장애인복지법 시행규칙」〔별표4〕에서는 장애인복지시설을 장애인거주시설, 장애인지역사회재활시설, 장애인직업재활시설, 장애인의료재활시설, 장애인생산품판매시설로 분류하고 있다. 이들 시설을 유형별로 살펴보면 다음과 같다.

1) 장애인 거주시설

「장애인복지법」 제58조에 따르면 장애인 거주시설이란 "거주공간을 활용하여 일반가정에서 생활하기 어려운 장애인에게 일정 기간 동안 거주 요양 지원들의 서비스를 제공하는 동시에 지역사회생활을 지원하는 시설"을 의미한다. 장애인 거주시설은 다음의 〈표 9-6〉과 같이 5가지 유형으로 분류한다.

〈표 9-6〉 장애인거주시설 유형별 정의

유형	정의
1. 장애유형별 거주시설	장애유형이 같거나 유사한 장애를 가진 사람들이 이용하게 하여 그들의 장애유형에 적합한 주거지원 · 일상생활지원 · 지역사회생활지원 등의 서비스를 제공하는 시설
2. 중증장애인 거주시설	장애의 정도가 심하여 항상 도움이 필요한 장애인에게 주거지원 · 일상생활지원 · 지역사회생활지원 · 요양서비스를 제공하는 시설
3. 장애영유아 거주시설	6세 미만의 장애영유아를 보호하고 재활에 필요한 주거지원 · 일상생활지원 · 지역사회생활지원 · 요양서비스를 제공하는 시설
4. 장애인 단기거주시설	보호자의 일시적 부재 등으로 도움이 필요한 장애인에게 단기간 주거서비스, 일상생활지원서비스 · 지역사회생활지원서비스를 제공하는 시설
5. 장애인 공동생활가정	장애인들이 스스로 사회에 적응하기 위하여 전문인력의 지도를 받으며 공동으로 생활하는 지역사회 내의 소규모 주거시설

2) 장애인 지역사회재활시설

「장애인복지법」 제58조에 따르면 장애인 지역사회재활시설이란 "장애인을 전문적으로 상담 치료 훈련하거나 장애인의 일상생활, 여가활동 및 사회참여 등을 지원하는 시설"을 의미한다.

장애인 지역사회재활시설은 〈표 9-7〉과 같이 9가지 유형으로 분류할 수 있다.

〈표 9-7〉 장애인거주시설 유형별 정의

유형	정의
1. 장애인복지관	장애인에 대한 각종 상담 및 사회심리 · 교육 · 직업 · 의료재활 등 장애인의 지역사회생활에 필요한 종합적인 재활서비스를 제공하고 장애에 대한 사회적 인식 개선사업을 수행하는 시설
2. 장애인 주간보호시설	장애인을 주간에 일시 보호하여 장애인에게 필요한 재활서비스를 제공하는 시설
3. 장애인 체육시설	장애인의 체력증진 또는 신체기능 회복활동을 지원하고 이와 관련된 편의를 제공하는 시설

유형	정의
4. 장애인 수련시설	장애인의 문화 · 취미 · 오락활동 등을 통한 심신수련을 조장 · 지원하고 이와 관련된 편의를 제공하는 시설
5. 장애인 생활이동지원센터	이동에 상당한 제약이 있는 장애인에게 차량 운행을 통한 직장 출퇴근 및 외출 보조나 그 밖의 이동서비스를 제공하는 시설
6. 수화통역센터	의사소통에 지장이 있는 청각 · 언어장애인에게 수화통역 및 상담서비스를 제공하는 시설
7. 점자도서관	시각장애인에게 점자간행물 및 녹음서를 열람하게 하는 시설
8. 점자도서 및 녹음서 출판시설	시각장애인을 위한 점자간행물 및 녹음서를 출판하는 시설
9. 장애인 재활치료시설	장애아동을 포함한 장애인에게 언어 · 미술 · 음악 등 재활치료에 필요한 치료 상담 훈련 들의 서비스를 제공하고 서비스를 이용한 자로부터 비용을 수납하여 운영하는 시설

3) 장애인 직업재활시설

「장애인복지법」 제58조에 따르면 장애인 직업재활시설이란 “일반 작업환경에서는 일하기 어려운 장애인이 특별히 준비된 작업환경에서 직업훈련을 받거나 직업생활을 할 수 있도록 하는 시설”을 의미한다. 장애인 직업재활시설은 〈표 9-8〉과 같이 3가지 유형으로 분류한다.

〈표 9-8〉 장애인 직업재활시설 유형별 정의

유형	정의
1. 장애인 보호작업장	직업능력이 낮은 장애인에게 직업적응능력 및 직무기능 향상훈련 등 직업재활훈련프로그램을 제공하고, 보호가 가능한 조건에서 근로의 기회를 제공하며, 이에 상응하는 노동의 대가로 임금을 지급하며, 장애인 근로사업장이나 그 밖의 경쟁적인 고용시장으로 옮겨 갈 수 있도록 돕는 역할을 하는 시설
2. 장애인 근로사업장	직업능력은 있으나 이동 및 접근성이나 사회적 제약 등으로 취업이 어려운 장애인에게 근로의 기회를 제공하고, 최저임금 이상의 임금을 지급하며, 경쟁적인 고용시장으로 옮겨 갈 수 있도록 돕는 역할을 하는 시설

유형	정의
3. 장애인 직업적응훈련시설	작업능력이 극히 낮은 장애인에게 작업활동, 일상생활훈련 등을 제공하여 기초작업능력을 습득시키고, 작업평가 및 사회적응훈련 등을 실시하여 장애인 보호작업장 또는 장애인 근로사업장이나 그 밖의 경쟁적인 고용시장으로 옮겨 갈 수 있도록 돕는 역할을 하는 시설

4) 장애인 의료재활시설

「장애인복지법」 제58조에 따르면 장애인 의료재활시설이란 "장애인을 입원 또는 통원하게 하여 상담, 진단·판정, 치료 등 의료재활서비스를 제공하는 시설"이다.

5) 장애인 생산품 판매시설

「장애인복지법 시행규칙」 〔별표4〕에 따르면 장애인 생산품 판매시설은 장애인 생산품의 판매활동 및 유통을 대행하고, 장애인 생산품이나 서비스·용역에 관한 상담, 홍보, 판로 개척 및 정보 제공 등 마케팅을 지원하는 시설이다.

4. 장애인복지정책과 실천

우리나라의 장애인복지제도는 다양한 법적 기반을 갖추고 있으나, 모법(母法)으로서의 지위를 갖는 「장애인복지법」에 근거하여 다양한 장애인복지 정책과 서비스가 개발되어 제공되고 있다. 이러한 정책 방향에 입각하여 장애인에게 제공되고 있는 주요 정책과 실천의 내용을 살펴보면 다음과 같다.

1) 소득보장

장애인은 대체로 소득이 낮고 경제적으로 생활이 어려운 경우가 많은데, 주된 원인은 실업률이 높아서 경제적으로 독립하기 어렵다는 데 있다. 소득이 낮은 장애인의 생활을 보장하기 위해 직접적으로 보장해 주는 제도와 간접적으로 보장해 주는 제도가 시행되고 있다. 직접적인 소득보장제도는 첫째, 공공부조의 일환으로 실시되는 기초생활보장, 장애인에 대한 각종 수당(장애수당, 장애아동 부양수당, 장애인을 부양하는 자에 대한 보호수당의 3종), 장애인 자립자금 대여, 생업지원(국가 공공시설 내 매점이나 자동판매기 우선 지정)이 있다. 둘째, 사회보험에서의 장애연금 또는 장애일시(보상)금이 있다. 간접적인 소득보장제도로는 세금감면이나 이용료 할인과 같은 직접적으로 예산이 투입되지 않으면서 장애인의 부담을 경감하는 제도가 시행되고 있다.

2) 고용보장

장애인의 고용문제는 경제적 측면에만 국한된 문제가 아니라 장애인의 취업활동을 통한 비장애인과의 사회적 통합을 이룰 수 있는 중요한 사안이다. 우리나라 정부는 1990년 「장애인고용촉진 등에 관한 법률」을 제정하고 2000년에 「장애인고용촉진 및 직업재활법」을 개정하는 등 범정부적 지원을 강화하여 장애인의 노동시장 진출을 통한 경제활동 참여율을 증진시키고 있다. 「장애인고용촉진 및 직업재활법」에서는 장애인 고용을 보장하기 위해 2023년 기준 국가 및 지방정부는 소속 공무원 정원의 3.6% 이상을, 상시근로자 50인 이상을 고용하고 있는 민간 사업주는 상시근로자의 3.1%를 장애인으로 의무적으로 고용하도록 규정하고 있으며, 장애인의 고용촉진을 위해 다양한 사업주 지원 제도를 운영하고 있다. 또한 일반기업체에 취업하기 어려운 중증장애인을 위한 보호고용제도로서 보건복지부에서 운영을 지원하는 장애인근로사업장과 보호작업장과 고용노동부 산하 근로복지공단에서 운영하고 있는 산업재해 근로자 자립작업장이 있다. 또한 장애인고용촉진을 위한 공공직업훈련시설로서 장애인고용촉진공단 산하 직업전문학교가 있고, 민간부문으로는 직업훈련시설, 특수학교 전공학과, 장애인복지 및 재활시설, 안마사 수련원 등이 운영되고 있다.

3) 교육보장

장애인 교육이란 "특수교육 대상자의 교육적 욕구를 충족시키기 위하여 특성에 적합한 교육과정 및 특수교육 관련 서비스 제공을 통하여 이루어지는 교육"으로 정의되어 있다. 우리나라는 「교육기본법」 제4조와 「헌법」 및 「장애인 등에 대한 특수교육법」 및 「동법 시행령」과 「장애인차별금지 및 권리구제 등에 대한 법률」에 의해 무상교육 및 의무교육이 이루어지고 있다. 그리고 우리나라 특수교육은 통합교육이 주류를 이루고 있는데 통합교육은 「특수교육진흥법」(1994)과 「장애인차별금지 및 권리구제 등에 관한 법률」(2009)에서 강제조항으로 구체적으로 명시하고 있다. 이와 같이 정부는 「장애인 등에 대한 특수교육법」을 시행하면서 유치원부터 고등학교 과정까지 장애인이 의무교육을 받아야 하고, 만 3세 미만의 장애영아 교육과 고등학교 이후의 전공과 과정은 무상교육을 받게 하고 있다. 하지만 2017년 장애인실태조사 결과 장애성인의 경우 학령기에 교육 기회를 놓친 장애인이 많아 장애성인의 평생교육에 대한 지원이 필요하다. 장애인의 교육기회가 확대되고 교육지원체계가 확충되면 장애인의 삶의 질 향상과 사회통합의 길을 열어 주는 중요한 기반이 될 것이다.

4) 의료보장

장애인들은 비장애인에 비하여 치료와 재활에 소요되는 기간이 상대적으로 길기 때문에 의료비의 부담이 훨씬 큰 실정이다. 이러한 이유로 정부에서는 재활치료의 활성화와 권역별 재활병원의 설립을 추진하고, 공공병원과 보건소에 장애인 진료 및 재활을 위한 기능을 보강하며, 의료비 지원제도를 지속적으로 개선 및 확대하고 있다. 장애인을 위한 의료보장으로는 「의료급여법」에 따라 의료급여 수급권자인 장애인에게 본인부담금의 일부를 지원하는 것, 신체장애를 최대한 보완해주거나 환경을 장애에 맞게 고쳐 주는 장애인 보조기기를 교부하는 것, 국민건강보험 및 의료급여 보장구급여지원사업으로서 장애인 보조기기 구입 시 지원해 주는 사업 등이 있다. 만 18세 미만 장애아동에게는 발달재활서비스를 지원하는 사업을 실시하고 있으며, 장애인 등록 진단비 지급, 중증 및 희귀난치성 질환 의료비지원사업 등을 실시하고 있다.

5) 사회서비스

장애인활동지원제도는 일상생활과 사회생활이 어려운 중증장애인에게 활동보조인들이 가정을 방문하여 신체활동지원, 가사활동지원, 외출지원 등 활동보조와 방문목욕, 방문간호를 제공하는 제도이다. 이는 장애인이 자신이 할 수 없는 일을 타인에게 위임함으로써 자신이 성취할 수 있는 일에 시간과 에너지와 잠재력을 활용할 수 있게 하고자 도입되었다. 활동지원서비스는 자원봉사서비스와는 달리 유급을 원칙으로 한다. 유급이라는 것은 장애인이 선택권과 결정권을 가지고 서비스를 구매하는 소비자의 입장에서 서비스 시간, 용도 등을 결정할 수 있는 근거가 되는 중요한 의미를 갖는다.

학습목표

1. 여성복지의 개념과 범주에 대해 이해한다.
2. 여성의 삶과 복지욕구에 대해 이해한다.
3. 여성복지 정책과 현황을 이해한다.
4. 여성복지 실천 현장과 사회복지사의 역할을 알아보고 이해한다.

개 요

여성복지의 필요성을 여성만의 입장이 아닌 사회적 요구라는 측면에서 살펴보고, 여성의 성에 대한 이해를 넓히기 위해서 성과 관련된 기본적인 요소들에 대한 이해와 여성복지 관점과 의미를 지니는 여성주의적 관점을 이해하고자 한다.

우리나라에서는 아직 사회적으로 여성에 대한 여러 가지 차별과 편견이 객관적으로 실재하고 있고, 그 양상에 따라 물리적 · 수리적 · 사회적 · 인격적인 다양한 차원에서 성 불평등의 문제가 있다. 따라서 여성의 지위와 사회적 성 불평등에 대한 적극적인 해소를 위하여 여성복지와 여성복지 정책을 알아보는 것은 사회복지에서 노력하는 매우 중요한 과제가 아닐 수 없다.

이 장에서는 여성복지의 접근방법으로 여성복지의 개념과 범주에 대한 이해와 여성의 삶과 복지욕구, 나아가 여성복지정책과 현황을 알아보고, 실천현장에서의 사회복지사의 역할 등을 살펴본다.

CHAPTER 10

여성복지

1. 여성복지의 개념과 범주

1) 여성복지의 개념

우리나라는 1990년대 후반부터 여성복지에 대한 개념을 정의하려는 시도와 노력이 있었다고 볼 수 있다(최선화, 1995; 김인숙 외, 2000; 조홍식 외, 2000). 여성복지 개념의 변화는 현재 한국여성정책연구원의 전 한국여성개발원(1990: 7)이 규정했던 여성복지 정의가 기본틀을 제공했던 것으로 평가한다. 한국여성개발원에서는 "여성의 인간다운 삶을 실현하기 위한 모든 실천적 노력을 포함하는 개념으로 여성이 국가나 사회로부터 인간의 존엄성과 인간다운 생활할 권리를 '동등하게' 보장받음으로써 여성의 건강과 재산, 행복의 조건들이 만족스러워지는 상태를 의미하며, 가부장적 가치관에 기초를 둔 법, 기타 사회제도를 개선하는 것 등이 여성복지다."라고 정의하였다. 이

중 “동등하게”의 성평등과 “가부장적 가치관”이 개념의 정의에 모두 포함되었고, 이 개념을 바탕으로 새로운 개념으로 발전 확대되어 강조점이 달라졌다. 김인숙(2000: 35)은 그밖에도 여성 개인적 차원의 “여성 개인 능력의 고양”과 사회구조적 차원의 “실천적 · 정책적 차원의 모든 조직적 활동”을 포함시켰다(최선화 외, 2020). 여성복지는 “여성이 국가나 사회로부터 남성과 동등하게 권리를 보장받을 수 있도록 가부장적 가치관과 이에 근거한 각종 법, 사회제도를 개선하는 것뿐만 아니라 여성 개인의 능력을 고양시킴으로써 여성의 인간다운 삶을 보장하기 위한 실천적 · 정책적 차원의 모든 조직적 활동”으로 정의되었다(최선화 외, 2020).

김미혜(1997: 39-40)는 가부장제와 함께 “양성평등”이라는 용어를 처음 사용하였다. 또한, 여성복지로의 걸림돌이라고 생각했던 “자본주의제도”를 포함하여 “여성이 국가나 사회로부터 남성과 동등하게 인간다운 삶을 누릴 수 있는 권리를 보장받으며, 이를 위해 가부장적 가치관과 자본주의의 생산 역할에 기초한 법과 기타 사회제도를 개선하여 양성평등 사회를 실현하려는 모든 실천적 노력의 개념”으로 개념을 정의하였다. 그 외, 조흥식(2000: 80)의 여성복지는 “모든 여성이 한 사회의 구성원으로서 삶의 질을 영위할 수 있도록 여성의 욕구나 문제를 해결하기 위하여 사회구성원들이 공 · 사 차원에서 행하는 공동체적 노력”으로 정의하여 “삶의 질”이라는 적극적인 태도를 강조하였으며 “여성의 욕구와 문제해결”이라는 점에 초점을 맞추었다(최선화 외, 2020). 여성복지가 이렇게 다양한 측면으로 정의되면서 취합하여 하나의 여성복지 개념으로 정의되고, 강조해 온 변천 과정을 알 수 있다. 즉, 여성복지는 양성평등의 실현이라는 궁극적인 목표와 불평등 원인의 가부장제와 자본주의의 구조적 모순을 지적하고 있다.

따라서 여성복지의 정의는 “양성평등을 실현하고 여성의 삶의 질을 높이기 위해서 가부장제와 자본주의에 근거한 법과 사회제도를 개선하기 위한 노력과 함께 여성 개인의 능력 개발과 여성의 욕구와 문제해결을 위한 실천적 · 정책적 개입을 통한 노력”으로 정의할 수 있다. 그러므로 여성복지의 개념 정의는 여성복지가 나가야 할 방향을 제시하고 있다.

2) 여성복지의 범주

여성복지의 범주는 가부장제와 자본주의에 근거한 법과 사회제도의 개선이며, 접근 방법으로는 실천적 차원과 정책적 차원의 개입과 노력이 있어야 한다는 것이다. 이는 여성의 사회참여가 확대되고, 늘어나면서 근로 여성의 이중고를 나누기 위한 가사노동과 가족 보호 노동에 대한 서비스가 요구되고 있으며, 여성의 아동 양육 돌봄을 위한 보육시설과 방과 후 서비스가 요구되고 있다. 이처럼 일하는 여성의 노동조건을 개선하기 위한 요구와 노동을 위한 자립의 욕구가 증가하고 있다. 이와 같은 욕구는 여성의 노동 참여 증가 현상과 이혼율이 높아지고, 독신율이 증가하면서 남성 부양자에 의존할 수 없다는 여성이 증가하는 현실과 맞물리고 있다. 그러므로 일반여성의 가사노동에 있어서 사회적 보상을 요구하고 사회보험에서의 인정을 요구하며, 개인의 잠재 능력을 개발함과 동시에 자아실현을 성취하기 위해서 다양한 형태의 사회적 참여를 위한 기회 보장을 요구하고 있다. 이를 위해 여성은 지역사회 내에서 안전하고 의미 있는 여성의 삶을 살아가기 위한 다양한 활동들을 찾고 있다. 특히나 현재 처해 있는 우리나라 인구 현실, 고령화와 함께 찾아온 여러 모양의 지역사회복지 기반에 아울러 건강한 삶을 위한 여성의 복지요구가 늘고 있다.

요보호여성의 문제는 경제적인 어려움으로 인해 발생하는 생계를 위한 요구에 부응하는 대책이 필요하며, 사회적 고령화에 따른 여성 노인의 생계와 수발 문제가 요구되고 있다. 과거에는 개인적이며, 가족적인 현상으로 이어져 오던 가정폭력의 문제도 사회적 개입이 요구되고, 불특정 다수 여성을 위협하던 성폭력에 대한 위협과 폭력으로부터 여성을 보호하기 위한 조치와 인권에 대한 보장이 요구되고 있다. 여성 욕구의 범주는 분야별로 가부장제와 자본주의 모순의 불평등으로 인한 법과 제도, 일반적인 법제도의 개혁이 요구되며, 정치적 영역에서 여성의 대표성 제고와 여성의 고용에 있어 구조적인 개선도 요구된다. 또한, 사회적 참여와 교육 기회의 기회 확충이 대표적이다. 또한, 성 주류화로 인한 성 개념이 사회 전반적으로 모든 분야에 확대 적용되고 있다. 앞서 살펴본 여성의 삶의 영역으로 구분하면 다음과 같다.

(1) 요보호여성 문제 중심의 구분

가정폭력, 성폭력, 성매매, 빈곤, 이중차별의 노인 여성, 결혼과 가정, 성매매와 미혼모의 문제가 있을 수 있다. 여성의 삶 가운데 이러한 주요 문제를 중심으로 구분할 경우 단점은 저소득 모자가정, 학대받는 여성, 가출 여성, 저임금의 근로 여성 등으로 한정된다는 것이다(김인숙, 2000).

(2) 모성 역할 구분

여성에게 1차적 책임이 주어지는 것은 일반적으로 모성 역할을 할 것을 기대하고, 그동안은 가족을 돌보는 노동에 있었다. 모성 역할을 구분할 경우 성역할 불균형의 문제가 있고, 그것은 가족과 직결된 문제이기 때문에 가족복지와 아동복지에서 중복되며, 여성을 어머니로만 한정하고 있는 측면에서 여성복지로 보기에는 일반적인 한계가 있다(김인숙, 2000).

(3) 생애주기의 구분

여성의 생애주기로 구분해 보면, 규범적이고 보편적인 면에서 사건을 중심으로 접근하면 가족, 교육, 직업 등 모든 생활이 포함된다(김미혜, 1999). 여성 사회복지는 여성의 가족생활과 직업생활에 주로 개입하며, 고용의 기회와 국민연금제도상의 차별, 승진 차별, 아동 보육의 지원 결여, 모성의 제도적 지원 결여, 배우자의 사망, 여성 노인의 충분치 못한 의료보장 등으로 인한 가족 내 재적응의 역할 문제를 해결할 수 있다. 다음은 생애주기에 겪을 수 있는 사건 중 이혼이나 가족원의 갑작스러운 사망 또는 여성의 실직, 돌봄을 필요로 하는 가족구성원 발생 등을 들 수 있다. 이러한 생활주기 동안에 발생할 수 있는 위기를 중심으로 접근할 수 있다(김인숙, 2000).

2. 여성의 삶과 복지욕구

1) 여성복지의 정의

우리나라 1970년대는 여성에 대한 사회복지적 접근은 부녀복지라는 소극적인 요보호여성을 중심으로 다루었다. 기존 복지라든가 사회복지의 개념 규정에서 여성은 경시되고, 복지와 관련된 법 제도에서도 여성의 특수성을 고려하지 못하고, 복지체계에서도 제외되었었다. 1980년대에 와서 여성운동 및 민주화운동을 여성복지라는 용어로 사용하면서 남녀평등에 대한 여성의 욕구가 비로소 반영되었다. 이로써 여성복지는 요보호여성뿐만 아니라 일반여성까지 포괄적인 개념으로 성차별 문제에 대한 사회 전반적인 인식을 개선하고자 하였다. 여성복지의 초점은 요보호여성으로부터 비롯되는 미혼모, 성매매 여성, 빈곤 모자가족, 근로여성 등과 함께 점차적으로 일반여성의 복지와 인권 문제, 자아실현의 여건 마련과 성차별적 철폐 운동, 그리고 사회 참여로 확대되었다(조흥식 외, 2000: 80).

여성복지는 '여성이 동등하게 국가와 사회로부터 인간의 존엄성과 인간다운 생활을 할 권리를 보장받음으로써 여성의 건강, 재산, 행복의 조건들이 만족한 상태'를 의미한다. 동시에 여성복지는 '가부장적 성차별주의와 그에 따른 법 및 기타 사회제도를 개선하고, 이러한 상태 실현을 위한 실천적 노력을 포괄한 개념'으로 사회 전반적인 성차별문제 인식을 기반으로 한다(한국여성개발원, 1990; 최선화 외, 2021). 그러므로 여성복지는 가부장 제도와 자본주의 시장 경제 속에서 양성평등의 사회 구현을 위한 제도적이고 정책적인 제반 활동이라 할 수 있다(김인숙 외, 2000: 33-34). 이러한 점에서 여성복지는 전반적인 사회변화를 반영하고 있고, 여타 사회복지 분야보다 그 대상의 폭이 넓다고 하겠다.

2) 여성의 성 불평등과 사회적 지위

불평등이란 사람들이 다양한 자유의 정도를 가지고 있고, 선택의 자유가 다르다는 것은 사회 불평등과 연결된다. 즉 일부 사람들은 그 특권으로 인한 보다 많은 자원에 접근하기 때문에 선택의 범위가 클 수 있는데, 이는 상대적으로 큰 권력을 소유한 것과 같다. 권력을 가진다는 것은 더욱 자유롭게 행동하는 것이고, 상대적으로 권력이 없거나 권력에서 뒤진다는 것은 행동을 결정하는 능력 측면에서 선택의 자유가 다른 사람의 결정으로 인해 제한을 받는다는 것을 의미한다(김희정, 2017).

사회적 지위(social status)란 사람들의 사회적 존경이나 위신의 정도에 따라 전체 사회 속에서 차지하는 위치를 말한다. 여기서 지위는 '사람들이 가지고 있는 근본적이고 자연적인 특성이라기보다는 차별화와 가치 평가과정을 거쳐 사회적 구성으로부터 발생한 현상'을 말하는 것이다. 남녀 간에서도 이러한 현상이 제도로 굳어짐으로써 남성과 여성의 지위가 전체 사회 속의 성 차이(gender difference)로 비롯되는 여성에 대한 사회적 불평등은 경제적 · 정치적 · 사회적 차원으로 나누어 볼 수 있다.

먼저 여성의 경제적 지위는 노동시장에서의 여성의 위치, 여성의 빈곤율, 여성과 일에 대한 법적 지위와 가정에서의 가사 분담, 경제적 자원에 대한 분배 및 권리 등을 통해 알아볼 수 있다. 정치적 지위로는 여성의 조직화, 여성의 고위 공직자 수, 가정 내 의사결정에서 여성의 발언권 등으로 살펴볼 수 있고, 그다음 사회적 지위에는 여성의 고등교육률, 여성의 성적 자율권 및 여성에 대한 폭력 등 다양한 차원에서 파악할 수 있다. 특히 여성에 대한 폭력은 성폭력, 가정폭력 그리고 성매매 등을 포함하며, 사람이 사람답게 존엄한 생활을 영위할 수 있는 권리, 즉 인권(human rights)의 차원에서 여성의 성 불평등과 함께 사회적 지위를 설명하는 데 기본이 된다고 할 수 있다.

여성의 사회적 지위는 각 영역에서 여성이 참여 활동을 하여 어느 만큼 사회적 지위를 가지고 있는가 하는 실질적 차원에서뿐만 아니라 여성의 사회적 지위를 향상시키고, 성평등을 이루기 위해 여성과 관련한 정책적 방향이 설정되는가 하는 정책적 차원에서도 중요하다. 실제로 여성의 사회적 지위는 성평등과 밀접한 관계가 있어 여성 관련 정책방향 및 그 성격을 파악할 수 있다. 성 불평등은 여러 맥락 속에서 행사할 수 있는 지위, 권력 또는 위세로 나타나는 남녀 간의 차이를 말하는데, 성 불평등이 감소한다는 것은 구체적으로 법적·제도적 관점에서 정의되는 주요한 불평등의 차원이 줄어드는 것을 의미한다(김성천 외, 2015: 335-336).

한국 여성의 사회적 지위에 따른 국제적 위치가 어느 정도인지 다른 나라와 비교해 국제 비교가 가능한 성평등지수를 통해 우리의 성 불평등을 살펴보면 남녀평등지수(Gender-related Development Index: GDI)는 평균적 역량개발에서 남녀 격차를 측정하기 위한 인간개발지수로 평균수명, 문자 해득률, 중·고등학교 취학률, 소득비율(1인당 실질 GDP)로 측정, 우리나라는 2005년 28위, 2009년 26위, 2011년 25위(전체 155개국)에 위치하고 있다.

다음, 남녀권한척도(Gender Empowerment Measure: GEM)에서는 역할보다는 기회에 초점을 둔다. 여성의원 비율은 정치적 참여와 의사결정력을 반영하고 관리직 및 전문직 여성 비율은 경제적 참여와 의사결정력을, 남녀소득 상대비는 경제적 자원에 대한 권한을 나타낸다. GEM은 정치 및 경제 분야의 의사결정에서 여성의 참여 기회를 지수화한 것으로 사회의 중요한 부문에 여성이 남성과 동등하게 참여하고 있는가를 측정하기 위한 지표이다. 이 지표는 국가의 경제발전이나 인간개발과 반드시 일치하지는 않는다. 경제성장이나 인간 개발이 자동적으로 여성의 권한을 신장시키는 것은 아니며 단지 평등을 지향하는 별도의 국가적 정책이 필요하다는 것을 암시한다. 의회 여성 점유율, 행정관리직 여성 비율(%), 전문기술직 여성 비율(%), 소득격차(소득분배) 등을 측정하며, 한국여성의 수준은 134개국 중 2009년 61위로, 사회지도층 여성의 비율이나 영향력은 여성의원 69위, 여성행정관리직 102위, 여성전문직 89위로 매우 낮은 편이다.

또한 남녀격차지수(Global Gender Gap Index: GGI)를 보면 경제참여와 기회, 교육성취도, 건강과 생존, 정치 권한 부여로 측정되며, 우리나라는 2010년 107위, 2012년

108위이다. 프랑스의 경우, 여성의 권한을 강화하기 위해 2015년까지 기업 임원의 절반 이상을 여성으로 채우도록 하는 법 제정을 추진하였으며, 노르웨이도 기업 내 양성평등법을 실시해 기업의 여성 임원 비율이 44.2%로 급상승하는 성과를 거두고 있다(전기택 외, 2009). 전반적으로 한국여성의 사회적 지위를 파악할 수 있는 남녀평등지수(GDI)는 상대적으로 높으나 여성의 사회참여와 성평등수준(GEM, GGI)은 다른 국가들에 비해 낮게 나타나고 있다(김성천 외, 2015).

3) 여성복지에 대한 현대사회의 요구

최근에는 여성의 교육수준 향상과 함께 의식수준이 높아지면서 여성들의 욕구도 높아지고 있다. 여성들은 노동시장에 더 많이 참여하고 있고, 제반 사회과정에 참여하는 욕구도 높아졌다. 실제로 전업주부가 줄고 있으며, 여성 자신의 잠재능력을 개발하여 자아실현을 해내고자 하는 욕구가 높아지고 있다. 이러한 여성의 욕구는 결혼생활과 여성 삶의 주기 변화에 큰 영향을 미치고 있다. 결혼제도에도 많은 변화가 있어서 독신이 늘고, 혼인 연령이 높아지고, 결혼해도 자녀 수는 감소하고 있다. 이렇게 여성들의 사회 참여가 증가하면서 가사노동 재분배와 사회화는 지속적으로 늘어나고 있다. 그럼에도 불구하고 우리나라 여성노동력의 사회 참여는 참가율이나 형태면에서 아직 후진성을 면하지 못하고 있다. 또한, 출산 및 자녀 양육의 부담은 사회 참여에 큰 걸림이 되고 있다. 그러나 시대적 변화로 인해 남성에 의존된 삶에서 여성 스스로 자율성을 가지며, 개별적인 삶을 살아갈 수 있도록 기회가 마련되고 있다.

지금과 같은 탈산업사회화와 정보화사회에서 여성은 남성의 의존에서 벗어나기 위한 '경제적 자립'을 하는 것이 핵심이다. 여성이 '어머니'로서의 모성 기능에서 '노동자'로서의 기능으로 역할은 유급노동에 참여하는 기회로 확대되고 있다. 노동자로서 여성의 사회 참여는 자립적인 삶을 누리는 기회가 되면서, 동시에 여성의 삶이 개별화됨으로써 스스로와 가족을 보호해야 하는 책임을 지는 것과 이로 인한 빈곤에 처할 위험도 함께 공존하고 있다. 시대적 변화 요구에 따라 여성의 삶이 '어머니'로서 삶뿐만 아니라 '노동자'로서의 삶도 요구되는 때이다. 그러나 사회적 여건과 제도가 여성이 '어머니의 삶'과 '노동자의 삶'을 동시에 수행하도록 보장하느냐와 관련된다. 에스핑 앤더슨(Esping-Andersen)은 유럽국가들의 분석을 통해 '모성과 노동의 경력'에서 일-가정양립을 사회의 제도적 뒷받침 성격에 좌우된다는 것을 지적했다(Esping-Andersen, 2006: 145). 즉 여성은 노동시장에 참여함으로써 자립할 수 있어야 하며, 여성에게 평등한 기회와 조건이 부여되어야 하고, 취약계층 여성도 남성에 의존하지 않아도 되는 사회적 제도가 마련되어야 할 것이다.

(1) 여성복지의 구분

① 미혼모

미혼모란 법적인 혼인 관계에 의하지 않고 자녀를 임신 · 출산하여 양육하는 여성, 장래에 아동의 부(父)와 혼인하기 곤란한 관계의 여성을 의미한다. 미혼모의 문제는 비교적 최근에 나타난 사회문제로 이 문제에 대한 이해가 깊지 못하다. 그러므로 예방적 · 치료적 노력보다는 비난 대상인 도덕적 타락으로 보려는 사회의 편협한 태도로 인한 미혼모뿐만 아니라 태어날 아기도 보호하기 위한 복지대책이 요구된다(박차상 외, 2020).

② 모자가족

모자가족이라 함은 남편의 결손 상태로 18세 미만의 아동 또는 청소년과 어머니로 구성된 가족을 의미하며, 여성가구주 가족이라고도 한다. 모자가족에 대해 생활조직체계, 자립 기반 확립, 위기 해소와 예방, 생존권과 최저생활보장이 강화되어 보다 효율적인 모자복지사업이 이루어져야 할 것이다(박차상 외, 2020).

③ 윤락여성

윤락이란 영리를 목적으로 하여 성행위를 하는 것을 의미한다. 이는 불특정인으로부터 금전 및 기타 재산상의 이익을 수수하기 위해 약속하고, 여러 사람과 물질적 이익을 위해 성행위를 하는 여성을 윤락여성이라 한다(박차상 외, 2020).

④ 일반여성

전체 인구의 여성 인구는 과반수를 넘는다. 시대를 지나면서 여성들의 적극적인 활동은 여권의식과 함께 일반여성들의 다양한 복지 욕구로 나타났고, 이러한 욕구충족을 해결하기 위한 사회복지적 대책이 요구된다(박차상 외, 2020).

⑤ 근로여성

산업이 발전하면서 여성의 취업은 늘어나고 있다. 그러나 여성 노동자에게 부과되는 노동의 조건은 매우 열악하고, 약자에 대한 차별로 인해 비합리적인 상황이 발생하거나 모성보호에 대한 문제로 적절한 복지대책이 요구되는 실정이다.

3. 여성복지정책과 현황

우리나라에서 여성이 정책의 배려 대상이 된 것은 1947년 부녀국 설치에서 비롯되었다고 볼 수 있으나 본격적인 여성정책의 시작은 1980년대로 본다. 이 기간에 여성문제 전문기관의 설립, 가정복지국을 신설하여 가정복지과, 아동복지과, 부녀복지과 등을 두어 여성 업무를 여전히 가정이라는 범주 내에서 집근하지만 여성정책을 전담할 국가기구가 설립되는 등 독자적인 정책영역으로 설정된다(김미주, 1999). 여성복지정책은 여성을 위한 정책이나 법, 제도와 관련되는 정부의 정책으로 사회복지정책 분야로 간주된다. 즉, 여성복지 정책은 여성의 기본적인 인권과 남녀동등권에 대한 신념을 바탕으로 현 제도를 비판적으로 분석 · 조명하면서 정치과정에서 실현하려는 목적의식을 가진 정책이라 할 수 있다(김인숙 외, 2000: 33-34).

여성복지는 여성을 주 대상으로 하는 사회복지다. 우리 사회에서 여성복지의 주 대상은 근로여성을 포함한 일반여성부터 저소득층 한부모가정, 성매매 여성, 가정폭력 및 성폭력 피해여성, 장애인여성, 결혼이주여성까지 매우 포괄적이라 할 수 있다(김성천 외, 2015: 342).

1) 여성정책과 복지국가

우리나라의 여성복지정책 수립 근거가 되는 여성발전기본법이 만들어짐으로써 여성 관련 법률이 제정 · 개정되었다. 또한, 여성정책의 기본계획이 수립되고 시행되며 여성특위가 여성정책을 총괄하고 조정함으로써 그 틀과 내용을 갖추었다. 여성정책의 하위목표로서 보건복지부 여성복지정책의 목표는 여성의 건강증진과 여성의 경제력을 보강하고 여성복지서비스 확대를 통한 여성의 보건과 복지 수준 향상에 있다(김미주, 1999).

복지국가와 여성과의 관계는 복지국가가 여성을 어떻게 인식하고 있는가? 복지국가에서 여성의 시민권은 어떻게 인지되고 무엇으로 구성되어 있는가? 하는 물음에서 시작된다고 할 수 있다. 이는 여성을 둘러싸고 있는 돌봄(care)과 노동의 이중구조에서 복지국가는 어떻게 대응해 왔는가를 통해 살펴볼 수 있다. 즉, 돌봄과 노동은 여성의 출산과 양육을 전담함으로써 발생하는 여성의 상황을 인지하고 노동시장에서 노동자로서의 평등권을 보장하는 사회적 권리 제공이 필요하다. 또한 돌봄(care)은 시민권의 정당한 근거로서 돌봄 노동의 권리에 대한 인정을 공식화하는 것이 필요하다. 이를 위해 먼저 초기 복지국가 연구에서 다양한 관점으로 행해지던 것은 주로 정치 · 경제적 요인에 의한 비교연구가 주를 이루었다. 특히 복지국가의 다양한 유형 연구는 여성과 복지국가와 관계에 대한 심도 있는 연구를 활성화할 수 있도록 계기를 마련해 준 것이라는 점에서 그러하다(최선화 외, 2021).

(1) 노동시장: 근로여성을 위한 복지

① 모성보호제도

모성보호제도란 여성의 생리, 임신, 출산, 수유, 육아와 관련하여 사회적으로 보호하는 제도로 여성의 모성 기능을 보호함으로써 임산부인 여성의 모성 관련 규정들이 강조된다. 모성보호와 관련된 사항은 「근로기준법」, 「남녀고용평등법」, 「고용보험법」 등에 명시되어 있다. 모성보호제도는 생리휴가, 산전 · 산후 휴가, 수유시간, 유사산휴가(「근로기준법」 제47조 제3항), 육아휴직, 직장 보육시설 설치 내용 등이 있다. 생리휴가는 여성근로자가 생리휴가를 신청하지 않아도 월 1회 유급휴가를 사용할 수 있다. 산전 · 산후 휴가는 임신 중인 근로자가 출산 전후에 유급출산휴가를 사용하는 것을 말한다. 2001년 개정된 「고용보험법」에 여성근로자의 출산휴가는 고용보험과 이전의 60일에서 현재는 90일로 연장되었다. 연장된 30일분의 휴가급여는 고용보험과 정부재정에서 충당된다. 수유시간은 생후 1년 미만의 유아가 있는 여성 근로자가 원하는 경우 1일 2회 30분 이상의 유급 수유시간을 갖을 수 있는 것이다. 육아휴직은 생후 1년 미만의 영아가 있는 여성근로자나 그 배우자에게 양육을 위해 1년 이내의 휴직을 허용하는 것이다. 이 기간을 근속기간에 포함시켜 불리한 처우를 받지 못하도록 하여 자녀 양육의 책임을 부모 모두에게 부과하고 있다. 직장보육시설의 설치와 관련하여 「남녀고용평등법」에서는 사업주가 근로자의 취업을 지원하기 위해 수유, 탁아 등 육아에 필요한 직장보육시설을 설치하도록 하고 있다. 「영유아보육법 시행령」에서는 상시 여성근로자 300인 이상 고용하고 있는 사업장에서는 직장보육 시설을 설치해야 하는 등 직장에서 여성이 용이하게 육아를 할 수 있도록 지원해야 하는 것을 전제로 하고 있다.

② 직장과 가정의 양립 지원

모성보호제도 가운데 산전 · 산후 휴가, 유사산휴가, 육아휴직, 배우자 출산휴가, 남편 육아휴직 등은 대표적인 제도로 직장과 가정의 양립을 지원한다. 산전 · 산후 휴가제도는 1953년 「근로기준법」 제정 때 도입된 제도로 60일 산전 · 산후 휴가기간을 부여했었으나 2011년 11월 「근로기준법」 개정 시 90일로 연장되었다. 또한 2006년부터 종전 행정 해석으로 인정되던 유산 · 사산 휴가(유사산휴가)를 법제화하여 임신 16주 이후 유산 또는 사산 휴가를 주어 모성을 보호하고 있다. 육아휴직제도는 1988년 「남녀고용평등법」 제정 때 도입, 근로자가 피고용자의 신분을 유지하면서 자녀의 양육을 위해 일정 기간 휴직할 수 있으며, 근로자의 직장생활과 가정생활 양립을 지원하기 위한 제도이다. 육아휴직제도는 몇 차례 제도개선을 거쳐 2010년 4월부터 만 6세 이하 초등학교 취학 전 자녀가 있는 근로자가 1년간 사용할 수 있다(한국여성정책연구원, 2013).

(2) 여성인권: 여성폭력 방지 및 피해자 지원

① 가정폭력, 성폭력, 성매매 관련 법과 제도

가정폭력이란 가족구성원에 의해서 신체적 · 정신적 · 재산상으로 피해를 입는 것을 말한다. 현재 우리나라는 가정폭력 관련 법이 있으며, 이에 가정폭력 피해자는 경찰서, 상담소, 가정폭력 피해자 보호시설 등에서 보호받을 수가 있다. 가정폭력 유형으로는 첫째, 폭행, 구타, 흉기 사용 등으로 피해를 입는 신체적 폭력이 있다. 둘째, 폭언, 모욕, 공포 조장, 외출 금지 등으로 정신적인 피해를 입는 언어적 · 정신적 폭력이 있다. 셋째, 수입을 강요하거나 생활비를 주지 않는 등 경제적으로 피해를 입는 경제적 폭력 등이 있다. 1997년에 제정된 「가정폭력범죄의 처벌 등에 관한 특례법」과 「가정폭력방지 및 피해자보호 등에 관한 법률」은 2011년 개정을 통해 가정폭력 피해자의 방어권을 보장하고 신속한 구제를 추진할 수 있게 되었다.

성폭력이란 상대방의 의사에 반해 성적으로 가해지는 모든 신체적 · 언어적 · 정신적 폭력을 의미하는데 강간, 강간미수, 성추행, 성희롱, 어린이 성폭행, 아내 강간 등이 포함된다. 강간, 강제추행의 경우에는 고소 없이도 처벌되고, 성추행과 성희롱은 피해자가 고소해야 범인이 처벌된다. 성폭력 피해자가 범인을 고소하기 위해서는 산부인과 진단 후 증거자료를 확보해야 하며, 고소는 사건 발생 1년 이내에 해야 한다. 1994년 제정된 「성폭력 범죄 처벌 및 피해자 보호 등에 관한 법률」은 그동안 여러 차례에 걸쳐 개정되어왔다. 2011년 성폭력과 관련하여 개정된 법률의 주요 내용으로는 성폭력 피해상담, 치료, 수사 등을 종합적으로 실시하기 위한 성폭력 피해자 통합지원센터 등이 있다.

성매매란 영리를 목적으로 인간의 성을 사고파는 행위로 성교행위부터 구강, 항문 등 신체 일부나 도구를 이용한 유사 성교행위까지 포함한다. 불법 성매매란 성매매 행위 외에 성매매 알선 행위, 성매매를 위한 인신매매 행위, 성매매를 위해 사람을 모집하거나 직업으로 소개하는 등 불법적으로 간주하는 행위를 말한다. 최근에는 인터넷 등 사이버를 통한 성매매가 증가하고 있다. 2008년 성매매를 방지하고, 성매매 피해자 및 성을 파는 행위를 한 사람의 보호와 자립을 지원하는 것을 목적으로 「성매매 방지 및 피해자보호 등에 관한 법률」을 제정하고, 2011년에는 식품접객업소 등 사업장에 성매매 방지 관련 정보를 게시하도록 의무화하는 등을 내용으로 법률이 개정되었다(최선화 외, 2021).

② 여성폭력 피해자에 대한 지원

1997년에 제정된 여성긴급전화 1366의 원스톱 전화 운영체계가 「가정폭력방지 및 피해자 보호 등에 관한 법률」에 근거하여 가정폭력 · 성폭력 피해자 및 성매매 피해여성을 위해 운영되고 있다. 여성폭력이 급증함에 따라 가정폭력 및 성폭력 관련 지원서비스는 피해자를 상담하고 보호함으로써 신체적 · 정신적 안정을 되찾고 사회복귀를 지원할 수 있도록 보호시설 운영 및 상담사업으로 확대 운영되고 있다. 성매매 피해자에 대한 보호와 지원서비스의 경우 성매매피해 상담소 및 피해자 지원시설은 자활지원센터, 그룹홈 등이 있으며, 성매매 피해자 특성을 고려한 긴급구조, 상담, 의료, 법률 지원, 심리치료, 진학, 취업지원, 일자리 제공 등의 맞춤형 서비스를 제공한다(최선화 외, 2021).

(3) 가족부문: 취약계층 여성을 위한 복지

취약계층 여성은 주로 저소득층 한부모가정, 빈곤여성가구 그리고 최근에는 결혼이주여성의 증가에 따른 다문화가족이 취약계층 여성 집단으로 편입되었다. 취약계층 여성을 위한 사회복지서비스로 상담사업, 시설보호사업 그리고 이 여성들을 위한 사업운영 등을 들 수 있다.

① 한부모가정 등 취약가정 지원

한부모가정(모부자가정)이란 어머니 혹은 아버지 한 사람과 18세 미만의 자녀로 이루어진 가정을 말하며, 「한부모가정지원법」은 이 가정들을 대상으로 양육비, 교육비, 복지자금대여, 임대주택 우선입주 등의 혜택을 주는 제도다. 이 제도는 국민기초생활보장제도 같은 다른 제도와 중복혜택을 받을 수 없다. 신청대상자는 한국 국적을 취득한 국민이어야 하며, 남편과 사별, 이혼 또는 남편으로부터 버림받았거나 남편의 장애로 인해 생활능력을 상실한 경우, 남편이 가출, 또는 본인이 가출한 경우와 본인의 한국 국적 유무와 상관없이 한국 국적의 18세 미만 자녀를 양육하는 경우, 그리고 저소득층 등의 전제조건이 있다(여성가족부, 2008).

② 결혼이주여성을 위한 복지

1990년대 후반부터 결혼이주여성이 증가함으로써, 이는 우리 사회에서 결혼의 한 형태로 떠오르고 있다. 결혼이민자의 국적은 중국, 베트남, 필리핀 순이며(김희연 외, 2016), 거주인구 중 결혼이민자의 비율은 농촌지역에서 현저히 높다. 결혼이주여성을 지원하는 다문화가족지원센터는 2019년 현재, 전국에 218개소가 설치되어 있다. 여기서는 한국사회 적응을 위하여 가족 내 관계 증진을 위한 집합교육(가족, 성평등, 인권 등) 정보 안내, 가족상담 및 교육, 방문교육서비스, 한국어교육, 자녀지원, 언어발달, 통번역서비스 등 제공(www.mogef.go.kr)하고 있다. 또한, 긴급복지지원제도로 결혼이주여성이 주 소득자의 사망, 중한 질병, 가족폭력 및 화재 등 각종 위기상황에 효과적으로 대처하기 위한 일종의 공공부조가 있다(최선화 외, 2021).

2) 여성과 공공부조

(1) 우리나라의 공공부조 제도

공공부조는 사회구성원 남녀를 구분하지 않고 제공되는 최후의 사회안전망으로 빈곤여성이 위기상황에서 다른 복지제도보다 먼저 찾는 제도로 알려져 있기도 하다. 2016년 1월 말 기준 국민기초생활보장 수급자는 약 165만 명으로 전 인구 대비 국민기초생활보장 수급자의 수급율은 3.3%였다. 이 중 남녀 성비를 비교해 보면 여성 수급자가 908,424명으로 남성 수급자 743,269명보다 16만 명 정도 더 많았고, 인구대비에서도 여성 수급이 3.7%로 남성 수급 3.0%에 비해 0.7% 높게 나타났다. 이는 여성이 남성보다 공공부조 제도와 더 밀접한 관계가 있다(김희정, 2017). 이처럼 공공부조(public assistance)는 생활 유지능력이 없는 국민을 대상으로 현금 · 현물급여의 최저생활보장과 자립 지원의 소득보장제도이다.

우리나라의 공공부조제도는 1961년 제정된 「생활보호법」에 의해 이루어지다가 1999년 「국민기초생활보장법」으로 개정되면서 변화되었다. 「국민기초생활보장법」은 「생활보호법」의 빈곤보호 차원에 머물러 있던 것에 비해 생활 보장의 사회적 권리 개념을 강조한 패러다임의 전환이라 할 수 있겠다. 우리나라는 1997년 외환위기를 맞아 대량실업 발생으로 인한 빈곤 문제와 밀접한 관련이 있다. 1999년 당시 우리나라 국민의 실업률은 통계상 약 155만 명으로 7.25%에 이르렀고, 실제 불안정한 취업자까지 포함하면 약 400~500여만 명이 경제적 위기의 실업 곤란에 직면하였다(통계청, 2000). 이는 곧 빈곤율 증가로 이어졌으며, 빈곤에 대한 인식은 노령, 질병 등으로 발생한다고 여겼던 과거와는 달리 실업과 불안정한 취업으로 인한 소득감소 사실에 더욱 주목되었다. 이러한 소득감소로 인해 적극적인 사회권의 개념을 포함하는 「기초생활보장법」의 도입을 시행하게 된 것이다.

또한, 기초생활보장제도는 이 제도의 특성이라 할 수 있는 일과 복지의 연계, 다시 말해 근로 복지(workfare)적 관점에 기반하고 있다고 볼 수 있다. 이 법 제9조에서는 노동능력이 있는 수급자에게는 자활에 필요한 사업에 참가할 것을 조건으로 생계비 지급을 한다는 규정으로 자활지원사업이 제도화되었다. 자활사업은 노동능력이 있는 자는 노동을 하여 소득을 확보할 수 있도록 직업훈련 및 능력개발을 지원하였다. 이와 같이 자활사업은 빈곤계층의 근로를 통해 빈곤에서 벗어날 수 있도록 하는 것을 목표로 생겨났다. 여기서 여성과 공공부조와의 밀접한 관계성을 볼 수 있다. 이는 공공부조 대상자 중에는 여성 비중이 점차 증가하여 자활사업에서의 여성 참여가 실제로 증가하고 있는 것으로 나타난 것이다. 이로 인하여 빈곤 여성에게 자활사업 개발은 새로운 과제로 주어졌으며, 이는 빈곤 상태에서 벗어날 수 없는 근로 빈곤층의 다수가 여성임을 주목하지 않을 수 없게 한다(최선화 외, 2021).

(2) 빈곤의 여성화(feminization of poverty)

빈곤의 여성화의 빈곤결정에 긍정적(positive) 영향을 미치는 요인은 연령이며, 빈곤결정에 부정적(negative) 영향을 미치는 요인은 교육수준, 혼인지위, 가구규모, 취업자 수, 근로소득 여부 등으로 나타난다. 빈곤결정 요인을 성별로 나누어 분석한 결과, 여성의 경우 남성보다 연령이 빈곤 확률에 큰 영향을 미친다. 또한, 여성가구주의 빈곤화에 큰 영향력을 미치는 요인은 무엇보다 혼인상태이다. 여성의 경제활동 참가율은 과거와는 달리 많이 상승하였고, 출산 · 육아로 인한 경력 단절 현상이 많이 완화되었음에도 여전히 많은 여성이 남편의 소득에 의존하고 있다. 여성 취업자의 종사상 지위가 빈곤에 비치는 영향력이 남성보다 미비한 것은 여성의 노동시장 지위가 전반적으로 남성보다 열위에 있으며, 그 경제적 보상이 매우 미비한 수준이기 때문이다(박시내, 2010).

빈곤의 여성화(Pearce, 1978)는 빈곤계층으로의 여성 비율이 빠른 속도로 증가하는 현상을 설명하는 것으로 여성빈곤층의 절대적 증가를 나타내고 있다. 1960년대 미국의 빈곤가구 대부분이 남성가구주였던 것에 비해 1970년대 와서는 여성가구주의 빈곤 현상이 나타나기 시작하면서 1980년대 빈곤가족의 절반이 여성가구주 가족이었던 사실을 찾아볼 수 있다. 서구 유럽에서도 여성가구주 가족의 빈곤율은 1980년대 24%에서 31%로 증가하는 등 빈곤의 여성화 현상은 어느 특정 지역에 한정된 문제가 아니었음을 알 수 있다. 한국에서도 빈곤의 여성화 문제 역시 빠른 증가와 함께 내용적으로도 다양화되었음을 볼 수 있다.

1997년 외환위기 이전부터 증가해 오던 여성가구주의 빈곤은 이 시기를 기점으로 급증하여 1998년 기초생활수급자 가운데 여성 비율이 58.5%까지 되었다. 2007년에는 여성의 수급비율은 840,740명으로 같은 해 남성이 622,400명인 것(보건복지부통계포털: www.stat.mw.go.kr)에 비하면 큰 차이가 있다. 그 차이는 여성가구주의 빈곤 증가 현상을 말해주는 것이라 할 수 있다. 이처럼 빈곤은 여성가구주 가구의 증가와 함께 드러나고 있는데, 여성가구주 가구는 1975년 12.8%에서 2005년 21.9%로 증가하였고, 그 중 2000년도 여성가구주 가구 가운데 21.9%가 절대빈곤 가구이고 5.9%가 차상위 가구인 것으로 나타났다. 반면 남성의 가구주 가구 중 6.9%가 절대빈곤 가구이며, 3.5%가 차상위 가구인 것을 비교해 보면 여성가구주의 빈곤은 더욱 심각함을 알 수 있다(박능후, 2003; 윤성호, 2008). 또한 2002년 도시 가계조사를 통해 가구 규모별 최저생계비 기준으로 살펴본 성별 빈곤가구 분석을 보면 여성가구주 가구 중 빈곤가구는 9.3%이며 남성가구주 가구는 2.4%로 나타나 여전히 여성가구주 가구의 빈곤 위험이 약 4배 가까이 높게 나타나고 있음을 보여준다(석재은, 2004).

또한, 비정규직의 여성화는 총 노동인구에 차지하는 여성노동력인구의 비율이 높아지게 되는 것을 의미하는 '노동력의 여성화(feminization of labor force)'와 맥을 같이한다. 노동력의 여성화는 고용의 여성화를 중심으로 증가되며 이것은 또한 비정규직의 여성화로 귀결된다. 존슨(Jenson, 1988)은 노동력의 여성화가 의미하는 것은 여성의 파트타임노동자 증가와 여성 실업자의 상승, 남녀임금 격차 등의 현상이 동시에 나타나는 것이라고 지적했다(Jenson, 1988; 竹中, 2004: 55). 전체 노동자 중위임금(130만원 기준)의 1/2 이하를 저임금이라고 정의할 때 남성노동자 가운데 이 범주에 속하는 노동자는 5.6%에 그치는 데 반해 여성노동자는 20.8%가 저임금노동자인 것으로 나타났다. 즉, 여성노동자 다섯 명 중 한 명은 월소득이 65만 원 이하라는 것을 의미한다(장지연 외, 2007: 50). 여성의 고용 불안정 형태와 낮은 임금 구조는 최근 급증하는 근로빈곤(working poor)층의 다수를 여성이 차지하게 되는 결과까지 이어지게 되는 것이다. 근로빈곤층의 다수는 차상위계층으로 불리는, 소득의 최저생계비의 120% 미만의 비수급층을 의미하는데, 근로빈곤층의 74.6%가 여성노동자라는 사실은 여성의 빈곤과 이에 대응하는 공공부조에서의 젠더가 보다 심층적으로 고려되어야 함을 말하고 있다.

(3) 자활사업과 젠더

자활사업은 국민의 정부시기에 도입된 공공부조제도인 「국민기초생활보장법」의 시행에 따라 새롭게 도입된 프로그램이다. 근로연계복지를 강조하는 생산적 복지에 기반하는 기초생활보장제도는 수급대상의 선정에 있어 소득기준과 부양의무 여부 이외에 노동능력의 유무를 조건으로 하여 이에 따라 처우를 달리하는 시스템이 주를 이루고 있다. 이때 노동능력이 있는 수급대상자에게는 취업과 자활을 조건으로 하여 급여를 제공하고 이를 통해 빈곤탈피를 시도하고 있으며, 이를 근로조건부 수급이라고 한다.

자활사업의 대상자는 조건부수급자와 자활지원특례자, 일반수급자, 차상위계층으로 분류할 수 있는데 여기서 조건부수급자는 의무참가자이며 그 외는 희망참가자로 분류된다. 자활급여특례자는 수급자가 자활사업에 참가함으로써 소득이 발생하고 그 소득액이 선정기준을 상회한 경우를 말한다. 이런 경우 수급자로서의 자격은 상실하지만 자활사업에는 계속적으로 참여할 수 있도록 한 것이다. 2014년 지역자활센터 자활사업 참여자는 28,755명이며 이 가운데 조건부 수급자는 12,903명으로 44.9%를 차지하고 있다. 또한 차상위계층은 9,610명으로 33.4%로 지속적으로 증가하고 있다(중앙자활센터, 2014).

자활지원제도가 시행될 초기, 젠더적 관점에서의 고려는 이루어지지 않았지만 결과적으로 의도하지 않은 여성대상자 참가가 증가하게 됨으로써 이에 대한 충분한 대응이 재고되어야 한다(자활후견기관협회, 2006: 93-94). 현재 고용노동부 소관으로 활성화되고 있는 '사회적 일자리' 사업이나 '사회적 기업'의 경우에도 교육, 보건서비스, 돌봄노동 등의 분야에 여성의 참여가 높게 나타나고 있다. 이러한 사업에 참여하는 대부분의 경력단절 여성은 결혼과 출산 육아 등의 이유로 노동시장에서 퇴장하고 다시 재진입하기 어려운 상태로 머물러 있는 경우에 속하기도 한다(최선화 외, 2021).

4. 여성복지실천 현장과 사회복지사의 역할

1) 여성복지실천의 개념화

사회복지실천이란 인간 삶의 질을 향상시키기 위해 개인 집단 지역사회를 대상으로 각자의 욕구와 문제를 스스로 해결할 수 있도록 돕는 전문적인 사회복지활동을 의미한다(NASW, 1973). 그러한 맥락에서 볼 때 여성복지실천은 특히 여성의 욕구와 문제에 초점을 맞추는 사회복지실천 활동이라 할 수 있으며, 여기서 여성들이 '해결하고자 하는 문제, 요구'라고 하는 것은 공통적으로 '성에 근거한 차별'과 그로 인한 '소외'라

할 수 있을 것이다. 즉, 여성이 가진 문제나 욕구의 해결을 통해 인간 삶의 질을 향상시키는 것은 사회구조 속의 성 불평등을 제거하여 평등한 인간적 삶을 의미한다고 할 수 있다. 이것은 사회복지실천 영역에서 말하는 '문제 혹은 욕구'와는 다른 특성이라고 볼 수 있다. 다시 말하면 '성차별' 혹은 '성고정관념(gender streo type)' 등에 기반한 제한된 사회조건 속에서 여성의 억압을 구조화하는 복합적 기제에 대응함으로써 사회복지실천이 추구하려는 가치를 이룰 수 있어야 한다. 그러므로 여성복지실천은 기존의 사회복지실천과 비교하여 그 개입 대상이 단지 여성으로 동일한 실천을 하는 것만으로는 여성 고유의 제한된 성 불평등 문제와 욕구를 해결하기에 충분하지 못하다는 것이다. 따라서 이를 위해서는 여성적 관점(gender perspective)에 기초하는 여성주의 실천(feminist practice)이 필요하다. 여성주의 실천은 기존의 사회체계가 남성 경험을 중심으로 인식되어 왔다는 것에 문제를 제기하고 있다. 여성의 본질이 왜곡되고 여성의 경험이 고려되지 않았으며, 따라서 여성의 눈으로 새롭게 재조명되어야 한다고 강조한다. 또한, 여성주의는 인간의 욕구를 충족하고 성차별뿐만 아니라 다른 형태의 지배와 이용으로 인한 상처를 치유하기 위해서는 사회정치적 구조의 변형이 필요하다고 가정한다. 즉, 여성의 경험은 개인적 요인에 기인하는 것이 아닌 사회적 맥락(social context)에서 형성되는 것이며 사회구조적 환경과 현실에 대한 변화로 인해 여성 자신에게 힘을 부여하는 의미를 담고 있다. 그러므로 사회문화적 맥락과 함께 정치적이며, 여성의 경험은 재구성되어 그에 기반한 삶의 질이 보장되어야 하는 것이다(최선화 외, 2021).

여성복지실천은 사회복지실천과 여성주의 실천의 접점이므로 여성주의 실천 관점과 함께 사회복지실천인데, 공통점을 찾아볼 수 있다. 첫째는 여성주의 실천이 강조하는 "개인적인 것은 정치적인 것"과 사회복지실천에서의 "환경 속의 인간(person-in-environment)"이라는 원리가 개인과 환경의 상호의존성과 연결성을 강조하고 있는 점이다(Collins, 1986). 둘째는 여성주의 실천에서 기존 전통적 심리상담 과정에서 클라이언트와 실천가 사이에 힘의 불균형이라는 문제를 지적하고 이에 대한 평등한 관계를 강조(Worell & Remer, 2003)하고 있는 바와 같이 사회복지실천에서도 클라이언트가 자기 삶의 주체로서 자신을 위한 결정의 기회를 극대화하는 클라이언트의 자기결정권(self-determination)을 강조한다는 점이다(조홍식 외, 2006: 147). 길리건(Gilligan, 1982)은 그의 저서 《또 하나의 목소리(In a Differnt Voice: Psychological Theory and Women's Development)》에서 남성중심적 사고에 대항하는 여성적 관점의 가치부여를 강조하였고, 1986년 콜린즈(Collinz)는 자신의 논문 〈여성주의 사회복지실천의 정의(Defining Feminist Social Work, 1986)〉에서 여성주의와 사회복지실천이 공유하는 가치, 윤리, 방법 그리고 목적이나 철학에 대해 역시 강조하고 있다. 콜린즈는 여성주의와 사회복지실천의 관계성은 단순히 여성주의에 의해 분명해진 여성문제를 목록화하는 것 이상의 의미를 가지는 것으로 "사회복지실천은 그 본질에 있어 여성주의이다."라고 단언하고 있다. 이처럼 사회복지실천과 여성주의의 이론적인 공통기반을 토대로 하여 여성주의적 사회복지실천이라는 개념 정의를 새롭게 시도하여왔다. 이것은 사회복지실천 과정에 젠더관점을 적용하는 체계화된 실천과정으로 개념 정의하고 있는 것(김인숙 외, 2008)과 공감되며, 또한 도미넬리(Dominelli, 2002)가 정의한 것과도 유사한 방향이다. 도미넬리는 여성주의 사회복지실천을 여성의 경험적 세계를 다루고, 여성이 가지는 개인적 곤란과 사회 속에서의 여성의 위치와의 상호작용에 초점을 둠으로써 여성의 개별적인 니즈에 대응하고 또 클라이언트와 워커의 평등한 상호관계를 생성시키고 나아가 구조적인 불평등에 개입하는 사회복지실천의 하나로 설명하고 있다. 이렇듯 여성복지실천은 여성주의 관점을 토대로 하여 여성이 처한 성 불평등적 현실을 수정하면서 여성 개인의 내적 변화와 역량 강화는 물론 외부사회적 요인들도 함께 변화해 가는 전문적 개입 활동으로 정의될 수 있다(최선화 외, 2021).

2) 여성복지실천의 목표

(1) 적응이 아닌 변화를 위한 상담

심리치료의 전통적 접근방식은 내담자의 생각 분리를 통하여 고통을 제거하고 내담자들이 그들의 삶에 적응하도록 하는 데 초점을 두고 있다. 그에 반하여 여성주의적 사회복지실천에서는 내담자가 유용한 선택을 찾아내도록 돕고(서울여성의전화, 2005: 32), 이를 통해 현재 상황의 적응이 아니라 개인적 변화를 추구한다. 이때 변화는 여성적 관점을 일상사에도 적용하는 사회적 변화에까지 확장된다.

(2) 평등성의 강화

여성복지실천은 사회에서의 여성들의 평등을 지향한다. 이는 고용구조에서의 평등을 지향하며 이를 위해 직업적 평등을 요구하고, 모든 고용상의 차별구조 개선을 요구한다. 또한 여성이 행하는 모든 형태의 무급노동이 제대로 가치 평가되기를 지향한다. 이러한 사회 속에서의 평등은 사적인 영역에서의 평등에 영향을 주며 이것은 여성의 인간다운 삶의 질과 직간접으로 연결된다. 실천과정에서의 평등은 특히 여성주의적 실천에서는 상담자와 내담자 간의 평등을 지향한다. 내담자는 스스로 자신의 문제를 풀어가는 주체자이며 상담자는 내담자와 함께 여성으로서 공감하고 조언한다.

(3) 자기양육

여성들에 대한 사회화의 기대는 타인에 대한 배려와 헌신이며 다른 사람들을 효과적으로 돌보기를 격려한다. 이것은 역으로 자신에 대한 돌아보기는 이기적인 것으로 신념화하므로 여성들은 스스로에 대한 감정, 욕구, 정체성, 자아에 도달하는 것을 포기하게 된다. 그러나 여성주의적 사회복지실천은 여성의 자기양육을 통해 자신을 가치 있는 개인으로 보고 개인의 행복에 기여하는 것을 중요시 여긴다는 것이다. 자기양육을 통해 여성들이 자신을 발견하게 하며 더 나아가 사회 속에서의 자신의 위치를 원조한다.

(4) 다양성 인정

여성주의적 사회복지실천은 인간 경험의 다양성에 주목하며 개인적인 다름이 문화, 인종, 계급, 종교, 성적 취향 등을 어떻게 변화시키는지를 인식하고자 한다. 이를 위해 실천과정에서 다양한 배경을 가진 여성들의 경험을 만나고 이들에 대한 이해를 풍부하게 하여 편견 없는 수용이 가능하도록 한다.

3) 집단적 실천

의식향상(consciousness raising) 집단은 여성으로서 여성의 삶을 이야기하기 위해 정기적으로 만나는 집단이다. 이 집단에서 여성들은 개인적 삶에 관한 정보를 나눔에 따라 경험의 공통성을 학습하고 억압적 환경에서의 삶과 관련된 자신들의 경험을 외부화하여 객관적으로 볼 수 있게 된다. 그것은 문제의 다양한 배경을 자신의 개인내적인 것에서 짜내어 왔던 지금까지와는 달리 사회적 외원적 근원들의 집단활동을 통해 깊이 자각하게 된다는 것이다. 예를 들어, 가정폭력 피해여성들의 의식향상집단에의 참여는 특히 유용하다 할 수 있다. 이 집단에서는 학대라는 것이 무엇인지부터 접근한다. 자신이 겪고 있는 것이 사랑 관계에서 나오는 순간적인 실수가 아닌 지속적인 괴롭힘의 범죄 행위인 학대임을 재명명하고 이러한 문제의 근원을 다양한 경로를 통해 인식하게 한다. 성역할 고정관념에서 비롯되는 분리, 그로 인한 가족 내 권력의 형성, 그를 지지하는 사회적 배경들을 통찰하도록 돕는다.

일반적으로 의식향상집단은 지도자가 없고 평등하며 성장지향적이고 사회변화를 향한 작업으로 집중된다. 마찬가지로 이때 폭력피해여성들의 경우도 참여와 모임을 자율적으로 구성하고 집단 내에서 자발적으로 리드되도록 돕는다. 이러한 과정을 통해 참여자 각자는 서로에게 치유의 원천이 될 수 있다. 여성은 혼자이기보다 함께라는 것에 훨씬 고무적이다. 특히 학대의 경험을 가진 피해여성들의 경우 두려움과 공포심을 가지고 있는 경우가 대부분이어서 동료와 함께 집단에서의 힘을 나누고 동시에 사회변화에도 함께 참여하는 것으로 이미 치유의 과정이 진행되고 있음을 볼 수 있다.

다음의 예는 이러한 집단 내에서의 치유의 과정을 보여주는 사례이다.

❖ 원리 적용사례

의식향상집단에 참여했던 40대 중반의 여성이다. 아들 둘이 있고 남편의 만성적 병에 오직 남편의 빠른 회복만을 생각하며 날마다 변함없이 세 끼의 고단백 식사를 정성껏 준비하고 아들 둘을 돌보고 그 막간을 이용하여 밖에서 해결해야 할 집안의 볼일들을 보고 자신의 친구들을 만나고 하면서 수년의 시간을 보냈다. 언제나 쫓기면서 바쁘게 시장을 보고 집에 들어가서 식사를 준비하면 남편과 두 아들은 그녀의 허둥지둥한 모습에는 전혀 아랑곳없이 언제나 무심하고 당연한 듯 식탁에 앉는다. 그녀는 그들의 식사하는 모습을 보면서 만족과 안도의 한숨을 쉬고 세 사람의 식사가 끝나면 치우면서 자신의 식사를 한다. 그러던 어느 날부터 그녀는 가슴속에 뭐라고 표현할 수 없는 무언가가 가득 차오르고 그것이 자신을 짓누르는 것을 느끼기 시작했다. 때로는 짜증을 내다가도 그것에 양심의 가책을 느끼고… 그러나 마음속에서는 왜, 왜, 하는 소리가 들린다. 그 이야기를 하면서 참여자는 운다. 그러나 자신이 왜 우는지 설명하지 못한다. 그녀 자신은 그냥 살아온 이야기를 할 뿐인데 왜 눈물이 나는지 알지 못하겠다고 한다. 그러나 같이 집단에 참여한 참여자들도 함께 운다. 아내와 엄마의 역할에 충실했던 그녀가 왜 우는지 같이 참여한 참여자들은 물을 필요도 없었으며 그리고 그들도 공감한다.

학습목표

1. 가족복지의 개념과 범주에 대해 이해한다.
2. 가족의 삶과 복지욕구에 대해 이해한다.
3. 가족복지 정책과 현황을 알고 이해한다.
4. 가족복지 실천현장과 사회복지사의 역할을 알아보고 이해한다.

개 요

이 장에서는 가족 이론의 여러 관점을 이해하고, 가족복지의 개념과 가족 기능을 중심으로 한 가족복지의 범주는 가족의 기능을 어떻게 구분하느냐 하는 것이 중요하지만 가족의 사회적 기능인 재생산 기능, 경제적 기능, 사회화 기능, 성적 · 정서적 기능, 돌봄의 기능으로 구분할 수 있다. 한 사회가 지속성을 유지하기 위해서는 사회의 기본적 원동력인 노동력이 끊임없이 가족의 삶과 복지욕구에 의해 재생산되어야 한다.

가족복지정책은 기본적으로 국가의 가족복지를 향상시키기 위하여 제도화하고 시행하는 모든 정부복지정책을 의미하기 때문에 우리나라 가족복지정책과 서비스를 먼저 정책 대상으로 보면, 크게는 '전체'로서의 가족을 고려한 정책과 가정 내 대상을 고려한 정책으로 나뉜다. 가정 내 대상에는 아동, 노인, 여성이 해당되고, 정책 주체로 보면 국가부문과 민간부문으로 나뉘고, 가족복지사업의 대표적인 기관의 건강가정지원센터, 다문화가정지원센터, 한부모가족 복지시설 등을 중심으로 가족복지사업의 현황을 살펴보고자 한다.

가족구조의 변화와 사회복지적 접근, 가족정책적 접근방법을 제시하고 있다. 이제는 가족의 기능이나 구조뿐만 아니라 가족을 바라보는 사람들의 가치와 태도, 신념도 급속하게 변화하고 있으며, 가족에 대한 기대와 가족이 담당하는 역할을 고려할 때 현재와 미래에도 가족은 중요하므로 가족복지의 실천현장과 사회복지사의 역할을 알아본다.

CHAPTER 11

가족복지

1. 가족복지의 개념과 범주

1) 가족의 이론적 접근

가족은 시대적 상황과 이념적 가치에 따라 다르게 해석될 수 있고, 가족을 바라보는 관점은 다양하며, 각각의 이데올로기에 따라서도 가족은 조금씩 다르게 정의되기도 한다. 여기에서는 먼저 가족 대한 이론적 관점을 살펴보고자 한다.

(1) 구조기능주의 이론의 관점 가족

구조기능주의 이론은 사회학의 가장 오랜 세월, 사회를 이끌어온 이론으로 사회가 유기체처럼 상호의존 관계의 각 부분으로 되어있고, 각 부분은 사회 전체가 유지되도록 그 기능을 수행한다는 것이다(김양희, 1988). 즉, 가족은 전체 사회에 대하여 사회화 기능, 자녀 출산 및 양육기능, 사회통제기능을 수행하는 사회의 가장 기본단위라고 주장한다. 파슨즈(Parsons)는 핵가족을 그 역할에 따라 수평축과 수직축으로 구분하였는데, 수평축은 도구적(Instrumental) 역할과 표출적(Expressive) 역할에 따른 분화를 의미하고 수직축은 권력에 따른 분화를 의미한다고 하였다. 그러므로 [그림 11-1]에서 보는 것처럼 아버지가 도구적 지도자 역할을 하고, 어머니는 표출적 지도자 역할을 한다고 하였다. 이러한 구조로 핵가족 내의 사회화 과정과 성역할 차이를 설명하였으며, 가족 내에서 사회화와 안정화 기능을 최대한 수행할 수 있는 구조로 보았다. 특히 파슨즈(Parsons)는 부부-자녀를 중심으로 하는 핵가족 구조가 가장 이상적인 가족구조로 보고 가족 내 성역할의 구별을 뚜렷이 제시하고 있다(김성주, 2002).

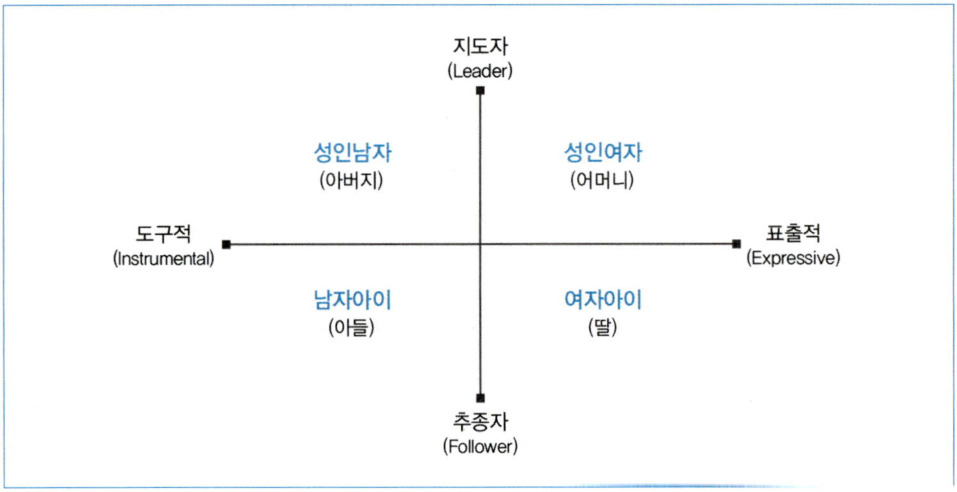

[그림 11-1] 파슨즈(T. Parsons)의 핵가족 구조분석

출처: 김양희(1988: 2); 김성주(2002: 11).

그러므로 구조기능주의 이론은 사회가 성원들이 가치합의에 의해 유지되었다고 보았기 때문에 규범이나 적응, 역할, 가족의 기능 등에 관심을 둔다. 이러한 구조기능주의론자들의 가족 관점은 전형적인 가족구조를 탄생시켰으며, 전형적인 가족구조에서 벗어난 가족을 가족해체로 보고 해체가족은 가족의 사회화와 안정화 기능을 제대로 수행할 수 없다고 설명하고 있다(김성주, 2002).

(2) 갈등이론의 관점 가족

갈등이론에서 가족은 자본주의의 경제체제와 함께 등장하였으나 갈등이론은 사회제도와 가족관계, 가족 내의 상호작용과 기제를 분석하는 데 유용하게 활용된다. 갈등이론에 의하면 가족갈등은 기능론적인 역할갈등에서뿐만 아니라 오히려 가족구성원 간의 이해관계에서 비롯되기 때문에 억압이나 권력, 자원의 불평등에 초점을 맞춘다(조성연 외, 2009; 김희성 외, 2013). 그러기에 가족은 자본주의적 생산 관계를 지속시켜주는 조건을 계속 제공하는 것으로 보았다. 즉 가족은 무보수 노동을 동원함으로써 자본주의에 필요한 노동력을 공급하여 주는 가장 경제적인 제도라는 것이다(한국가족학연구회, 1991; 김성주, 2002).

갈등론 자들은 가족이 노동의 원천으로서나 소비 단위로서나 자본주의 경제에 기여하고 가족원들은 다른 수준의 물질적 조건을 경험하며, 대인적 가족 내적 관계가 자본주의 하부구조에 의해 영향을 받는다고 보는 것이다. 즉 가족이 가지는 사회화의 기능인 가사노동분화와 가족 내에 펴져 있는 권력 구조와 같은 기제를 통하여 자본주의 질서를 학습하고 재생산해 낸다는 관점이다(김성주, 2002). 1990년 후반부터 상담 및 치료모델을 기초로 갈등관리 교육프로그램이나 상담프로그램에 관한 연구가 진행되었다. 안타까운 것은 사회복지나 가족학 등 휴먼 서비스와 관련된 분야에서 갈등이론의 연구와 활용이 매우 부족하다는 것이다. 그러나 갈등주의 이론은 가족 내의 불평등한 권력 구조를 해소하는 유용한 이론적 접근이라 할 수 있겠다(김희성 외, 2013).

(3) 페미니스트 이론의 관점 가족

페미니즘 관점은 최근 변화하는 가족관계의 특성 중 하나가 여성의 취업과 교육수준의 증가로 인한 성역할 변화이며, 남녀 간의 의식과 행동상의 변화속도의 차이는 다양한 가족문제의 원인이 되고 있다는 점에서 중요하다. 자유주의 페미니스트는 사회구조 자체보다는 관습과 제도의 개선에 초점을 맞춘다(조성연 외, 2009; 김희성 외, 2013). 사회주의적 페미니스트는 19세기 이후 노동계 여성들이 사회운동에 진출하면서, 생존권과 정당한 처우의 문제를 경제적 억압구조와 같은 맥락에서 규명하고자 하였다(김경자 외, 2008; 김희성 외, 2013). 급진주의 페미니스트는 여성 억압을 계급억압의 부산물로 보는 마르크스주의 억압론과 달리 여성 억압의 근원적 문제를 제기한다. 즉, 계급 모순을 해결했다고 보는 사회주의 국가에서도 여전히 남아있는 여성 억압을 예로 들면서 여성 집단을 지배하고, 여성을 종속시킴으로써 이득을 보는 집단은 자본이나 사회구조가 아니라 남성 집단이라는 것이다(김희성 외, 2009; 조금희 외, 2009; 김희성 외, 2013). 가족에 대한 페미니즘의 시각으로 그들은 가족의 부양자인 남편과 전업주부이자 어머니로 구성되는 현대 핵가족만을 자연스럽고 합법적인 가족형태로 부추기는 '전형적인 가족(monolithic family)'이라는 이데올로기에 반대한다. 그들은 성별 노동 분업, 이성 간의 성관계, 남성지배, 모성 등의 주제를 포함하여 가족을 사회적 · 역사적으로 재분석하였다(김성주, 2002).

가족은 사회적 성과 연령에 따라 구조화되므로 남성, 여성, 소년 그리고 소녀들이 동일한 방식으로 자신의 가족을 경험하는 것은 아니라고 주장하고, 페미니스트들은 가족의 경계에 의문을 제기한다. 또한 사적인 현대가족이 여성과 아동을 외부와의 접촉, 외적 자원으로부터 차단시키는 곤란한 결과를 초래했음을 지적한다(한국가족학연구회, 1993; 김성주, 2002). 결론적으로 페미니스트들은 가족을 남편과 아내가 상이한 계급에 놓여 있고, 이익과 권력에 있어 불평등이 존재하므로 가부장적 체계는 권력을 가진 남성의 이익에만 기여하고 기능적이며 여성들은 억압되어 있다고 보는 것이다(김성주, 2002).

(4) 사회구성주의 이론의 관점 가족

사회구성주의적 관점이란 자신의 문제 능력과 가능한 해결책의 성질에 대한 인식을 포함하여 무엇이 실제인가(What is real)에 대한 개인의 인식은 그의 삶 속에서 경험하는 다른 사람들과의 상호작용을 통해 구성된다고 주장하는 것이다. 즉 사람은 다른 사람들과 상호작용하면서 의미를 만들어 낸다는 것이다(Perter Dehong 외, 허남수 외 역, 2000; 김성주, 2000). 그러므로 구성주의자들은 가족이 객관적인 사회적 실제(social reality)가 아니라고 보면서 가족을 정의하는데, 언어와 의미와 과정이 중요하다는 것을 강조하고 있다(최연실 외, 1997).

사회구성주의적 관점에서 가족은 전형적인 형식의 틀이 없다. 가족구성원이 어떻게 형성되어야 한다든지 가족이 사회에 어떤 기능을 해야 한다든지 전형적인 가족은 무엇인지에 대한 일말의 논지를 제공하지 않는다. 사회구성주의자들은 가족을 단호하게 공적행위와 상호작용의 결과로 생겨난 사회적으로 구성된(Socially constructed) 객체로 보는 것이다(최연실, 1997; 김성주, 2002). 이러한 관점은 최근 들어 사회복지실천 영역에서 가족치료기법 중의 하나로 잘 알려진 해결 중심적 단기 가족치료에서 찾아볼 수 있다. 이와 같이 가족은 시대 상황과 이념적 가치에 따라서 다르게 해석되어지고 있다(김성주, 2002).

2) 가족복지의 개념

산업화로 인한 현대사회의 가족은 다양한 형태로 변화되었다. 이에 가족의 구조와 기능, 성격 등에 있어서 가족외부 조건에 큰 영향을 미치므로 가족의 문제는 개인적인 문제를 벗어나 사회적인 문제로의 성격을 띠게 되었다. 가족복지는 가족의 욕구와 문제에 대응하는 것으로 가족생활을 보호, 보장, 강화하고 가족구성원 개개인의 사회적 기능을 높이는데, 시행되는 제반서비스 활동을 의미한다(조흥식, 1991). 즉 가족복지란 목적 면에서 국민의 생활권의 기본이념에 입각하여 가족의 행복을 유지시키고자 하는 것이며, 주체 면에서 가족을 포함한 사회구성원 전체가 되며, 대상 면에서 가족구성원 개개인을 포함한 '한 단위로서의 가족 전체'가 되며, 수단 면에서는 제도적, 정책적, 기술적서비스 등 조직적인 제반활동이 되며, 범위 면에서는 사회복지의 한 분야로 보았다. 그러므로 가족복지는 가족문제의 해결, 예방, 인간의 사회적 기능수행의 활성화, 생활의 질적 향상 등을 위하여 가족구성원 개인이나 가족에 대한 서비스뿐만 아니라 가족제도의 강화나 수정 및 변화에 대한 사회구성원들의 공동체적 노력을 의미한다고 하겠다. 이것은 가족복지가 인간의 권리이고 사회적, 국가적 책임이라는 가치관과 더불어 가족은 사회의 기초단위이며, 가족의 생성과 발전을 통해서 가족구성원 개개인과 그 가족이 발전할 수 있다고 보기 때문이다(서현숙, 2001).

우리나라는 2004년 건강가족지원법을 제정하여 건강한 가족을 유지하기 위한 정책적 제안을 제시하고, 건강가족지원 법안에서 제3조 제1항(정의)에서 '가족'이라 함은 혼인, 혈연, 입양으로 이루어진 사회의 기본단위로 정의하였다. 이 법안에서 정의된 가족이외에 가족복지서비스를 받는 기본단위를 다양한 형태의 가족으로 조작적 규정을 하고 있다. 이는 제도로서의 '가족'보다는 생활공동체이며 생활단위인 '가정'을 강조한다. 생활공동체인 다양한 가정의 강조는 법 제15조(건강가정기본계획의 수립)에서 '다양한 가족의 욕구충족을 통한 건강가정 구현'을 강조하고, 법 제21조(가정에 대한 지원) 4항에서 국가와 지방자치단체가 모부자가정, 노인단독가정, 장애인가정, 미혼모가정, 그룹홈, 자활공동체 등 사회적 보호를 필요로 하는 가정에 대해 적극적으로 지원하여야 한다고 명시하고 있다(강혜련, 2002).

이처럼 우리나라에서 가족의 변화는 매우 빠르게 진화되었고, 그에 따른 가족복지 발전은 각 지역 속에서 사회복지관이 중심역할을 하였으며, 큰 공헌을 하였다(임보혜, 2011). 그러므로 가족복지 개념은 가족 전체를 사회복지의 대상으로 통합적이고 예방적인 사회복지 서비스를 제공하기 위해 공공기관 또는 민간기관이 수행하는 조직적인 기능이라고 할 수 있다. 하동석 등(2010)이 주장하는 가족복지에서도 사회복지의 대상이 보호를 필요로 하는 개인만이 아니라 그 가족 전체라는 점에서 통합적인 서비스 제공이고, 보편적이고 개별적인 사전예방적 서비스 제공의 기능을 갖는 개념이라고 하였다. 이러한 개념을 가지고 있는 가족복지의 목적은 가족이 처한 여러 가지 문제 상황에서 가족을 통합시키고 적응하도록 하는 서비스를 제공하는 것이다(전준우, 1988; 문혁준 외, 2020). 가족구성원들 간에 주어지는 복지는 전략적이고 도구적인 것이 아닌 사회적 배타성 속에서 자연스럽게 형성되어 온 체계이며 애정이나 신뢰, 도덕적 의무감과 같이 주관적이며 복합적인 동기에 따라 행해진다(박찬웅, 1999).

3) 가족복지의 범주

가족기능을 중심으로 한 가족복지의 범주화는 가족의 기능을 어떻게 구분하느냐 하는 것이 중요하지만 일반적으로 가족의 사회적 기능은 재생산 기능, 경제적 기능, 사회화 기능, 성적·정서적 기능, 돌봄의 기능으로 구분할 수 있다. 재생산 기능과 관련한 것은 노동력을 재생산하는 기능을 지원하는 것으로서 산전·산후휴가, 육아휴직, 방과 후 보호, 양육비 지원, 보육서비스 등이 포함된다. 경제적 기능과 관련하여서는 가족의 소득을 지원하는 것으로서 가족수당, 아동수당, 가족에 대한 각종 소득제공, 공적연금, 공공부조, 주택보조 등이 포함된다. 사회화 기능과 관련하여서는 가족원의 교육비에 대한 지원 혹은 공제가 포함되고, 성적·정서적 기능과 관련한 것으로는 가족상담 및 치료를 포함한 가족 관련 대인적 사회서비스를 포함한다. 돌봄의 기능과 관련하여서는 가족원 중에 돌봄과 휴양이 필요한 가족원을 위한 노인수발, 간병휴가 등이 포함된다(윤홍식 외, 2015).

가족복지는 '한 단위로서의 가족 전체'에 주목하면서 가족과 가족구성원이 경험하는 문제를 해결하여 가족이 건강하고 행복한 상태로 유지될 수 있도록 하는 제반 국가제도와 사회적 서비스이다(김성천, 2002). 가족복지의 접근방법은 일반적으로 크게 간접적 방법과 직접적 방법으로 구분할 수 있다. 전자는 가족문제를 사회 전체 문제로서, 즉 가족이 전체 사회의 제도적 구조와의 관계에서 더욱 잘 존속할 수 있는 조건 혹은 환경을 조성해 가는 접근방법으로 제도적이고 경제적 지원을 중심으로 하는 가족 정책적 측면을 포함한다. 이에 비해 후자는 문제 혹은 장애로 고통을 당하고 있는 가족에게 직접적으로 접근하는 방법으로서 서비스 차원에서 논의될 수 있다(신희정, 이혜경, 2009; 임보혜, 2011).

2005년 보건복지부의 운영규정에 따라 종합사회복지관의 사업내용 중 가족복지사업에서 핵심이 되는 사업영역 중 단위사업으로는 가족관계증진, 가족기능보완, 가정문제해결 및 치료, 부양가족지원사업으로 구성된다. 사업내용을 구체적으로 살펴보면 가족관계증진사업은 가족원 간의 의사소통을 원활히 하고 각자의 역할을 수행함으로써 이상적인 가족관계를 유지함과 동시에 가족의 능력을 개발하고 강화하는 사업으로 교육 및 훈련프로그램, 상담 및 검사 등을 통해 이루어진다. 가족기능보완사업은 사회구조변화로 부족한 가족기능, 특히 부모의 역할을 보완하기 위하여 주로 아동 및 청소년을 대상으로 실시되는 사업으로 방과 후 아동보호 및 보육학교사회사업 등 아동 및 청소년 대상 프로그램으로 구성된다(임보혜, 2011). 가족복지사업의 가정문제해결 및 치료사업은 문제가 발생한 가족에 대한 집단치료 사회복귀지원사업으로서 신체적 장애 관련 프로그램, 정신적 장애 관련 프로그램, 청소년프로그램, 위기가정문제 폭력·학대로 구성되어 각 분야별로 세부프로그램들이 운영된다. 마지막으로 부양가족지원사업은 보호대상 가족을 돌보는 가족원의 부양부담을 줄여주고 관련 정보를 공유하는 등 부양가족을 대상으로 지원하는 것으로 치매노인 가족지원, 장애인가정지원, 만성질환자부양가족모임, 장애아동 부모상담 등의 프로그램이 있다. 이상의 가족복지사업을 가족의 사회적 기능회복 또는 증진과 목적달성을 위해 치료적 개입부터 예방적 기능까지 아우르는 전문적이고 통합적인 활동을 하는 가족복지범주의 실천적 영역이다.

가족지원서비스란 매우 광범위하고 모호한 개념으로 우리나라의 경우 가족을 포괄하는 개념으로 보다 개별적 대상에 대한 접근으로 이루어지고 있다. 전통적인 입장에서 가족복지서비스는 개입에 관하여 가족 전체를 대상으로 하기보다는 저소득층 장애인요보호노인, 요보호아동, 요보호여성 등 문제가 발생할 개인을 대상으로 하여 구호사업, 시설보호사업 위주로 실시해 왔다고 볼 수 있으며(김규수, 2003), 최근에는 예방적이고 가족기능을 강화할 수 있다. 그러므로 가족복지서비스란 가족원, 개인 또는 가족원 전체를 대상으로 가족문제의 예방과 해결, 삶의 질 향상을 위해 정책적 또는 실천적으로 제공되는 서비스라고 정의하고 있다(주윤정, 2005).

가족상담서비스는 가족지원서비스에 비해 다소 협의적인 개념으로 이해할 수 있다. 가족상담은 개인 또는 가족의 문제를 상담함에 있어서 개인의 문제를 가족 전체의 문제로 파악하고 가족의 구조적 및 상호작용적 특징을 변화시켜 가족문제에 실제 개입하는 일련의 조직적인 상담과정이다. 즉, "개인이나 가족의 문제를 해결하기 위한 단위는 가족이며, 가족의 기능역할 관계상의 문제를 변화시킴으로써 개인의 위치를 변화 및 조정하여 개인의 문제를 해결하는 과정이다."라고 한다(장인협, 1999). 박미영(2007)은 가족상담을 사회적 가족 내·외적 변화에 의해 긴장상태에 있거나 압박을 받고 있는 가족을 대상으로 그들의 욕구에 대해 지원해주거나 방향을 제시해 주는 것을 말한다고 정의하였다(임보혜, 2011).

위의 두 가지를 정리해 보면 대상이 '가족'이라는 점에서 공통점이 있다. 하지만 가족복지는 두 용어에 비하여 제도적이고 광의적인 개념이며, 가족복지에 비하여 가족상담서비스는 구체적인 가족문제나 가족과의 직·간접적 개입이 이루어진다는 점에서 미시적 실천이라고 볼 수 있다. 가족지원서비스는 요보호층을 대상으로 하는 지원서비스에서부터 예방적이고 통합적인 서비스까지 포함하는 개념으로 가족복지사업과 가장 유사한 개념이라고 볼 수 있겠다. 이처럼 가족복지사업의 개념을 고정시키기는 어려우나 가족복지의 대표적 실천방법으로 가족사회사업을 개념화하고 가족복지실천은 가족사회사업뿐만 아니라 가족상담, 가족치료, 가족생활교육, 가족옹호 등을 포괄하는 것으로 가족복지업무를 담당하는 사회복지사가 활용하는 전문적 방법과 프로그램으로 규정하며 사회복지범주 안에서 가족에 대한 서비스는 가족복지실천의 행위를 통하여 제공된다(신희정, 이혜경, 2009; 임보혜, 2011)고 본다.

2. 가족의 삶과 복지욕구

가족들의 생활 가운데 발생하는 가족구성원의 욕구를 충족한다면 더없이 행복한 가정생활이 이루어질 것이고, 삶의 질이 높아질 것이다. 이러한 측면에서 가족복지란 가족의 행복이나 가족의 안녕을 추구하고, 가족복지를 보장하기 위한 사회적 정책, 행정, 서비스 등을 포함한다(문혁준 외, 2020). 현대사회에서 가족은 어느 국가를 막론하고 가족의 삶과 복지 욕구를 실현해 가기 위해 사회 · 경제적 구조의 변화들과 함께 다양한 차원에서 변화를 겪고 있다.

영국의 경우 빈곤과 보호의 양측 면을 일찍부터 고려하였는데, Seebhom보고서(1968)를 통하여 "가족 지향적이고 지역사회중심의 보편주의적인 대인복지서비스"라는 새로운 가족보호에 대한 인식을 고취시켰다(한국사회복지관협회, 1995; 김성이 외, 1997 재인용). 미국의 경우는 1950년대에서 1960년대 처음으로 가족복지서비스의 실천현장에서 가족중심이라는 용어가 사용되었고 이후 개별적 접근보다 가족을 강조하는 개입전략으로서 적용되었다. 1980년대 후반에 이르러 '가족중심'의 개념은 하나의 독특한 개입접근으로서 가족을 지지하고 강화시키며, 가족 내 구성원들의 기능을 고양시키는 보다 새로운 의미로서 주목하게 되었다(Shelton, Jeppson & Johnson, 1987; 양심영, 2000 재인용). 프랑스는 1920년대 이후 지속된 저출산문제에 대한 구체적 대응방안으로 가족에 대한 경제적 지원과 모성역할에 대한 보상을 기본적 개념으로 하여 가족복지정책을 전개시켜 오고 있고(장혜경 외, 2002), 독일은 1945년 제2차 세계대전 이후 가족정책에 대한 관심을 갖기 시작하다가 1980년대 통일 이후 저출산문제가 지속되자 이에 대한 조치로 가족부를 설치한다(이진숙, 2002). 스웨덴은 1930년대 가족을 둘러싼 변화에 대응하면서 가족복지정책 아젠다를 형성하기 시작하였으며 1960년 노동력 부족문제, 1990년대 세계화로 인한 고용불안정문제와 여성들의 노동권리보장과 결합되면서 가족정책의 내용들을 구체화하였다(윤홍식, 2004; 임보혜, 2011). 이러한 선진 복지국가의 가족복지서비스는 다원화되고 서비스경쟁을 통한 질적 효과성이 강조된 것이 큰 특징으로 나타나는데, 이러한 추세는 우리나라 가족복지사업의 발전과정에서도 나타나고 있다.

우리나라의 경우 1991년 「생활보호법」에 의해 별도로 지정되었던 사회복지전문요원의 직문에 관한 지정이 1995년 개정에 따라 공공부문의 사회복지서비스 실현의 새로운 계기를(보건복지부, 1991, 1997) 맞이하면서 민간 차원의 가족복지사업으로 1987년에 도입된 재가복지사업이 이루어졌다. 1990년대에는 영구임대아파트가 본격적으로 들어서면서부터 그 수가 급격히 증가하여 지역사회를 바탕으로 가족접근을 실천하게 되었다. 이로써 사회복지전문요원들을 통한 빈곤가정의 경제적·전문적 대인서비스 요구는 가족복지서비스의 주요 실천영역 중의 하나가 되었다.

1) 가족경제와 복지욕구

가족의 경제상태는 가족과 구성원의 생활수준을 결정하는 중요한 요인이 된다.

빈곤은 가족의 건강, 교육, 삶의 기회에 부정적 영향을 주며 부담과 스트레스 요인이 되고, 빈곤가족은 경제적 문제뿐만 아니라 상대적 박탈감을 갖거나 가족의 기능과 심리, 정서 측면에서도 문제가 발생할 가능성이 크다.

2) 가족건강과 복지욕구

고령의 나이와 건강문제를 갖는 가족구성원에 대한 부양부담은 스트레스 요인이 되고, 가정경제문제와 가족갈등은 다양하고 복합적인 문제의 발생요인이 되고 있다. 장기요양보험제도가 실시되었으나 여전히 가족 내 노인수발 부담이 많고, 향후 평균수명 연장, 의료기술의 발달로 수발기간이 길어질 가능성도 높아졌다. 또한 만성질환을 갖고 있는 아동 및 장애아가 있는 가족의 주부양자는 양육부담이 과중될 수 있으며, 가족 전체에 장기간 긴장상태가 유발될 경우 가족기능이 수행되기 어렵다.

3) 가족관계와 복지욕구

(1) 부부관계

이혼율이 증가함에 따라 가면부부, 쇼윈도 부부 등 신조어가 등장하였다.

(2) 부모-자녀관계

아동청소년기에는 부모와 자녀관계의 질이 자녀의 건강한 성장과 적응에 중요한 영향을 미친다. 아동은 부모 및 가족구성원의 강한 긍정적 관계를 통해 소속감 및 연대감, 이해와 사랑을 받는 중요하고 가치 있는 존재로 느끼게 된다. 또한 부모와 긍정적인 관계를 맺은 청소년은 자기주도성이 높고 외로움을 덜 느끼고 반사회적인 행동이 거의 나타나지 않는 것으로 보고되고 있다.

(3) 노부모-성인자녀관계

과거에는 부모와 성인자녀관계가 성인자녀가 노부모를 보호·부양하는 관계였으나 최근에는 서로 도움을 주고받는 호혜적 관계로 변하고 있다.
(경제적 · 정서적 지원↔자녀의 집안일, 손자녀돌보기, 경제적 지원)

(4) 일–가정양립과 복지욕구

일과 성별분리가 오랫동안 지속되어 온 사회적 통념으로 산업혁명 전까지 남성은 직장에서 일하고, 여성은 자녀양육 및 가사노동이 자연스러운 것으로 인식되어 왔으나 여성의 사회진출 증가로 남녀 모두 일과 가정에 적절한 시간과 에너지를 분배하는 것이 중요하며, 그렇지 못할 경우 가족기능과 부부간 만족도가 감소될 수 있다. 이는 심각한 저출산 문제와 관련해서도 일 가정 양립에 대한 욕구는 증가할 것이다.

(5) 다양한 가족과 복지욕구

한부모가족은 배우자의 사망, 이혼으로 인하여 한부모가족이 되는 경우가 대부분이다. 한부모가족의 구조적 결손이 가족기능의 결함으로 직결되는 것은 아니지만 책임감을 배우고 결혼과 가족에 대한 현실적 생각을 갖고 한부모와의 관계가 더욱 강화될 수 있다. 한부모가족 발생원인인 사별, 이혼, 미혼모가 되는 일은 스트레스 원인이 되는데 이러한 스트레스에 잘 적응하지 못하면 심리사회적 문제와 질병에 취약해진다. 특히, 청소년 한부모는 학습, 소득, 양육의 다각적 지원이 필요하다.

이혼은 위기사건으로서 개인적 실패로 여겨지는 경우 가족은 수치심이나 죄책감을 느끼고 이혼으로 인해 상당한 개인적 고통을 경험하게 된다. 자녀는 이혼으로 부모에게 버려진다는 두려움부터 학업수행의 어려움과 경제적 빈곤에 이르기까지 다양한 문제를 초래할 수 있다. 이혼여성은 생계유지, 자녀양육, 이혼에 대한 사회적 편견 등으로 남성보다 더 많은 어려움을 겪을 수 있고, 결혼이민자는 추가적으로 언어문제와 적절한 지지체계의 부족으로 더욱 열악한 환경에 처해진다.

다문화가족은 1990년대 중반부터 한국인 남성과 외국인 여성 간 결혼수가 급증하기 시작했는데, 2018년 기준 다문화 가구수(결혼이민자 · 귀화자)는 30만 6,995가구로 추정되고 있다. 이와 관련하여 결혼이민자와 귀화자의 전반적인 가족관계 수준도 향상된 것으로 나타났고, 배우자와 관계만족도는 5점 척도에서 4.31점으로 2015년 3.98%보다 높아졌다. 차별경험은 남성보다는 여성, 이혼, 별거 상태에 있는 이들이 높게 나타났다. 한국생활의 어려움 순으로는 경제적 〉 외로움 〉 언어문제 〉 문화 차이를 보이고 있다. 그러므로 사회적 관계망에서 자신이나 집안의 어려움과 일자리, 자녀교육, 여가취미, 아플 때 도움을 받지 못하고 있는 것으로 나타나고 있다. 이들의 학령기 청소년 자녀가 빠르게 증가하고 있으므로 다문화가족 자녀의 성장과 발달을 위한 프로그램이 필요하고, 일반청소년들과의 통합적 프로그램이 시급하다(백준기, 해설한국사 블로그).

3. 가족복지정책과 현황

1) 가족복지정책의 개념

가족복지정책이란 기본적으로 국가의 가족복지를 향상시키기 위하여 제도화하고 시행하는 모든 정부복지 정책을 의미하기 때문에 그 범위가 방대하고 일부 모호한 측면이 있다. 그러므로 하나의 엄밀한 개념으로 정의하기는 어렵다. 왜냐하면 가족복지정책의 개념 변화는 가족의 인구통계학적인 변화(가족구조의 변화, 이혼/재혼/동거 인구의 증가, 한부모가정의 증가, 출산율의 감소, 여성의 노동시장 참여 등)와 그 맥락을 같이 하기 때문이다. 즉, 과거 남성 주도형 가족 초점에서 가족의 인구통계학적 변화의 중심에 있는 여성의 사회경제적 역할 변화로 인한 우리나라의 가족복지 정책의 개념을 한정하는 데 도움이 될 것이다. 가족복지정책은 하나의 정책이 아니라 정책묶음

(policy package)으로 국가 개입적 활동이므로 정부의 이념적 성향, 시민사회의 의식, 가족에 대한 사회 전체적인 가치관과 규범 등이 정책에 용해되어 있다고 볼 수 있다(최현숙, 2009).

가족정책의 선구자적 연구자 캐머만과 칸(Kamerman & Kahn, 1978)은 '정부가 가족에 대해서 그리고 가족을 위해서 행하는 모든 활동'으로 가족정책을 규정하였다. 이는 가족정책을 사회정책의 일부, 사회정책의 평가기준, 사회적인 목표 수행을 위한 수단으로, 가족복지를 정책의 결정 및 정책의 결과와 같이 전반적인 범주에서 사용하는 정책이라 할 수 있다(Kamerman & Kahn, 1978: 184-185). 그들이 제시한 가족정책의 구분은 규정의 내용이 광범위하고 정책 범위와 특성을 명료하게 포착하지는 못하고 있다(Wilensky, 1975; 안세아, 2016). 그러나 가족정책은 기본적 생활보장을 통해 가족 형태와 관계없이 사회가 질적으로 강화된 노동력을 통하여 발전을 지속시켜나가기 위해서는 아동이 절대적 빈곤이나 경제적 궁핍으로부터 벗어나 자라날 수 있어야 한다. 그러므로 가족정책은 복지국가 변화의 핵심축으로 존재하고 있는 가족 내 돌봄 구조의 변화와 젠더관계 변화에 역동적으로 대응하는 동력이 된다(안세아, 2016). 에스핑앤더슨(Esping-Andersen, 2002a)은 복지국가에서의 가족구조 및 노동시장의 변화와 이에 수반된 새로운 젠더계약을 언급하였다. 가족정책은 복지국가의 돌봄 위기는 물론 사회지속성을 확보하기 위한 조건으로서 여성의 남성화(즉, 여성의 노동시장참여) 경로와 마찬가지로 남성의 여성화(즉, 남성의 가족 내 돌봄노동 공유) 경로를 촉진시킴으로써 성별로 분리되지 않는 보편적 부양자-양육자 사회를 만들 수 있는 기반을 마련한다. 가족정책을 통해 여성은 돌봄의 사회화와 성별 공유에 기반하여 보다 자유롭게 노동자로서의 권리와 지위를 확보할 수 있는 조건을 형성하게 되며, 남성은 돌봄노동 참여와 공유를 통해 부모로서의 권리와 지위를 확보할 수 있다(윤홍식, 2004; 2015; Fraser, 2000)고 하였다.

2) 우리나라의 가족복지 정책

사회복지서비스와 관련되는 가족복지서비스는 특수한 욕구를 가진 가족구성원들의 특별한 문제를 취급하는 복지기관의 서비스 활동으로서 가족복지의 제도적 개념을 보완하는 잔여적 성격을 띠고 있다. 현재 우리나라에서 실시되고 있는 가족복지정책이나 서비스는 주로 가족 내 대상을 세분화하여 접근하고 있고, 가정을 통합적으로 접근하는 정책이나 서비스는 제한적인 수준에 머물고 있다. 우리나라의 가족복지 접근 방법에는 간접적(거시적) 방법과 직접적(미시적) 방법이 있다. 간접적 방법은 주로 정책의 차원에서 논의될 수 있고, 직접적 방법은 서비스의 차원에서 논의될 수 있다(조흥식 외, 2002; 김경원, 2006). 우리나라 가족복지정책과 서비스를 먼저 정책 대상으로 보면, 크게는 '전체'로서의 가족을 고려한 정책과 가정 내 대상을 고려한 정책으로 나뉜다. 가정 내 대상에는 아동, 노인, 여성이 해당되고, 정책 주체로 보면 국가부문과 민간부문으로 나뉘고, 민간부문은 다시 시장부문과 비시장부문으로 나눌 수 있다. 현재 우리나라에서 실시되고 있는 가족복지정책과 서비스를 정리해 보면 〈표 11-1〉과 같다.

〈표 11-1〉 한국 가족복지 관련 정책과 서비스 범주

정책대상	정책 주체		정책, 서비스, 프로그램
'전체'로서의 가족을 고려한 전책	공적부문		4대보험(연금, 국민건강, 고용, 산재), 가족폭력방지대책, 기초생활보장제도, 장애연금, 공제제도, 주택정책
	사적	영리	퇴직금, 재형저축장려금, 경조사비 지원, 가족상담, 가족생활 교육 등
		비영리	가족상담, 가족생활교육 등
가족 내 아동을 고려한 정책	공적부문		공제제도, 보육사업, 학교복지사업, 성교육사업, 아동보호사업, 입양·위탁·시설보호, 장애인 자녀 교육비 지원
	사적	영리	직장보육제도, 보육료 지원, 자녀학비 지원 등
		비영리	아동상담, 성교육사업, 아동보호사업, 아동여가활동 지원, 입양·위탁·시설보호사업, 지역사회 결연사업 등

<table>
<tr><th>정책대상</th><th colspan="2">정책 주체</th><th>정책, 서비스, 프로그램</th></tr>
<tr><td rowspan="3">가족 내 노인을 고려한 정책</td><td colspan="2">공적부문</td><td>공제제도, 경로연금, 노인취업알선, 재가노인복지서비스, 경로우대 등</td></tr>
<tr><td rowspan="2">사적</td><td>영리</td><td>시설보호, 중단기 보호, 치매노인 전문치료, 재가노인복지서비스</td></tr>
<tr><td>비영리</td><td>노인복지시설, 중단기 보호, 치매노인 전문치료, 재가노인복지서비스</td></tr>
<tr><td rowspan="3">가족 내 여성을 고려한 정책</td><td colspan="2">공적부문</td><td>공제제도, 고용관련서비스(남녀고용평등법, 남녀차별금지법), 국민연금, 모자복지 · 보건사업, 요보호여성 발생 예방, 생업자금 융자, 공공임대주택 우선 분양, 보육, 여성사회교육사업</td></tr>
<tr><td rowspan="2">사적</td><td>영리</td><td>산전(후)휴가, 육아휴직, 직업훈련, 보육사업, 자녀학비 · 양육비 지원</td></tr>
<tr><td>비영리</td><td>여성사회교육 등</td></tr>
</table>

출처: 최경석 외(2001), 김경원(2006)

우리나라는 체계적이고 포괄적인 가족복지정책은 존재하지 않으나, 크게 보면 보험의 원리가 적용되는 정책의 사회보험, 주로 빈곤층을 대상으로 하는 정책의 공적 부조, 모자가정, 노인, 장애인 등을 대상으로 하는 정책의 사회복지서비스의 체계에 의해서 가족보호를 위한 제반복지서비스를 제공하고 있다(박민자, 2001; 김경원, 2006). 사회보험이란 소득근로자 또는 중간계층을 대상으로 하여 사회적 사고, 예를 들면 질병, 실업, 노령, 사망 등에 의한 소득 중단이나 상실에 대해 보험원리에 의거, 법적 강제성을 갖고 소득을 보장하는 제도이다. 우리나라의 가족복지정책과 서비스는 잔여적 소득보장이 중심축을 이루고 있다(변화순 외, 2001). 또한, 사회보험제도는 재분배기능이 있어서 개인적으로는 소득 유지와 균형을 이루고, 국가적으로는 생활안정과 산업안전을 촉진시키는 기능을 한다. 공적부조는 도움을 필요로 하는 사람에게 현금, 현물, 서비스 등을 무기 여급여로 제공하는 제도이다. 우리나라에서는 2000년 10월부터 「국민기초생활보장법」에 근거하여 최저생계선 이하의 보호대상자로 책정된 사람들에게 기초생활을 보장하고 있다(김경원, 2006).

3) 우리나라 가족복지정책의 현황

가족복지사업의 대표적인 기관의 건강가정지원센터, 다문화가정지원센터, 한부모가족 복지시설 등을 중심으로 가족복지사업의 현황을 살펴보고자 한다.

(1) 건강가정지원센터

건강가정지원센터는 「건강가정기본법」에 설립 및 사업근거를 두고 가정문제의 예방, 상담 및 치료, 건강가정의 유지를 위한 프로그램의 개발, 가족문화 운동의 전개, 가족 관련 정보 및 자료제공 등의 사업내용을 포함한다. 건강가정지원센터의 가족기능 강화사업의 서비스 대상은 지역 주민 모두를 포함하는 것으로 각 프로그램에 따라 선별적으로 대상이 정해지는 경우도 있다. 「건강가정기본법」에 근거한 건강가정지원센터의 주요 사업현황을 살펴보면 다음〈표 11-2〉와 같다. 가족교육사업의 경우 가족관계를 중심으로 교육이 주류를 이루며, 일부 센터에서만 생애주기별 과업을 중심으로 하는 교육을 실시하고 있어 가족과 관련된 포괄적 주제를 담지 못하고 있다. 건강가정지원센터의 최대 취약 사업으로 볼 수 있는 가족상담은 대부분의 센터가 전화상담이나 사이버상담이 활성화되지 못하고 있으며, 가족문화사업의 경우 주로 일회성 행사로 진행되고 있었다(조현순, 정은, 2008).

〈표 11-2〉 건강가정기본법에 근거한 건강가정지원센터의 주요사업현황

사업영역		프로그램
가족교육	공통사업 (필수사업)	부모교육프로그램: 유 · 아동 자녀를 둔 부모교육, 청소년자녀를 둔 부모교육, 아버지교육
		부부교육프로그램: 예비부부를 위한 부부준비 교육, 부부관계 향상 교육, 노후 생활 준비교육
	특화사업	한부모자녀관계 향상교육
		경제관리 교육
		예비부모교육 및 정보제공

사업영역	프로그램
가족상담	개인상담
	심리검사
	집단상담 및 교육 프로그램
가족문화	다양한 가족문화 조성사업
	가족 친화적 사회문화 조성사업
	가족단위 자원봉사문화 조성사업
	가족문화 캠페인사업
가족지원사업 (기타사업)	가족서비스 욕구조사
	가족관련 정보 및 자료 제공사업
	가족지원을 위한 지역사회 네트워크 구축사업

〈표 11-2〉는 「건강가정기본법」을 근간으로 건강가정지원센터에서 가족복지사업으로 실시되어야 할 세부사업 내용 중 주로 실시되고 있는 사업을 정리한 것으로 건강가정지원센터의 가족복지 사업내용이 무엇인지를 파악할 수 있다.

건강가정지원센터의 사업영역은 크게 가족교육, 가족상담, 가족문화, 가족지원서비스의 네 가지 사업영역으로 구분된다. 가족교육에 해당하는 프로그램은 부모교육과 부부교육, 가족상담에 해당하는 프로그램은 개인상담심리검사, 집단상담 및 교육프로그램이 있다. 가족문화는 다양한 가족문화, 가족 친화적 사회문화, 가족단위의 자원봉사 문화조성사업과 가족문화 캠페인사업을 포함한다. 끝으로 가족지원서비스는 가족서비스 욕구조사, 가족 관련 정보 및 자료제공, 사업가족지원을 위한 지역사회 네트워크구축 사업을 내용으로 한다.

(2) 다문화가정지원센터

다문화가정지원센터는 2008년 시행한 「다문화가족지원법」에 시행근간을 두고 있으며, 가족복지사업을 실시하는 주요기관 중의 하나로 다문화가정지원센터의 사업내용은 한국어 교육문화교육, 가족교육, 상담, 자녀교육 등이며, 종사자 인력의 역량강화와 다문화가족과 지역사회가 함께하는 전국대회를 추진하는 등 지역사회협력네트워크의 강화를 목적으로 하는 것이다. 또한, 다문화지원사업의 정책 대상별 정책목표는 첫째, 결혼이민자의 조기정착과 자립 역량강화, 둘째, 다문화가족의 안정적 생활 유지, 셋째, 건강한 자녀성장과 글로벌 인재 육성, 넷째, 국민의 다문화 이해증진에 있다(조현순, 정은, 2008). 이에 따라 2021년 여성가족부는 다문화가족 자녀 성장에 따라 미취학 및 초등저학년 자녀 대상 취학준비 학습지원(다배움)을 통해 학교에 잘 적응하도록 지원하고, 학령기 자녀를 대상으로는 전문적인 상담 및 진로 · 취업 컨설팅(다가감)을 진행하여 정서안정을 도모하고 학력격차를 완화할 계획이라고 한다(여성가족부공식 블로그, 2021).

(3) 한부모가족복지시설

한부모가족복지시설은 「한부모가족지원법」 내에 모자보호 · 자립시설, 모자 일시보호시설, 미혼모자시설, 미혼모자공동생활가정의 다양한 시설유형이 존재한다. 2009년 한 부모가족복지시설 평가기준으로 모자보호시설은 39개, 미혼모자시설 18개, 모자일시보호시설 12개, 공동생활가정 8개, 모자자립시설이 3개였다. 한부모가족지설은 아동을 대상으로 한 교육 및 프로그램입소자의 욕구 및 만족도조사, 지역사회자원과의 연계 및 활용 등의 사업을 주로 진행하고 있으나 재정의 어려움과 종사자의 열악한 후생복지 및 역량강화의 어려움 등의 문제로 원활한 사업진행에 어려움을 겪고 있다(보건복지부, 2009). 최근 여성가족부는 한부모가족의 주거안정과 사회 · 경제적 자립지원 등을 위해 전국 122개소의 한부모가족복지시설 설치 · 운영 지원 중이며, 2021년 12월 현재 한부모가족복지시설 현황은 모자가족복지시설 46개소, 부자가족복지시설 3개소, 미혼모자가족복지시설 64개소, 일시지원복지시설 9개소를 설치 운영 중에 있다. 또한 시설기능보강사업으로 한부모가족복지시설 신축, 증 · 개보수 및 장비구입(21년, 48개소, 10.4억 원 지원) 등을 지원하여 입소자에게 안전하고 쾌적한 주거환경을 제공하고 있다. 여성가족부는 한부모가족복지시설 지원과 함께 2022년부터는 한부모가족의 아동양육비지원 대상 및 예산을 확대하고 주거지원을 강화'할 계획이라고 하였다. 또한 한부모가족이 주거로 인한 경제적 부담을 덜고, 지역사회에서 자립할 수 있도록 매입임대주택 지원물량도 2020년 189호에서 2021년에는 222호로 확대되었다가 2022년에는 245호로 더욱 확대한다고 하였다. 또한, 24세 이하 청소년 한부모에게만 적용되던 근로 · 사업 소득공제(공제율 30%)를 2022년부터는 만 25세 이상 한부모가족에게도 도입 · 적용하고 생계급여를 받고 있는 중위소득 30% 이하 한부모가족 아동양육비를 월 10만 원에서 월 20만 원으로 인상한다고 하였다(여성가족부공식 블로그, 2021). 이와 함께 다양한 가족에 대한 지원도 강화되는데, 취약 · 위기가족에 대한 지원 범위를 확대하고, 지역 중심의 통합 · 복합적 가족센터 건립확대로 돌봄 기반 주성 확충 및 생애주기별 맞춤형 가족서비스를 지원하겠다고 하였다(여성가족부공식 블로그, 2021).

이처럼 우리나라 가족복지사업의 전달체계의 가족복지사업이 요보호계층 가족을 중심으로 하는 포괄적인 가족복지사업이라고 한다면 건강가정지원센터는 중산층 가족을 위주로 하는 예방적 차원의 교육 · 문화사업 중심의 가족복지사업의 경향이 클 것이며, 다문화가족지원센터나 한 부모가족복지 시설의 경우 앞의 두 기관에 비하여 특정 가족을 대상으로 지원되는 가족복지사업이라고 할 수 있다. 이러한 점에서 각 체계들은 기관마다의 전문영역에 따른 특성을 지니면서 단점도 함께 가지게 되므로 지역사회 내에서 가족복지 사업을 보다 원활하게 수행하기 위해서는 기관 간 연계체계 구축이 무엇보다 필요한 것으로 여겨진다.

4. 가족복지실천 현장과 사회복지사의 역할

1) 사회복지실천 현장

가정은 사회복지의 여러 실천현장들 가운데 가장 중요한 실천현장이다. 가족은 인류 역사상 어떠한 형태로든 가족이 한 번도 존재하지 않은 적이 없다. 최근에는 이혼, 혼외출산, 편부모가족의 증가, 독신자의 증가로 가족이 위기를 맞고 있다. 이러한 일들로 인해 결국 가족은 쇠퇴할 것이라고 주장하기도 한다. 가족 쇠퇴론의 대표적 학자는 포페노(Popenoe) 교수인데, 그는 《Disturbing the Nest: Family Change and Decline in Modern Societies》(1988)라는 저서에서 "가족제도가 사회적 힘과 기능을 상실하고 구성원의 행동과 태도에 미치는 영향력을 잃고 그 중요성도 약화 된다."라고 주장한다. 그러나 가족 진보론자들은 이혼율의 증가로 가족제도가 쇠퇴한다는 주장에 대해 다음과 같은 반론을 제기하기도 한다. 이혼의 증가는 결혼 '제도'를 거부하는 사람들의 증가를 의미하기보다는 특정한 유형의 결혼, 즉 만족스럽지 못한 결혼을 끝내려는 사람들의 증가를 의미한다는 것이다(임인숙, 1999).

우리나라의 이혼율은 2020년 기준 월간 9천여 건 발생하고 있지만, 지난 10여 년간 결혼 건수는 감소하고 있으나 재혼 비율은 상대적으로 증가하고 있다. 총 결혼 건수 중 재혼의 비율은 1990년 7.1%에서 2019년에는 18.6%로 높아졌다(문혁준 외, 2020). 이는 이혼하여 결혼을 끝내려는 사람에 비해 이혼 이후 다시 결혼하는 사람들이 더 증가하고 있음을 나타내주는 중요한 지표가 된다. 결혼을 통하여 가족을 이루는 것은 사람들의 사이에서 여전히 선호되고 있는 삶의 방식이라는 것을 증명해 주는 것이다.

가족관계란 가족 간의 인간관계에서 나타나는 권력구조, 역할구조 등과 같은 사회적 관계와 개인 간의 심리적 · 정서적 구조인 개인적 · 심리적 관계를 포괄하게 된다. 즉, 가족관계란 넓은 의미로 가족행동의 총체이며, 가족 상호작용의 역동과정이다. 이러한 가족관계를 더욱 구체적으로 설명하면 결혼으로 결합된 부부관계와 혈연관계로 연결된 부모자녀관계, 혈연을 공유하는 형제자매관계 등의 각각의 관계에 사회에서 제도적·규범적으로 허용하는 사회적 관계와 각 개인 간의 심리적 관계가 포함된다(김경원, 2006).

세계 각국에서 겪는 저출산·고령화로 인한 가족의 변화는 우리나라에서도 급격히 진행되고 있으며, 우리 정부도 가족정책에 정부의 책임성을 나타내기에 노력하고 있는 상황이다. 이러한 노력은 가족복지사업의 내용과 전달체계 등의 변화를 가져왔으며 사회복지관건강가정지원센터, 다문화가족지원센터 등의 전달체계들이 큰 변화의 소용돌이 속에서 가족복지사업의 역할을 다하기 위해 힘쓰는 중이다.

사회복지실천현장에서 만나는 가족들의 대부분이 편부모가정, 조손세대, 새싹세대, 동거세대, 위탁세대(foster family) 등 소위 전통적 가족구조에서 벗어나는 가구들이 대부분이며, 이들 클라이언트들이 제기하는 가족개념, 가족주의 가치관 등은 전통적 가족인식으로는 이해하지 못하는 것들을 제시하고 있는 현실이다. 이러한 클라이언트들에 대해 가족복지서비스를 제공하고 있는 사회복지사들은 클라이언트들에게 가족이란 무엇인가 또는 가족이 추구하는 가치는 무엇이고, 가족의 기능은 무엇인가에 대해 의문을 제기하게 되었으며, 사회복지사가 인식하는 가족이란 무엇인가를 살펴보기로 하였다(서현숙, 2001).

세계 최대 미래학회인 〈World Future Society〉는 "미래지평을 형성하는 50가지 트렌드(50 Trends Shaping the Future 2004 by Marvin J. Cetron and Owen Davies)"에서 장기적 안목의 경제사회변화에서 사회 전반의 가치관이 급속히 변하며, 완벽한 남녀평등이 실현되어 여성부나 여성동등권 등의 주장이 의미를 잃게 되고, 가족구조는 보다 더 다양하고 복잡한 구조로 변하게 된다고 예측했다. 최근 가족을 둘러싼 환경이 급속도로 변화함에 따라 "가족정책"은 시민들의 삶의 질을 높이기 위한 우선 과제로 대두되고 있다. 사회복지의 기본적인 요소가 가족이고 그 가족들이 모인 지역사회, 그리고 국가 전체 인구에 대한 복지임을 인식할 때 우리나라에서도 서구 국가들처럼 다양한 미래의 가족구조를 예측하고 변화하는 가족구조에 맞는 맞춤서비스 준비의 필요성을 강조하지 않을 수 없다. 지금은 우리 시대 가족의 변화에 따라 적절한 사회적 대응전략에 대해 가족의 변화 양상을 설명하고 이에 따른 새로운 사회적 대응방식에 대한 모색의 필요와 당위를 논의할 시대적 상황이다(경찰고시사, 2005; 이영주, 2006).

2) 가족복지실천의 사회복지사의 역할

현대 가족의 변화는 한부모가족, 새싹가정, 미혼모가족, 무자녀가족, 노인가족, 재혼가족, 입양가족, 다문화결혼가족, 맞벌이가족, 주말부부가족, 기러기가족, 사이버가족 등 매우 다양한 가족이 있다. 다양한 가족을 모두 다루기에는 한계가 있으므로 한부모가족, 새싹가정, 노인단독가구에 대한 사회복지적 접근범위를 정하여 살펴볼 것이다.

(1) 한부모가족의 사회복지적 접근

한부모가족은 대부분 한쪽 부모 부재로 인한 부모역할 문제를 갖는다. 이는 편부모의 가장 큰 문제로 자녀양육과 교육에 있어 매우 중요한 영향을 미친다. 따라서 바람직한 부모 역할에 대한 교육과 역할연습을 위한 다양한 기술교육이 필요하다. 자녀양육을 위한 사회지원프로그램이 절실하므로 효과적인 부모역할을 지원하기 위한 프로그램이 필요하다. 정부나 각 사회단체에서 다각적인 아동보육시설의 프로그램을 통해 취학 전 자녀양육을 위한 다양한 형태의 아동보육시설(주간탁아, 종일탁아, 시설탁아, 가정탁아, 위탁탁아 등), 취학자녀의 양육 및 교육을 위한 방과 후 아동보육프로그램을 활성화해야 할 것이며 유기된 자녀를 위한 가정위탁보호시설의 확대방안을 고려해야 할 것이다(박경자, 2004; 이영주, 2006).

① 지지적 관계망의 형성

한부모가족에게 잠재적 지지가 될 수 있는 공식적 · 비공식적 지지망을 연결하여 줄 필요가 있다. 이들은 심리적인 단절감과 고립감을 느낄 뿐만 아니라 가족 내 여러 가지 문제로 함께 의논하고 얘기할 대상이 필요함을 느낀다. 따라서 친척이나 친구, 혹은 이웃이나 사회기관 중에 한부모가족에게 지지가 될 만한 자원을 찾아 한부모가족과 연계시켜주어야 한다. 모자가족 또는 부자가족에게는 자녀양육 및 가사를 협조할 수 있는 가사봉사원제도를 확대 실시를 할 수 있다(박경자, 2004; 이영주, 2006).

② 동년배지지집단

동년배지지집단은 동년배의 편모(혹은 편부)를 대상으로 10~12명 정도의 규모로 구성한다. 이들은 정기적인 모임을 가지면서 자신들에게 생길 수 있는 문제를 해결할 수 있도록 지지한다. 이들은 서로 자신들의 문제와 관심사를 논의함으로써 따뜻하고 지지적인 장을 제공하고, 서로의 정보를 교환할 뿐만 아니라 지속적인 상호작용을 통해 도움을 주고받을 수 있다(박경자, 2004; 이영주, 2006).

(2) 새싹가정을 위한 사회복지적 접근

새싹가정을 위한 가족지원 방안으로는 첫째, 가정위탁보호제도를 활성화하는 것이다. 즉 보호자 및 후견인으로서의 친척, 이웃이 중요한 지역사회 자원임을 인식하고 이들을 보호하고 있는 친척 혹은 보호자를 면밀히 분석하여, 가족적 환경을 이룰 수 있도록 임대주택의 우선권, 아동을 보호하는 가정에게 현물의 수당(in kinds), 혹은 부양자로서의 세제 경감 등의 적극적인 활용방안을 모색해 '사회적 가족'의 의미를 확대시켜야 할 것이다. 이러한 가정위탁보호제도가 정착되기 위해서는 공공부조제도의 개선이 요구된다. 둘째, 후견인제도의 활성화로 현재의 경제적 도움에 집중된 후견인제도 방식에서 벗어나 이들을 물질적으로 연결시키는 것뿐만 아니라 심리적으로도 긴밀한 연계를 가질 수 있도록 민간단체와 협력하는 방안도 모색할 수 있다. 셋째, 그룹홈

제도운영을 활성화하여 친척이나 가정위탁보호가 불가능한 새싹가정에서 중학생 이하의 아동을 그룹홈 형태에서 보호하는 것이다. 그룹홈은 사회복지사 또는 대부, 대모와 함께 생활하면서 부모역할을 대행하게 하는 대안적 가족형태로 시설의 단점을 보완할 수 있다. 넷째, 새싹가정의 대부분이 한부모가족에서 출발한다. 발생 원인을 보면 부모의 사망이 주원인으로 나타나고 있으나, 부모의 이혼으로 인한 한부모가족 부모의 생계능력 부족, 부모-자녀 간의 유대가 약화되면서 가족원에 대한 부양의식의 약화로 부모의 가출 혹은 유기하는 경우가 있다. 따라서 한부모가족의 기능적 결손, 즉 경제적 어려움 해결, 자녀양육 · 교육을 위한 지원체계 강화를 통해 가족해체를 예방할 수 있어야 하겠다(이영주, 2006).

(3) 노인단독가구를 위한 사회복지적 접근

노인의 문제는 가난, 질병, 고독, 무위의 4가지 고통(4苦)으로 표현한다. 그 중 노인단독가구의 가장 심각한 문제는 생계비 부족과 질환으로 인한 약값 · 병원비 부족과 외로움이다. 그러므로 가정 내 보호서비스에는 보호와 간병을 주로 하는 재가복지 중심으로 추진되어야 한다. 재가복지서비스는 노인이 익숙한 가정에서 생활하면서 서비스를 제공받을 수 있는 급식서비스, 가정봉사원서비스, 가정방문간호서비스, 주야간보호서비스 등이 확충되고, 재활서비스도 확대되어야 한다. 시설현황 역시 노인 수에 비해 역부족이지만, 현재 우리나라는 '노인수발보장법' 실시를 앞두고 노인요양시설 및 노인전문병원을 확충하고 있지만 노인 수에 비해 시설수가 부족하므로 노인복지시설이 확대되고 접근성이 원활해야 할 것이다. 특히 노인을 위한 사회복지서비스는 보건과 복지가 연결된 서비스가 확대 운영되어야 한다(유승교, 2003; 이영주, 2006).

3) 가족정책적 접근

가족정책의 목적은 가족구성원의 안정과 복지를 강화하고 가족생활과 관련된 삶의 질을 높이는 데 있다. 우리나라의 가족정책은 가족 전체를 대상으로 지원하는 종합적인 가족복지정책이 아니라 가족 개개인에게 초점을 둔 정책이다. 그러므로 예방적 기능보다는 사후 치료적 기능에 초점을 맞추고 있어 가족기능 유지보다는 문제가족이나 해체가족에 대한 서비스가 주축을 이루고 있다. 그러나 여성가족부가 주관하고 있는 제1차 가족정책기본계획(2006~2010)을 보면 '가족 모두 평등하고 행복한 사회'라는 정책비전을 가지고 있다. 더불어 '가족과 사회에서의 남녀 간 · 세대 간 조화실현'과 '가족 및 가족구성원의 삶의 질 증진'이 정책목표로 제시되고 있다. 가족 돌봄의 사회화, 일-가정 양립 지원, 가족의 경제적 안정성 강화, 다양한 가족에 대한 지원, 평등한 가족문화 및 가족친화적 사회환경 조성, 가족정책의 인프라 확충 등 6개 영역 180여 개의 정책과제가 포함되어 있다. 그러므로 현실적이고 효과적인 가족정책이 되기 위해서는 관계 중앙행정기관 및 지방자치단체(시 · 도)에서 체계적이고, 일관성 있는 가족정책 계획을 수립하고 추진해야 한다. 급변하는 사회 속에서 더욱 가속화되고 있는 가족문제에 대한 국가 개입은 보다 포괄적이고 종합적이며, 현실적일 필요가 있다(이영주, 2006).

(1) 여성을 위한 가족돌봄정책의 강화

첫째, 가부장제가 현존하는 가운데 가정 내의 책임을 떠맡아 온 여성이 가정 내에 처한 새로운 상황과 그들의 욕구에 대한 이해와 필요를 반영하여 가족정책을 펴야 한다. 우리나라는 이미 고령화 사회에 접어들어 고령화에 따른 가족 돌봄 부담은 점점 가중되고 있다. 그동안 개별가족이 주로 담당해온 노인이나 중증질환 가족원에 대한 돌봄 등 가족의 돌봄 부담을 사회가 분담할 수 있는 지원체계가 마련되어야 한다(여성가족부, 2006; 이영주, 2006).

(2) 직장과 가족생활을 위한 양립지원체계의 필요성

남성의 사회문화와 근로조건은 일 중심의 가족으로부터 소외된 반면, 여성은 경제활동의 사회적 지원체계 미비로 결혼 · 출산 · 육아 등의 가족생활 주기에 따라 경제활동을 중단해야 했다. 그러나 최근 고용 및 미래소득에 대한 불안으로 인한 '남성중심'에서 '부부공동'의 가족생계 부양체계로 전환되면서 양성평등정책이 단계적으로 추진되었고, 한편 기업은 가족친화적인 근무환경과 근무 여건 등 모든 여성으로 하여금 일-가정생활 양립이 가능하도록 직장환경을 조성해야 한다(여성가족부, 2006; 이영주, 2006).

(3) 가족의 경제적 안정성 강화

외환위기 이후 실업 및 고용불안정의 증가로 가족의 경제적 기반이 위축되고, 사회양극화 현상이 심화되었다. 특히 이혼 증가에 따른 여성가구주 증가로 여성 · 아동 · 청소년의 빈곤위험이 가속화되었다. 또한 저소득 가족에 대한 경제적 지원을 위한 국민기초생활보장제도가 운영되고 있으나 부양의무자 기준 등 엄격한 수급기준 등으로 사각지대가 존재한다. 이에 국민기초생활보장제도 등 사회보장제도의 정비와 세제개편 및 저소득가족에 대한 경제적 지원체계 확립을 통해 가족의 빈곤 및 사회양극화현상을 완화시켜야 한다(이영주, 2006).

(4) 변화하는 가족에 대한 현실적인 지원

제1차 가족정책기본계획(2006~2010) 안에서는 정책비전으로 '가족 모두 평등하고 행복한 사회'와 정책목표인 '가족과 사회에서의 남녀 간 · 세대 간 조화의 실현'과 '가족 및 가족구성원의 삶의 질 증진'이 제시되었다. 가족 돌봄의 사회화, 일-가정의 양립 지원, 가족의 경제적 안정성 강화, 다양한 가족에 대한 지원, 평등한 가족문화 및 가족친화적 사회환경 조성, 가족정책의 인프라 확충 등 6개 영역 180여 개의 정책과제가 포함되었다. 이에 따라 체계적이고 일관성 있는 가족정책이 추진되었다. 여성가족부는 「건강가정지원법」에 근거한 건강가정지원센터를 시 · 군 · 구 단위로 설치 운영하고 있다. 이는 가족이 해체되기 이전의 문제가정에 다양한 지원을 하고 있으나 가족문제 전반에 대한 종합적이고 체계적인 개입과 서비스 제공은 어려운 실정이다. 예를 들면 노인문제가 원인인 문제가정의 해결은 노인복지관에서 해결하도록 하고, 성폭력이 원인이 된 문제가정의 해결은 성폭력상담소에 의뢰함으로써 해결할 수 있도록 하는 다리 역할을 한다. 급속하게 변화되는 가치관과 그에 따른 가족구조의 변화에 능동적으로 대처하고, 현실적인 안정을 위해서는 급변하는 사회상을 직시할 수 있는 의식 전환도 필요하다. 또한, 관련 법과 제도의 정비를 통해서 현실적인 문제를 해결하려는 사회적 노력도 필요하다. 외국인 노동자나 농촌총각 장가보내기 일환으로 시행된 연변, 필리핀 여성과의 국제결혼으로 파생되는 문제와 동성애 가족과 동거가족, 기러기 아빠 등의 문제까지도 폭넓게 바라볼 수 있는 종합적인 대책이 요구된다(여성가족부, 2006; 이영주, 2006).

학습목표

1. 의료사회복지의 개념에 대해서 설명한다.
2. 의료사회복지사의 자격과 직무 영역에 대해서 설명한다.
3. 의료사회복지 현황에 대해서 설명한다.
4. 정신건강사회복지의 개념에 대해서 설명한다.
5. 의료사회복지사의 자격과 직무 영역에 대해서 설명한다.
6. 정신건강사회복지 현황에 대해서 설명한다.

개 요

사회복지현장은 그 실천 영역에 따라 1차 세팅과 2차 세팅으로 구분할 수 있으며, 일반적으로 사회복지현장을 구분한다. 1차 세팅은 우리 많이 인식하고 있는 종합사회복지관, 장애인종합사회복지관, 장애인복지관, 노인복지관, 요양시설, 아동복지시설 등이 대표적이라고 할 수 있다. 2차 세팅은 기관으로는 사회복지서비스를 2차적 목적으로 하는 정신병원, 병원, 학교, 교도소와 같은 교정시설, 군부대, 산업체 등이 이에 해당한다.

본 장에서는 사회복지의 2차 영역에 해당하는 의료와 정신건강에 대하여 개념과 사회복지사의 역할, 업무 그리고 국내외의 현황 등을 통하여 그 내용을 살펴보고자 한다.

CHAPTER 12

의료 및 정신건강 사회복지

1. 의료사회복지

1) 의료사회복지의 개념

의료사회복지 지위를 살펴보면 과거 일반 사회복지사들이 의료영역에서 환자의 심리사회적, 정서적, 환경적인 문제를 해결하기 위해서 활동하였으며, 2007년 1월 자격시험제도 TF를 운영하면서 2008년부터 전문사회복지사제도 도입과 더불어 사회사업실을 통하여 환자의 재정적 지원에 대한 연계와 퇴원 후의 사후관리, 질병에 대한 예방과 회복에 이르는 연속적인 과정에서 개인에 대한 접근뿐만 아니라 의료제도와 정책 차원의 접근을 통하여 의료사회복지실천의 목적을 달성하도록 돕는 보건의료 영역의 전문사회복지사로 그 지위를 인정받아 지금까지 이르고 있다(대한의료사회복지사협회, http://www.kamsw.or.kr.).

의료사회복지는 이러한 개념에 의하여 학자들마다 달리 적용할 수 있으나 일반적으로 프리들랜더(W.A. Friedlander)에 의하면 의료사회사업이란 사회사업의 전문화된 한 분야로서 환자가 가능한 한 보건소를 가장 효과적으로 이용할 수 있도록 하기 위해 병원이나 진료소, 기타의 의료기관에서 실시되고 있는 개별사회사업과 집단사회사업의 실천을 포함하고 있으며, 환자의 질병과 치료에 영향을 주는 사회적, 정서적 문제를 다루는 데 있어서 원조에 강조점을 두는 것을 특징으로 한다고 하였다.

이광재(2005)에 의하면 의료사회복지는 관점에 따라 달리 정의될 수 있겠지만 통합적 차원에서 볼 때 의료사회사업이란 질병으로 인해 어려움을 겪는 개인과 가족 등을 대상으로 의료사회사업의 전문적 방법을 통해 환자와 그 가족의 개인적 기능 향상, 질병의 치료와 재활 및 예방 등 다양한 목적을 위해 이루어지는 사회복지의 전문적인 실천 분야 가운데 하나로 정의할 수 있다.

김덕준(1976)은 의료사회사업을 “의료팀의 한 일원으로서 사회사업가의 전문적인 입장에서 의료, 보건의 장에서 환자 혹은 가족이 당면한 정신적, 사회적, 경제적 문제와 요구상태를 해결, 완화, 충족하여 의료의 달성을 원조하는 과정”이라고 하였다.

김규수(1991)는 의료사회사업이란 “의료기관에서 치료 팀의 일원으로서 사회사업의 전문적인 방법을 활용하여 환자의 질병치료와 회복 및 사회복귀 기능을 돕는 목적을 가지고 질병으로 인하여 파생되는 환자의 심리적, 사회적 및 경제적 문제가 치료와 회복에 악영향을 주지 않도록 문제를 해결해 주거나 조정하여 환자 및 그 가족을 돕는 전문적인 활동이다.”라고 하였다.

즉 의료사회복지는 병원을 중심으로 전문직인 의료사회복지사가 의료팀의 일원으로 정신적, 사회적, 경제적 문제와 그 요구를 해결하여 환자의 치료와 회복에 대하여 원조하는 행위라고 정리할 수 있다.

이러한 의료사회복지의 정의가 마련되기까지 그 발달과정을 살펴보면, 영국에서는 정신병원에서 퇴원한 환자의 사후보호를 목적으로 한 가정방문이 이미 19세기에 행해졌었고, 1880년 정신병자사후지도협회가 설립되기도 하였다. 그러나, 의료사회사업이

전문직으로 조직화된 일은 런던에서 자선조직협회(Charity Organization Society)의 총간사이던 로크(Charles S. Lock)가 의료계의 개혁의 필요성을 역설하고, 이러한 개혁의 시도로서 1895년 왕실시료병원(Royal Free Hospital)에서 자선조직협회의 수련된 사회복지사인 스튜어트(Mary Stewart)를 최초의 의료사회복지사로 채용하게 된 것이다.

미국 의료사회사업은 1860년 뉴욕 부녀아동진료소의 의사 블랙웰(Dr. Elizabeth Blackwell)의 활동에서 처음 싹트기 시작하였다. 그녀는 환자보호의 목적뿐만 아니라 빈민이 실제로 사는 방식과 비위생적 생활태도 건강에 미치는 영향을 파악하는 데 가정방문이 매우 중요하다고 보았고, 이와 같은 사회 환경적 요인이 질병에 큰 영향을 준다는 사실을 의사와 간호사에게 가르쳤다. 또한 가정방문을 통해 퇴원 후 환자의 회복을 위해 어떻게 도와줘야 하는지 가족이나 친지에게 설명하기도 하였다.

미국의 사회복지사들은 1880년대 중반, 일차적으로 기관과의 협력을 통해 결핵, 유아사망, 매독, 소아마비 그리고 미혼모 임신 같은 공중보건문제를 다루며 의료사회사업을 시작하였다. 의료사회사업이 미국에서 전문직으로 처음 인정받기 시작한 것은 1905년 보스톤에 있는 메사추세츠 종합병원의 의학 부장이었던 의사 카봇(Dr. Richard Cabot)이 병원 외래에 의료사회복지사 펠튼드(Garnet I. Peltond)를 채용한 것이 시초이다. 의사 카봇은 발병의 원인과 환자의 기능 회복은 사회적 요인에 의해 영향을 받는다고 보고, 의료사회복지사를 처음 채용함으로써 의료서비스 제공에 새로운 접근방식을 도입하였고 병원 안에서 사회사업서비스를 제공하는 토대를 구축하였다.

이후 미국의 경우 병원이 원무과를 설치하여 병원의 경영과 서비스지원을 하고 있는 것처럼 대부분의 병원이 사회복지서비스과를 설치하여 의료사회복지사를 고용하여 환자에게 사회복지서비스를 제공하고 있다. 의료사회복지실천이 확대된 계기는 1966년 메디케어의 도입이었다. 메디케어의 신설로 환자 수가 급증했고, 메디케어 수급자인 노인의 경우 복합적 만성 질환을 갖고 있었기 때문에 의학적 질료서비스뿐만 아니라 심리사회적 사회복지실천서비스도 필요했고, 따라서 그런 지식과 기술을 갖춘 전문사회복지사의 수요가 증가했던 것이다.

우리나라는 유니테리안 봉사회(Uniterian Service Committee: USC)의 지원으로 1958년 한노병원에서 처음 의료사회사업활동이 이루어졌는데, 당시 이들의 의료사회사업활동은 주로 물적, 인적 자원 지원과 이에 대한 지도 감독 등이었다. 1959년 4월에 국립중앙의료원에서는 김만두에 의해 의료사회사업이 시작되었으며, 11월에는 원주기독병원에 김해숙이 의료사회사업을 시작하였다. 1970년대 초반까지의 대부분의 활동은 전문적인 활동보다는 경제적인 문제해결중심의 직무로, 주로 종교단체의 인적, 물적 후원을 통하여 빈곤한 환자들에게 원조를 제공하는 것으로서 시작한 것이 특징이라고 하겠다.

1973년 9월 대통령령 제6863호로 공포된 개정 「의료법 시행령」 제24조 제2항 제5호 "종합병원에는 사회복지사업법의 규정에 의한 상담 및 지도업무를 담당하는 요인을 1인 이상 둔다."에 의해 의료사회사업을 법적으로 인정하게 됨으로써 의료사회사업은 좀 더 활발한 움직임을 보이기 시작하였다.

1973년 11월 10일 의료사회복지사들의 권익향상과 친목도모 및 새로운 지식과 기술의 개발을 통한 한국의료사회사업의 전문화를 위하여 32명의 회원으로 대한의료사회사업가협회(현 대한의료사회복지사협회)가 설립되었다. 1977년 7월 1일에는 「의료보험법」이 개정 · 시행되었는데, 정신요법료 내에 정신의학적 사회사업 수가로서 개인력조사, 사회조사, 사회사업지도, 가정방문 등 4개 항목을 산정할 수 있게 됨에 따라 병원 정신과에서 의료사회사업의 역할은 더욱 비중 있게 되었다.

대한병원협회에서는 병원의 질(quality)관리를 위하여 1981년부터 선진외국의 모델을 도입하여 병원표준화심사제(현 병원신임평가)라는 프로그램을 실시하고 있는데, 그 내용 가운데 의료사회사업부문이 포함되어, 병원에서의 의료사회사업 서비스의 질과 전문적인 업무의 수행 정도를 평가함으로써 우리나라 의료사회사업의 전문화에 기여하였다.

2) 의료사회복지사의 자격과 역할

의료사회복지사가 되기 위해서는 2020년부터 전문자격증으로 법적 지위를 가지게 되어 국가자격으로 신설되었다. 이에 따라 별도로 국가고시를 통하여 1급 자격을 취득한 이후 자격을 취득할 수 있다. 대한의료사회복지사협회 의료사회복지사가 되기 위해서는 1급 사회복지사 취득 후 수련기간 1년 동안 이론교육 40시간, 임상수련 960시간, 총 1,000시간의 수련교육과정을 이수해야 한다. 수련 과정은 다음과 같다.

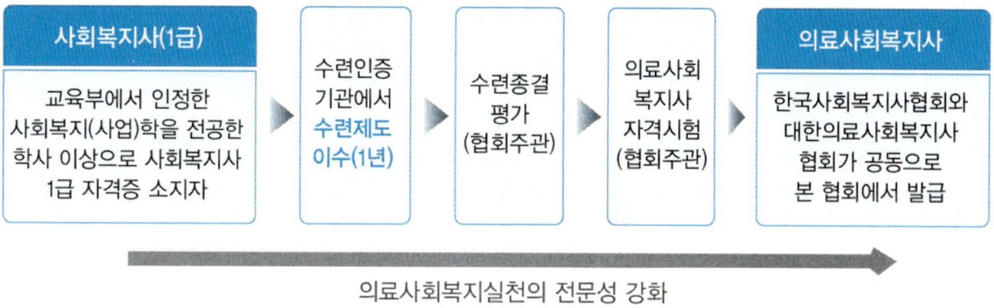

[그림 12-1] 수련교육제도

출처: 대한의료사회복지사협회

수련기간 960분의 세부 시간과 내용을 구체적으로 살펴보면 다음과 같다.

<table>
<tr><td colspan="2">임상영역별 수련시간
(총 960시간 이상)</td><td>총 960시간으로 내과계에서 1/2 이상인 480시간 이상, 외과계에서 1/2 이상인 480시간 이상의 수련시간 충족. 어느 한 분야에서 편중되게 수련 받음으로 인한 부작용을 최소화하기 위한 기준</td></tr>
<tr><td colspan="2">이론교육(총 40시간)</td><td>수련이론교육은 집체교육 28시간, 기관방문(1기관 방문 시 2시간 인정, 6시간 초과할 수 없음), 지부교육/연구분과 교육(1교육 시 2시간 인정) 합하여 총 40시간으로 함</td></tr>
<tr><td>사례</td><td>총 사례수</td><td>총 30사례로 사회사업 사정에 대한 사례 15사례, 사회사업 개입에 대한 사례 15사례로 한 사례를 가지고 사정과 개입을 동시에 진행했을 경우 두 부분의 사례수로 각각 산정</td></tr>
</table>

	사회사업 사정	사회사업사정 사례에서는 최소한 자료수집, 강점사정, 문제사정을 위한 틀, 문제사정, 개입계획, 개입에 대한 이론적 근거들과 슈퍼비전 내용이 제시되어야 함
	사회사업 개입	사회사업 개입 사례에서는 개입계획에 따라 진행된 개입내용을 제시하고 종결된 이후 평가내용과 슈퍼비전 내용을 포함하여야 함
	슈퍼비전	슈퍼비전 내용은 동일한 사례일 경우 사정과 개입에 각각 기록하지 않고 한 부분에만 기록하여도 됨
수련기간		병원마다 시작시점이 다르긴 하나 총 수련기간은 반드시 1년이어야 함
프로그램 개발 및 임상연구		프로그램 개발 또는 임상연구로 진행한 사례를 1사례 이상 제출(프로그램 개발은 집단프로그램을 기획하고 진행하는 것을 말함)
학술활동 (총 20점 이상)		학술활동은 이론교육과는 별개로 평점 20점을 확보하여야 함. 본인의 수련 기간 중에 취득한 것을 원칙으로 하며 평점에 대한 기준은 협회에서 정한 기준을 준용함

출처: 대한의료사회복지사협회

위 과정을 이수한 후 검정에 임해야 한다. 대한의료사회복지사협회에 의하면 시험은 필기시험 방식으로 진행되고 1교시는 객관식, 2교시는 주관식 논술형으로 진행되며, 시험시간은 각 50분이 주어진다. 1교시 객관식은 의료사회사업 실무론(30문항), 의료사회복지 윤리(5문항), 의료사회복지 제도 및 법제(15문항) 총 50점이며, 2교시 주관식은 의료사회사업 사례분석(1사례) 총 50점으로 60점 이상이면 자격을 취득할 수 있다.

의료사회복지사의 역할에 대해서 코커릴(Eleanore E. Cockerill)은 "의료사회복지사는 질병을 초래한 사회적 요인과 질병으로 인해서 발생한 환자의 사회적 문제 그리고 환자의 치료에 장애를 주는 제반 요인에 1차적 관심을 두어야 하며, 동시에 2차적으로는 처방된 의학적 치료의 방법을 환자가 보다 더 잘 받아들이도록 돕는 일이다."라고 하였다. 카푸티, 디너만, 도나 본타와 도이슐레(Caputi, Dinerman, Dona Bonta, & Deuschle) 등은 첫째, 가족의 양상과 생활양식을 변화시키는 역할을 할 것, 둘째, 만성질환자들과 사회적 위험도가 큰 집단에 치중할 것, 셋째, 의료서비스의 질과 가격을 평가하는 체계를 사용할 것, 마지막으로 대인관계행동에 관한 모델의 개발을 제안하고 있다.

레르(H. Rehr)는 미국 의료사회사업계의 흐름에 대한 예측과 그것을 전제로 한 의료사회복지사의 역할을 다음과 같이 제시했다.

먼저 그가 제시한 미국의 의료사회복지사가 앞으로 직면할 상황들은 다음과 같다. 첫째, 앞으로 의학적 처치보다는 신체적, 심리적, 사회적 접근을 필요로 하는 질병들, 즉 만성질환, 경변증, 폐기종, 고혈압, 에이즈, 약물중독, 성적 장애, 스트레스 장애, 불안장애, 정신지체나 발달장애 등이 건강의 관심사가 될 것이다. 둘째, 점점 더 부유층을 위한 의료서비스와 빈곤층을 위한 의료서비스로 서비스 양극화가 생길 것이고, 더 많은 사람들이 의료서비스를 받을 수 없는 형편이 생길 것이다. 셋째, 의사 간에, 병원 간에, 그리고 의사와 다른 전문가들 간에 경쟁이 예측된다. 의사와 간호사, 의사와 사회사업가들 사이에 영역을 둘러싼 갈등이 생길 것이고, 간호사와 사회사업가들 사이의 갈등은 줄어들 것이다. 넷째, 영역을 둘러싼 중복, 역할혼돈, 경쟁이 계속될 것이다. 어떤 중복현상은 바람직할 수 있고, 어떤 경쟁은 비의학적인 전문분야의 시장을 강화시킬 것이다. 여기서 중요한 점은 각 분야의 기능적인 특징들이 정의되어야 한다는 점이다. 다섯째, 사회개혁과 특별관심사를 중심으로 한 집단으로 알코올중독 자조집단, 알츠하이머 환자 가족집단 등의 운동이 활발해질 것 등으로 요약하였다.

따라서, 그가 이러한 흐름의 예측을 전제로 의료사회복지사가 앞으로 취해야 할 역할로 제시한 것은 첫째, 서비스의 효과를 서류화할 것, 즉 서비스를 객관화, 명료화시키고 사회사업 개입이 비용 효과적(cost-effective)이라는 것을 나타내 보일 것, 둘째, 퇴원계획을 위해 계속 새로운 지역사회자원들과 지지망을 개발할 것, 셋째, 적극적으로 시장개척을 할 것, 넷째, 지역사회조직의 전문적 역할을 담당할 것 그리고, 마지막으로 보다 적극적인 자세를 취할 것을 요구했다. 로젠버그(Rosenberg)도 의료사회사업계의 흐름을 4가지로 요약하여 그에 따른 역할을 제시했는데, 그의 전망의 요지는 첫째, 건강분야에서의 긴축재정 때문에 사회사업 이익에 대한 수량화를 요구받을 것이라는 것, 둘째, 지금까지 가장 익숙한 의료사회사업의 장은 병원이나 진료소였고 이는 지속될 것이지만 사회복지사들은 건강의 유지와 증진 쪽에 점점 관심을 기울일 것이기 때문에 영국식과 같은 지역사회에 기반을 둔 모델도 생각해야 한다는 것이다. 또 현존 보건기관들과 소비자 집단 사이의 중개자 역할을 점점 더 하게 될 것이고, 의료사회복지사들은 임상사회사업의 제공, 사회건강정책의 개발, 건강조직체의 운영 등에 관심을 돌리게 될 것이라는 것이다.

이에 따라 그가 제시한 역할은 첫째, 현재 사회복지사들의 활용되지 않은 잠재력을 개발할 것, 둘째, 여러 전문집단에 의해 동의된 의료적 보호의 사회적으로 바람직한 목표를 도출할 것, 셋째, 서비스의 결과를 수량화시킬 것, 넷째, 사회사업활동의 요금청구를 할 수 있는 시장을 개발할 것, 다섯째, 의료제도(healthcare system)와 그것에 영향을 미치는 사회정책을 표적으로 한 개혁과 사회운동에 새로운 관심을 가져야 하며 클라이언트 개인의 자기결정권과 선택권을 더욱 옹호할 것, 여섯째, 의료사회사업 영역에 대한 합의가 선행되어야 할 것, 즉 사회건강분야에서의 의료사회사업의 역할, 정의, 서비스 방법 등을 분명히 하고, 사회보건 체계의 운영, 조직, 구조, 책임을 규제하는 정책수립을 해야 할 것, 끝으로 의료사회사업가들은 기관에 대한 충성심, 사회개혁에 대한 충성심, 클라이언트에 대한 충성심 사이에서 균형을 이룰 것, 그리고 마지막으로 직업건강, 직업 의학이 발달되어 생산성에 영향을 주는 사회적 건강요인들을 찾아야 할 것 등을 들고 있다.

의료사회복지사는 환자와 가족에게 케이스워크뿐만 아니라 그룹워크, 컨설턴트 서비스를 제공하고, 다른 전문직에 대한 교육이나 병원 내부의 계획과 정책개발에도 기여한다. 그리고 의사가 팀장인 의료 팀의 일원으로 의사, 간호사, 여타 치료사와 함께 협력하면서 환자의 진단과 치료 과정에 참여한다.

의료사회복지사의 직무표준화를 위하여 대한의료사회복지사협회에서는 1997년국내외 문헌연구에서 수집된 다양한 직무와 병원업무지침서를 바탕으로 실무현장에서 수행 중인 63개의 직무를 선정하고 실무의료사회복지사의 자문을 거쳐 최종적으로 3개 직무 차원에 7개 직무하위 차원, 33개의 직무내용을 선정하였다.

직무 차원	직무하위 차원	직무내용	
사회사업 임상	심리 · 사회 · 정신적 문제해결 직무 차원	1	심리 · 사회적 문제의 원인조사 및 사정
		2	치료계획에 의한 환자의 개별치료
		3	내원객의 욕구에 의한 환자의 개별상담
		4	치료계획에 의한 환자의 가족치료
		5	내원객의 요구에 의한 환자의 가족상담
		6	집단치료
		7	집단활동지도
		8	환자와 환자가족의 교육
		9	환자와 환자가족에게 질병에 관한 정보제공
	경제적 문제해결 직무 차원	10	사회보장 및 법적 제도에 대한 정보제공과 지원
		11	병원 내의 자원을 이용한 진료비 지원
		12	후원자, 후원단체 연결을 통한 병원 외적 자원과의 연결
	지역사회자원 연결 직무 차원	13	지역사회의 새로운 자원 개발 및 정보망 조성
		14	수집된 기존 지역사회의 자원체계에 대한 정보제공
		15	지역사회자원과 연결
사회사업 임상	사회복귀 및 재활문제해결 직무 차원	16	퇴원계획 상담
		17	추가치료 및 자기치료 지원(가정방문, 외래상담 등)
		18	직업재활 상담지도
		19	회복 상태 및 사회적응도 평가
		20	사회생활 훈련지도
	Team Approach 직무 차원	21	회진 참여
		22	타 부서와의 case conference
		23	병원경영에 어려움을 줄 수 있는 고위험 환자의 조기발견
		24	질병에 의한 고위험 환자의 조기발견
		25	사례분석 평가
행정	사회사업부서의 순수행정 직무 차원	26	보고서 및 업무일지 기록
		27	사회사업 부서의 운영에 관한 회의
		28	부서 직원의 지휘 및 감독
		29	병원(기관)의 행정 및 경영에 관계된 회의
교육 및 연구조사	교육 및 연구조사 직무 차원	30	실습생 지도
		31	신규직원 교육
		32	전문성 제고를 위한 교육참여(임상연구 회의, 저널 클럽)
		33	의료사회사업 연구 및 조사활동

출처: 대한의료사회복지사협회 · 연세대학교사회복지연구소(1997).

3) 의료사회복지의 현황

우리나라의 의료사회복지사 배치에 대하여 명확한 정보가 희소하다. 다만 건강보험심사평가원에서 제시한 자료를 기준으로 살펴보면 2022년 8월기준 종합병원(상급병원 포함) 기준 306명이 배치되어 있으며, 미배치(추정)된 인원은 66명으로 확인된다. 다만 이 자료는 실제정보와 다를 수 있음을 밝히고 있다. 다시 말하면 명확한 통계를 가지고 있지 않는 것으로 볼 수 있다. 그만큼 정확한 현황을 알 수가 없다고 보여진다.

〈표 12-1〉 전국종합병원 사회복지사 배치 현황(배치수/미배치수)(시도별)

	계	서울	부산	대구	광주	대전	인천	울산	충북	충남	세종	강원	경기	전북	전남	경북	경남	제주
계	372	56	28	18	24	10	20	9	13	13	2	15	72	14	26	20	26	6
배치	306	43	23	13	19	9	17	8	13	9	1	14	60	9	23	18	21	6
미배치 (추정)	66	13	5	5	5	1	3	1	0	4	1	1	12	5	3	2	5	0

출처: 건강보험심사평가원 인력신고현황, 보건복지부[1)]

〈표 12-2〉 의료사회복지현황

기관분류	구분	심평원기준 병원수	협회등록기관수	협회원 사회복지사
3차	상급병원	43	43	216
2차	종합병원	298	138	326
1차	병원	1,514	87	265
	요양병원	0	46	74
	의원	30,292	6	8
계		32,147	320	889

출처: 대한의료사회복지사협회

1) 미배치 현황은 「국민건강보험법」 제43조에 따라 요양기관이 신고한 자료를 바탕으로 추정한 것으로 요양기관에서 신고 누락 또는 착오신고 시 실제 정보와 다를 수 있음

4) 의료사회복지 실천

우리나라에 의료사회복지실천이 처음 도입된 곳은 1958년 한노병원과 세브란스병원이다. 당시에는 전문적 사회복지실천서비스보다는 결핵약 배급이나 구호물자 공급 등 물질적 원조가 주였다. 그러다가 1973년 「의료법」 시행(제24조 제2항 제5호)에 따라 종합병원에 사회복지사의 채용을 의무화함으로써 병원에 사회복지사가 정식으로 배치되기 시작했다.

그 후 의료사업복지사의 수가 증가하기 시작했고(1973년 대한의료사회복지사협회 설립), 1977년 건강보험의 실시와 함께 의료사회복지사의 일부 서비스가 보험수가로 인정받게 되었다. 최근 들어 대형 병원이 증가하면서 의료사회복지서비스도 경쟁적으로 확대되었고, 그에 따라 의료사회복지서비스의 전문성도 확대되고 있다.

현재 일반 병원에서 의료사회복지사의 서비스를 보험수가로 인정하는 것은 재활사회사업이다. 재활사회사업은 재활의학적 목적으로 사회복지사가 직접 실시한 경우 보험수가로 산정하는데 개인력 조사(individual history taking), 사회복지실천상담(social work counseling), 가정방문(home visiting) 등을 포함한다(한국사회복지사협회, 2003: 135, 138).

2. 정신건강사회복지

1) 정신건강사회복지의 개념

우리나라의 정신건강 정책은 1995년 제정된 「정신보건법」에 따라 시행되기 시작했다. 기존의 정신질환에 대한 인식이 정신건강의 예방학이나 건강학이라는 측면에서 수용되기 시작하면서 보건학, 정신건강 사회복지학이라는 새로운 학문의 영역으로 발전하는 계기가 되었다. 또한 우리나라는 자살증가, 알코올과 약물 중독, 인터넷 중독 등 새로운 정신 질환이 늘어남에 따라 정신건강 정책이 광범위하게는 정신보건학적으로 확대되어 대정부 정책안으로 수립되면서 국민의 건강은 전적으로 "국가의 책임"으로 강조되었다. 이것은 정신건강 정책이 한 개인에서 국가적으로 복지정책으로 전환된 것으로 해석할 수 있다(채연숙 외, 2012).

김규수(1999)에 의하면 이러한 정신건강의 맥락에서 첫째, 정신보건사회복지는 정신적, 정서적 장애로 고통을 받고 있는 사람들의 건강회복과 정신건강을 촉진하는 활동, 즉 정신건강 증진을 하는데 있고, 둘째 실시장소는 주로 정신의료기관, 즉 정신병원, 진료소 등에 정신과적인 치료를 하는 기관 또는 환자의 회복을 돕는 지역사회 전문기관을 중심으로, 셋째, 주요 대상은 정신적, 정서적 장애로 고통을 받고 있는 자 또는 그 가족, 친척 등을 상대로, 넷째, 그들 대상자가 가지고 있는 문제는 정신적, 정서적 장애의 고통문제는 물론 그 문제로 말미암아 파생되는 문제, 즉 경제적, 사회적 문제 그리고 증상회복에 따른 지지적문제 등을 다섯째, 사회복지적 실천과정, 즉 정신과 진료팀, 정신의학자, 심리학자, 정신과간호사, 작업치료사 등과 함께 분담된 역할을 사회복지방법을 통하여 실천하는 사회복지의 한 분야이다.

2) 의료사회복지사의 자격과 역할

정신보건사회복지사는 사회복지사 1급 자격증 소지자 중에서 정신보선분야의 전문적인 지식과 기술을 갖춘 자이다. 정신질환자의 개인력 및 사회조사, 정신질환자에 대한 사회사업지도 및 방문지도, 사회복귀 촉진을 위한 생활훈련 및 직업훈련, 정신질환자와 그 가족에 대한 교육 · 지도 및 상담업무, 정신질환 예방 활동 및 정신보건에 관한 조사연구를 한다.

정신보건사회복지사 단체인 정신보건사회복지사협회는 1997년 1월에 창립되었다. 정신보건사회복지사 자격은 수련기관에서 1년간의 수련과정을 통하여 자격증을 부여하는데 1997년부터 시작하여 현재까지 시행되고 있다. 정신보건사회복지사협회는 서울강원지회를 포함하여 8개지부가 있다.

「정신건강증진 및 정신질환자 복지서비스 지원에 관한 법률」(약칭: 정신건강복지법)에서 보건복지부령으로 정하는 수련기관에서 수련을 받고 정신건강분야에 관한 전문지식과 기술을 갖춘 사람을 정신건강전문요원이라 정의하고 있다. 정신건강전문요원은 전문분야에 따라 정신건강임상심리사, 정신건강간호사, 정신건강사회복지사로 구분한다(정신건강복지법, 2017). 정신건강사회복지사의 자격기준은 다음과 같다.

등급	정신건강사회복지사
1급	1. 사회복지학 또는 사회사업학에 대한 석사학위 이상을 소지한 사람으로서 보건복지부장관이 지정한 수련기관에서 3년(2급 자격 취득을 위한 포함하지 아니한다) 이상 수련을 마친 사람 2. 2급 정신건강사회복지사 자격을 취득한 후 정신건강증진시설, 보건소 또는 국가나 지방자치단체로부터 정신건강증진사업등을 위탁받은 기관이나 단체에서 5년 이상 근무한 경력(단순 행정업무 등 보건복지부장관이 정하는 업무는 제외한다)이 있는 사람
2급	「사회복지사업법 시행령」 제11조 제2항에 따른 사회복지사 1급 자격을 소지한 사람으로서 수련기관에서 1년 이상 수련을 마친 사람

출처: 정신건강사회복지사협회

제시된 바와 같이 1급과 2급으로 분류되어 있는데, 2급 정신건강사회복지사는 1년의 수련 과정을 이수한 후 자격증을 취득하게 되고, 1급 정신건강사회복지사는 정신건강분야에서 5년 이상 근무 경력이 있을 경우 자격증을 갱신하거나, 석사학위 이상 소지자의 경우에는 3년 이상 수련을 마치면 자격증을 취득할 수 있다.

정신건강사회복지사의 역할은 「정신건강복지법」 제17조에 근거하여 정신건강분야에 관한 전문지식과 기술을 갖추고 보건복지부령으로 지정한 수련기관에서 수련을 받은 사회복지사를 말한다. 이들은 정신의료기관과 정신건강복지센터, 정신재활시설, 요양시설 등 지역사회 정신건강증진기관에서 정신질환의 예방 및 정신장애인의 사회복귀를 위한 역할을 수행하고 있다.

정원철(2010)은 정신건강사회복지사가 속한 기관의 기능에 따라 직무내용에 차이가 있으나 공통인 업무로는 ① 심리사회적·정신적 문제해결, ② 집단을 통한 환자문제해결, ③ 사회복귀 및 재활문제해결, ④ 경제적 문제해결, ⑤ 치료계획을 위한 연구 및 조사, ⑥ 지역사회자원 동원 및 활용, ⑦ 교육 및 행정업무로 설명하고 있다.

김기태 등(2016)은 정신보건 영역에서 정신건강사회복지사의 핵심역할은 ① 위기개입상담가, ② 진단가, ③ 치료자, ④ 중개자와 중재자, ⑤ 교육자, ⑥ 기술훈련가, ⑦ 사례관리자, ⑧ 촉진자, ⑨ 소비자와 가족자문가, ⑩ 팀협력자(기관 내·외부), ⑪ 옹호자와 지역사회조직가, ⑫ 프로그램 평가자와 연구자, ⑬ 행정가와 정책분석가로 설명하며 시간이 지날수록 사례관리자로서의 역할이 정신건강사회복지사의 핵심역할로 떠오르고 있다고 하였다. 「정신건강복지법」에서 정신건강사회복지사의 역할은 ① 정신재활시설의 운영, ② 정신질환자등의 재활훈련, 생활훈련 및 작업훈련의 실시 및 지도, ③ 정신질환자등과 그 가족의 권익보장을 위한 활동 지원, ④ 진단 및 보호의 신청, ⑤ 정신질환자등에 대한 개인별 지원계획의 수립 및 지원, ⑥ 정신질환 예방 및 정신건강복지 관한 조사·연구, ⑦ 정신질환자등의 사회적응 및 재활을 위한 활동, ⑧ 정신건강증진사업 등의 사업 수행 및 교육, ⑨ 정신건강증진 활동, ⑪ 정신질환자등에 대한 사회서비스 지원 등에 대한 조사, ⑫ 정신질환자등과 그 가족에 대한 사회복지서비스 지원에 대한 상담·안내 로 업무의 범위를 지정해 놓았다(국가법령정보센터, 2017).

따라서 정신건강사회복지사의 역할을 정리해 보면 정신장애인에 대한 직접적인 개입, 정신장애인 가족에 대한 개입, 정신장애인을 둘러싸고 있는 환경에 대한 개입을 통해 정신장애인의 회복과 삶의 질 향상에 도움이 되는 역할을 수행하는 전문가(specialist)이다. 최근 정신질환 예방을 위해 지역사회 정신건강사회복지사업이 확대되며 정신장애인이 아니더라도 지역사회주민을 위한 정신건강서비스의 중요성도 높아지고 있다. 결국 정신건강사회복지사는 정신장애인과 지역주민 등 정신건강서비스를 제공받는 클라이언트의 삶에 직·간접적으로 접촉하게 된다.

정리해 보면 정신건강사회복지사의 업무범위는 공통업무와 고유업무로 구분할 수 있다. 그 업무의 내용은 다음과 같다.

구분	업무범위
공통업무	가. 정신재활시설의 운영 나. 정신질환자등의 재활훈련, 생활훈련 및 직업훈련의 실시 및 지도 다. 정신질환자 등과 그 가족의 권익보장을 위한 활동 지원 라. 법 제44조 제1항에 따른 진단 및 보호의 신청 마. 정신질환자 등에 대한 개인별 지원계획의 수립 및 지원 바. 정신질환 예방 및 정신건강복지에 관한 조사 및 연구 사. 정신질환자 등의 사회적응 및 재활을 위한 활동 아. 정신건강증진사업 등의 사업 수행 및 교육 자. 그 밖에 제1호부터 제8호까지의 규정에 준하는 사항으로 보건복지부장관이 정하는 정신건강증진 활동
고유업무	가. 정신질환자 등에 대한 사회서비스 지원 등에 대한 조사 나. 정신질환자 등과 그 가족에 대한 사회복지서비스 지원에 대한 상담 및 안내

출처: 「전신건강증진 및 정신질환자 복지서비스 지원에 관한 법률 시행령」 제12조 제2항 재구성

3) 정신건강사회복지의 현황

1990년대 이전 「정신보건법」이 없던 시절에는 정신질환자가 기도원이나 요양시설 등에 격리, 감금 혹은 방치되거나 치료받지 못하고 인권 침해를 당하는 경우가 많았다. 그러나 1997년 「정신보건법」이 시행되면서 중앙 및 지방 정신보건심의위원회가 구성되었고 보건국 정신보건과가 신설되며 정신건강증진시설 및 지역 기반의 정신건강 서비스 기관이 다양화되었다. 같은 해에 사회복귀시설(현, 정신재활시설)은 2개소, 정신요양시설은 78개소가 운영 지원된다. 1998년 정신보건발전 5개년 계획이 수립되

면서 모델형 정신보건센터(현, 정신건강복지센터) 운영사업으로 서울 성북, 서울 성동, 울산 남구, 강원 춘천 4개소가 운영되기 시작하였다. 2000년에는 알코올 상담센터(현, 중독관리통합지원센터) 4개소에서 시범사업을 시작하였고, 2001년에는 정신보건센터(현, 정신건강복지센터)가 모델형과 기본형 두 가지 유형으로 나뉘어 설립·확대되기 시작하였다. 1997년 이후부터 정신요양시설이 폐쇄 및 정신의료기관으로 전환됨에 따라 정신요양시설은 점차 감소 추세로 이어졌고, 정신보건센터(현, 정신건강복지센터)와 사회복귀시설(현, 정신재활시설), 알코올 상담센터(현, 중독관리통합지원센터)는 증가하는 추세를 보였다. 2003년 「정신보건법」이 개정됨에 따라 법적 기관으로 운영·지원되는 정신보건센터(현, 정신건강복지센터)가 확대되었으며, 사회복귀시설(현, 정신재활시설), 알코올 상담센터(현, 중독관리통합지원센터), 정신요양시설이 운영·지원되었다.

2005년에는 지방비로 지원되는 정신보건센터(현, 정신건강복지센터)가 운영되었으며, 정신요양시설 및 사회복귀시설(현, 정신재활시설)에 대한 운영비 보조가 지방으로 이양되었고, 자살 등 위기 상담전화가 운영되기 시작하였다.

하센펠드(Hasenfeld, 1992)에 의하면 시설의 시작과 형태는 각기 다르지만 정신건강 서비스를 위해 만들어진 조직은 국가 차원의 정신건강 사업계획 및 대책을 기반으로 한 보건복지부의 정신건강사업 안내 지침에 따라 활동을 수행하고 있으며, 비영리기관이면서도 공공기관의 성격을 가지고 있는 휴먼 서비스 조직으로 볼 수 있다. 다음 설명될 조직들은 제도화된 조직으로 다양한 환경적·이념적 요구를 수용해야 하며, 학계나 연구기관 등이 승인하는 기법을 사용하여 클라이언트의 상태를 변화시킨다. 그리고 클라이언트와 직원의 관계가 중요하다. 클라이언트와 직원 간의 관계의 질이 서비스와 조직의 효과성이 달라질 수 있기 때문이다.

2021년 국가 건강현황 보고서(보건복지부, 2023)에 따르면 우리나라의 정신건강관련기관 현황은 정신건강복지센터 260개, 자살예방센터 51개, 중독관리통합지원센터 50개, 정신의료기관 2,038개소, 정신요양시설 59개소 및 정신재활시설 346개소로 총

2,804개소이다. 전국 정신건강증진시설 및 지역사회 재활기관 유형별 상근인력은 다음과 같다.

(단위: 명)

구분		상근 인력 총계	전문 인력 계	정신과 전문의	정신건강전문요원				전공의	간호사	사회 복지사	임상 심리사	기타[2]
					계	간호사	사회 복지사	임상 심리사					
총계		26,454	9,802	3,791	6,011	2,177	3,029	805	527	6,156	3,124	431	6,414
기관 종류	정신의료기관	19,195	6,589	3,790	2,799	1,309	851	639	527	5,319	446	321	5,993
	종합병원 정신과	4,289	1,405	720	685	307	103	275	437	1,642	126	147	532
	병원 정신과	1,178	425	172	253	157	65	31	19	354	29	9	342
	정신병원	8,195	2,601	1,022	1,579	789	636	154	71	2,931	207	28	2,357
	국립	733	386	31	355	294	38	23	38	46	5	2	256
	공립	394	168	43	125	93	24	8	9	141	9	2	65
	사립	7,068	2,047	948	1,099	402	574	123	24	2,744	193	24	2,036
	요양병원 정신과	111	3	3	0	0	0	0	0	33	4	2	69
	한방병원 정신과	82	14	8	6	0	6	0	0	33	1	0	34
	의원 정신과	5,332	2,139	1,863	276	56	41	179	0	326	79	134	2,654
	한의원 정신과	8	2	2	0	0	0	0	0	0	0	1	5
	정신요양시설	1,440	183	0	183	116	66	1	0	273	855	0	129
	정신재활시설	1,388	739	0	739	127	571	41	0	10	533	9	97
	정신건강복지센터	4,066	2,083	1	2,082	580	1,387	115	0	530	1,174		91
	광역	474	307	1	306	60	232	14	0	22	117	7	21
	기초	3,592	1,776	0	1,776	520	1,155	101	0	508	1,057	84	167
	중독관리통합지원센터	275	149	0	149	41	99	9	0	21	94	5	6
	자살예방센터[3]	90	59	0	59	4	55	0	0	3	22	5	1
권역	수도권	11,846	4,748	1,981	2,767	908	1,497	362	310	2,517	1,146	243	2,882
	전라권	3,496	1,335	397	938	402	431	105	52	835	503	38	733
	경상권	7,018	2,370	953	1,417	430	735	252	94	1,955	727	99	1,773
	강원권	797	271	96	175	115	43	17	24	202	136	10	154
	충청권	3,297	1,078	364	714	322	323	69	47	647	612	41	872

주: 1) 개인 식별 문제로 기관별 전체 값 및 권역값만 제시함
2) 작업치료사, 기타 등 포함
3) 독립형(6개소)만 포함, 부설형은 각 기관별로 광역 혹은 기초 정신건강복지센터에 포함
출처: 보건복지부(2023).

2021년 현황에 의하면 정신건강인력은 정신의료기관, 정신요양시설, 정신재활시설, 정신건강복지센터, 중독관리통합지원센터, 자살예방센터에 근무하고 있는 상근 종사자는 26,454명이며, 이 중 정신건강전문인력은 9,802명으로 나타나고 있다. 이중에서는 정신건강전문요원 중 직종이 사회복지사로 분류된 인력은 6,153명이며, 그중에서 정신건강사회복지사는 3,029명으로 나타나고 있다.

4) 정신보건사회복지 실천

정신보건 분야에서 최초로 사회복지사를 채용, 배치한 것은 1906년 미국 뉴욕 시의 맨해튼 주립병원이었다. 그리고 1918년 보스턴 정신병원과 동 병원의 사회복지실천과가 주도하여 개인적 · 심리적 토대 위에서 정신질환자를 다룰 수 있는 능력을 가진 사회복지사를 양성하기 위해 스미스대학교에 정신보건사회복지실천대학원을 설립했다. 스미스대학교 정신보건사회복지실천대학원은 정신보건사회복지사를 양성하기 위한 세계 최초의 학교였다.

미국의 경우 정신보건 분야는 사회복지사협회 회원의 절반가량이 고용되어 있고, 석사학위를 가진 사회복지사의 39%가 일하고 있을 정도로 사회복지사의 대표적인 일터이다. 그리고 사회복지사는 정신보건 분야에서 핵심 전문직의 하나로 자리 잡고 있다.

정신보건 분야의 사회복지사를 과거에는 정신보건사회복지사로 했으나 오늘날에는 임상사회복지사라 부른다. 정신질환자를 대상으로 임상사회복지사들은 다양한 예방, 진단, 치료 서비스를 제공하는데, 정신적 문제를 가진 사람에게 상담과 심리치료를 제공함에 있어 개인보다는 가족을 중시한다.

정신보건 분야의 핵심 전문가는 임상사회복지사, 정신과 의사, 임상심리학자이다. 이들 세 전문직은 정신보건 프로그램을 설계하고 운영한다. 그 외에도 정신보건 간호사, 직업치료사, 레크리에이션 치료사 등도 참여한다. 미국의 경우 정신보건서비스 분야에서 일하는 임상사회복지사는 정신과 의사나 임상심리학자보다 많다. 미국의 임상사회복지사는 정신병원뿐만 아니라 정신보건센터, 학교, 가족상담센터, 정부의 공공복지 부서, 입양기관, 보호관찰 부서 등지에서도 활동하고 있다. 건강보험이 임상사회복지사의 임상치료에 대해 보험 급여를 제공하면서 개업해 치료를 제공하는 임상사회복지사의 수고 늘고 있다. 그와 함께 임상사회복지사의 개업 자격 요건을 강화하는 주정부가 많아지고 있다.

초기에는 정신의료 분야의 사회복지사가 일반적으로 정신과 의사의 지시를 받는 관계였다. 그러나 환자의 정서적 문제의 일차적 원인이 생물학적 유기체보다는 생활문제에 있다는 사실이 점차 밝혀짐에 따라 사회복지사는 정신과 의사의 지시 감독 없이 독자적으로 상담과 심리치료를 담당하는 직원으로 자리를 잡아 갔다.

우리나라의 경우 사회복지실천의 입장에서는 이차장면(secondary setting)인 정신의료기관에는 의사, 간호사, 사회복지사, 임상심리사 등의 여러 관련 전문직들이 다학제적 치료팀을 구성하여 의료 서비스를 제공하고 있으며, 다양한 치료방법이 활용되고 있으므로, 정신질환의 특성상 이를 둘러싼 다학제 전문 분야 간의 역할분담은 미국에서나 우리나라에서는 늘 유동적 쟁점이 되어왔다(Egan & Kadushin, 1995). 특히 사회복지사는 환자의 치료와 사회복귀와 가족의 고통경감에 특별히 역점을 두는 업무의 성격상 환자, 가족 치료팀의 다른 전문직, 병원 경영진 및 행정직 등 여러 분야의 사람들과 다각적 입장에서 만나기 때문에(Donnelly, 1992) 역할의 다양함에 따른 정체성의 문제가 상대적으로 확산되어 보이기도 한다고 하였다(김은정, 2005).

정신요양시설에는 경제적인 문제, 무연고 등으로 집중적인 정신의료서비스가 필요한 재원, 부적절한 정신질환자가 적절한 서비스를 받지 못함으로써 만성화되거나 장기적인 입소 및 수용으로 자신에게 남아있는 건강한 부분마저 개발 및 발휘할 기회를 상실하는 경우도 적지 않은 것이 현실이다. 따라서 정신요양시설의 기능이 요양과 사회복귀 기능을 동시에 제공하는 것보다 요양보호의 기능을 강화하여 질적인 요양서비스를 제공할 수 있는 정신질환전문요양시설로 기능을 재정립하여 국가 정신건강전달체계에 연계하는 것이 바람직하다(노봉근, 2006).

정신재활시설은 정신의료기관에 입원하거나 정신요양시설에 입소하지 아니한 지역사회 내에 거주하고 있는 정신질환자를 대상으로 사회복귀를 촉진하기 위한 사회적응훈련이나 직업훈련 등을 제공하고 있으며, 거주공간이 필요한 정신질환자를 대상으로 하는 주거를 마련해 주는 등 다양한 서비스를 제공하고 있다. 정신재활시설에는 생활시설재활시설, 생산품판매시설, 종합시설이 포함된다(최선희, 2020).

정신건강복지센터는 「정신건강복지법」 제15조에 근거하여 설치 · 운영되며, 지역사회 중심의 통합적 정신보건서비스 제공을 위한 기반을 구축하고, 지역주민의 욕구에 적합한 예방 · 치료 · 재활서비스가 제공될 수 있도록 정신건강증진시설 간 연계 및 정신건강서비스 제공체계를 마련한다. 또한 공적기관으로서 지역사회 정신건강증진사업을 기획하고 조정하는 역할을 한다.

중독관리통합지원센터는 「정신건강복지법」 제15조 제3항에 따라 시행되고 있으며 중독자 조기발견, 상담, 치료, 재활 및 사회복귀를 지원하는 기관으로 중독 문제가 있는 노숙인 등 사회적 취약계층의 자활을 위한 상담재활지원 서비스를 제공한다.

학습목표

1. 교정복지의 개념과 특성을 이해한다.
2. 교정복지의 제도와 시설을 이해한다.
3. 군사회복지의 개념과 목적을 이해한다.
4. 군사회복지 정책과 사회복지사의 역할을 이해한다.

개 요

현대사회는 빈부격차, 가족해체, 강력범죄, 마약 및 약물 중독, 자살, 성문제 등 끊임없이 일탈 행위와 각종 범죄가 발생되는 사회다. 교정 복지는 이러한 문제들에 대해 사회복지실천가와 교정 분야 종사자, 자원봉사자, 일반 시민, 국가가 주체가 되어 범죄자와 우범자 또는 그들의 문제 및 유해환경 등을 대상으로 미시적으로는 사회복지실천방법의 지식과 기술을 실천하고, 거시적으로는 사회복지정책의 법과 제도적 장치 등을 활용하여 대상자들의 재범 방지와 예방 및 사회 복귀를 돕는 사회적 노력과 활동을 말한다.

군(軍) 사회복지 또한 군에서 발생되는 문제 처리와 사병들과 그 가족들의 복지욕구 충족, 군이 갖고 있는 본래의 기능과 목표 수행을 원활하게 행하도록 돕는 노력의 일환이며, 사회복지의 한 실천 분야로서의 그 필요성이 있다. 따라서 이 두 가지 복지에 대해서 살펴보면 다음과 같다.

CHAPTER 13

교정 및 군(軍)사회복지

1. 교정복지

1) 교정복지의 개념과 특성

(1) 교정복지의 개념

교정복지의 용어는 영어로 “Correctional Social Work” 또는 “Correctional Welfare”라고 말한다. “Correction”은 삐뚤어진 것을 바로 잡아 고친다는 의미이고, 본래 의학적으로 인간의 질병이란 ‘성격을 교정’하거나 ‘재활’의 의미를 가진다. 교정복지란 범죄자를 단지 처벌한다는 단순한 차원을 넘어 사회복지 차원에서 그들이 교정, 교화될 때까지 사회적 지원이 이루어져야 한다는 것에 사회적, 국가적인 사명감을 갖는 것을 강조하게 된다. 즉, 사회복지학을 바탕으로 비행 청소년과 범죄인의 재활을 돕고, 비행과 범죄를 예방하는 데 중점을 둔 사회복지실천인 것이다. 그래서 교정복지는 개별사회사업(Case Work), 집단사회사업(Group Work), 지역사회 사업(Community Work) 등과 같은 기초적인 사회방법론을 활용하여 범죄인이나 비행 청소년이 심리·사회적으로 가장 편안한 상태를 유지하면서 사회에 적용하여 활동할 수 있도록 돕는 활동인 것이다.

김명근 등(2018)은 "범죄자 비행 청소년의 재활과 정상인으로서의 사회 복귀를 돕고, 범죄 사건으로 말미암은 불리한 영향을 해결하기 위한 전문 사회복지의 한 분야"라고 언급한다. 다시 말해서 교정복지는 "범죄자와 범죄피해자, 그들의 가족, 나아가 범죄가 발생하는 지역사회에서의 문제해결과 예방적 관점에서 범죄와 비행으로 말미암은 영향으로부터 정상적 상태로 회복시키고자 행해지는 일체의 활동"인 것이다.

교정복지는 범죄인의 교화를 위한 전문 분야로서, 범죄인의 교정과 교화를 위한 특정한 한 분야의 활동뿐만 아니라 범죄예방의 차원에서 볼 때 각 분야의 전문인력이 협력하여 돕는 포괄적인 활동이다(권육상 외, 2010; 한국임상사회사업학회, 2019).

현대사회는 점점 더 급속한 경제성장과 더불어 빈부격차, 가족해체, 지역사회 갈등과 같은 사회해체 현상이 나타나면서 각종 강력범죄, 청소년 비행, 알코올과 약물 중독, 자살, 성매매 문제 등과 같은 개인적인 혹은 집단적인 일탈 행위들이 사회문제로 확산되고 있다. 이러한 문제를 해결하기 위해서는 사회의 사회화 기능, 통제기능, 재활 기능 등의 기능을 강화 및 수정하여야 한다. 그러나 단순히 범죄자를 처벌하고 단속해야 한다는 기존의 접근방법으로서는 진정한 교정 효과를 기대하기가 힘들다(권중돈 외, 2019). 범죄자의 재범방지와 재활을 위해서는 그들의 원활한 사회생활과 적응이 필수적이며, 나아가 범죄에 취약한 지역사회에서의 예방 활동이 필수적이라고 할 수 있다. 여기에 교정복지의 가치나 필요성이 있다고 할 수 있다.

(2) 교정복지의 특성

교정복지는 다른 복지 분야와 마찬가지로 다학제적 성격을 지닌다. 교정학, 심리학, 사회학, 교육학, 법학, 사회복지학, 정신의학, 경찰학, 정치학, 행정학, 범죄학 등에서 종합적인 연구를 필요로 하게 된다. 교정복지는 클라이언트, 즉 범죄자 및 비행 청소년에 대한 처벌보다는 인간의 존엄성과 권리에 중점을 두고 사회복지 차원에서 이들의 사회적응과 재활을 도모해야 한다. 그 이유는 교정복지의 궁극적인 목표가 그들의 재활에 있지만, 재활의 모든 부분에 관여하는 것은 아니며, 전문사회사업이 책임져야 할 부분만을 수행하게 된다(최옥채, 2010; 권중돈 외, 2019).

교정복지에서 공급 주체는 크게 공공부문과 민간부문으로 나누어 수행되고 있다. 공공부문은 경찰, 검찰, 법원, 교도소, 소년원, 보호관찰소 등으로 조직되어 있으며, 민간부문은 법인, 단체, 자원봉사 조직, 개인에 의해 서비스가 제공되고 있다.

교정복지실천의 주요 대상자는 범죄자, 비행 청소년뿐만 아니라 그들의 가족, 일반 시민을 모두 포괄하지만, 최근 청소년범죄가 증가함에 따라 이들에 대한 처우와 더불어 교정복지에 대한 관심이 대두되고 있다. 교정복지는 성인 범죄자보다 상대적으로 비행 청소년에 중점을 두고 사회 내 보호와 적극적 특별 예방을 지향하고 있음을 보게 된다.

교정 관련 기관과 주요 활동 및 서비스를 살펴보면 크게 수용시설, 보호시설, 민간시설로 구분하게 되며, 수용시설은 교도소(구치소), 보호감호소, 특수교도소가 해당되며, 교도소는 형의 유무에 따라 기결 수용자를 수용하게 되며, 성별, 연령별, 죄의 경중, 기능별로 분류하여 수용하게 되고, 보호감호소는 재범의 위험이 있는 자에 대해 특수한 교육, 개선 및 치료가 필요한 경우 수용 및 교정이 이루어지며, 특수교도소는 약물 및 알코올 중독자, 나환자 등 특수 처우가 필요한 대상을 수용하게 된다.

보호시설은 보호관찰소, 소년원, 소년분류심사원, 치료감호소가 해당된다. 보호관찰소는 일상적인 사회생활을 영위하면서 재범에 빠지지 않도록 대상자를 지도, 감독, 원호하는 사회 내 처우를 하게 되고, 소년원은 가정법원 및 지방법원 소년부에서 송치된 비행소년을 보호 · 수용하여 교정 · 교육을 실시하게 된다. 소년분류심사원에서는 범죄소년에 대한 분류심사를 실시하여 법원소년부에 자료를 제공하고, 교정처우 지침 제시, 사후지도 권고 등을 한다. 치료감호소는 범죄를 저지른 장애인, 약물 및 알코올

중독자의 재활을 위한 보호 · 서비스 제공 등을 한다.

민간시설은 한국법무보호공단, 소년보호시설, 기타 종교 · 사회단체 및 지역사회복지시설이 해당된다. 한국법무보호공단은 건전한 사회복귀와 재적응을 위해 집행유예 · 선고 유예자, 가석방처분 및 출소자를 대상으로 물질적 · 정신적 원조를 한다. 소년보호시설은 소년법원에서 4호 처분을 받은 소년들을 아동복지시설 또는 소년보호시설 등에 위탁하여 감호, 학업 및 직업교육 제공을 한다. 기타 종교 · 사회단체 및 지역사회복지시설은 다양한 교정기관 · 시설로부터 서비스 대상자를 위탁받아서 서비스를 실천하게 된다(권중돈 외, 2019).

(3) 교정복지의 기능

① 적응기능

적응기능은 범죄자와 청소년의 적응을 돕는 기능을 말한다. 그리고 범죄자 스스로 책임 있는 선택과 결정을 할 수 있다고 보고, 그들의 재활을 위해 수용시설이나 지역사회에서 안정된 생활을 영위할 수 있도록 돕는다. 적응기능을 위해서는 현실요법, 환경요법, 집단지도, 교류 분석, 긍정적 동료문화 등의 방법이 사용된다.

② 원조기능

원조기능은 범죄자와 청소년의 가족을 돕는 기능을 말한다. 범죄자와 청소년의 가족은 지역사회로부터 범죄자 가족이라는 낙인이 찍혀 소외되는 경우가 많다. 그러므로 범죄인을 올바르게 이해하고 포용할 수 있는 환경조성과 원조 및 지지가 빈드시 필요하다. 청소년은 사법의 대상이 되어서는 안 되며 이들에 대한 모든 절차적 권리는 보장되어야 하기 때문에 보호시설 등의 활동 서비스가 필요하고, 비시설 수용적 프로그램이 확대실시 되어야 한다.

③ 협력기능

협력기능은 범죄자의 특정한 질병이나 장애 치료에 대하여 협력을 제공하는 기능을 말한다. 즉, 알코올이나 약물중독, 정신질환 등으로 고통받고 있는 이들에게 재활할 수 있도록 교정복지 전문가가 개입하여 치료를 돕는 기능이다. 주로 수용시설과 관련해서는 특수교도소의 활동 서비스에서 필요하고, 보호시설 중에서는 치료감호소의 주요 활동 서비스를 생각해 볼 수 있다.

④ 보호기능

보호기능은 보호관찰기능을 말한다. 보호관찰은 교정복지 분야의 핵심 부분이다. 범죄자와 비행 청소년이 바람직한 적응을 할 수 있도록 보호관찰 기관과 협력하여야 한다. 일상적인 사회생활을 영위하면서 재범에 빠지지 않도록 지도하고, 감독하며 원호하는 사회 내 처우가 필요하다. 수용시설과 관련해서는 보호감호소의 활동 서비스와 보호시설과 관련해서는 보호관찰소의 활동 서비스를 생각해 볼 수가 있다.

(4) 교정사회복지사의 역할

현행 교정사회복지사의 역할은 교화직 공무원과 소년보호위원 및 교정위원 등 여러 부분에서 수행되고 있지만, 주로 사법 단계의 최종단계인 교정 분야에서 이루어지고 있다(천정환 외, 2010). 교정사회복지사는 범죄인의 재활에 자신의 전문성을 살리기 위해 교정 상담에 관한 기술을 익히고 자유롭게 활용할 수 있어야 한다. 특히 범죄인을 상대하는 사람으로서 정신적인 무장이 확고해야 하며 범죄인의 재활을 위해 협력하고 있는 각계의 단체나 조직을 효율적으로 관리하는 능력을 갖추어야 한다(한국임상사회사업학회, 2019).

권중돈 등(2019)이 주장한 규범적 측면에서의 교정사회복지사의 역할을 다음과 같이 살펴볼 수가 있다.

① 협력자의 역할

경찰 내부에서 외국과 같이 전문사회복지사를 소년경찰로 채용하거나 혹은 기존의 소년경찰에 대한 지속적인 직무교육을 통해 소년비행 업무를 더욱 전문화하여야 한다. 즉, 비행 청소년의 특성을 파악하고 진단과 치료 기술을 습득해 전문사회사업이 경찰단계에서 활발히 이루어지도록 해야 한다.

② 안내자로서의 역할

경찰 외부에서 지역사회의 사회복지사는 경찰과 밀접한 관련을 맺으면서 비행 청소년에 대한 처리 및 선도 과정에 적극적으로 개입할 수 있다. 가령 상담이나 자문에 응하여 비행 청소년의 특성과 배경을 이해하는 데 조력하고, 경찰이 지나치게 처벌 위주의 결정을 내리지 않도록 비행 청소년의 선도 방향을 제시하며, 지역사회 내의 자원을 활용해 선도를 같이 담당할 수 있다. 근래 외국에서는 경찰과 함께 순찰하거나 긴급구호 전화에 응답하는 일 등 경찰단계에서 교정사회복지사의 역할이 증가하고 있다.

③ 조력자로서의 역할

검찰단계에서는 검찰과 연계해 비행 청소년의 조사 활동에 개입해 자료를 제공하여 사건처리의 합리적 판단에 조력할 수 있으며, 검찰과 경찰에 상담실을 갖추어 비행 청소년과 그 가족을 대상으로 사전 조사와 상담 및 서비스 제공의 역할을 수행해야 한다. 즉, 현재 행해지고 있는 검찰청의 기소 전 상담제도에 교정사회복지사가 적극 참여하여 조력자 역할을 해야 한다.

④ 옹호자로서의 역할

재판단계에서는 판사의 판결 전에 사전 조사를 실시해 조사 결과를 제공하는데, 조사 내용에는 범죄자 외에도 관련 영역 및 사람에 대한 것이 포함된다. 이와 같은 판결

전 조사 및 조사 결과를 진단하는 조사관과 진단자의 역할 외에도 외국처럼 교정복지사가 심리과정에 참여해 전문가와 증인 또는 범죄인의 옹호자로서 의견을 개진해 판결에 영향을 행사할 수 있어야 한다.

⑤ 상담자로서의 역할

교정단계에서는 외국처럼 사회복지사를 대거 투입하여 교정 현장의 전문화를 강화해야 한다. 사후관리단계에서 교정복지의 일환으로 지역사회복지관의 사회복지사가 참여하는 체계를 구축해야 한다. 즉, 사후단계에서는 심리적 갈등과 사회적응력 부족으로 재적응의 실패와 재범의 가능성을 제거하기 위해 재활과 치료 및 상담역할을 사회복지사가 수행해야 하므로 갱생보호공단의 일정 인원은 사회복지사로 구성하여야 한다.

2) 교정복지제도와 시설

(1) 교정제도

① 보호관찰제도

보호관찰제도는 재소자를 구금하여 자유를 제한하는 대신 정상적인 생활을 영위하도록 하면서 보호관찰의 지도 · 감독 및 원호를 통해 범죄성이나 비행성을 교정하고, 재범을 방지하는 형사정책적인 제도를 말한다. 즉 일정한 의무를 조건으로 자유로운 사회생활을 허용하면서 보호관찰관이 직접 혹은 민간 자원봉사자인 범죄예방위원의 협조를 지도 · 감독 · 원호를 하거나, 사회봉사 · 수강명령을 집행함으로써 범죄 행동을 교정하여 건전한 사회복귀를 촉진하고 재범을 방지하는 선진형사제도이다(김명근 외, 2018).

본 제도는 법무부 보호국에서 1982년에 도입해 연구반을 편성하여 일부 가석방자에 대한 시험 실시를 하였고, 1988년 12월 31일 보호관찰법을 제정했다. 그리고 1989년 7월 1일에 소년범을 중심으로 보호관찰을 실시할 보호관찰소를 개정하였다.

보호관찰제도의 목적은 보호관찰, 사회봉사, 수강 및 법무 보호 등 체계적인 사회 내 처우가 필요하다고 인정되는 자에 대하여 지도 · 원호함으로써 건전한 사회복귀를 촉진하고, 효율적인 범죄예방 활동을 전개함으로써 개인과 공공의 복지를 증진함과 사회 보호를 하는 것이다.

② 갱생보호제도

갱생보호제도는 교도소 · 소년원 등 교정시설(矯正施設)의 출소자 및 형의 집행유예 · 선고유예 또는 기소유예 등으로 구금 상태에서 풀려나온 모든 출소자의 자활 · 갱생을 위한 보호제도이다(네이버지식백과). 좁은 의미로는 교도소 · 소년원 등 시설에서 일정 기간 교정을 받고 출소한 자에 대한 사후지도적 성격을 갖는다.

「갱생보호법」은 갱생보호사업을 위하여 법무부 장관 감독하에 공법인인 한국법무보호복지공단을, 서울특별시 및 각 광역시와 각 도에 지부를 두고 법무부 장관이 지정하는 교도소 소재지에 지소를 두며, 특히 필요한 경우에는 분소를 두도록 규정하고 있다. 출소자의 자립 의식을 고취시키고 경제적 자립기반을 조성하도록 지원하여 그들의 건전한 사회복귀를 촉진함으로써 재범을 방지하고 사회를 보호하는 데 목적이 있다(권중돈 외, 2019).

③ 소년보호처분제도

1988년 개정된 「소년법」에 의하면 만 20세 미만의 소년사건에 대해 판사가 보호처분이 필요하다고 인정한 경우에 조사, 심리, 처분의 절차를 거쳐 1호에서 7호까지 분류하고 있는 보호처분 중 하나를 내릴 수 있다. 주로 소년보호감호, 보호관찰, 사회봉사명령, 소년보호시설, 소년보호치료소, 소년원 등의 처분 내용이 해당된다. 우리나라는 보호관찰제도의 역사가 짧아 교정사회복지사의 개입이 활성화되지 않고 있다(한국임상사회사업학회, 2019).

④ 치료감호제도

치료감호제도는 형벌만으로는 모든 범죄인을 올바르게 재활시킬 수 없다는 이유에 근거하며, 범법 장애인, 범법 약물중독자는 처벌보다는 그들이 질환을 우선적으로 치료하는 제도이다(한국임상사회사업학회, 2019).

이외에도 자원봉사자들을 선정 · 위탁해 상담과 보호를 하도록 하고 있는 소년자원보호제도와 19세 미만 비행 청소년을 대상으로 1978년에 광주지방검찰청에서 처음 시행되었던 선도조건부 기소유예제도와 1972년 이래 경제적으로 어렵거나 법률지식이 부족하여 보호가 필요한 사람들에게 법률서비스를 제공하는 법률구조제도가 있다.

(2) 교정시설

① 소년원

소년원(Reform school)은 법무부 소속의 특별교정시설로서 가정법원이나 지방법원의 소년부로부터 송치된 소년을 수용하여 교정교육을 실시한다. 소년원은 대상자의 성별, 연령별, 비행 유형과 강도 그 특성에 따라 운영되고 있다. 「보호소년 등의 처우에 관한 법률」에 따라 설치된 법무부 범죄예방정책국 소속 특수교육기관으로 「소년법」 및 「보호소년 등의 처우에 관한 법률」에 따라서 가정법원 및 지방법원 소년부의 보호처분에 의하여 송치된 소년을 수용하여 교정교육을 하는 것이 주요 임무다.

주요 프로그램으로는 입원자 교육, 예절교육, 교과교육, 직업훈련, 외국어와 컴퓨터교육, 학예 · 체육 · 봉사 · 생산 근로 등의 특별활동, 생활지도, 사회복귀교육, 사후지도 등을 실시한다. 전국에 10개의 소년원(서울소년원, 부산소년원, 대구소년원, 광주소년원, 전주소년원, 대전소년원, 청주소년원, 안양소년원, 춘천소년원, 제주소년원)이 설립 · 운영 중이다(권중돈 외, 2019).

② 소년분류심사원

소년분류심사원(Juvenile classification home)은 법무부 소속기관으로서 법원소년부(가정법원 소년부 또는 지방법원 소년부)가 위탁한 소년을 수용하여 그 자질을 분류심사하는 시설이다. 분류심사는 의학 · 심리학 · 교육학 · 사회학 · 사회사업학 등의 전문적인 지식과 기술에 근거를 두고 보호소년의 신체적 · 심리적 · 환경적 측면을 조사 · 판정한다. 소년분류심사원은 법무부 장관이 관장하며, 그 명칭 · 위치 · 직제 기타 필요한 사항은 대통령령으로 정한다(「보호소년 등의 처우에 관한 법률」 제3조).

주요 역할은 소년비행의 개별적인 요인을 해명하고, 소년비행을 조기 발견하여 치료하며, 그들의 동향에 관한 실증적 자료를 제공한다. 주요 프로그램으로 위탁 소년의 환경조사, 심리검사, 정신의학적 진단, 보호자 면담 등을 통해 수용과 처우에 관한 사항을 결정하고 해당 기관에 통보하는 분류심사프로그램과 심성 순화 교육, 행동 관찰, 생활지도 등의 프로그램이 있다(김명근 외, 2018).

③ 보호관찰소

보호관찰(probation)은 재범방지를 위해 범죄인에 대하여 교도소, 소년원 등 시설 내에 수용하는 경우에 따라서 처벌하는 대신에 자유로운 사회생활을 허용하면서 체계적인 사회 내 처우가 필요하다고 인정되는 14세 이상 20세 미만의 비행소년과 성인범죄인에 대하여 일정 기간 보호관찰관 및 보호위원의 지도 · 감독을 받는 것을 말한다. 교화되어 건전한 사회 복귀를 할 수 있도록 촉진하고 보호하는 데 목적이 있다.

④ 소년교도소

소년교도소(Juvenile prison)는 형사처분을 받은 소년범죄자와 성인범죄자를 분리 · 처분하기 위해 설립된 교정시설로서, 소년교도소에서 실시하는 교정교육의 내용은 학교교육, 직업훈련, 정신교육, 정서교육, 소년단 활동 등을 시행하고 있다(한국임상사회사업학회, 2019). 이 외에도 한국갱생보호공단과 소년보호시설들이 있다.

이상과 같이 교정복지는 사회복지사가 우리 사회의 사법제도의 테두리 안에서 청소년범죄와 성인범죄에 공식적으로 개입하여 재범률을 최소화하고, 건전한 사회인으로 살아가도록 순기능적 역할을 할 수 있어야 하며 그러기 위해서는 교정사회 복지의 제도화가 현실에 맞게 이루어질 수 있어야 한다. 김천시에 유일하게 소년교도소가 존재하다가 2023년 3월부터는 서울남부교도소의 시설 일부를 소년교도소로 전환한 상태다.

2. 군사회복지

1) 군사복지의 개념과 목적

(1) 군사회복지의 개념

군(軍)사회복지의 개념을 한마디로 정의하는 일은 다른 복지와 마찬가지로 쉽지가 않다. 그 이유는 이데올로기와 함께 군의 병영시스템과 군인들을 바라보는 시각이 많이 달라졌기 때문이다. 군사회복지는 넓은 의미로는 전 국민의 안전과 관련된 군의 기능을 향상 · 유지시키고, 군인과 제대군인의 삶과 질을 향상시키고, 개인이나 조직의 욕구나 문제를 해결하는 공동체의 노력을 말한다. 또한 군대 내부의 문제 예방과 해결, 사회적 기능향상과 생활 향상에 관련한 모든 법, 제도, 서비스 등을 포함한다(유흥위 외, 2017).

군사회복지는 1953년 제3야전병원에 적십자 휴게실을 설치한 것이 효시라고 할 수 있다. 군사회복지는 장교 · 준사관 · 부사관과 병을 모두 포괄하는 군인과 그 가족이 지닌 기본 욕구를 충족하기 위한 사회복지적 노력의 하나로 정의할 수 있다. 군사회복지는 군을 바라보는 시각이나 이데올로기가 국가와 시대에 따라 다양하게 변화되어 왔기 때문에 해석하는 데 있어서 다양한 견해를 가진다. 군사회복지의 대상 측면에서도 직업군인과 가족, 병사 및 제대군인과 군조직 전체를 포함해야 하는지에 대해 다양한 의견이 있기 때문에 군사회복지의 개념을 정의하는 데 어려움이 따른다. 그러나 2008년 3월 「군인복지기본법」이 시행됨에 따라서 군사회복지는 큰 전환점을 맞이한 바 있다.

「군인복지기본법」의 목적은 "군인의 생활 안정과 삶의 질 향상을 도모하고 군의 사기를 높이며 나아가 군인으로 하여금 임무수행에 전념할 수 있게 하려고 군인에 대한 복지정책의 수립 및 복지사업의 수행에 필요한 사항을 규정함을 목적으로 한다."(「군인복지기본법」 제1조). 여기서 말하는 군인이란 "현역으로서 「군인사법」 제2조 제1호에 따른 장교 · 준사관 · 부사관 병을 말한다."(「군인복지기본법」제2조 제1호).

따라서 군사회복지는 군에서 전문적인 능력과 자격을 갖춘 사회복지사가 제공하는 사회복지서비스를 말한다. 다시 말하자면 군사회복지란 사회복지의 한 실천분야로서 일차적으로는 군의 고유한 목적이 최대한 달성될 수 있도록 원조하는 것이며, 나아가 군의 구성원인 군인과 그 가족의 복지를 증진하는 전문 활동이라고 할 수 있다. 군대라는 특수한 조직 안에서 발생되는 다양한 문제들에 개입하여 사회복지의 전문지식과 실천방법을 활용하여 문제를 해결하고 예방하는 것이다.

(2) 군사회복지의 목적

군사회복지는 사회복지의 기능이 주가 되는 1차 실천현장(primary setting)보다 다른 조직의 본래 기능에 협조하는 2차 실천현장(secondary setting)에서 이루어지는 전문적인 사회복지활동이라고 할 수 있다. 군사회복지는 군조직의 본래 목적인 국가 안보나 국방력 강화라는 불변의 소명을 완수하도록 돕는데 그 1차적인 목적이 있다(Daley, 1999; 박미은, 2005; 권중돈 외, 2019). 병사 및 직업군인 가족들의 편안한 삶의 유지까지 생각하는 복지가 포괄적으로 이루어질 수 있어야 한다. 따라서 군사회복지사가 수행하는 역할과 기능도 궁극적으로는 이러한 1차적인 목적을 지향하는 것이기 때문에 그 목적 수행을 다하지 못할 때 군사회복지의 존립은 그 당위성을 잃게 된다.

군사회복지사가 전문성과 능력을 발휘하여 성취하고자 하는 실천의 목적은 크게 세 가지로 다음과 같이 제시할 수가 있다.

① 구성원의 삶의 질 향상

군의 구성원이 그들이 처한 환경에 원만하게 적응할 뿐만 아니라 삶의 질이 향상될 수 있도록 도와야 하는 실천적 목적을 세워야 한다.

② 다양한 서비스 제공

개인이나 가족 및 대인관계 문제, 군 생활의 적응문제 등이 있는 군의 구성원에게 다양한 서비스를 제공해야 한다.

③ 필요한 서비스 제공

군의 구성원이 가능한 한 최적의 환경에서 생활할 수 있도록 필요한 서비스를 제때 제공하고 개발한다.

군은 그동안 국가안보나 군조직의 특수성 때문에 일반 사회에서 실천되는 사회복지가 적극적으로 실천되지 못하고 소극적인 미시적 차원의 복지가 실천되어져 왔다고 본다. 그러나 시간이 흐르면서 군대야말로 군조직과 사병들의 삶의 안정과 평안이 중요시 되는 곳으로서 제도적으로나 정책적으로 기본권이 보장되어야 하는 곳이며, 복무개선을 위해서라면 군사회복지가 폭넓게 실천되어야 하는 곳으로 인식하게 되었다.

군사회복지는 2000년대 중반까지만 해도 군 기능에 충실한 한정된 복지정책에 준하는 복지실천이 이루어졌다고 볼 수 있다. 그러나 2011년 이후 지역사회복지관과 연계를 맺은 사단이나 예하 부대에서는 전문 사회복지 이후로 오면서 점차적으로 직업군인들과 그 가족들, 사병들의 문제에 직면하면서 병사와 민간 전문가가 병영과 캠프에 들어가 군인복지지원 계획 수립과 프로그램을 진행하고 있으며 보편화 및 체계적인 시스템으로 발전되도록 변화되어져 왔다. 2014년에 「국방전직교육지원법」이 제정되어 제대군인에 대한 전직교육 및 취업지원이 활성화되었고, 2015년에는 군인 등에게 양질의 보건의료서비스를 제공하고 군보건의료의 발전과 전력 증강에 이바지할 수 있도록 「군보건의료에 관한 법률」이 제정되었다. 최근에는 군인들의 인권에 대한 민(民)과 군(軍)의 관심이 증대됨에 따라서 대통령령으로 규정되어 왔던 군인복무규율이 폐지되고, 일반국민과 동일한 헌법상의 기본권을 보장하기 위한 「군인의 지위 및 복무에 관한 기본법」이 2016년에 제정되었다(유흥위 외, 2017). 이렇게 교육, 취업, 문화, 의료, 병영생활, 보훈, 상담, 각종 사회서비스 분야에서 꾸준하게 변화가 이루어지고 있다.

(3) 군사회복지의 필요성

앞으로 군조직의 유지와 더 나은 군사회복지의 미래를 위해서 다음과 같은 필요성을 제시하게 된다.

첫째, 군의 사회복지실천은 항상 국가 안보와 직결된 복지마인드가 실천될 필요성이 있다. 군사회복지가 군조직에서 필요한 이유는 군인에 대한 지원이 단순히 군인 개인과 그 가족들의 혜택만을 위한 것이 아니라, 나라와 민족을 위한 국가 안보와 국방력 강화라는 중요한 미션이 부여되어 있기 때문에 군사회복지실천은 반드시 여기에 초점이 맞춰진 가운데서 실천되어야 한다.

우리나라는 육군, 해군, 공군을 모두 합쳐 60여만 명이 넘는다(박미은, 2018). 우리 군은 강제적인 징병제를 채택하고 있어서 군인으로서의 국방의 의무는 강제적이고 강력하기 때문에 그에 따른 군생활에 대한 부적응 현상 등 다양한 문제들이 발생되기 쉽다. 그러므로 군사회복지사는 군인들의 병영생활을 위해서 사명감을 갖고 심리 · 정서적으로 개인상담과 집단상담을 비롯해서 할 일이 많다. 이런 부분들에서 군사회복지가 필요하다고 본다.

둘째, 군사회복지는 군인과 그 가족들의 웰빙을 목적으로 하기 때문에 언제나 사회통합 프로그램 이용이 필요하다. 직업군인들은 근무 특성상 장기간 격리되거나 사회활동에서 제한적일 때가 많다. 실제 전투태세와 같은 훈련이 종종 실시되므로 항상 위험과 재해에서 자유롭지 못한 것이 현실이다. 그리고 직업군인들은 1~2년 단위로 근무지를 옮기기 때문에 오지 위주의 잦은 이사는 개인과 가족들에게 부적응 현상을 일으키고, 군인의 가족 별거(군인의 30.7%)는 이혼율을 가중시키는 요인이 되기도 한다. 자녀들의 심리적인 불안정과 교육문제나 여가 문화생활에서 혜택을 누리지 못하는 현상들도 나타난다. 나라와 민족을 위해 국방의 의무를 다하는 직업군인과 병사들 모두에게 단조로운 생활이 지속되지 않도록 여가문화 서비스가 제대로 제공될 필요가 있다.

셋째, 군사회복지는 군인과 사병의 인권향상에 큰 역할을 한다고 본다. 군부대 내에서 종종 발생되는 폭행과 왕따 문제, 근무지 이탈, 병사의 자살과 자해 문제, 총기 탈취나 강력사고, 정신질환 등은 군사회복지의 필요성을 더욱더 인식하게 만든다. 요즘 신세대 병사들은 감수성이 예민하고, 핵가족 가정환경에서 성장해서 집단생활이 익숙하지 않으며, 강압적인 상명하달식의 위계 구조는 견디기가 어려운 부분이기도 하다. 군인들의 병영생활을 위해서 군사회복지사의 개입이 필요하고, 구성원 간의 원활한 인간관계 유지를 위한 인권보호 차원에서의 다양한 사회복지 서비스가 실천될 필요가 있다.

넷째, 군사회복지는 현재 체제 아래에서 실천되던 사회복지행정이나 실천 서비스가 제4차 산업혁명의 시대에 진입하여 앞으로 군사로봇 문화가 전면 도입된다면 이를 대비하여 군의 행정시스템상의 변화도 다양한 부분에서 시정될 필요성이 있다. 전 세계적으로 전자기기 시스템 문화가 발달하면서 각 기업체들이 인건비 지출을 줄이기 위해 노동자들을 줄이고 로봇 자동화기기 시스템들로 채워져 나간다면 군대도 이 부분에서 자유로울 수는 없을 것이다. 앞으로 드론이나 로봇의 편리성과 효율성만 보아도 생명의 안전이나 비용 면에서 손실이 크지 않은 점을 고려한다면 군인보다 군사로

봇이 군 업무를 대체하게 되는 날이 올 수도 있다. 따라서 국방부는 「군복지발전계획서」를 새롭게 써나가야 할 필요가 있고, 군사회복지의 방향도 새롭게 설계해야 할 것이다.

(4) 군사회복지의 기능

군사회복지는 직접적으로는 군의 전투력을 향상하고, 간접적으로는 국가정책 구현에 이바지함으로써 국가의 보위(保衛)와 발전에 영향을 미치게 된다. 전투력 향상과 국가의 정책을 구현하기 위해 다음과 같은 실천적 기능을 살펴보게 된다.

① 우수 인력 획득과 양성 기능

군사회복지는 우수한 인력 획득에 기여한다. 과거 폐쇄적 노동시장과는 달리 현대는 노동시장의 유연화에 모두가 관심을 기울이고 있다(유흥위 외, 2017). 군대도 우수 인재를 등용할 수 있도록 내부 조직과 체제가 유연해야 한다. 이러한 점들이 군사회복지정책이라는 큰 명칭 아래 체계적으로 수정되고 실천될 때 군대는 청년들이 자발적으로 흔쾌히 가고 싶은 선호하는 곳이 되고, 병사들에겐 오래 머물고 싶은 곳이 될 것이다. 특히 장교와 부사관이라는 직업을 선택할 경우 사회경쟁적인 인력 시장으로서 군대는 우수한 인력 획득을 위한 주요 취업 장소가 된다. 따라서 군사회복지는 인재양성 기능을 갖는다.

② 정예 강군 육성 및 유지기능

군사회복지는 군의 정체성에 언제나 함께하며 정예 강군 육성 및 유지 기능을 위해 존재해야 한다. 군인들의 보수와 예우 등 적절한 처우는 물론이고, 전문 전투 인력의 손실을 최소화하여 우수한 인력이 군조직에 존재하므로 군에서 달성하고자 하는 순기능적 목표에 최선을 다할 수 있도록 조력해야 한다. 군사회복지 기능은 선진 정예 강군을 육성하는 군 환경의 변화에 적절하게 대처하고 이바지할 수 있어야 한다.

③ 안정적인 가정생활 보장 기능

군의 복지정책은 직업군인들에게 안정적인 가정생활을 보장할 수 있어야 한다. 임무 수행을 위해 상시적으로 위험하고 환경이 열악한 상태에서 생활할 수밖에 없는 군인들을 위해서 군의 복지정책은 군인의 안정적인 가정생활 유지 기능에 이바지할 수 있어야 한다. 군에서의 조직구성원 간의 가족 같은 신뢰감과 일체감은 소속 의식 고양과 사기진작을 이루고 장기고용을 지탱시켜주는 에너자이저가 될 것이다.

④ 강력한 국가 주권의 위상 제고 기능

군인에 대한 복지제도는 강력한 국가 주권의 위상을 제고한다. 군인에 대한 복지정책은 정부에 대한 국민의 신뢰를 나타내는 척도와 대외적으로는 강력한 주권을 표현하는 상징적 기능을 지닌다(권중돈 외, 2019). 군에서의 사회복지 실천은 일반적인 사회복지보다 더 무게감이 있고, 모두가 인정할 수 있는 탁월한 것이어야 한다.

2) 군사회복지의 정책과 군사회복지사의 역할

(1) 군사회복지의 정책 및 행정

① 군사회복지의 정책

군사회복지정책에서 의미하는 정책의 개념은 정책적 목표와 이를 달성하기 위한 실행방법과 수단에 대하여 국방부 및 육·해·공군의 정책부서가 공식적으로 결정한 기본 방침이며 이러한 방침은 5년마다 발간되는 「군인복지기본계획서」를 포함하여 국방부의 복지정책, 군복지종합 발전계획 등에 포함되어 있다. 따라서 실증적 연구 측면의 한국의 군사회복지정책은 정책(policy)의 광의적 개념보다는 그 정책의 구체적인 실천 및 체계(system) 또는 실행(practice)으로서의 협의적 개념에 더욱 가까운 것으로 이해해야 한다.

군에서의 복지정책은 '국방개혁 2020'의 각 군별 추진계획의 복지 분야 부록과 기본 정책서의 부록인 각 군별 인사정책서의 복지 분야 별책 복지종합발전계획에 의해 추진되고 있다. 육군의 경우 복지종합발전계획서를 통하여 복지정책에 대한 청사진을 제공하고, 일반국민 및 국회, 학계, 정부 관계자의 군의 복지 실상과 발전 방향에 대하여 복지 개선에 대한 공감대를 형성하고 있다(유흥위 외, 2017).

선진 외국의 군사회복지정책의 공통점은 복지의 수혜대상 면에서 현역은 물론 전역 군인과 가족까지도 중요시하며 사회 여건에 맞도록 발전시키고 있다. 또한 직접적인 위협으로 인해 국가의 안보가 강조되는 나라들은 물론 비교적 안보의 위협이 적은 국가 역시 국가적인 측면에서 직업적 중요성과 직업 수행의 불리점 등을 고려하여 각종 국가정책에 있어서 많은 배려를 하고 있다는 사실에서 남북 대치 상황에 있는 우리나라의 군사회복지제도 발전을 위해 시사하는 바가 크다.

미국의 군사회복지제도와 정책을 살펴보면 병역제도가 월남전 이후 징병제도에서 전원지원병제(all volunteer system)로 변경되면서 우수인력을 획득하기 위하여 포괄적이고 다양한 정책 수립과 제도를 실시하여 획기적으로 발전하게 되었으며 크게 경제복지와 문화복지(MWR)[1)]로 구분하고 있다. 경제적 복지는 물론 문화 복지에 관심을 두게 된 배경에는 18세기부터 지속적으로 수행해 온 전쟁의 경험과 문화적 전통을 통해 전투력을 구성하는 본질적인 기능으로 가족 역할의 중요성을 인식하여 군인가족을 중시하는 복지정책을 수립하고, 효율적인 복지 재원의 마련을 위해 정부의 주도하에 비예산 기금을 적극적으로 활용하여 국민의 세금을 경감시키고 있다.

독일의 경우는 미군의 MWR 제도를 참고하여 자국의 여건에 맞도록 복지와 휴양(welfare and recreation service) 부분을 강화하였으며, 특히 의무복무병사의 복무기간은 1년 정도로 최소화하고, 현역 직업군인과 그 가족에게는 군 복무로 인하여 발생하는 불이익에 대해 보상함으로써 군 사기 진작과 우수한 자원을 획득하는 데 노력을 기울이고 있다. 특히 직업군인에 대한 복지를 수준 높게 발전시키고 간부들은 전역

1) MWR: morale, welfare, and recreation(사기, 복지, 휴양) 군 인력과 그 가족의 안락, 기쁨, 만족, 정신적 및 신체적 건강을 증진시키기 위해 군 당국에 의해 고안된 복지제도를 말한다.

전 직업학교 교육을 통해 은퇴 후 생활 안정을 도모하고 있다.

일본은 정치 · 사회적인 여건에 의해 사회보장제도의 연장 선상에서 공제조합을 운영하고 있으며 군 자체적인 복지 여건은 군의 위상과 함께 지속적인 발전을 도모하고 있는 추세다. 공제조합에서 주목할 점은 조합이 금융기관적인 기능을 담당하고 있다. 공제조합의 특성상 회원의 공제부담금은 자연스럽게 금융기관의 역할을 유도하는 것으로서 우리의 공제회의 기능과 연관하여 유사한 점이 많다(유흥위 외, 2017).

한국 군사회복지정책의 기본원칙은 군인의 임무수행에 따른 군인과 그 가족에게 제공되는 복지정책으로서 국가의 안위를 수행할 수 있는 우수인력의 확보와 유지에 필수적인 요소가 된다. 직업군인과 그 가족은 국민생활 수준과 동일한 문화 및 복지혜택을 누릴 수 있어야 하며, 전 생애에 걸쳐 감수해야 하는 군 생활의 직업적 불리점을 보상받을 수 있어야 한다. 이에 따라 현역군인과 장기복무 중인 장교, 준 · 부사관의 직계가족, 10년 이상 복무 후 전역한 제대군인에 대한 복지가 군 전투력의 형성과 준비, 유지에 직접적인 영향을 미치는 주요 요인임을 인식하고, 개선을 위한 정책적인 노력을 해야 한다(육군본부, 2011; 유흥위 외, 2017).

한국의 군복지는 첨단 과학군의 주체인 군사전문가 집단으로서의 위상 확립, 군 복무의 소명과 임무에 전념할 수 있도록 제반 여건 보장, 우수인력 확보를 위한 직업적 경쟁력을 제고하는 데 목표를 두고 기본적인 정책을 마련하고 있다.

따라서 국방부와 각 군 본부의 복지정책을 군복지서비스로 전환하는 것과 군사회복지 전달체계에서의 군복지서비스의 관리운영으로 볼 수 있다.

② 군사회복지의 행정

행정이란 정부조직의 활동을 지칭하는 것만이 아니라 보다 폭넓게 공공이나 민간조직의 경영이나 관리를 포괄하는 용어이고, 사회복지행정은 '사회복지를 관리하는 것'이라고 말할 수가 있다(한신애 외, 2018). 군사회복지행정은 군대의 인적 · 물적 자원을 효과적으로 관리하는 방법 및 수단에 대한 것으로 오늘날 군 행정 및 관리는 관리

방법의 과학화, 관리수단의 자동화 등을 특징으로 하고 있는 군 행정의 하나의 분야이다. 군사회복지행정은 군 정책의 일부분으로서 군의 복지정책과정의 특성을 강조하는 경우와 각급 제대 및 복지전달체계에 실시하고 있는 실천 활동으로 구분해 볼 수 있다. 따라서 국방부와 각 군 본부의 복지정책을 군복지서비스로 전환하는 것과 군사회복지 전달체계에서의 군복지서비스의 관리운영으로 볼 수 있다.

또한, 군사회복지에서의 행정의 의미는 군에서 사회복지정책을 구현하기 위한 국방부 또는 각 군 본부의 공적인 군 복지행정과 복지 관련 기구 및 지방자치단체에 설립된 사회복지법인 및 시설이 군사회복지업무를 수행함에 있어서 효율적으로 운영하기 위한 행정 기술로서의 사적인 행정을 포함해서 군사회복지행정이라고 할 수 있다. 군사회복지에 있어서는 다른 전문 분야의 사회복지와 마찬가지로 인적 및 물적 자원의 적절한 획득과 그 활용이 매우 중요하게 작용한다. 인적 및 물적 자원이 풍부하다면 문제가 없으나 군사회복지 대상들의 욕구에 비하여 언제나 부족할 수밖에 없는 실정이다(유홍위 외, 2017).

따라서 제한된 국방예산과 다른 분야에 비해 상대적으로 미미한 군사회복지 예산과 인력을 가지고 효과적이고 효율적으로 활용해야 하는 행정적 과정과 기술이 요구된다. 작은 조직이든 큰 조직이든 간에 조직의 존재 목적을 달성하기 위해서는 행정 기술이 요구된다.

군사회복지에서의 행정이란 군과 군사회복지 대상이 욕구를 해결하는 데 있어서 공익을 목적으로 하는 합리적이고 협동적인 활동이 보장되어야 한다. 군사회복지행정은 국가안보에 기여하고, 사회통합에 기여하며, 국가 경쟁력 강화에 도움을 주는 가운데 군인과 군인 가족의 고충 처리와 고민거리를 잘 해소시켜 주기 위한 군사회복지정책을 군과 관련 현장에서 실현하는 작업이며 이를 위해 인적·물적 자원을 활용하고 효율화하는 과정이다. 즉, 군의 복지정책에서 표현된 추상적인 것을 군사회복지 대상이 필요한 구체적인 유·무형의 사회적 서비스로 전환하여 수혜자에게 공적 및 사적으로 전달하는 과정이라고 할 수 있다.

③ 군사회복지행정의 특징

군사회복지행정의 특징은 다음과 같이 네 가지로 설명한다.

첫째, 군사회복지행정은 군의 복지에 대한 국가의 책무(「군인복지기본법」 제3조)에 따라 군 사회복지 대상의 복지적 욕구충족을 목적으로 군의 복지정책에서 설정된 목표를 이용 가능한 자원을 동원 가능하게 하는 수단과 방법이다. 따라서 군사회복지행정은 군의 행정 이념에 따라 결정되며 「군인사법」 및 「군인복지법」 등의 관련 법규를 근거로 실행된다.

둘째, 군사회복지행정은 군의 복지정책의 목표를 설정하고 이를 달성하기 위한 수단과 방법의 선택과 관련된 총체적인 과정으로서 군의 복지정책을 준비하고 운영하는 관련 제대와 기관의 운영에 영향을 미친다.

셋째, 군사회복지행정은 군사회복지 대상에 대한 서비스 행정이라 할 수 있기 때문에 최종적으로 서비스가 클라이언트에게 직접 전달됨으로써 그 효과가 나타난다. 휴먼서비스의 중요성이 강조되고 투입과 산출이 모두 인간이라는 점에서 군사회복지의 전문가가 요구된다.

넷째, 사회복지행정에 의한 서비스는 궁극적으로 개별화해야 한다. 그러나 군에서의 복지행정에 의한 서비스는 조직의 특성상 대인 서비스의 영역이 중요한 기능이지만 제대별 조직과 단체를 대상이 되는 경우가 되는 특징을 가지고 있다(유흥위 외, 2017).

(2) 군사회복지행정의 전달체계

사회복지를 통해 제공되는 서비스는 여러 영역에서 다양하게 제공되는데, 사회복지가 공급자로부터 사회복지 대상자에게 전달되기 위해서는 그에 따른 조직이 필요하다. 이와 관련된 조직 또는 체계가 바로 사회복지 전달체계이다. 사회복지 전달체계란 사회복지서비스의 공급자와 소비자 간을 연결시키기 위하여 만들어진 조직적 체계(Gilbert & Terrell, 1988)를 말한다. 따라서 군사회복지도 인력과 예산을 기반으로 하는 군과 민간의 조직이 필요하다. 국방부를 비롯한 군의 조직은 민간조직에 비하여 공공성이 강하고, 군과 관련된 군인공제회 등 법인 형태의 조직은 공공성과 함께 전문성을 공유하고 있다. 반면에 민간복지 조직은 개인이나 법인의 성격을 지니고 있어 사적인 이윤 추구나 사회적인 책무의 양면적인 목표를 추구하기도 한다. 국가 방위를 책임지는 군사회복지는 군의 복지행정 조직의 주요한 역할이 되고 있다. 군의 복지행정을 담당하는 조직은 중앙정부(국방부)의 조직과 각 군 본부의 조직으로 나눌 수 있다. 중앙정부의 행정조직은 주로 정책입안과 결정에 관한 업무를 담당하고 각 군 본부의 행정조직은 군복지의 정책 결정 후에 정책의 집행을 담당한다. 중앙정부와 각 군 본부는 이와 같이 군사회복지에 관한 영역, 기능, 권한 등을 배분, 협동, 분담한다. 중앙정부 수준에서의 군사회복지행정조직은 국방부를 중심으로 보건복지부와 여성가족부가 일부 관련되어 있다. 여기에 노동부, 교육부, 보훈처 등이 관련되어 군사회복지 행정을 직·간접적으로 담당하고 있다(유흥위 외, 2017).

또한, 군사회복지에서의 행정의 의미는 군에서 사회복지정책을 구현하기 위한 국방부 또는 각 군 본부의 공적인 군 복지행정과 복지 관련 기구 및 지방자치단체에 설립된 사회복지법인 및 시설이 군사회복지업무를 수행함에 있어서 효율적으로 운영하기 위한 행정기술로서의 사적인 행정을 포함해서 군사회복지행정이라고 할 수 있다.

군사회복지에 있어서는 다른 전문 분야의 사회복지와 마찬가지로 인적 및 물적 자원의 적절한 획득과 그 활용이 매우 중요하게 작용한다. 인적 및 물적 자원이 풍부하다면 문제가 없으나 군사회복지 대상들의 욕구에 비하여 언제나 부족할 수밖에 없는 실정이다.

따라서 제한된 국방예산과 다른 분야에 비해 상대적으로 미미한 군사회복지 예산과 인력을 가지고 효과적이고 효율적으로 활용해야 하는 행정적 과정과 기술이 요구된다. 작은 조직이든 큰 조직이든 간에 조직의 존재 목적을 달성하기 위해서는 행정 기술이 요구된다.

군사회복지에서의 행정이란 군과 군사회복지 대상이 욕구를 해결하는 데 있어서 공익을 목적으로 하는 합리적이고 협동적인 활동이 보장되어야 한다. 군사회복지행정은 국가안보에 기여하고, 사회통합에 기여하며, 국가 경쟁력 강화에 도움을 주는 가운데 군인과 군인 가족의 고충 처리와 고민거리를 잘 해소시켜 주기 위한 군사회복지정책을 군과 관련 현장에서 실현하는 작업이며 이를 위해 인적 · 물적 자원을 활용하고 효율화하는 과정이다. 즉, 군사회복지행정이란 군의 복지정책에서 표현된 추상적인 것을 군사회복지 대상이 필요한 구체적인 유 · 무형의 사회적 서비스로 전환하여 수혜자에게 공적 및 사적으로 전달하는 과정이라고 할 수 있다.

(3) 군사회복지사의 역할

군사회복지사가 수행해야 할 역할은 다른 복지 분야와 마찬가지로 전문성과 희생과 헌신이 요구된다. 군사회복지사는 전문적 임상사회복지사의 역할을 비롯하여 장병과 그들의 가족에 대한 상담, 부대 장병 및 자녀들에 대한 교육, 부대와 가정, 지역사회와의 연계, 지역사회자원의 활용, 의료 및 정신의료사회복지, 병영문화의 개선 등 다양한 활동을 요하게 되며, 탁월한 전문성을 요하게 된다. 우리나라에는 아직 군사회복지사라는 자격 제도가 별도로 도입되어 있지는 않다. 다만 병영생활 전문상담관들이 주로 군사회복지사의 역할을 대신 수행하고 있는 실정이다. 세부적으로 그 역할과 직무를 살펴보면 다음과 같다.

① 훈련가로서의 역할

군인의 전투 수행 능력을 증진하고 전투 이후의 회복을 돕는다. 부대나 조직의 차원에서 직원들의 전문가적인 능력을 계발시키기 위해서 직원 세미나 혹은 워크숍, 슈퍼비전 등에 참여하여 직원 교육이나 훈련을 실시한다. 따라서 군인의 전투 수행능력을 증진시키는 훈련가(trainer)의 역할을 해야 한다.

② 현장 교육자의 역할

군대라는 구조적 경계 내에서 군 구성원의 복지를 극대화하고, 심리사회적 손상을 극소화하는 군 정책과 절차를 개발하고 자문한다. 군사회복지사는 부대 장병, 복지관련 전문가, 가족 및 부모와 함께 대상 장병 문제의 원인과 이의 예방을 위한 방안을 함께 토의하고 교육시켜서 문제의 예방과 해결에 도움을 줄 수 있는 교육자의 역할이 필요하다.

③ 치료자로서의 역할

가정폭력, 물질남용, 정신질환 혹은 심각한 신체질환자에 대한 부적응 등과 같은 심리 · 사회적 문제 탓에 발생할 수 있는 손상을 줄이는 프로그램을 계획하고 실행한다. 군사회복지사 군 내 인성교육 및 고충 처리 전문가인 병영생활 군종장교, 주임원사, 헌병, 법무 및 인사 관련자들과 협조한다. 장병과 군인 가족의 심리 · 정서적 문제를 예방하고 심리치료의 전문가로서 내담자의 문제를 명확히 규정하기 위해 장병, 가족과 군 규정과 방침 등의 정보를 수집하여 문제의 원인을 명확히 사정하고, 이에 따른 심리치료를 제공한다.

④ 촉진자로서의 역할

군대 내에서 사회서비스 기능을 향상하는 관점과 개입을 확보한다. 군사회복지사는 부대와 지역사회의 관계를 증진시키는 연계자로서 관련 참모와 협조한다. 그리고 부대나 조직 차원에서 조직의 기능이나 상호작용, 부대원들 간의 협조나 지지, 정보교환을 촉진시킨다. 부대의 업무가 효과적으로 이루어질 수 있도록 부대업무를 기획하고 실행하는 역할과 상호작용을 촉진할 수 있는 촉진자(facilitator)로서의 역할이 필요하다.

⑤ 중재자로서의 역할

중재자(mediator)는 위치를 분명히 하고, 의사를 잘못 전달하는지를 인식하며, 관련

당사자가 입장을 명확히 밝히도록 도와주어야 한다. 신분 및 계급이 다른 군인 및 군인 가족과 집단 사이의 의사소통을 향상하고 신세대 장병과 기성세대 간부와의 상호 입장을 밝히도록 중재자로서의 역할을 할 수 있어야 한다.

이 외에도 군인의 적응도를 향상시키기 위해서는 군조직이 지지적인 분위기를 조성함으로써 개인이 가진 기술이 군에서 잘 발휘되도록 해야 한다(Forman & Zachar, 2001; 권중돈 외, 2011).

이러한 역할들은 다음의 2020년 5차 병영생활전문 상담관 신규채용계획(수정) 공지 내용(국방부, www.mnd.go.kr)의 지원 자격을 통해서도 짐작할 수 있을 것이다.

- 아래 자격증 중 하나와 학력·경력 중 하나를 충족하는 사람
  ※ 자격증 + 학력/경력 ⇒ 동시 충족해야 함
  ※ 상담 관련 전문 자격증 우대(상담심리, 임상심리)

구분	내용
자격증	• **국가자격증** – 임상심리사(한국산업인력공단), 직업상담사(한국산업인력공단), 사회복지사(보건복지부), 정신보건임상심리사(보건복지부), 정신보건사회복지사(보건복지부), 전문상담교사(교육부), 청소년상담사(여성가족부) • **민간자격 중 국방부장관이 인정하여 고시하는 자격증** – 임상심리전문가(한국임상심리학회), 상담심리사 1·2급(한국상담심리학회), 전문상담사 1·2급(한국상담학회), 군상담수련전문가(대한군상담학회), 군상담심리 1·2·3급(대한군상담학회), 한상담수련전문가(한상담학회), 한상담전문가 1·2급(한상담학회), 가족상담전문가 수련감독전문가(한국가족문화상담협회), 가족상담전문가 1·2급(한국가족문화상담협회), 사티어가족상담전문가 지도감독(한국사티어변형체계치료학회), 사티어가족상담전문가 1급(한국사티어변형체계치료학회) ※ 국가기관(한국직업능력개발원)에 등록된 자격증에 대해 '17년 전문가 평가를 통해 선정된 결과이며, 향후 신규 등록 자격증 및 기존 자격증의 변경사항에 대해 지속 평가하여 재고시 및 변경 적용 가능

구분	내용
학력 / 경력	**• 아래 요건 중 하나를 충족하는 자** ① 5년 이상의 상담 경험이 있는 사람 ② 심리상담 또는 사회복지 분야와 관련된 학사학위 소지자로서 3년 이상의 상담 경험이 있는 사람 ③ 심리상담 또는 사회복지 분야와 관련된 석사 이상의 학위 소지자로서 2년 이상의 상담 경험이 있는 사람

- 10년 이상 군 경력자(군종병과 장교 1년 이상)는 아래 요건 중 하나를 충족하는 경우 응시 가능

① 심리상담 또는 사회복지 분야와 관련된 자격증을 소지한 사람
(단, 자격증은 위의 자격증과 동일)
② 심리상담 또는 사회복지분야와 관련된 학사 이상 학위를 소지한 사람

※ 위의 자격증, 학력 · 경력은 병영상담관에 응시가 가능한 최소 요건임.
※ 자격증 등은 심의위원회에서 심사 후 선발 과정에 평가 결과를 반영
※ 학력 · 경력요건 미달자 및 국가공무원법 제33조 해당자 선발 배제
※ 서류전형 합격자는 채용 예정 인원의 최대 1.5배 이내 선발(국방부 훈령)

학습목표

1. 사회보험에 대한 개념과 특징 및 종류에 대해 설명한다.
2. 공공부조의 특징 및 종류에 대해 설명한다.
3. 사회복지서비스와 사회서비스의 개념 및 특징을 설명한다.

개 요

공공사회복지서비스는 일반적으로 '사회보장'이라고 불린다. 사회보장은 '사회보장제도'와 함께 '사회복지정책'을 모두 포괄하고 있다.

사회보장은 「사회보장기본법」 제3조에서는 사회보장을 "출산, 양육, 실업, 노령, 장애, 질병, 빈곤 및 사망 등의 사회적 위험으로부터 모든 국민을 보호하고 국민 삶의 질을 향상시키는 데 필요한 소득서비스를 보장하는 사회보험, 공공부조, 사회서비스"(제1호)로 정의하였다.

사회보장제도 및 사회복지정책의 목적은 기초생활보장, 소득재분배, 사회통합 등이다. 따라서 사회보장의 기본 이념은 "모든 국민이 다양한 사회적 위험으로부터 벗어나 행복하고 인간다운 생활을 향유할 수 있도록 자립을 지원하며, 사회참여, 자아실현에 필요한 제도와 여건을 조성하여 사회통합과 행복한 복지사회를 실현하는 것"(「사회보장기본법」 제2조)이며, "국가와 지방자치단체가 사회보장제도를 운영할 때에는 이 제도를 필요로 하는 모든 국민에게 적용"(「사회보장기본법」 제25조 제1항)하는 보편성의 원칙을 중시한다.

CHAPTER 14

공공사회복지서비스

1. 사회보험

1) 사회보험의 개념

사회보험(social insurance)은 사회보장의 대표적인 일환으로서 국민에게 발생하는 사회적 위험을 보험의 방식으로 대처함으로써 국민의 건강과 소득을 보장하는 제도이다(김제선, 2019). 부조의 원리를 적용한 공공부조와는 달리, 사회보험은 위험분산의 원리를 적용하고 있다. 사회보험이란 개념에서 '사회'는 사회보험의 원칙을 규정하는 것이고, '보험'은 사회보험이라는 제도의 원리를 나타내 준다.

이처럼 사회보험은 사회보장 구성체계의 하나로서 보험기술을 이용하여 사회정책을 실현하려는 제도이다. 사회보험을 사회보장의 한 종류로 구성하고 있다. 여기서 사회보험은 "국민에게 발생하는 사회적 위험을 보험의 방식으로 대처함으로써 국민의 건강과 소득을 보장하는 제도"(제2호)로 정의되었다. 즉, 국민의 생활상에 발생할 수 있는 사회적 위험 중 질병, 노령, 실업 등 활동능력을 상실케 하거나 소득의 중단이나 감소를 가져올 때를 대비 또는 대처해 보험방식으로 국민의 건강과 소득을 보장하는 제도를 사회보험제도라고 한다(이준영 외, 2017).

한국의 사회보험은 1960년대 초부터 입법화되기 시작하였다. 저소득층을 위한 국민기초생활보장제도 또는 의료급여제도 등의 공공부조를 제외할 경우 우리나라는 국민의 노후소득 상실, 질병, 산업재해, 실업, 노인장기요양 등에 대한 사회적 위험에 대한 소득보장 또는 건강보장을 위해 국가가 개입하여 공적인 자금을 지원하고 관리운영의 책임도 지는 5가지의 제도를 사회보험체계로서 운용하고 있다. 5대 사회보험체계로서 현재는 업무상의 재해에 대해서는 산업재해보상보험, 질병에 대해서는 건강보험, 노령(노후)에 대해서는 연금보험, 실업에 대해서는 고용보험, 그리고 노화에 따른 간병 및 수발에 대해서는 노인장기요양보험과 관련된 사회보험법 체계를 갖추고 국민에게 시행되고 있다.

사회보험의 재정은 사회보험료를 통해 충당되며, 적립방식이나 부과방식 등으로 재정을 운영하고 있다. 여기서의 사회보험료란 피보험자 또는 그 사용자가 보험자의 보험급여를 위한 재정을 충당할 목적으로 법률에 근거하여 납부하는 공과금이다. 사회보험의 주된 재원이 곧 보험료이다.

2) 사회보험의 특징 및 운영 원리

사회 · 경제적 관점에서 볼 때 공공재(public goods)는 사적재(private goods)와는 다른 특징들이 있다. 그 중 하나가 개인적인 수요는 예상할 수 없으며 실제 수요가 발생할 때 그 소요비용은 개인이 감당하기 어려운 경우가 많다는 점이다. 따라서 개인적으로 사회적 위험이나 사회문제에 대처하는 것이 어려운 데 반하여, 집단적으로는 통계적

기법에 의하여 어느 정도 비용의 예상이 가능하므로(「국민건강보험법」 제5조 제1항 등 위헌소원, 2013) 개인이나 가족이 자율적으로 감당하기보다는 사회적, 특히 정부가 강제로 개입하여 시행하는 국가 제도의 대처방법이 효율적 또는 효과적일 수 있다. 즉, 사회보험은 사회적 위험에 대하여 사보험(private insurance)의 보험원리에 기초하여 운영되며, 여기서의 보험은 위험분산의 원리와 수지상응의 원리가 핵심이다. 그리고 사보험과 달리, 사회보험은 소득재분배의 원칙, 사회적 연대의 원칙 그리고 강제가입의 원칙을 통해 공공성을 강조한다.

사회보험료의 특징에 대해 좀 더 자세히 살펴보면 다음과 같다. 첫째, 특정의 반대급부 없이 금전납부의무를 부담하는 세금과는 달리, 보험료는 반대급부인 보험급여를 전제로 하고 있다. 둘째, 특정 이익의 혜택이나 특정 시설의 사용 가능성에 대한 금전적 급부인 수익자부담금과는 달리, 급여혜택을 받지 못하는 제3자인 사용자에게도 보험료 납부의무가 부과된다. 조세법률주의가 적용되지 아니하고, 법률의 명확성 원칙이나 「헌법」 제75조의 포괄적 위임입법의 금지원칙과 같은 일반적인 헌법적 기준이 적용된다(헌재 2000. 6. 29. 99헌마289, 판례집 12-1, 913 [기각]; 헌재 2012. 11. 29. 2011헌마814, 판례집 24-2하, 240 [기각]). 이러한 특징 때문에 기존의 공과금체계에 편입시키고 있지 않다.

사회보험료의 운영 원리로는 '보험의 원리'와 '사회연대의 원리'가 적용되고 있다. 먼저, 보험의 원리란 보험료와 보험급여 간의 등가를 이룬다. 물론, 사회보험에서는 사보험에서와 달리 각 피보험자에 대한 개별등가원칙이 적용되는 것은 아니지만, 사회보험 또한 보험료를 주된 재원으로 하는 보험의 성격을 가지고 있기 때문에 보험자의 전체적 재정과 관련하여 보험자의 수입이 보험급여를 포함한 전체 지출을 충당할 수 있도록 개인의 보험료를 산정한다.

다음으로, 사회연대의 원리는 국민들에게 최소한의 인간다운 생활을 보장해야 할 국가의 의무를 부과하는 사회국가원리에서 나온다. 보험료의 형성에 있어서 이 원리가 갖는 의미는 첫째, 보험료와 보험급여 사이의 개별적 등가성의 원칙에 수정을 가하는 원리이며, 둘째, 사회보험체계 내에서의 소득의 재분배를 정당화하는 근거이며, 셋째, 보험의 급여수혜자가 아닌 제3자인 사용자의 보험료 납부의무(소위 '이질부담')를 정당화하는 근거이며, 넷째, 사회보험에의 강제가입의무를 정당화하며, 다섯째, 재정구조가 취약한 보험자와 재정구조가 건전한 보험자 사이의 재정조정을 가능하게 한다(헌재 2000. 6. 29. 99헌마289, 판례집 12-1, 913 [기각]).

이러한 사회연대의 원리에 따른 사회보험에서는 소득에 비례하여 소득이 많은 자가 더 많은 보험료를 부담하도록 부과체계를 설계한다. 그리고 국가가 국민에게 세금을 비롯한 공과금을 부과하는 경우 그에 대한 헌법적 한계가 있는 것과 같이, 사회보험법상 보험료의 부과에 있어서도 국민의 기본권이나 헌법의 기본원리에 위배되어서는 아니 된다는 헌법적 제한을 받는다. 특히 헌법상의 평등원칙에서 파생하는 부담평등의 원칙은 조세뿐만 아니라 보험료를 부과하는 경우에도 준수된다. 조세를 비롯한 공과금의 부과에서의 평등원칙은 공과금 납부의무자가 법률에 의하여 법적 및 사실적으로 평등하게 부담을 받을 것을 요청한다. 즉, 납부의무자의 균등부담의 원칙은 공과금 납부의무의 규범적 평등과 공과금의 징수를 통한 납부의무의 관철에 있어서의 평등이라는 두 가지 요소로 이루어진다.[1)]

이러한 사회보험료는 건강보험에 대한 강제가입의 원칙에 따라 특정한 소수를 제외한 모든 국민을 대상으로 한다. 즉, 사회보험으로서의 건강보험은 그 본질상 강제적 요소가 수반된다. 보험가입자로서는 그가 지불하는 보험료가 예상의료비용을 초과하는 경우 가입을 하지 않으려 할 것이고, 보험자로서는 질병위험도가 높아 예상의료비용이 보험료를 초과하는 경우 피보험자의 가입을 거부하려 할 것이나, 이런 경우에도 강제로 가입하도록 하여 원칙적으로 전국민을 포괄적 적용대상으로 하여야만 소득수준이나 질병위험도에 관계없이 모든 국민에게 의료보장을 제공하고자 하는 그 본래의 기능을 다할 수 있기 때문이다. 또한 사회보험에서는 경제적인 약자에게도 기본적인

1) "이에 우리나라 법원에서는 납부의무를 부과하는 실체적 법률로서 '사실적 결과에 있어서도 부담의 평등'을 원칙적으로 보장할 수 있는 절차적 규범이나 제도적 조치와 결합되어서 납부의무자 간의 균등부담을 보장하도록 하고 있다."(헌재 2016. 12. 29. 2015헌바199, 판례집 28-2하, 436 [합헌]).

사회보험의 급여를 주고자 하는 것이 목적이기 때문에 가입의 강제 이외에 보험료의 산정에 있어서도 피보험자 개인이 지니는 위험발생의 정도나 개연성이 아닌 피보험자의 경제적 능력(소득)에 비례하여 보험료를 정함으로써 어느 정도 피보험자 간의 소득재분배효과도 낳게 된다. 즉, 동일위험집단에 속한 구성원에게 법률로써 가입을 강제하고 소득재분배를 하기에 적합한 방식으로 보험료를 부과함으로써 달성될 수 있는 것이다(헌재 2003. 10. 30. 2000헌마801, 판례집 15-2하, 106 [기각]).

3) 한국 사회보험의 종류

(1) 국민연금보험

국민연금보험이란 국가가 보험의 원리를 도입하여 만든 사회보험의 일종으로 가입자, 사용자 및 국가로부터 일정한 보험료를 받고 이를 재원으로 여러 가지 보험금을 지급함으로써 국민의 생활안정과 복지증진을 도모하는 사회보장제도의 하나이다. 노령, 장애 또는 사망과 같은 사회적 위험에 대한 부담을 분산시키기 위해 가입과 연금보험료의 납부를 국가가 강제하고 있으며, 보험료와 연금액에 대한 내용을 법률로 정하여 일정한 수급자격을 갖춘 사람에게 연금을 지급한다. 따라서 이를 공적연금제도라고도 부를 수 있는데, 노령에 따른 소득상실에 대비하는 것이지만 퇴직 후 소득의 상실이나 감소라는 사회적 위험에 대한 보장수단의 역할도 하게 된다.

역사적 단계로 보면, 국가는 공무원 등 특수한 지위를 가진 사람들에 대해 공무원연금, 군인연금, 사립학교교직원연금 등을 제공하는 등 특수직역연금이 시행되었다. 그리고 국민 중 자신의 노후를 대비하지 못했거나 대비할 수 없었던 노령빈곤층에 대해서 노령수당이나 공공부조 방식을 통해 생계를 보장하는 방안도 있었다. 그럼에도 불구하고 일반적인 국민의 노후소득보장을 위해 현대 사회에서는 사회보장적 공적연금제도가 필요하게 되었다. 따라서 대부분 국가에서 사회부조적 요소, 사회보험적 요소,

사회수당 요소, 퇴직준비금적 요소, 강제가입방식 그리고 개인연금 요소 중 어느 하나 또는 둘 이상의 요소를 조합한 공적연금보험제도가 구성되어 시행되고 있다.

국민연금의 적용대상은 1988년 사업장근로자를 대상으로 처음 시행한 후 점차 적용의 범위를 확대하여 지금은 18세 이상 60세 미만이면 누구나 국민연금에 가입해야 한다. 가입신고는 사업장(가입자)의 경우 사용자가 신고하여야 하며, 지역가입자, 임의(계속)가입자의 경우 본인이나 그 가족이 신고하면 된다.

가입을 하는데 있어 사업장가입자, 지역가입자, 임의가입자, 임의계속가입자 등으로 가입자를 분류하고 있다. 첫째, 사업장가입자는 1인 이상의 근로자를 사용하는 사업장 또는 주한외국기관으로서 1인 이상의 대한민국 국민인 근로자를 사용하는 사업장(당연적용사업장)에서 근무하는 18세 이상 60세 미만의 사람이 대상이다. 둘째, 지역가입자는 국내에 거주하는 18세 이상 60세 미만으로서 사업장가입자가 아닌 사람이 대상이다. 셋째, 임의가입자는 사업장가입자와 지역가입자 이외의 18세 이상 60세 미만인 사람으로서 본인이 희망할 경우 신청에 의해서 가능하다. 넷째, 임의계속가입자는 60세에 도달하면 국민연금 자격이 상실되나, 가입기간이 부족하여 연금을 받지 못하는 경우 등 가입기간이 20년 미만인 자가 연장가입을 원할 경우 본인의 신청에 의하여 가능하다. 그러나 국민연금에 가입 중이거나 가입대상인 사람이 실업, 군복무, 학업 등으로 소득활동에 종사하지 않을 경우 그 기간 동안 연금보험료를 부과하지 않도록 하여 보험료 납부의 어려움을 덜어 주는 '납부예외'가 있다.

국민연금 가입자는 가입자 자격을 취득한 날이 속하는 달부터 가입자 자격을 상실한 전날이 속하는 달까지의 연금보험료를 매월 납부해야 한다. 연금보험료란 국민연금사업에 필요한 비용으로서 사업장가입자의 경우에는 부담금 및 기여금의 합계액을, 지역가입자 · 임의가입자 및 임의계속가입자의 경우에는 본인이 내는 금액을 말한다. 여기서의 부담금이란 사업장가입자의 사용자가 부담하는 금액이며, 기여금이란 사업장가입자가 부담하는 금액을 말한다.

급여의 종류는 매월 지급되는 연금급여로서 노령연금(분할연금), 장애연금, 유족연금, 그리고 반환일시금 등이 있다. 첫째, 노령연금은 국민연금의 기초가 되는 급여로 국민연금 가입자가 나이가 들어 소득 활동에 종사하지 못할 경우 노후 소득보장을 위한 급여이다. 즉, 이는 국민연금의 기초가 되는 급여로서 생활안정과 복지증진을 위하여 지급되는 급여인 것이다. 최소 10년 이상 국민연금에 가입한 후 연금수급 개시연령에 도달하였을 때부터 평생 동안 매월마다 수급된다. 급여수준은 전체 국민연금 가입자의 평균소득(균등부분)과 본인의 가입기간 및 가입기간 동안의 평균소득(소득비례부분)를 바탕으로 결정된다. 한편, 노령연금 중 가입기간 중 혼인기간이 5년 이상인 노령연금수급권자의 이혼한 배우자가 수급연령(현재 62세) 이상이 된 경우에 분할연금을 지급하게 된다. 분할연금의 급여수준은 배우자의 기본연금액 중 혼인 기간에 해당하는 연금액의 1/2의 수준이다. 둘째, 장애연금은 가입자 또는 가입자였던 자가 질병이나 부상으로 신체상 또는 정신상의 장애가 있는 경우 장애등급에 따라 일정한 급여를 지급하여 장애로 인한 소득 감소부분을 보전함으로써 자신과 가족의 안정된 생활을 보장하는 것이다. 급여수준은 장애등급(1~3급)에 따라 기본연금액의 100~60%를 지급, 장애4급은 기본연금액의 225%를 일시보상금으로 지급한다. 셋째, 유족연금은 국민연금 가입자나 가입자였던 자 또는 연금을 지급받던 사람이 사망할 경우 그에 의해 생계를 유지하던 유족에게 급여를 지급하여 안정된 삶을 살아갈 수 있도록 하기 위해 지급되는 급여이다. 급여수준은 사망자의 가입기간에 따라 기본연금액의 40~60%와 부양가족연금액으로 지급된다.

국민연금보험의 재정방식은 가입자 자신이 부담한 보험료로 기금을 적립하여 이 기금에서 나오는 수익으로 연금급여를 충당하는 적립방식과 현재 노인들의 연금급여를 현재 근로세대가 부담하는 부과방식의 중간 형태인 부분적립방식으로 운영된다. 즉, 부과방식과는 달리 제도초기에 적립된 기금으로 창출한 운용수익을 제도성숙기 때의 급여지출비용에 활용함으로써 미래세대의 부담을 완화한다는 특징이 있다. 따라서 국민연금보험은 동일한 세대내의 고소득계층에서 저소득계층으로 소득이 재분배되는 세대내 소득재분배 기능과 미래세대가 현재의 노인세대를 지원하는 세대 간 소득재분배 기능이 동시에 포함되어 있다. 그럼에도 불구하고 국민연금보험은 소득생활을 하는 사람이 자신의 기여를 통해 어느 정도 자신의 급여를 책임지는 사회보험방식이므로 자조정신 및 근로의욕 진작의 철학을 반영하고 있다.

(2) 국민건강보험제도

질병이라는 위험은 사회적 위험들 중에서도 매우 불확실한 위험이며, 질병에 따른 사회적 손실은 그 개인이나 가족뿐만 아니라 사회적으로도 막대한 수준이다. 이러한 위험과 손실에 대처하는 방법은 일차적으로 예방이 중요할 수 있다. 하지만 철저한 예방이라 하더라도 질병에 걸릴 수 있고, 질병으로 일할 수 없어 소득을 벌 수 없거나 소득이 없어 치료를 받을 수 없는 경우, 또한 일부분 소득이 있더라도 질병에 대한 치료비용이 많이 지출될 수 있는 경우에는 그 개인을 넘어 치료를 할 수 있는 사회적인 대비가 필요하다(이준영 외, 2017). 여기서의 사회적 대비가 바로 보건 또는 의료라는 재화를 언제나 이용하거나 건강에 대해 보장하는 것이다.

의료보장이 궁극적으로 보장하고자 하는 목표는 개인 또는 지역사회 주민들의 건강이며, 의료/건강보장제도는 보건의료가 아니라 건강 필요를 충족하는 것(meeting health needs)이다. 즉, 의료보장의 실현은 국민이 곧 건강하게 살 수 있는 권리의 실현을 의미하는 것이다(Weil, 2005; Wendt, Frisina, & Rothgang, 2009; 김제선, 2011). 건강보장은 이처럼 인간다운 생활을 할 권리이며, 의료보장의 실현은 곧 건강하게 살 수 있는 권리의 실현이기 때문에 국가는 국민을 위해 노력할 의무로서 사회보장의 체제 안에서 의료보장을 공적인 개입을 함으로써 실현하고 있다.

국가가 의료보장제도를 시행하는 헌법적 근거는 「헌법」 제34조 및 제36조 제3항[2)]등이며, 이에 따라 국민이 인간으로서의 존엄성과 인간다운 생활을 확보 · 유지하도록 하기 위하여 국가에게 그 의무를 부과하고 있는 것이다. 다만, 의료보장제도는 재원조성의 방식에 따라 하나는 법률에 자격이 정해진 자가 보험료를 낼 것을 전제로 하여

2) "모든 국민은 보건에 관하여 국가의 보호를 받는다."

보험급여를 하는 보험방식, 다른 하나는 일반조세를 재원으로 하여 국민 또는 거주자라는 요건만 갖추면 국가가 의료서비스를 보장하는 조세방식으로 구분되는데, 우리나라는 일반국민에게는 보험방식에 의한 사회보험을,[3] 저소득층 국민에 한해서는 조세방식에 의한 공공부조를 동시에 운영하고 있다. 전자의 경우 "국가가 국민을 강제로 건강보험에 가입시키고 경제적 능력에 따라 보험료를 납부하도록 하는 것은 행복추구권으로부터 파생하는 일반적 행동의 자유의 하나인 공법상의 단체에 강제로 가입하지 아니할 자유와 정당한 사유 없는 금전의 납부를 강제당하지 않을 재산권에 대한 제한이 되지만, 이러한 제한은 정당한 국가목적을 달성하기 위하여 부득이한 것이고, 가입강제와 보험료의 차등부과로 인하여 달성되는 공익은 그로 인하여 침해되는 사익에 비하여 월등히 크다고 할 수 있으므로"(헌재 2003. 10. 30. 2000헌마801, 판례집 15-2하, 106 [기각]) 현재의 사회보험을 통한 의료보장의 실현은 헌법상의 행복추구권이나 재산권을 침해하지 않는다는 것이다.

의료, 건강과 관련된 사회보험을 살펴볼 때 건강보험의 문제를 시장경제의 원리에 따라 사보험에 맡기면 상대적으로 질병발생위험이 높거나 소득수준이 낮은 사람들은 보험에 가입하는 것이 매우 어렵거나 불가능하게 되어 국가가 소득수준이나 질병위험도에 관계없이 모든 국민에게 동질의 의료보장을 제공하고자 하는 목적을 달성할 수 없게 된다(헌재 2003. 10. 30. 2000헌마801, 판례집 15-2하, 106 [기각]). 따라서 우리나라 「국민건강보험법」 제5조, 제31조 제1항 · 제2항, 제62조 제1항 · 제3항 · 제4항은 원칙적으로 전 국민을 강제로 보험에 가입시키고 경제적 능력에 비례하여 보험료를 납부하도록 함으로써 의료보장과 동시에 소득재분배 효과를 얻고자 하고 있다.

사회보험 체계 중 가장 먼저 제정된 것이 1963년 「의료보험법」이다. 즉, 의료보험제도가 최초로 입법화되었다. 하지만 당시는 사회보험의 근간인 강제가입규정이 없어 사실상 시행되지 못하였다. 그러다가 1976년 동법이 개정됨[4]에 따라 500인 이상 사업

3) "의료보장을 시행하고 있는 국가 중에서, 영국, 스웨덴 등과 같이 조세방식의 의료보장제도를 취하고 있는 소수의 국가를 제외한다면, 대부분의 국가는 사회보험방식의 의료보장을 택하고 있다."(헌재 2000. 6. 29. 99헌마289, 판례집 12-1, 913 [기각]).

장 근로자를 대상으로 1977년 7월 1일부터 의료보험제도가 실시되었다(김영범, 2002). 1979년 공무원 및 사립학교교원에 의료보험이 확대 실시된 이후, 1988년 농어촌지역 의료보험이 실시되었으며, 1989년 도시자영업자에게까지 그 대상 범위가 확대되었다. 1997년 12월 31일에는 「국민의료보험법」으로 제정되었으며, 그 다음 해인 1998년에는 통합주의 방식으로 변경되었고, 동법에서 「국민건강보험법」으로 제정되면서 2000년부터는 국민건강보험제도로 시행되어 오고 있다. 이처럼 우리나라는 전 국민에 대한 의료보장이 실현되고 있다.

의료보장을 실현하는 방법에는 여러 가지 있을 수 있는데, 우리나라의 공적보장 체계는 「국민건강보험법」에 따른 국민건강보험제도, 「국민기초생활보장법」과 「의료급여법」에 따른 의료급여제도로 구성되어 있으며, 각각 사회보험과 공공부조의 방식으로 운영된다. 특히, 국민건강보험제도는 1988년 전체 국민으로 확대됨에 따라 사회보험의 형태로 발달해 왔다는 평가를 받고 있다(김제선, 2019).

(3) 산업재해보상보험제도

사회보험제도 중 1964년에 최초로 시행된 것이 산업재해보상보험제도이다.

산업재해보상보험제도는 보상책임에 따른 사용자의 위험을 분산하기 위해 사용자들이 일종의 자조적인 임의보험으로 시작하여 책임보험방식의 사회보험으로 발전한 것이다. 이 제도는 궁극적으로는 근로자를 산업재해의 피해로부터 보호하는 목적을 가지고 있지만, 법에 따라 산재를 보상해 주는 데 따르는 재정적 위험은 사용자가 떠안게 되었다. 따라서 이러한 보상책임의 이행에 따른 위험을 사용자 간에 분산시키는 방법으로 산재보상보험이 탄생한 것이다.

산업재해보상보험제도의 특징은 다음과 같다. 첫째, 근로자의 업무상 재해에 대해 사용자의 고의 · 과실 유무를 불문하는 무과실 책임주의이다. 둘째, 보험사업에 소요

4) 이 법의 목적은 “질병 · 부상 · 출산 · 사망 등에 대해 보험급여를 실시함으로써 국민건강을 향상시키고 사회보장의 증진을 도모”하는 것이었다.

되는 재원인 보험료는 원칙적으로 사업주가 전액 부담한다. 셋째, 재해발생에 따른 손해전체를 보상하는 것이 아니라 평균임금을 기초로 하는 정률보상방식이다. 넷째, 자진신고 및 자진납부를 원칙으로 한다.

산업재해보상보험의 적용 범위는 「산업재해보상보험법」 제6조에 따라 근로자를 사용하는 모든 사업 또는 사업장에 원칙적으로 적용되도록 하고 있다.

고용노동부장관의 위탁을 받아 산업재해보상보험에 관한 사업을 효율적으로 수행하기 위해 근로복지공단이 설립되어 있다.

근로자의 부상 · 질병 · 장해 또는 사망이 산업재해보상보험에서 업무상 재해로 인정되기 위해서는 「산업재해보상보험법」 제37조에 따른 업무상 사고 인정기준 또는 업무상 질병 인정기준에 해당해야 하고 또한 업무와 재해 사이에 상당인과관계(相當因果關係)가 인정되어야 한다. 즉, 산재를 당했을 때 보험의 급여를 받을 수 있는지를 결정하는 데 가장 중요한 것은 '무엇이 산재인가'에 대한 실제적인 판단이다. 법률적으로 업무상의 재해가 되기 위해서는 업무수행성과 업무기인성이라는 두 가지 요건을 갖추어야 하는데, 이것이 이른바 '이요건주의(二要件主義)'다.

그러나 근로자의 부상 · 질병 · 장해 또는 사망이 업무상 재해 인정기준에 해당하더라도 근로자의 부상 · 질병 · 장해 또는 사망이 근로자의 고의 · 자해행위나 범죄행위로 인한 것인 경우에는 업무상 재해로 보지 않는다.

이처럼 「산업재해보상보험법」의 적용을 받는 사업 또는 사업장 소속 근로자가 업무상 사유로 부상 · 질병 · 장해 또는 사망한 경우에는 이를 회복시키거나 소득을 보장하고 그 가족의 생활보호를 위하여 다양한 혜택이 제공되는데 그것을 곧 산업재해보상보험의 급여라고 할 수 있다. 이 급여의 종류는 요양급여, 휴업급여, 장해급여, 간병급여, 유족급여, 상병(傷病)보상연금, 장례비, 직업재활급여가 있다. 첫째, 요양급여는 근로자가 업무상 사유로 부상을 당하거나 질병에 걸린 경우에 지급되는 급여이다. 둘째, 휴업급여는 업무상 사유로 부상을 당하거나 질병에 걸린 근로자에게 요양으로 취업하지 못한 기간에 대해 지급되는 급여이다. 셋째, 장해급여는 근로자가 업무상 사유로

부상을 당하거나 질병에 걸려 치유된 후 신체 등에 장해가 있는 경우에 지급되는 급여이다. 넷째, 간병급여는 요양급여를 받은 사람 중 치유 후 의학적으로 상시 또는 수시로 간병이 필요하여 실제로 간병을 받는 사람에게 지급하는 것이다. 다섯째, 유족급여는 근로자가 업무상 사유로 사망한 경우에 유족에게 지급되는 급여이다. 여섯째, 상병보상연금은 요양급여를 받는 근로자가 요양을 시작한 지 2년이 지난 날 이후에 일정 요건에 해당하는 상태가 계속되면 휴업급여 대신 그 근로자에게 지급되는 급여이다. 일곱째, 장의비는 근로자가 업무상 사유로 사망한 경우에 그 장제(葬祭)를 지낸 유족에게 지급되는 급여이다. 여덟째, 직업재활급여는 장해급여 또는 진폐보상연금을 받은 사람, 장해급여를 받을 것이 명백한 사람으로서 취업을 위해 직업훈련이 필요한 사람에게 실시하는 직업훈련비용 및 직업훈련수당이다.

〈표 14-1〉 산업재해보상보험의 급여 종류

종류	내용
요양급여	근로자가 업무상 사유로 부상을 당하거나 질병에 걸린 경우에 지급되는 급여(「산업재해보상보험법」 제40조 제1항) 부상 또는 질병이 3일 이내의 요양으로 치유될 수 있으면 요양비 지급하지 않음(「산업재해보상보험법」 제40조 제3항)
휴업급여	업무상 사유로 부상을 당하거나 질병에 걸린 근로자에게 요양으로 취업하지 못한 기간에 대해 지급되는 급여(「산업재해보상보험법」 제52조) 1일당 지급액은 평균임금의 100분의 70에 상당하는 금액(「산업재해보상보험법」 제52조)
장해급여	근로자가 업무상 사유로 부상을 당하거나 질병에 걸려 치유된 후 신체 등에 장해가 있는 경우에 지급되는 급여(「산업재해보상보험법」 제57조 제1항)
간병급여	요양급여를 받은 사람 중 치유 후 의학적으로 상시 또는 수시로 간병이 필요하여 실제로 간병을 받는 사람에게 지급(「산업재해보상보험법」 제61조 제1항)
유족급여	근로자가 업무상 사유로 사망한 경우에 유족에게 지급되는 급여(「산업재해보상보험법」 제62조 제1항)
상병보상연금	요양급여를 받는 근로자가 요양을 시작한 지 2년이 지난 날 이후에 일정 요건에 해당하는 상태가 계속되면 휴업급여 대신 그 근로자에게 지급되는 급여(「산업재해보상보험법」 제66조 제1항)

종류	내용
장의비	근로자가 업무상 사유로 사망한 경우에 그 장제(葬祭)를 지낸 유족에게 지급되는 급여 (「산업재해보상보험법」 제71조 제1항) 장의비는 평균임금의 120일분에 상당하는 금액(「산업재해보상보험법」 제71조 제1항)
직업재활급여	• 장해급여 또는 진폐보상연금을 받은 사람, 장해급여를 받을 것이 명백한 사람으로서 취업을 위해 직업훈련이 필요한 사람에게 실시하는 직업훈련비용 및 직업훈련수당 (「산업재해보상보험법」 제72조 제1항 제1호) • 업무상 재해가 발생할 당시의 사업장에 복귀한 장해급여자에 대해 사업주가 고용을 유지하거나 직장적응훈련 또는 재활운동을 실시하는 경우(직장적응훈련의 경우에는 직장 복귀 전에 실시한 경우 포함)에 각각 지급되는 직장복귀지원금, 직장적응훈련비 및 재활운동비(「산업재해보상보험법」 제72조 제1항 제2호)

(4) 고용보험제도

고용보험제도는 원래 '실업'보험이었다. 즉, 실업이라는 사회적 위험에 대비한 사회보장제도로서 1911년 영국에서 최초로 강제적으로 도입되었다. 이때를 계기로 노동자, 사용자, 정부의 3자가 재정을 부담하게 되었다. 즉, 근로자의 기여금, 고용주 부담금, 국가의 보조금 등으로 재원을 조달하였다. 그리고 1920년대 후반 세계대공황이 확산되면서 미국과 독일에서도 공적실업보험이 도입되었다. 기존의 실업보험의 급여는 사후 구제적 성격의 생계보호(현금급여)에 한정되었었는데, 고용안정 및 직업능력개발 등의 사전적 · 예방적 대책으로 중점이 변화되었다. 이후 독일의 '고용촉진법'(1969), 일본의 '고용보험법'(1974)과 같이 기존의 실업보험에서 고용보험으로 전환되었다.

우리나라의 경우 2006년부터 고용안정사업과 직업능력개발사업을 통합하여 고용안정 · 직업능력개발사업으로 운영하고 있다. 이에 따라 우리나라의 고용보험은 근로자가 실업한 경우에 생활에 필요한 급여를 실시하여 생활안정과 구직활동을 촉진하는 전통적 의미의 실업제도로서뿐만 아니라 근로자 및 실업자의 취업알선과 직업훈련을 통한 취업촉진 등 고용안정 및 직업능력 개발을 포함하는 노동시장정책으로 평가받고도 있다. 전자를 이른바 '소극적 노동시장정책'으로, 후자를 '적극적 노동시장정책'으로 분류한다(이준영 외, 2017).

고용보험제도는 고용보험의 시행을 통해 실업의 예방, 고용의 촉진 및 근로자의 직업능력 개발과 향상을 꾀하고, 근로자가 실업한 경우에 생활에 필요한 급여를 지급함으로써 근로자의 생활안정과 구직활동을 촉진하려는 사회보장제도의 일환이다.

고용보험의 가입대상은 1998년 10월 1일부터 1인 이상 모든 사업장의 사업주와 근로자가 된다. 적용대상에 따라 일반적인 당연적용사업과 임의가입사업으로 구분된다. 근로자를 고용하는 모든 사업 또는 사업장의 사업주는 원칙적으로 고용보험의 당연가입대상이 되는 경우를 당연적용사업이라고 하며, 사업의 규모 등으로 「고용보험법」의 당연가입 대상사업이 아닌 사업의 경우 근로복지공단의 승인을 얻어 보험에 가입할 수 있는데 이를 임의가입사업이라고 한다. 외국인근로자도 피보험자가 될 수 있는데, 피보험자는 원칙적으로 「고용보험법」이 적용되는 사업에 고용된 날에 피보험자격을 취득한다.

고용보험은 2006년 1월 1일부터 고용안정사업 및 직업능력개발사업을 통합하여 고용안정과 직업능력개발사업으로 운영하고 있다. 고용보험으로부터 제공되는 급여 중 실업급여의 대표적 급여인 실직수당(구직급여)은 매우 엄격한 조건에 따라 받을 수 있도록 되어 있다. 이는 구직급여를 남용하지 못하도록 하고 노동의욕이 상실되지 않도록 하기 위한 것이다.

고용보험료는 이처럼 실업급여사업, 고용안정사업, 직업능력개발사업 등 고용보험사업에 필요한 비용을 충당하기 위하여 보험가입자인 사업주와 근로자로부터 징수하는데, 피보험자인 근로자가 지급받을 보수총액에 일정한 보험사업별 보험요율을 곱하여 산정한다

〈표 14-2〉 고용보험의 보험요율

구분	근로자	사업주
실업급여	0.80%	0.80%
고용안정사업 및 직업능력개발사업 150인 미만 기업	–	0.25%
150인 이상기업(우선 지원대상기업)	–	0.45%
150인 이상 ~ 1000인 미만 기업(우선지원 대상기업 제외)	–	0.65%
1000인 이상 기업 및 국가, 지방자치단체가 직접 행하는 사업	–	0.85%

고용보험은 고용안정 · 직업능력개발사업과 실업급여 · 모성보호급여를 중심으로 급여가 제공된다. 이 중 고용보험 가입 근로자가 실직하여 재취업 활동을 하는 기간에 소정의 급여를 지급함으로써 실업으로 인한 생계불안을 극복하고 생활의 안정을 도와주며 재취업의 기회를 지원해 주는 제도로서 실업급여는 크게 구직급여와 취업촉진수당으로 나누어져 있다. 구직급여란 「고용보험법」 제40조 제2항에 따른 기준기간 동안의 피보험기간이 통산하여 180일 이상이고, 근로의 의사와 능력이 있어 재취업을 위한 노력을 적극적으로 하고 있음에도 불구하고 실업상태에 있는 피보험자에게 지급되는 급여를 말한다. 취업촉진수당은 다시 직업능력개발수당, 광역구직활동비, 이주비로 나뉜다. 직업능력개발수당은 수급자격자가 직업안정기관의 장이 지시한 직업능력개발 훈련 등을 받는 경우에 그 직업능력개발 훈련 등을 받는 기간에 대하여 지급되는 급여이다. 광역구직활동비는 수급자격자가 직업안정기관의 소개에 따라 광범위한 지역에 걸쳐 구직활동을 하는 경우에 인정되는 급여이다. 이주비는 수급자격자가 취업하거나 직업안정기관의 장이 지시한 직업능력개발 훈련 등을 받기 위해 그 주거를 이전하는 경우에 인정되는 급여이다.

(5) 노인장기요양보험제도

장기요양보험료가 건강보험료에 부가되는 사회보험방식으로 2008년 7월부터는 노인장기요양보험제도가 시행되고 있다. 노인장기요양보험은 장기요양보험료가 건강보험료에 부가되는 사회보험방식으로 2008년도에 도입되었다. 그 이전까지는 「노인장기요양보험법」이 2005년 입법예고되면서 시범사업이 3차례에 걸쳐 실시되었고, 2007년 동법이 국회에서 통과되었다(최성은, 김우현, 2017).

노인장기요양보험제도는 고령이나 노인성 질병 등으로 일상생활을 혼자서 수행하기 어려운 이들에게 신체활동 및 일상생활 지원 등의 서비스를 제공하여 노후 생활의 안정과 그 가족의 부담을 덜어주기 위한 사회보험제도의 일환이다.

이 제도에 신청할 수 있는 대상은 소득수준과 상관없이 노인장기요양보험 가입자(국민건강보험 가입자와 동일)와 그 피부양자이거나, 의료급여수급권자로서 65세 이상 노인과 65세 미만의 노인성 질병이 있는 자이다. 이러한 신청을 통해 65세 이상 노인 또는 치매, 중풍, 파킨슨병 등 노인성 질병을 앓고 있는 65세 미만인 자 중 6개월 이상의 기간 동안 일상생활을 수행하기 어려워 장기요양서비스가 필요하다고 인정되는 자가 급여의 대상이 된다. 장기요양의 등급은 1등급부터 5등급까지로 급여대상을 판정하여 시행되고 있다.

〈표 14-3〉 노인장기요양 등급판정 기준

등급 구분	판정기준
장기요양 1등급	일상생활에서 전적으로 다른 사람의 도움이 필요한 자로서 장기요양인정점수가 95점 이상인 자
장기요양 2등급	일상생활에서 상당 부분 다른 사람의 도움이 필요한 자로서 장기요양인정점수가 75점 이상 95점 미만인 자
장기요양 3등급	일상생활에서 부분적으로 다른 사람의 도움이 필요한 자로서 장기요양인정점수가 60점 이상 75점 미만인 자
장기요양 4등급	일상생활에서 일정부분 다른 사람의 도움이 필요한 자로서 장기요양인정점수가 51점 이상 60점 미만인 자
장기요양 5등급	치매환자로서 장기요양인정점수가 45점 이상 51점 미만인 자

장기요양 급여의 종류는 시설급여, 재가급여, 그리고 특별현금급여가 있다. 첫째, 시설급여는 요양시설에 장기간 입소하여 신체활동 지원 등을 제공하는 것이다. 둘째,

재가급여는 가정을 방문하여 신체활동 및 가사활동 등을 지원하는 것 목욕, 간호 등을 제공하는 것, 주간보호센터를 이용하는 것, 복지용구를 구입 또는 대여하는 것이다. 셋째, 특별현금급여는 장기요양 인프라가 부족한 가정, 천재지변, 신체 · 정신 또는 성격 등 그 밖의 사유로 장기요양기관이 제공하는 장기요양급여를 이용하기 어렵다고 인정하는 경우 가족요양비를 지급하는 경우이다.

장기요양기관은 시설급여 제공기관과 재가급여 제공기관으로 구분된다. 시설급여 제공기관은 「노인복지법」상 노인요양시설 및 노인요양공동생활가정이 해당하며, 재가급여 제공기관은 「노인복지법」상 재가노인복지시설 및 「노인장기요양보험법」상 재가장기요양기관이 해당한다. 그리고 이들 시설에서 종사하는 장기요양요원은 요양보호사, 간호사 등이 있다.

노인장기요양보험의 재원은 다음과 같이 세 가지에 방식에 의해 조달된다. 첫째, 장기요양보험료를 통한 조달방식이다. 국민건강보험 가입자와 동일한 노인장기요양보험 가입자에게 건강보험료를 통합징수하고 있는데, 2016년에는 건강보험료의 6.55%를 적용하였으나, 2024년에는 12.95%를 적용하고 있다. 이러한 장기요양보험료율은 보건복지부장관 소속 장기요양위원회의 심의를 거쳐 대통령령으로 명시하고 있다. 둘째, 국가지원에 의한 재원이 보조되고 있다. 장기요양보험료율 예상수입액의 20%를 국고에서 부담하며, 의료급여수급권자의 장기요양급여비용, 의사소견서 발급비용, 방문간호지시서 발급비용 중 공단이 부담하여야 할 비용 및 관리운영비의 전액을 국가와 지방자치단체가 분담하고 있다. 셋째, 본인일부부담을 통해 재원이 마련된다. 시설급여는 20%(비급여: 식재료비, 이미용료 등은 본인부담), 재가급여는 15%가 각각 본인부담 비율이다. 다만, 의료급여수급권자 등 저소득층은 각각 1/2로 경감(시설 10%, 재가 7.5%)하며, 기초생활수급권자는 무료이다.

2. 공공부조

1) 공공부조의 개념

'공공부조(public assistance)'라는 용어는 1905년 해밀턴(Hamilton, L. G.)을 중심으로 구성된 영국의 왕립위원회 조사위원회(The Royal Commission on the Poor Laws and Relief of Distress, 1905~1909)에서 비롯되었다. 당시 위원회는 4년 동안의 조사와 사례를 바탕으로 '빈민법'의 실태 및 개선방안을 다른 보고서를 작성하면서 '빈민법'이라는 용어 대신에 공공부조를 제안하였다.

공공부조는 사회보험에서 취급할 수 없는 극빈자 또는 단기 유고자 등 한 국가가 그 국민에 대해 기본적인 또는 최소한의 생활(삶) 수준을 보장하기 위해 국가나 지방자치단체의 이전지출금(transfer expenditure)으로 운용되는 사회보장제도 및 사회복지 정책이다. 「사회보장기본법」 제3조 제3호에서는 공공부조를 "국가 및 지방자치단체의 책임 하에 생활유지 능력이 없거나 생활이 어려운 국민의 최저생활을 보장하고 자립을 지원하는 제도"로 정의하고 있다.

국가가 아무런 반대급부 없이 최저생활을 보장하고 자립을 지원하는 공공부조는 어떤 경우에 국가의 개입을 필요로 하는 빈곤에 처했다고 볼 것인가 하는 것에 대해서는 현재까지 논란의 여지가 있다. 이와 관련해서 빈곤에 대한 명확한 정의가 필요한데, 실제로 빈곤의 개념과 관련하여 많은 논의가 있어 왔다.

우리나라는 공공부조로서 국민기초생활보장제도가 대표적으로 있으며, 미국의 경우 한시적 빈곤가족지원프로그램(Temporary Assistance to Needy Families: TANF)과 보충적 보장소득(supplementary security income) 등이 있고, 독일의 경우 사회부조(sozialhilfe), 그리고 영국의 경우 공공부조(public assistance)가 각각 대표적으로 있다.

우리나라를 비롯한 거의 모든 국가에서는 일정하게 가난하거나 생계를 유지하기 어려운 사람들이 있기 때문에 이들의 최저생활보장을 위한 공공부조는 대부분의 국가에서 존립하고 있는데, 일반적으로는 사회보험 또는 사적부조 등과 상호보완적인 연계 또는 협력을 통해 운영되고 있다.

2) 공공부조의 특징

일반적으로 공공부조는 생존권보장의 원칙, 평등보장의 원칙, 최저생활보장의 원칙, 보충성의 원칙에 의해 운영되는 특징이 있다. 그리고 우리나라의 경우에는 국가책임, 선별적 대상 선정, 자산조사, 신청주의, 자활추구 등이 원칙으로 적용되고 있다.

이처럼 공공부조는 국가의 책임이 강조되어 국가가 재정적 부담은 물론이고 대상자를 관리하고 서비스를 제공하는 등의 임무를 부담한다. 이러한 이유 때문에 이 제도는 사회복지의 주요한 가치인 평등 중에서도 '결과의 평등'을 잘 실현할 수 있는 제도 중 하나이다. 특히 조세에 기반하여 제도가 운영되기 때문에 비교적 수직적 소득재분배 효과가 크며, 재원투입이 선택된 저소득층에만 제한되어 이루어지므로 투입비용에 비해 빈곤해소 효과가 높게 나타난다는 장점이 있다. 더구나 현행 국민기초생활보장제도와 같은 공공부조에서는 인구학적 기준을 철폐하고 빈곤 여부와 부양의무자기준에 의해서만 수급자가 선정되도록 함으로써 기준 중위소득 이하의 저소득층은 누구나 국가로부터 최저생계를 보장받을 수 있도록 하고 있다. 또한, 과거 영국의 초기 공공부조에서 나타난 노동능력이 있는 빈민에 대하여 노동을 강제하였던 방식은 현대 공공부조에서도 존재하고 있다. 노동연계복지(workfare)가 바로 그것이다.

그러나 공공부조제도는 급여의 대상자를 선별하는 과정에서 자격이 있는 빈민(deserving poor)이 누구이며, 그 과정 등에 생길 수 있는 낙인 등에 대해서는 문제점으로 지적되고 있다. 또한, 소득재분배의 효과가 있는 데도 불구하고 수평적 평등(horizontal equality)의 문제, 수급권자의 도덕적 해이(moral hazard)에 따른 의존성을 키울 가능성 및 근로동기를 약화시킬 수 있으며, 가족을 해체할 가능성이 높다. 또한, 포괄적인 사회복지정책의 방해 그리고 집단 사이에 갈등이 발생할 수 있다는 한계가 계속 제기되어 오고 있다.[5)]

3) 한국 공공부조의 종류

(1) 국민기초생활보장제도

1999년 제정된 「국민기초생활보장법」에 근하고 있는 국민기초생활보장제도는 2000년부터 시행되어 오고 있다. 그 이전에는 생활보호제도였으나, 1997년 외환위기를 거치면서 국민기초생활보장제도로 변경되었다.

생활보장 수급권자는 부양의무자 기준을 충족하고 최저생계비는 정부가 3년마다 한 번씩 조사하여 발표하는데, 그 중간에 있는 비계측 연도에는 추정치를 사용한다. 수급권자 가구의 소득인정액이 가구별 최저생계비 이하인 경우이면 누구나 대상이 될 수 있다. 정부에서는 가구의 가족 수에 따라 필요로 하는 최저생계비를 매년 중앙생활보장위원회의 심의 · 의결을 거쳐 다음 해의 국민기초생활보장 수급권자의 선정기준으로 발표한다.

소득인정액이 최저생계비 이하인 사람을 수급권자로 선정하는데, 여기서 소득인정액이란 소득평가액에 재산의 소득환산액을 합한 금액이다. 소득평가액은 실제소득에서 가구 특성별 지출비용과 근로소득공제를 뺀 나머지 금액이다. 그리고 재산의 소득환산액은 재산의 종류별 가격에서 기초공제와 부채를 뺀 금액에 재산의 종류별 소득환산율을 곱하여 산출한다.

5) 위의 책, 212-215쪽.

① 급여종류

급여는 다음과 같이 8종류가 있다. 첫째, 생계급여이다. 수급자에게 의복·음식물 및 연료비, 기타 일상생활에 기본적으로 필요한 금품을 지급하는 것을 의미하는데, 이 때 현금급여 기준에서 가구의 소득인정액을 차감하여 산정한 금액 중 주거급여액을 제외한 금액을 지급한다. 현금급여 기준은 최저생계비에서 현물급여의 형태로 지급되는 의료·교육급여 및 타 법령지원액을 뺀 금액이다. 둘째, 주거급여이다. 수급권자의 주거에 필요한 비용을 지원하는 것으로 전혀 주택이 없거나 자기 집을 가지고 있는 경우라도 최소한의 주거생활의 유지를 위한 임차료나 수선·유지비로 지급된다. 셋째, 수급권자에게 적정한 교육의 기회 유지를 통해 자립능력을 키우고 빈곤의 세대 이전을 예방하기 위해 제공되는 교육급여가 있다. 급여 내용은 고등학생의 경우 입학금, 수업료, 교과서대, 학용품비를 지원하고 중학생의 경우 부교재비, 학용품비 등을 지원한다. 넷째, 장제급여이다. 이 급여는 수급권자의 사망 시 사체의 검안, 운반, 화장 또는 매장 등 필요한 장제조치를 행하는 비용의 일정액을 지원하는 것으로 실제로 장제를 행하는 자에게 지급한다. 다만, 금전지급이 적당하지 아니하다고 인정되는 경우 물품지급이 가능하다. 다섯째, 수급권자 가구의 출산여성으로 1인당 일정액을 지원하는 해산급여가 있다. 여섯째, 자활급여가 있는데, 근로능력이 있는 수급권자를 선별하여 적합한 자활사업을 제공하고 생계급여와 근로활동을 연계함으로써 근로의욕 저하 및 빈곤의 함정에 빠지는 것을 방지하기 위한 것이다. 일곱째, 의료급여가 있으며, 여덟째, 상하수도, TV 수신료, 주민세, 주민등록업무 수수료 등이 면제되고 쓰레기봉투가 무료로 지급되는 감면제도가 있다. 여기에는 전화 가입비 및 이전비, 기본통화료 및 통화료 일부, 이동전화의 가입비 및 기본통화 면제 등의 혜택이 포함된다.

(2) 의료급여제도

의료급여제도는 생활유지 능력이 없거나 생활이 어려운 저소득 국민의 의료문제(질병, 부상, 출산 등)를 국가가 보장하는 공공부조제도로 함께 국민 의료보장의 중요한 수단이 되는 사회보장제도이다.

국민기초생활보장 수급권자는 의료급여 대상자가 되며 근로능력이 있는 가족이 없으면 1종으로 구분되어 진료비의 본인 부담이 전혀 없고, 근로능력이 있는 가족이 있는 경우 2종으로 구분되어 진료비의 일부를 본인이 부담하도록 되어 있다.

〈표 14-4〉 **의료급여 수급권자 구분**

구분	내용
1종 수급권자	국민기초생활보장수급자: 근로무능력가구, 희귀난치성질환등록자, 중증질환자, 시설수급자 타법적용자: 이재민, 의상자 및 의사자의 유족, 입양아동(18세 미만), 국가유공자, 중요무형문화재 보유자, 북한이탈주민, 5·18민주화운동 관련자, 노숙인, 행려환자
2종 수급권자	국민기초생활보장 대상자 중 1종 수급대상이 아닌 가구

의료기관 중복방문, 약물 오남용 등으로 건강상의 위해가 발생할 위험이 높은 수급권자 및 급여 상한일수 초과자는 선택의료급여기관을 지정하여 이용하여야 한다.

수급권자 본인이 자주 이용하는 의원급 기관 선택을 원칙으로 하여 선택의료급여기관 이외의 기관을 방문할 때에는 선택의료급여기관에서 발급한 의료급여의뢰서가 필요하다.

의료급여 절차에 의하지 않고(의료급여의뢰서 없이) 의료급여기관을 이용한 경우에는 진료비 전액을 본인이 부담해야 한다.

3. 사회(복지)서비스

1) 사회복지서비스와 사회서비스의 구분

한국에서 '사회복지서비스'의 용어와 '사회서비스'의 용어는 주로 사회복지 분야에서 비슷한 의미로 사용되어 왔던 것처럼 보이지만, 차이가 있게 사용되어 오다가 관련 법률 등을 통해 정책적, 학술적으로 구분되어 사용되고 있다.

첫째, 사회복지서비스(Social Welfare Services)는 사회적 안녕과 공정성을 증진하고 사회의 복지를 증진하는 데 중점두는데, 주로 정부뿐만 아니라 비영리조직이나 단체 등이 제공하는 다양한 사회적 지원 프로그램을 의미한다. 이는 불우한 사람들이나 사회취약계층에게 금전적, 교육적, 의료적 지원을 제공하거나 사회통합을 위한 다양한 사회복지적 서비스가 중심이 된다.

둘째, 사회서비스(Social Services)는 앞의 사회복지서비스보다 더 넓은 의미로서, 사회적인 필요를 충족시키기 위한 사회복지를 포함한 더 다양한 서비스를 나타낸다. 즉, 이 용어는 사회복지 외에도 교육, 보건, 고용, 주거, 문화, 환경 등 광범위한 범주에 걸쳐 다양한 분야에서 제공되는 서비스를 모두 포괄한다.

따라서 사회서비스는 사회복지뿐만 아니라 사회 전반에 걸친 서비스를 포함하는 개념으로 사용될 수 있다.

2) 사회복지서비스의 개념과 특징

「사회복지사업법」에서는 사회복지서비스를 "국가 · 지방자치단체 및 민간부문의 도움을 필요로 하는 모든 국민에게 「사회보장기본법」 제3조 제4호에 따른 사회서비스

중 사회복지사업을 통한 서비스를 제공하여 삶의 질이 향상되도록 제도적으로 지원하는 것"(제2조 제6호)으로 정의하고 있다. 이러한 사회복지서비스는 정부와 지자체뿐만 아니라 민간 및 비영리기관 등이 포함한 민관협력에 의하여 제공된다.

사회복지서비스의 용어가 등장한 배경은 주로 사회적 문제의 증가와 복지정책의 강화, 그리고 복지국가화 과정과 관련이 있다. 첫째, 사회적 문제의 증가 때문이다. 20세기 중반 이후, 한국은 급격한 경제 성장과 산업화로 빠르게 발전하였지만, 이러한 발전과 함께 도시화와 산업화의 영향으로 사회적 문제들이 부상하였다. 즉, 빠르게 변화하는 사회에서는 노인층, 장애인, 실업자 등 다양한 사회적으로 취약한 계층들이 생겨나면서 정부 외에도 민간부문에서 이들에 대한 지원과 서비스를 제공해야 하는 상황이 생겨났기 때문이다. 둘째, 사회복지정책의 강화와 복지국가화 때문이다. 1960년대부터 1970년대 초반까지는 경제 발전에 주력하던 한국 정부가, 1970년대 후반부터는 사회복지에 대한 관심을 증가시켰다. 이러한 변화는 사회복지정책의 강화로 이어졌고, 1980년대에는 복지국가화 과정이 본격화되었다. 즉, 사회적 불평등 해소와 취약계층 지원을 위해 다양한 사회복지 프로그램을 도입하고 강화하는 과정에 사회복지서비스가 확대 되었다. 셋째, 사회복지의 다양화와 전문화 때문이다. 사회복지정책의 강화에 따라 사회복지서비스라는 용어가 등장하게 되었는데, 다양한 형태의 사회적 지원과 서비스를 제공하는 것에 중점을 둔 개념으로 발전하였다. 사회복지서비스는 급격한 사회 변화와 다양한 사회적 문제에 대응하면서 다양한 분야에서 서비스를 제공하고, 이를 통해 사회적 통합과 공정성을 강화하는 역할을 수행하였다. 넷째, 사회복지전문가의 필요성 증가 때문이다. 사회복지서비스의 확대와 다양화로 인해 사회복지전문가의 역할이 강조되고, 그에 따른 교육 및 전문인력 양성이 강화되었다. 사회복지서비스를 제공하는 기관들은 전문성을 갖춘 인력을 확보하여 더 효과적으로 지원을 제공하게 되었다.

3) 사회서비스의 개념과 특징

「사회보장기본법」에서는 사회서비스를 "국가 · 지방자치단체 및 민간부문의 도움이 필요한 모든 국민에게 복지, 보건의료, 교육, 고용, 주거, 문화, 환경 등의 분야에서 인간다운 생활을 보장하고 상담, 재활, 돌봄, 정보의 제공, 관련 시설의 이용, 역량 개발, 사회참여 지원 등을 통하여 국민의 삶의 질이 향상되도록 지원하는 제도"(제3조 제4호)라고 정의하고 있다. 즉, 사회서비스는 사회복지와 사회보장 체계의 일부로서 사회적 약자와 취약계층을 지원하고 사회적 통합을 증진하기 위해 제공되는 형태의 서비스를 말한다. 이러한 사회서비스는 사회복지서비스와 유사하게 정부와 지자체뿐만 아니라 민간 및 비영리기관, 사회적 기업 등까지 포함한 다양한 부문 간 협력에 의하여 제공된다.

사회서비스는 사회적 약자와 취약계층을 보호하고 지원하기 위해 다음과 같은 구체적인 목적을 갖고 있다. 첫째, 사회서비스는 경제적, 신체적, 정서적으로 어려움을 겪는 사회적 약자와 취약계층을 지원하는 것을 목적으로 한다. 이들은 노인, 장애인, 아동, 저소득층, 한부모가정, 노동자 등 다양한 사회적 취약성을 가진 개인이 포함된다. 둘째, 사회서비스는 사회적 격차를 해소하고 사회적 통합을 촉진함을 목적으로 한다. 사회적 약자와 취약계층을 지원하여 그들이 사회적으로 참여하고 자립할 수 있는 기회를 제공한다. 이는 사회적 연대감과 평등을 강화하며 사회 전반적인 안녕과 번영을 위한 노력이다. 셋째, 사회서비스는 다양한 형태로 제공함을 목적으로 한다. 이는 생활지원, 건강관리, 교육, 상담, 직업훈련, 주거지원, 노인복지, 장애인지원, 가족지원 등 다양한 영역을 포함하는데, 이를 통해 개인의 기능 향상, 자립 지원, 건강 유지, 교육 기회 제공 등을 목표로 한다. 넷째, 사회서비스는 정부, 지자체, 비영리 기관, 사회적 기업 등 다양한 주체들 간의 협력을 목적으로 한다. 정부는 사회서비스 정책 수립과 지원 역할을 수행하며, 비영리 기관과 지자체는 현장에서 서비스를 제공하고 사회적 문제를 해결하는 데 참여한다는 것이다(김제선, 2024).

이처럼 기존의 사회복지서비스라는 개념과 별도로, 한국에서 사회서비스의 용어가 등장한 배경은 주로 복지서비스의 확대와 사회적 요구에 따른 다양한 분야에서의 서비스 제공이 강화되면서부터 나타났다고 할 수 있다. 첫째, 사회복지서비스의 다양화와 확대 때문이다. 1980년대 이후 한국에서는 사회복지정책이 본격적으로 강화되면서 사회복지서비스의 다양화와 확대가 이루어졌다. 이는 노인, 아동, 장애인, 보건의료 등 다양한 복지분야에서의 지원을 포함하면서 기존의 사회복지서비스는 더 이상 경제적 지원만이 아니라 다양한 사회적 서비스를 포괄하는 개념으로 발전하였고, 여기에 '사회서비스'라는 용어가 등장하게 되었다. 둘째, 사회적 다양성과 복잡성 증가 때문이다. 한국의 사회는 다양한 층과 다양한 요구에 직면하고 있다. 이에 따라 사회적 다양성과 복잡성이 증가하며, 이러한 다양한 사회적 요구에 대응하기 위해 다양한 분야에서의 서비스가 필요해졌다. 셋째, 민간 및 비영리 부문의 참여 때문이다. 사회복지서비스와 사회서비스의 발전에는 정부뿐만 아니라 민간 및 비영리 부문의 참여가 큰 역할을 하였다. 다양한 비영리 단체와 사회기업, 자원봉사 단체들이 사회적 문제해결을 위해 다양한 서비스를 제공하고 있다. 넷째, 기술과 혁신의 적극적 활용 때문이다. 최근에는 기술과 혁신의 도입이 사회복지 및 사회서비스 분야에 적극적으로 이루어지고 있다. 디지털 기술과 인공지능을 활용하여 서비스의 효율성을 높이고, 다양한 형태의 서비스를 제공하고 있다. 다섯째, 사회서비스의 확장적 개념 때문이다. '사회서비스'는 초기에는 주로 사회복지서비스를 나타내는 용어로 사용되었지만, 시간이 지남에 따라 더 넓은 의미로 확장되었다. 교육, 문화, 환경, 고용 등 다양한 사회적 분야에서의 서비스를 아우르는 개념으로 사용되고 있다.

참고문헌

강강영숙 외(2020). **사회복지학개론**. 경기: 정민사.

강혜련(2002). 기업의 가족친화적 복지정책과 여성인력의 생산성. **생산성논집**, 제16권 제1호, pp. 1-22.

경찰고시사(2005). 미래 가족의 모습. **경찰고시**, 제42권 4호, 통권 제486호, pp. 48-51.

고명수, 현영렬, 서진숙, 신선희, 허은진(2018). **사회복지개론**. 경기: 정민사.

고수현, 윤선오(2018). **노인복지론(제5판)**. 경기: 양서원.

고재욱, 전선영, 황선영, 박성호, 이용환(2018). **사회복지행정론**. 경기: 정민사.

구혜영(2019). **인간행동과 사회환경**. 서울: 신정.

구혜영(2020). **청소년복지론**. 서울: 신정.

국가인권위원회(2018). 인권의 이해: 사이버인권교육 보조교재.

권명희, 홍숙자, 김병찬 외(2019). **사회복지개론**. 경기: 양서원.

권선진(2007). **장애인복지론**. 서울: 청목출판사.

권육상 외(2010). **사회복지개론**. 경기: 공동체.

권은희(2009). 부자가정의 아버지 자녀 상호작용 증진을 위한 가족놀이치료효과. 숙명여자대학교 대학원 박사학위논문.

권중달(2004). 한국가족주의의 변화과정과 미래방향: 한국 가족주의의 역사적 배경-부계 중심적 성과 그 개성의 문제를 중심으로-. **유교사상연구**, 제20집, pp. 16-43.

권중돈 외(2019). **사회복지학개론**. 서울: 학지사.

권중돈, 조학래, 윤경아, 이윤화, 이영미, 손의성, 오인근, 김동기(2022). **사회복지개론**. 서울: 학지사.

권혜령(2018). 인권개념의 '세대'적 접근에 대한 비판적 고찰. **법학연구**, 56, pp. 87-113.

김경미, 김미옥(2006). 한국장애인복지학 연구동향에 관한 분석과 고찰: 장애인복지학의 이론적 패러다임을 중심으로. **한국사회복지학**, 제58권, 제3호.

김경애(2003). 현대가족 변화와 새로운 가족정책 방향. **동덕여성연구**, 제8호, pp. 46-69.

김경원(2005). 가족복지 실천을 위한 가족개념의 인식과 가족관계에 관한 연구. 명지대학교대학원 사회복지학 박사학위논문.

김기화(2015). 부자가족의 적응과정에 관한 연구. 인하대학교대학원 생활과학 박사학위논문.

김명근 외(2018). **사회복지개론**. 경기: 양서원.

김미주(1999). 한국여성복지 정책의 현황과 과제에 관한 연구. **연구논문집**, 제26권 제2호 pp. 237-271. 울산과학대학.

김성주(2002). 사회복지사의 가족인식에 관한 연구. 가톨릭대학교 대학원 석사학위논문.

김성천 외(2015). **사회복지학개론 원리와 실제**. 서울: 학지사.

김성천 외(2018). **사회복지학개론 원리와 실제**. 서울: 학지사.

김성천(2000). 한국 가족복지정책의 재조명개혁방향의 모색. **한국가족복지학**, Vol. 5, No. 0, pp. 71-103.

김성천, 안현미(2003). 참여정부 가족정책의 기본 구성요소의 분석과 발전방향 모색. **한국가족복지학**, 제12권, pp. 36-63.

김성희, 이연희, 황주희, 오미애, 이민경, 이난희, 강동욱, 권선진, 오혜경, 윤상용, 이선우(2014). 2014년 장애인 실태조사. 보건복지부 · 한국보건사회연구원.

김양희(1988). 가족에 관한 이론적 접근. **생활과학논집**, 2권 0호.

김영란(1997). 빈곤의 여성화와 사회복지정책. **한국사회복지학**, 31.

김영미, 양숙자, 박선녀, 김서연(2021). **사회복지개론**. 경기: 양서원.

김영범(2002). 한국 사회보험의 기원과 제도적 특징: 의료보험과 국민연금을 중심으로. **경제와 사회**, 통권 제55호, pp. 8-34.

김영애, 임유진(2022). **사회복지법제와 실천**. 한국방송통신대학교 출판문화원.

김영종, 김은정(2022). **사회복지개론**. 서울: 학지사.

김용득(2002). 장애개념의 변화와 사회복지실천현장 함의. **한국사회복지학**, 51, 겨울호, pp. 157-182.

김인숙 외(2002). **여성복지론**. 경기: 나남출판.

김인숙(1994). 빈곤여성의 사회적 환경요인과 심리적 디스트레스와의 관계. 서울대학교 대학원 박사학위논문.

김인혁, 김정기, 문수열, 유태완, 이은정, 장유미(2011). 사회복지행정론. 경기: 양서원.

김제선(2011). 노인의 의료보장 사각지대 진입 및 탈출 요인. **사회보장연구**, 제27권 제4호, pp. 295-325.

김제선(2024). **사회복지법제와 실천**. 서울: 창지사.

김태성, 성경륭(1999). **복지국가론**. 경기: 나남출판.

김형수 외(2018). **사회복지행정론**. 경기: 정민사.

김혜영, 석말숙, 최정숙, 김성경(2020). **사회복지실천론**. 경기: 공동체.

김희정(2017). 빈곤여성 가구주의 복지제도 경험에 관한 연구. 목포대학교대학원 사회복지학 박사학위논문. 16.

남일재, 양정하, 조윤득, 윤성호, 신현석, 조은정, 오주, 윤은경, 김태준, 임혁(2016). **사회복지학개**

론. 경기: 공동체.
노길희, 박일연(2020). **사회복지개론**. 경기: 지식공동체.
노병일(2020). **아동복지론(제4판)**. 경기: 공동체.
노정자(2010). 이혼을 경험한 한부모 남성의 홀로서기 과정 연구. 백석대학교 기독교전문대학원 박사학위논문.
노혁(2010). **청소년복지론**. 경기: 교육과학사.
도광조, 김금자, 곽미정, 오현숙, 이영희, 정명희(2019). **사회복지학개론**. 경기: 양성원.
문혁준, 김진이, 양성은, 이은주, 천희영, 황옥경(2020). **가족복지**. 서울: 창지사.
박경일(2016). **사회복지정책론**. 경기: 공동체.
박경자(2004). 한국의 가족구조 변화 및 이혼에 따른 어린이 양육문제와 대책. **한국모자보건학회**, 2004년 2호, pp. 39-57.
박광덕(2021). **사회복지개론**. 경기: 양서원.
박능후(2000). 21세기 기초보장 발전방안. 2000년도 한국사회보장학회 춘계학술발표회. 한국사회보장학회.
박미은(2005). 군 사회복지사 제도의 입법화 방향과 쟁점. 군 사회복지사 도입을 위한 공청회자료집, pp. 5-21.
박미은(2018). **군사회복지실천론 강점관점의 적용**. 경기: 공동체.
박민자(1993). 사회학에서의 가족연구. **가족학 논집**, 제5호.
박민자(2001). **가족과 가족정책**. 여성한국사회연구회 편, 서울: 경문사.
박석돈 김만호, 성희자 외(2023). **사회복지개론**. 경기: 양성원.
박석돈 외(2019). **사회복지개론**. 경기: 양성원.
박시내(2003). 독거노인가구의 생활실태와 빈곤. KLIPS Research Brief, 한국노동연구원.
박시내(2010). 여성가구주 가구의 특성 및 빈곤 분석. **2010년 하반기 연구보고서**, 11권. p. 150.
박찬웅(1999). 신뢰의 위기와 사회적 자본. **사회비평**, 제19호, pp. 33-64.
박현식, 박지현, 변보기 외(2018). **사회복지개론**. 경기: 양서원.
변화순(2005). 가족정책의 현안과 향후과제. **여성정책포럼**, Vol. 8, 봄호, pp .14-16.
변화순, 송다영, 김영란(2001). 가족유형에 따른 생활실태와 복지욕구에 관한 연구. 한국여성개발원.
보건복지부(2021). 2021년 노인보건복지사업안내. 보건복지부.
보건복지부(2021). 2021 사회복지관 운영 관련 업무처리 안내. 보건복지부.
보건복지부(2023). 2021년 국가 건강현황 보고서. 보건복지부.
생각의 마을(2021). **사회복지실천론**. 경기: 공동체.
서보준 외(2018). **사회복지개론**. 경기: 지식공동체.

서상목, 최일섭, 김상균(1988). 사회복지전달체계의 개선과 전문인력 활용방안. 한국개발연구원.
서울여성의전화(2005). 왜 여성주의상담인가?. 경기: 한울출판.
서현숙(2001). 맞벌이부부의 가족복지서비스 욕구에 관한 연구. 대구가톨릭대학교 대학원 사회복지학과 석사학위논문.
석재은(2004). 한국의 빈곤의 여성화에 대한 실증분석. **한국사회복지학**, 56(2).
송근원, 김태성(1995). **사회복지정책론**. 경기: 나남출판.
안세아(2016). 가족정책의 변화를 통해 본 복지체제의 재구성. 인하대학교 대학원 행정학과 박사학위논문.
양희택, 최영, 이승민(2011). **장애인복지의 이해와 실천**. 경기: 정민사.
여성가족부(2006). 여성에게 도약을 가족에게 희망을: 주요업무계획. 서울: 여성가족부.
오세영(2020). **사회복지학입문**. 경기: 양서원.
오종희 외(2018). 사회복지개론. 경기: 정민사.
오종희, 김형수, 이승준, 어흥선, 나혜숙(2020). **사회복지학개론**. 경기: 정민사.
오혜경(1998). 장애인 자립생활 실천에 관한 연구. 사회복지리뷰 제3집. 카톨릭대사회복지연구소.
오혜경(1999). **장애인 사회복지 실천**. 아시아미디어리서치.
오혜경(2005). **장애인복지론**. 서울: 창지사.
원석조(2001). **사회복지 역사의 이해**. 경기: 양서원.
원석조(2002). **사회보장론**. 경기: 양서원.
원석조(2021). **사회복지개론**. 경기: 양서원.
유승교(2003). 가족구조의 변화에 따른 노인부양에 관한 연구. 인천대학교 교육대학원 석사학위논문.
유영주, 김순옥, 김경신(2008). 가족관계학(제2판). 경기: 교문사.
유흥위, 유연웅, 이윤수, 최선애(2017). **군사회복지론**. 서울: 창지사.
육군본부(2011). 비전캠프 2010.
윤선오, 김우호, 전대성, 전미숙, 김현경, 목경열, 서민호, 오승하, 이용환, 송운용(2023). **사회복지학개론**. 경기: 양성원.
윤성호(2008). 여성가구주의 노동시장 참여와 지위. **한국가족복지학**, 22. 한국가족복지학회.
윤철수, 노혁, 도종수, 김정진, 김미숙, 석말숙, 김혜경, 박창남, 성준모(2018). **사회복지개론**. 서울: 학지사.
윤홍식 외(2015). **가족정책: 복지국가의 새로운 전망**. 경기: 공동체.
윤홍식(2004). 가족의 변화와 건강가정기본법의 대응-한국가족정책의 원칙과 방향 정립을 위한 고찰-. **한국가족사회복지학**, Vol. 14, No. 0, pp. 263-294.
윤홍식(2004). 건강가정기본법 시행령 제정의 주요쟁점. **복지동향**, 통권 제66호, pp. 83-87.

이봉주, 김혜란, 구인회, 강상경, 홍백의(2023). **사회복지개론**. 서울: 학지사.

이성기(2012). 사회적 양극화 해소를 위한 정책적 대안. 2012 불교사회복지포럼 자료집.

이성기, 원석조(2020). 사회복지학개론. 경기: 양성원.

이성기, 원석조(2023). 사회복지학개론. 경기: 양성원.

이영주(2006). 한국 가족의 구조변화와 대응방안. 한영신학기독상담대학원 석사학위논문.

이종복, 김성철, 김재열, 남희수, 박승자, 순덕기, 고미영, 이권일, 이금숙, 이유선, 홍성로, 이재선(2018). **노인복지론**. 경기: 양서원.

이종복, 신은주, 강양구, 손병돈, 신승연, 이상무, 이서영, 이혜경, 정용충, 조성심, 조혜경, 최승희, 최현미, 한정우(2016). **사회복지개론**. 경기: 양서원.

이준영, 김제선, 박양숙(2017). **사회보장론: 이론과 실제(제3판)**. 서울: 학지사.

이형하, 정민숙, 양정남, 박일연, 김혜선(2020). **사회복지학개론**. 경기: 공동체.

이홍재(2023). **건강가정론**. 한국열린사이버대학교.

임경혜(2004). 국제결혼 사례별로 나타난 가족문제에 따른 사회복지적 대책에 관한 연구. 대구대학교 사회복지대학원 석사학위논문.

임보혜(2011). 사회복지관 가족복지사업의 실태 및 종사자 욕구와 인식에 관한 연구. 대구대학교 사회복지대학원 석사학위논문.

임인숙(1999). 미국학계의 가족변화논쟁. **가족과 문화**, 제11집 1호.

임종호(2023). **사회복지개론**. 서울: 학지사.

임종호, 이영미, 이은미(2018). **장애인복지론**. 서울: 학지사.

자활후견기관협회(2006). 자활사업종합보고서.

장지연, 요코타 노부히코(2007). **글로벌화와 아시아 여성**. 서울: 한울아카데미.

전남련, 김미자, 윤기종 외(2015). **사회복지개론**. 경기: 정민사.

전준우(1988). **가족복지**. 서울: 홍익출판사.

정태석(2002). **사회이론의 구성: 구조/행위와 거시/미시 논쟁의 재검토**. 서울: 한울아카데미.

조현순(2006). 지역복지사업 환경변화에 따른 종합사회복지관의 역할연구-지역복지의 민간 전달체계의 통합 관련 담론을 중심으로-. **임상사회사업 연구**, 3.

조현순, 정은(2008). 가족정책의 효율적 전달체계운영을 위한 종합사회복지관의 가족복지사업과 건강가정지원센터 사업의 비교연구. **한국비영리연구**, 6. pp. 63-99.

조흥식 외(2002). **가족복지학(제2판)**. 서울: 학지사.

조흥식 외(2002). **여성복지학**. 서울: 학지사.

조흥식 외(2006). **여성복지학**. 서울: 학지사.

조흥식 외(2019). **사회복지학개론**. 서울: 창지사.

조흥식(1991). 都市貧困家族問題에 대한 社會事業實踐에 관한 硏究. 서울대학교 대학원 박사학위논문.
조흥식(1998). **장애인입소시설의 개방화 연구**. 서울: 한국장애인재활협회.
천정웅, 김용환, 김승돈, 박선희, 박주현(2016). **사회복지개론**. 경기: 양서원.
천정환 외(2010). **교정복지학**. 서울: 창지사.
최선화 외(2021). **여성복지론**. 경기: 공동체.
최성균, 고명석, 승금희(2005). **사회복지학개론**. 대왕사.
최성은, 김우현(2017). 인구고령화와 노인의료보장 재정정책에 대한 연구, 한국조세재정연구원.
최옥채(2010). **교정복지학(제6판)**. 서울: 학지사.
최일섭(2018). **사회복지개론**. 경기: 지식공동체.
최현숙(2009). 한국 가족복지 정책의 문제점과 개선방안. 청주대학교 대학원 석사학위논문.
통계청(1996). 여성통계연보.
통계청(2000). 경제활동인구연보.
통계청(2001). 한국통계연감.
통계청(2003). 통계자료.
통계청(2004). 통계로 보는 여성의 삶.
통계청(2006). 2005년 인구주택 총조사.
통계청(2015). 일 가정양립 지표.
통계청(2015). 통계로 보는 여성의 삶.
통계청(2017). e나라지표.
하동석(2010). 이해하기 쉽게 쓴 행정학용어사전. 세정보미디어.
한국샬트르성바오로수도회(1973). **바오로뜰안의 대환 85년**. 가톨릭출판사.
한국노인인력개발원(2019). **2018 노인일자리 및 사회활동 통계동향**. 경기: 한국노인인력개발원.
한국임상사회사업학회 편저(2019). **사회복지개론**. 서울: 신정.
한국장애인고용공단 고용개발원(2015). 한눈에 보는 2015 장애인통계.
한신애 외(2018). **사회복지행정론**. 경기: 수양재.
한인영, 권금주, 김경미, 김수정, 김지혜, 김희성, 석재은, 어윤경, 이홍직, 정익중, 조상미, 최명민, 현진희(2016). **사회복지개론**. 서울: 학지사.
함세남 외(1996). **선진국 사회복지발달사**. 경기: 나남출판.

Barker, R. L. (1995). *Social Work Dictionary*. DC: NASW.
Bradley, K. & Khor, D. (1993). Toward an Integration of Theory and Research on the Status of Woman, *Gender and Siciety*. *7*(3).
Brunzy, S. (1997). Deconstructing Disability: The Impect of Definition. *Journal of Poverty, 1*(1),

81-91.

Cobb, R. W. & Elder, C. D. (1983). *Participation in American Politics: Dynamics of Agenda Building*. Boltimore: The John Hopkins University Press.

Colinz, G. B. (1986). Defining Feminist Social Work. *Social Work May-June*. National Association of Social Workers.

Daley, J. G. (1999). *Social work practice in the military*, New York: The Haworth press.

Daly, M., & Rake, K. (2003). *Gender and the welfare state*. MA: Polity.

DiNitto, D. (1995). *Social welfare politics and public policy (4th ed.)*. Needham Heights, M A: Simon & Schuster.

Domineli, L. (2005). Social Work: Theory and Practice for a Changing Profession. *The Hong Kong Journal of Social Work, 39*(1/2).

Donnison, D. V. (1964). *Social Policy & Administration*. Allen & Unwin scholar logo 13.

Drake, R. F. (1996). A Critique of the Role of the Traditional Charities. In L. Barton(Ed.), *Disability and society: Emerging Issues and Insights* (pp. 147-166). London: Longman.

Drucker, p. F. (1953). *The practice of management*. New York: Harper.

Esping-Andersen, G. (1990). *The Three Worlds of Welfare Capitalism*. Princeton, N J: Princeton University Press.

Esping-Andersen, G. (1996). After the golden age? Welfare state dilemmas in a global economy. *Welfare states in transition: National adaptations in global economies*, 1-31.

Forman, S., & Zachar, P. (2001). Cross-cultural adjustment of international officers professional military education in the United States, *Military Psychplogy, 13*(2), 117-128.

Fraser, N. (2000). After the family wage: A postindustrial thought experience. B. Hobson(ed). *Gender and Citizenship in Transition*. New York: Routledge.

Friedlander & Apte. (1980). *Social Work Practice: a Radical Approach*. Englewood Cliffs, NJ, Prentice-Hall.

Furniss, N., & Tilton, T. (1977). *The Case for the Welfare State: from Social Security to Social Equality*, Bloomington: Indiana University Press.

Gerstel, N, & Gross, H. E. (1981). Commuter Marriages: Couples who live apart., in E. D. Machlin and R. H. Rubin(Eds.). *Contemporary Families and Alternative Styles,* Beverly Hills: CA:

Sage Publications, 1984: 허경옥(2003). 주말부부 가계와 비주말부부 가계의 객관적, 주관적 경제 구조분석 및 비교연구, **한국가정관리학회지**, 제21권 2호, pp. 201-212.

Gilbert, B. & Terrell. P. (1988). *Dimensions of Social Welfare Policy*(4th ed.). Boston: Allyn and Bacon.

Gilbert. N. & Specht, H. (1986). *Dimensions of Social Welfare Policy*, New Jersy: Prentice-Hall.

Gough, I. (1990). "국가와 '복지'활동". 복지국가의 정치경제학. 김연명 · 이승욱 역. 한울아카데미.

Gulick, L. & Urwick, L. (1937). *Papers on the Science cf Administration*. New York: Institute of Public Administration.

Hahn, H. (1987). Public policy and Disabled Infants: A Sociopolitical Perspective. *Issues in Law and Medicine, 3*(19), 3-27.

Harris, J. & White, V. (2013). *A Dictionary of Social Work Social Care*. Oxford, UK: Oxford University Press.

Kadushin, A. (1980). *Child Welfare Service*, NY: Macmillan Publishing Co.

Kahn, A. (1979). *Social Policy and Social Services*. New York: Random House.

Levy, C. S. (1976). Social work ethics.

Longmore, P. K. (1987). Uncovering the Hidden History of people with Disabilities, *Review in American History, 15*(3), 355-364.

Lowenberg, F. M., Dolgoff, R., & Harrington, D. (2005). *Ethical decisions for social work practice*. Itasca, Illinois.

Marshall, T. H. (1965). *Social policy*. London: hutchinson.

Maudinet, M. (2003). *Access to Social Rights for People with Disabilities in Europe*. adopted by the Committee on the Rehabilitation and Integration of People with disabilities(CD-P-RR) at its 26th session(Strasbourg, 7-10 October 2003). Integration of people with disabilities, Council of Europe Publishing.

OECD(2010). Sickness, Disability, and Work: Breaking the Barriers.

Oliver, M. (1983). *Social Work with Disabled People* (1st ed.). London: The Macmillan Press.

Oliver, M. (1989). The Social Model of Disability: Current Reflections. In P. Carter, T. Jeffs & M. Smith, *Social Work and Social Welfare Yearbook 1*. Milton Keynes: Open University Press.

Oliver, M. (1996). Social Model in Context. In M. Oliver, *Understanding disability-from theory to practice*(pp. 30-42). New York, st: Martin's Press.

Oliver, M. (1998). Theories in Health Care and Research: Theories of Disability in Health Practice and Research. *British Medicine Journal, 317*(7170), 1446-1449.

Parsons, T. & Bales, R. (1955). *Family Socialization & Interaction Process*, Glencoe, Ill.: Free Press.

Patti, R, J. (1983). *Social welfare administration; Managing social programs in a developmental context*. Englewood Cliffs, NJ: Prentice-Hall.

Pender, N J. (1987). *Health Promotion in Nursing Practice*(2nd ed.). London: Macmillan.

Priestley, M. (2003). *Disability: A life course apptoach*. Cambridge: Polity Press.

Rioux, M. H. (1997). Disability: The Place of Judgment in a World of Fact. *Journal of Intellectual Disability Research, 41*(2), 101-111.

Rothman, D. (1971). *The discovery of the asylum: Social order and disorder in the new republic*. Boston: Little Brown.

Sainsbury, D. (1996). *Gender, equality, and Welfare States*. Great Britain: Cambridge University Press.

Sainsbury, D. (1999). Gender, Policy regimes, and politics. In D. Sainsbury(ed). *Gender and Welfare State Regimes*, Oxford: Oxford University Press, 245-267.

Scheerenberger, R. C. (1977). Deinstitutionalization in perspective. In J. L. Paul (Ed), *Deinstitutionalization program and policy development*. New York: Cyracuse University Press.

Sleebos, J. (2003). Low fertility rates in OECD Conturies: Facts and policy responses, *OECD Social, Employment and Migration Working papers 15*.

Strickland, B. B. ed. (2001). *Gale Encyclopedia of Psychology* (2nd). New York: Thomson Gale.

Taylor, G. (1923). *The principles of scientific management*. New York: Harper.

Titmuss, R. M. (1969). *Commitment to Welfare*. London: Hutchinson University Library.

Titmuss, R. M. (1974). *Social policy. An Introduction*. London: George Allen & Unwin Ltd.

Townsend, P. et al. (1970). *The Fifth Social Service*. London: Fabian Society.

Trevithick, P. (2011). *Social Work Skills And Knowledge: A Practice Handbook*. McGraw-Hill Education (UK).

Weil, M. (2005). *The handbook of community practice*, New York: Sage.

Wendt, C., Frisina, L. & Rothgang, H. (2009). Healthcare System Types: A Conceptual Framework for Comparison, *Social Policy & Administration*, (Vol. 43 No. 1), Blackwell Publishing Ltd, p.78.

WHO(1980). *ICIDH: International classification of impairments, disabilities and handicaps*. Geneva: Author.

WHO(1997). *ICIDH-2: International classification of impairments, activities and participation. A manual of dimensions of disablement and functioning. Beta-1 draft for field trials*. Geneva: Author.

WHO(2001). *ICF: International classification of functioning, disabilities and health*. Geneva: Author.

Wilding, P. & George, V. (1975). *Social values and social policy. Journal of Social Policy, 4*, 373-390.

Wilensky, H. L. (1975). *The welfare state and equality: Structural and ideological roots of public expenditures* (Vol. 140). Univ of California Press.

Williams, J. M. (1997). *Extending Independent Living to Persons with Brain Injuries*. Unpublished Doctoral Dissertation: University of Kansas, Lawrence.

Wolfensberger, W. (1983). *Social Role Valorization: A Proposed New Term for the Principle of Normalisation*. Mental Retardation.

Worell, & Remer. 2003/2004. Feminist Perspectives in Therapy. 김민예숙 외 공역. **여성주의상담의 이론과 실제.** 서울: 한울아카데미.

Zastrow, C. (1995). *The practice of social work, Pacific Grove*. CA: Brooks/Cole.

Zola, I. K. (1993). Self, Identity, and the Naming Question: Reflections on the Language of Disability. *Social Science of Medicine, 3692*, 167-174.

〈인터넷 자료〉

국방부. www.mnd.go.kr

고용노동부 홈페이지. www.moel.go.kr

공공데이터포털 홈페이지. https://www.data.go.kr

국가법령정보센터(2020). http://www.law.go.kr

네이버지식백과. 갱생보호제도[更生保護制度](한국민족문화대백과, 한국학중앙연구원)

노인인력개발원 홈페이지. https://kordi.or.kr

백준기(2021). 해설한국사 블로그

보건복지부 관련 홈페이지. www.stat.mw.go.kr

여성가족부. http://www.mogef.go.kr

여성가족부 공식 블로그. (2021. 21. 29)

이혼가족지원센터. http://www.dsfc.or.kr

찾기쉬운 생활법령정보. https://easylaw.go.kr

태화복지재단 홈페이지. https://taiwhafound.org

한국사회복지사협회. http://www.welfare.net/site/ViewMoralCode.action.

Humanium. (2020a). Rights of the child, http://www.humanium.org/en/chil-rights/.

NASW. https://www.socialworkers.org

「국민건강보험법」 제5조 제1항 등 위헌소원(2013. 7. 25. 2010헌바51)
「사회보장기본법」
헌재 2000. 6. 29. 99헌마289, 판례집 12-1, 913 [기각]
헌재 2003. 10. 30. 2000헌마801, 판례집 15-2하, 106 [기각]
헌재 2012. 11. 29. 2011헌마814, 판례집 24-2하, 240 [기각]
헌재 2016. 12. 29. 2015헌바199, 판례집 28-2하, 436 [합헌]

찾아보기

[인명]

[내용]

저자 소개

■ 김성철

백석대학원 NPO경영학, 복지경영학 교수

■ 김성숙

화성시드림장애인직업적응훈련센터 센터장
서울시립대학교 사회복지학과 외래교수

■ 김제선

백석예술대학교 사회복지전공 교수

■ 박경원

광주보건대학교 상담복지학과 교수

■ 박란이

대전세종양성평등센터장
대전광역시사회서비스원 부장

■ 박윤희

해피드림대표
백석대학원 NPO경영학, 복지경영학 초빙교수

■ 박종란

서울한영대학교 객원교수

■ 배관연

무공수훈자회 강원특별자치도 철원군 지회장

■ 배순정

해밀원격평생교육원 운영교수

■ 이성은

전국장기요양협회 회장
수원대학교 미래융합교육원 교수

■ 이흥재

한국열린사이버대학교 특임교수
한국열린사이버대학교 평생교육원 사회복지학과 교수

■ 임유진

고신대학교 사회복지학과 조교수

■ 한화진

서울한영대학교 사회복지상담학과 겸임교수
마음울림심리상담센터 센터장

사회복지학개론

1판 1쇄 인쇄 — 2024년 2월 26일
1판 1쇄 발행 — 2024년 2월 29일

저　　자 - 김성철 김성숙 김제선 박경원 박란이 박윤희 박종란
배관연 배순정 이성은 이흥재 임유진 한화진

발 행 인 - 강철원
발 행 처 - 양성원
주　　소 - 경기도 파주시 검산로 173번길 29-12
전　　화 - 031-946-3861(代)
팩　　스 - 031-946-3864
이 메 일 - tnwpub@naver.com
홈페이지 - tnwpub.co.kr
출판등록 - 2015년 8월 31일 제 2015-000211 호

ISBN 979-11-6126-570-4

정가 23,000원